Buch

Für unsere Vorfahren war es selbstverständlich: Sprichwörtlich von der Wiege bis zum Sarg begleitete sie der Baum mit seinem Holz ein Leben lang. In fast allen Kulturen besaß er eine das ganze Leben umfassende symbolträchtige Funktion. In ihm sahen die Menschen ein Gleichnis des Lebens und seiner Gesetze, ein Sinnbild für Wandel und Beständigkeit, Werden und Vergehen, Heil und Verderben.
Nach dem Verfall seiner Bedeutung ist der Baum für uns dagegen nur mehr noch Ding und Materie, bestenfalls Kulisse beim Spazierengehen; seine im weiten Sinne religiöse Bedeutung, sein Verflochtensein in den Lebenszusammenhang des Menschen ist verlorengegangen.
Jenseits von Zahlen, Bilanzen und Schadstoffwerten, mit denen Wissenschaft und Politik hantieren, geht es Gertrud Höhler um etwas anderes: um die Wiederbelebung unserer Sinne und unseres Gefühls im Verhältnis zum Baum. Dazu fächert sie den ganzen Reichtum der Symbolwelt auf, mit dem die verschiedenen Völker und Kulturen gelebt haben. Sie weiß zu berichten vom Himmels- und Weltenbaum, von Heils- und Höllenbäumen, vom Mastbaum, von Offenbarungsbäumen und jenen im heiligen Hain, von Paradiesbäumen der Erkenntnis und des Lebens, von biblischen Bäumen, den Zedern des Libanon und vom Feigenbaum, der immer wieder in Gleichnissen von Christus bemüht wird...
So wird hinter dem Baumthema eines ganz deutlich: Verlust und Zerstörung von Natur wurde möglich, nachdem Natur als Sinnträger für die menschliche Selbstfindung und -bestimmung ausgedient hatte.

Autorin

Dr. Gertrud Höhler, geboren 1941 in Wuppertal, studierte Literaturwissenschaft und Kunstgeschichte in Bonn, Berlin und Zürich. Seit 1977 ist sie Wissenschaftlicher Rat und Professor für Allgemeine Literaturwissenschaften und Germanistik an der Gesamthochschule in Paderborn.

GERTRUD HÖHLER

DIE BÄUME DES LEBENS

Baumsymbole in den Kulturen der Menschheit

GOLDMANN VERLAG

Der Goldmann Verlag
ist ein Unternehmen der Verlagsgruppe Bertelsmann

Made in Germany · 3/88 · 1. Auflage
Genehmigte Taschenbuchausgabe

Umschlaggestaltung: Design Team München
Umschlagillustration: Archiv für Kunst & Geschichte, Berlin
(Buchmalerei aus: »Das Hausbuch der Cerruti«, 14. Jh.;
Motiv: »mala dulcia« – »süße Äpfel«)
Druck: Elsnerdruck, Berlin
Verlagsnummer: 11437
JJ · Herstellung: Heidrun Nawrot
ISBN 3-442-11437-3

INHALT

Meinem Sohn Abel
zum achtzehnten Geburtstag

Vorwort

Wer möchte leben ohne den Trost der Bäume!
Wie gut, daß sie am Sterben teilhaben!

Günter Eich

Der Tod der Bäume wird ausgerufen. Viele sind ihm auf der Spur, die Diagnostiker arbeiten mit Eile. Steckt in der Diagnose die Therapie? Baumbücher werden geschrieben; Schadensbilanzen sind gedruckt, ausführlich und erschreckend. Samenbanken werden angelegt für bessere Zeiten. Das Jahr des Waldes, 1985, wurde beschlossen.* Auch in diesem Jahr des Waldes werden elf Millionen Hektar tropischen Regenwaldes vernichtet. Wo nicht gerodet wird, da schleicht der Baumtod von allen Seiten heran: mit dem Regen, dem Grundwasser und der Luft. Und die Wüsten wachsen. Wenn es gelingen soll, die Wälder der gemäßigten Zonen in Resten zu erhalten, so kann das nur zum Teil geschehen durch die Anreicherung unseres Wissens mit Todesdaten und Schreckensbilanzen. Unerläßlich wird die Bemühung der Wissenschaft um die Aufklärung der Ursachen sein. Aber es wird auch um die Anreicherung ganz anderer Zonen unseres Wissens gehen: Um die Bebilderung unseres Erinnerns, um die sinnliche Sättigung unserer Blicke auf dieses Stück Natur, das erst in den jüngsten Jahrhunderten seinen Zeichencharakter verloren hat. Seit die Bäume nichts mehr bedeuten, seit sie nur noch *sind*, haben sie die Schutzenergien des Menschen eingebüßt. Die wenigen überlebenden Baumarten aus vormenschlicher Zeit finden wir unter zwei Bedingungen auf dieser Erde: entweder weil sie ihren Lebensgrund bis in jüngste Zeit nicht mit Menschen geteilt haben – wie das Land der Grannenkiefern in Nordamerika –, oder weil Menschen diese Bäume verehrt und geschützt haben, wie

* Die UNO-Organisation FAO für Ernährung und Landwirtschaft erklärte das Jahr 1985 zum ›Jahr des Waldes‹.

die Chinesen den Ginkgobaum, den wir heute zögernd wiederentdecken.

Unsere Aufmerksamkeit wird nur dann gewonnen, wenn wir mehr als nur Wissende sind: unsere Anhänglichkeit, unsere Zuneigung zum Objekt unseres Wissens muß lebendig sein, damit wir Lust am Einsatz unserer Kräfte haben. Wiewohl niemand es heute wagt, in einem kühnen Satz die Bäume als längst überflüssig zu erklären, so hat diese Abstinenz von jeder sonst üblichen Roheit mehr mit ideologischem Zartgefühl zu tun als mit Überzeugung oder Leidenschaft. Geht hier Unersetzliches verloren? Wer liebt ihn noch, den ›deutschen Wald‹? Wer spricht anders als in ironischen Parenthesen von ihm? Wer hat Umgang mit Bäumen? Viele von uns, und merkwürdigerweise viele mit diskreter Scheu. Naturbeobachtung gilt als überholt, nicht zeitgemäß, kleinbürgerlich, schrebergärtnerhaft. Die ältere Generation mag im Wald spazierengehen, mag uns bevormunden mit Baumkenntnis und Vogelrufanalysen. Der junge Mensch schwelgt ohnehin ungern offen; er ist als Schadensdiagnostiker schon lieber unterwegs; das ist fortschrittlich und hat nichts Sentimentales. In früheren Jahrzehnten waren diese Heranwachsenden um Gründe ihrer Abstinenz verlegen; heute haben sie welche, wenn sie dem Sonntagsspaziergang der Eltern ausweichen wollen. Daß tatsächlich Unersetzliches verlorengeht, läßt sich natürlich aus verschiedenen Expertenrichtungen beweisen. Der Biologe kann es ebenso schlüssig sagen wie der Forstwissenschaftler; die Klimaforscher stimmen zu und erhalten Flankenschutz von verschiedenen naturwissenschaftlichen Spezialisten. Die Laien mögen sich aus diesem Argumente-Vorrat bedienen – aber eigentlich wünschen sie sich Laien-Argumente, jenseits der Zahlen und Schadstoffwerte etwas Anschauliches, das man begreifen kann und fühlen.

Die Kapitel dieses Buches gelten diesem Wunsch. Menschen haben im Baum, seit sie mit Bäumen umgehen, ein Gleichnis des Lebens und seiner Gesetze gesehen. Sie haben sich selbst gefunden und die ganze Welt, sie haben aber auch die Überlegenheit gespürt, die den Baum in Zeit und Raum vom Menschen unterscheidet. Sein Blühen und Früchtetragen bot überirdischen Sehnsüchten Nahrung; seine aufgerichtete Stärke und Beständigkeit weckte Hoffnung. Der Baum, mit seinen ausgereckten Ästen vor dem wechselnden Himmel, glich dem Menschen oder seinem Haus, er drang in die Geheimnisse der Tiefe vor und schwang seinen Wipfel in den Raum des Himmels. Was immer die Völker von ihren Göttern geglaubt haben: es verband sich dem Baum. Ob wir archaische Fruchtbarkeitsreligionen oder den griechischen Mythos lesen, ob wir in Höhlenbildern zarte symmetrische Baumbilder entziffern oder die Genesis Israels und der Christen lesen: der Baum ist das mächtige, Anfang und Ende zusammenfassende Gleichnis, dem der Mensch sein Heil und Verderben zuordnet.

Wenn die Bäume uns in einem Augenblick zu Sinnbildern des Todes werden, da wir uns seit einigen Jahrhunderten abgewöhnt haben, in ihnen Sinnbilder des Lebens zu erkennen, so kann dies nicht ohne hinweisenden Sinn für uns selbst und unsere eigene weitere Existenz sein.

Kaum ein Bestandteil der Natur – es sei denn das Wasser, das in bedeutender Rolle bei dem Tod der Bäume mitwirkt – hat die Identifikationslust der Menschen so erregt wie der Baum. Wenn nun die Baumbestände den Menschen verlassen, so geschieht dies erst nach dem Verlust seines Gleichnisinteresses an ihnen. Längst sah er nicht mehr das Sinnbild seines Lebens in ihnen, auch wenn er noch ein paar schwächlich gewordene Gleichnisse in Sprichwörtern mitschleppt. Könnten die Energien, mit denen wir unsere Lage überdenken, nicht aufgeladen werden durch die Wiedererweckung unserer Anteilnahme an den inneren Bildern, die sich für unsere Vorfahren aus dem Baum entwickelten?

Deshalb ist dies, im Zeitalter der bilderbesetzten Köpfe, ein Buch ohne Bilder. Innere Bilder nähren sich nicht durch äußere Abziehbilder. Die Bilder in uns haften nur deshalb, weil sie in uns entstanden sind, aus Fühlen und Wissen, aus Sehnsucht und Anteilnahme gemischt. Dieses Buch will einige von diesen inneren Bilderreihen wieder lebendig machen, weil nur mit ihnen die Leidenschaft für den Kosmos, die heute im Modewort ›Engagement‹ verkümmert, wieder geweckt werden kann. Dabei steht der Baum für die Natur, ohne die der Mensch auf diesem Erdball nie überlebensfähig geworden wäre. In den nächsten Jahrzehnten droht er sie zu erdrücken durch seine Zahl – und durch den Leichtsinn, mit dem er seit Jahrhunderten als Räuber unterwegs ist.

Aber ihr, ihr Herrlichen! steht wie ein Volk von Titanen
In der zahmeren Welt und gehört nur euch und dem Himmel,
Der euch nährt' und erzog, und der Erde, die euch geboren.
Keiner von euch ist noch in die Schule der Menschen gegangen,
Und ihr drängt euch, fröhlich und frei, aus der kräftigen Wurzel,
Untereinander herauf und ergreift, wie der Adler die Beute,
Mit gewaltigem Arme den Raum, und gegen die Wolken
Ist euch heiter und groß die sonnige Krone gerichtet.
Eine Welt ist jeder von euch, wie die Sterne des Himmels
Lebt ihr, jeder ein Gott, in freiem Bunde zusammen.

Friedrich Hölderlin

1. Kapitel

Wüstenbäume, Himmelsbäume

Die Akazie, der Charakterbaum Nordafrikas, greift mit ihren Wurzeln achtmal so tief wie ihre Krone hoch ist: sie sucht nach Wasser. Auch dicht unter der Oberfläche des trockenen Landes streckt sie Wurzeln aus; wo diese auf Feuchtigkeit stoßen, krallen sie sich fest und ziehen den Baum langsam nach: Er wandert – auf der Suche nach dem lebenserhaltenden Wasser. Die Akazien der Sahara, Bäume der lebensabweisenden Trockenzonen, strecken ihre Wurzeln bis zu achtzig Meter tief in den wasserlosen Sand, um dort unten in fossiles Regenwasser einzutauchen: Vor Jahrzehntausenden hat es sich dort gesammelt, und der Baum, den wir als ein Lebenswunder in der tödlichen Wüste bestaunen, zieht seine Kraft aus einem längst vergangenen Erdzeitalter. Wenn wir nicht begreifen, daß er hier leben kann, so haben wir recht nach menschlichen Maßstäben: Wir könnten hier nicht leben, und der Baum kann es, weil er uns überlegen ist. Er greift in die Vorzeit hinab, die in der Tiefe schlummert und saugt sein Leben aus ihr.

Die Macht der Wüstenbäume spendet auch jenen Lebewesen Überlebensraum, die sich dicht bei ihrem Wachstumsplatz aufhalten: Ein Mikroklima entsteht im Schatten eines solchen Baumes; rund um seinen Stamm, im schützenden Schatten, wachsen Gras und Blumen. Hier findet Leben Schutz, als wäre es zu Gast bei der Überlebenskraft des Baumes. Hier kann auch der Nomade Zuflucht nehmen zur Rast; hier darf er hoffen, selbst Wasser zu finden; er wird Brunnen bohren, wo der Baum ihm Hoffnung signalisiert. Auch wo Bäume üppig und in verschwenderischer Menge gediehen, waren sie für die frühen Kulturen eine bedeutende Lebensmacht. Die Kelten in den Urwäldern Europas und die Maya im tropischen

Regenwald Mittel- und Südamerikas erreichten ihre hochkulturelle Blüte zu gleicher Zeit. So verschieden ihr Lebensraum aussieht, so ähnlich ist das Verhältnis beider Kulturvölker zum Wald. Das Leben der Menschen war abhängig vom Leben der Bäume, daher galt diesen Ehrfurcht und kultische Distanz. Das keltische Jahr ist nichts anderes als ein ›Baumjahr‹: Die Monate reichen von Vollmond zu Vollmond, und jede dieser Mondphasen hat ihren Namen von dem Baum, der eben blüht oder Frucht trägt. So entstanden dreizehn Monate mit wechselnden Tageszahlen zwischen 27 und 29. Nach der Wintersonnenwende (23. Dezember) beginnend, zählten die Kelten ihr Jahr aus Birke und Weißdorn, Esche, Erle und Weide, Hagedorn und Eiche, gefolgt von Stechpalme, Haselnuß und Rebe, Efeu, Schilfrohr und Holunder. So las man das Jahr vom Mond und den Bäumen.

Die großen Gestirne im Baum, steigend und fallend, Himmelslichter im Laub, sind ein großes mythisches Thema aller Völker geworden. Der griechische Mythos erzählt von Sonne und Mond; auch wenn wir in Odysseus – der sein Bett auf dem lebenden Stamm eines Ölbaums baut, eines Baumes, der seiner Schutzgöttin, der Athene, heilig ist –, nicht mehr den Sonnengott erkennen, so stammt er doch von diesem ab, und noch die Eva der Genesis ist, mit der Frucht in der Hand, die Nachfolgerin einer Mondgottheit am Baum mit der Schlange.

Die Schlange als Baumbewacherin findet auch Herakles vor, der vom Baum der Hesperiden die goldenen Früchte holen will. Da trägt Atlas die Himmelsachse, um die sich das Sternensystem dreht: Auch sie ist ein Baum bei vielen Völkern, an dessen Ästen die Sterne wie Früchte hängen. Beim Götterbaum mit den goldenen Früchten wacht im griechischen Mythos die Schlange, deren Name *Ladon* gleichlautet mit dem Namen des Flusses, der im Lande Arkadien fließt und an das Land der Hesperiden grenzt. Ein Götterland, über das die mythischen Erzählungen viel Widersprüchliches berichten. Daß aber die Früchte dort den Göttern gehören, daß sie niemals endgültig in die Hand der Menschen gelangen können, ist entschieden.

Die Schlange im Baum, die in der christlichen Genesis die Versucherin wird, schließt ihre Augen niemals. Die Hesperiden nennt mancher mythische Text Todesgöttinnen; ihr Gesang war verlokkend, ähnlich wie jener der Sirenen, vor denen Odysseus sich, am Baum des Mastes angebunden, schützen ließ. Ob Herakles die Schlange tötete – eine Vorausdeutung auf die Messiasprophetie der Genesis[1] – oder ob er den Atlas mit einer List die Früchte für sich pflücken ließ: Er erlangt sie zwar, aber er kann sie nicht für immer behalten. Die Vasenmaler haben auch diese Szene überliefert: Wie Herakles dem Zeus und der Hera die goldenen Früchte zurückgibt. Die Götterfrüchte kehren zurück zu den Göttern, die Schlange ist erschlagen. Die Hesperiden weinen und verwandeln sich aus Trauer in drei Bäume: Schwarzpappel, Ulme und Weide.

Bäume als Wächter des Himmels: Die Dombaumeister des Mittelalters zeigen im Astwerk der Fenster, im gebogenen Gezweig der gotischen Bogen nichts anderes als himmelhoch wachsende Bäume, gefügt zum steinernen Abbild. Die Dome der Gotik sind erstarrte Wälder; ihre Türme zusammengebundenes, schön geordnetes Geäst gegen den durchschimmernden Himmel. Die organisierte Natur preist den Schöpfer. Im Innern der Dome sind es Lauben, von Astwerk umrankt, die sich über uns wölben. Hoch oben öffnet sich der Baumgang dem Himmel: Die Deckengemälde späterer Jahrhunderte, des Barock, des Rokoko, öffnen den Raum in sein Blau, in den göttlichen Raum. Nicht von ungefähr war schon das Paradies gärtnerisch gepflegte Natur: Ein Garten. Spöttisch schreibt der Italiener Raffael im sechzehnten Jahrhundert an Papst Leo X. (1513–21), die deutschen Spitzbogen seien doch nur von Bäumen inspiriert, deren Äste, zusammengebunden, den spitzen Bogen ergäben.[2]

Auch das kultische Gerät in diesen Gotteshäusern scheint Raffael recht zu geben: Überall Ranken und Äste, das geweihte Gerät wird als vielfältiges Gewächs des himmlischen Gartens verstanden. So stolz Raffael den italienischen Rundbogen gegen diese Architektur der deutschen Wälder hält: Der große Leonardo da Vinci hat 1498 einen Raum im mailändischen Castello Sforzesco in eben dieser Manier ausgemalt: Die Wände des Raumes sind mit sechzehn Bäumen bemalt, deren dichtbelaubte Äste über die Decke hinwachsen und den Saal zur Laube machen. Kostbare gemalte Goldfäden durchziehen das Geäst und halten es zusammen – ein deutlicher Anklang an die bündelnden Seile der deutschen Baumpfeiler und Gewölbe-Äste.

So deutlich die Herkunft der gotischen Baumformen aus den Paradiesbildern der christlichen Tradition ist: Auch diese bedeutsame Form der Huldigung an den Schöpfer des Kosmos findet leicht ihren Weg in die weltliche Kunst und Architektur. Die Treppenhäuser französischer Paläste ähneln zur gleichen Zeit, da die großen Dome entstehen, Laubengängen; Gelehrte versammeln sich auf Gemälden bald ebenso selbstverständlich unter jenen Laubendächern, die Maria im Paradiesgarten umranken. Der Baum als Zeichen und der Baumgarten als göttliches Urbild für menschlichen Lebensraum: Beide hatten bereits eine lange Vorgeschichte, als sie ihr Erbe an Sinn in den christlichen Bedeutungszusammenhang mitbrachten.

Eine Welt, in der die Götter mitspielen, blieb das christliche Abendland mit seinem persönlichen Gott auch noch, als die Nymphen in den Bergen und Bäumen, in Lüften und Wasser verstummt waren – obwohl die Eichen von Dodona nicht mehr rauschten, um den Zeus anzukündigen. Auch die zur Schöpfung gewordene christliche Welt, die keine Baumheiligtümer mehr kannte, verehrte die Ordnung der Geschöpfe wenn nicht durch ihr Handeln, so doch in ihrer Vorstellung noch durch einige Jahrhunderte.

Naturraum für sich selbst, die alte Eiche, das Waldstück als Gegenstände des Malers, die liebliche Lichtung als Rastplatz für gemalte Wanderer und Ausflügler: Dieser Abschied von allen weiterweisenden Sinngebungen ist das erste Kapitel neuzeitlicher Baumgeschichte. Nun darf bewundert werden, was der Baum vor einem lichten oder düsteren Himmel ist; nun mag sich jeder nach dem Grad seiner Bildung und seiner Bedürfnisse Gedanken machen und Gefühle entwickeln: Die Welt der Sinnbezüge ist freigegeben. Folgerichtig entsteht nun alles nebeneinander: Nüchternes Nutzerdenken und träumerische Gleichnislust; schwärmerischer Umgang mit dem ›Natürlichen‹ und Abgrenzung des zivilisierten Menschen gegen die unberechenbare Natur – in ihm und um ihn.

Geschöpfzentriert ist unsere Welt im abendländischen Kulturbereich erst in den jüngsten Jahrhunderten geworden. Nun herrscht der Mensch, und er verfügt über die Natur in dem sicheren Wissen, daß sie für ihn da sei – nicht er mit ihr und durch sie.

Wo, in welchen immer selig bewässerten Gärten, an welchen
Bäumen, aus welchen zärtlich entblätterten Blüten-Kelchen
reifen die fremdartigen Früchte der Tröstung? Diese
köstlichen, deren du eine vielleicht in der zertretenen Wiese
deiner Armut findest. Von einem zum anderen Male
wunderst du dich über die Größe der Frucht,
über ihr Heilsein, über die Sanftheit der Schale,
und daß sie der Leichtsinn des Vogels dir nicht vorwegnahm und
nicht die Eifersucht
unten des Wurms. Giebt es denn Bäume, von Engeln beflogen,
und von verborgenen langsamen Gärtnern so seltsam gezogen,
daß sie uns tragen, ohne uns zu gehören?

Rainer Maria Rilke

2. Kapitel

Der Weltbaum

Aufragend in der Wüste, im Steppenland, sammelt der einzelne Baum alle Merkmale des Lebens: Er steht aufrecht, überragt alle anderen Lebewesen und verbindet Himmel und Erde. Den Wüstenvölkern früherer Kulturstufen erschien er daher als Garant und Schutzmacht für alles Leben. In der Erde wurzelnd, reichte er in Tiefen, die geheimnisvoll und unzugänglich blieben: die Unterwelt. In den Himmel greifend, schien er mit Kräften zu spielen, die in Götterraum oder Geisterreich führten.

Daß er Unten und Oben, Abgrund und Weltall verbindet, macht den Weltbaum zum Sinnbild von Leben und Tod, Tag und Nacht, Werden und Vergehen. Auch als Weltachse, *axis mundi*, ist der Weltbaum in den alten Kulturen gedacht worden, alle Sphären des Lebendigen durchragend. Der Opferpfosten altindischer Tieropfer wurde unter Beschwörungen aus fehlerfreien Bäumen ausgewählt. Beim Fällen des gewählten Baumes sprach ein Priester: ›Mit der Spitze spalte nicht den Himmel, mit der Mitte verletze nicht den Luftraum, vereinige dich mit der Erde!‹ Auch als Sonnen- und Mondbaum wird er verehrt: Antike Darstellungen zeigen einen Baum, dessen Hälften unter Sonne und Mond verteilt sind.[3] Die Sonnenseite gilt als die männliche, die Mondseite als weiblich. Sonne und Mond, so schien es, wurden im Baum geboren, wenn sie aus seiner Krone aufstiegen; der Baum verschluckte sie, wenn sie untergingen.

Die Volksdichtung der Jakuten erzählt von jenem Baum, der den Hungernden ›Speise des Lebens‹ gibt: ›Am gelben Nabel der achtekkigen Erde steht ein üppiger Baum mit acht Ästen. Seine Rinde und Knorren sind silbern, – die Blätter sind so groß wie eine Pferdehaut.

Aus dem Wipfel des Baumes fließt schäumend der göttliche, gelbe Saft. Wenn die Vorübergehenden davon genießen, werden die Müden erfrischt und die Hungernden satt.‹[4] Dieser heilige Baum bietet mehr als physische Nahrung; er verbindet die Erdmitte, den ›Nabel‹ mit dem Himmel und läßt die Menschen, die seinen Saft genießen, an dieser Verbindung teilnehmen. Die Völker im Altaigebirge berichten, daß dieser Weltbaum, eine Tanne, bis hinauf in das Haus eines Gottes reicht.[5]

Nicht allein die Lebenserfahrung der Menschen mit ihrem Rhythmus von Tag und Nacht, Geburt und Tod, Morgen und Abend, sammelt sich im Baum der Welt. Auch Zeit und Raum überspannt er, alle gefürchteten und bewunderten Gesetze des Kosmos hebt er in sich auf.

Eine der rätselhaftesten Varianten des Weltenbaumes ist jene, die ihn mit zwei Vögeln zeigt: kosmische Wesen, deren Bedeutung lange Zeit unklar war. Die vorgeschichtliche Kunst liefert uns zahlreiche Zeugnisse für diese zunächst unerklärliche Vorstellung früherer Kulturen: Ein ornamental gestalteter Baum, klappsymmetrisch mit zwei einander anblickenden, spiegelbildlich angeordneten Vögeln auf seinen Zweigen – oder rechts und links von seinem Stamm. In der Volkskunst hat sich dieses Motiv erhalten bis in die neueste Zeit. Stoffdrucke sind es vor allem, die heute noch mit diesem gestalterischen Element umgehen, ohne daß jemand dessen Herkunft und Bedeutung noch verstünde. Schon altindische Hymnen sprechen in Rätselworten von diesem Vogelpaar am Baum: ›Zwei schön geflügelte Vögel, zusammen geschirrte Freunde umschlingen einen gemeinsamen Baum; der eine von ihnen genießt die süße Pipallafrucht (Feige), nicht essend schaut der andere zu.‹[6] Die Frucht ist der Mond, wie die religionsgeschichtliche Forschung ermittelt hat[7], und die mythische Erzählung stützt diese Deutung, indem sie fortfährt: ›Auf welchem Baume die schön geflügelten, welche die Frucht genießen, alle sich niederlassen und nisten, an dessen Gipfel, sagt man, sei die süße Feige; diese kann niemand erreichen, der den Vater nicht kennt.‹ Es muß sich also um kosmische Vorgänge handeln, die man in der Hand einer Gottheit sieht. Der nicht essende Vogel könnte daher der Mond sein, der sich langsam verzehrt, um dennoch immer wiederzukommen. Während es mondlose Nächte gibt, erscheint kein Tag ohne Sonne; sie ist der essende Vogel. Ehe sich eine solche Deutung verstehen läßt, möchte man freilich mehr über diese sonderbaren Vögel am Baum wissen; denn auch die Bedeutung des Baumes scheint zunächst dunkel. Die Erzählung vom Baum mit den Vögeln ist keineswegs eine vereinzelte Erscheinung, und dies ist es, was neugierig macht.

›Im indogermanischen Sagenkreise begegnen wir oft dem Mythos von einem Baum und zwei auf oder neben ihm sitzenden Vögeln, an deren Stelle bisweilen auch andere Wesen treten. Die Barito, ein Dajakstamm, erzählen von zwei uranfänglichen Bäumen im Reiche der Götter; auf dem einen, Bunkin Sangalan, wohnten der Vogel Sinan und der ‹Flügelengel› Tambiran. Ein in den ‹Engelsfluß› gefallener Kugelsproß dieses Baumes verwandelt sich in eine Jungfrau, die in einem Baumblatte den Fluß hinabfährt und schließlich einen aus einem Baumstamm entstandenen Menschen findet, mit dem sie sich vermählt.
Bei den Batak begegnen wir dem Weltenbaum Jambubarus; unter ihm wohnen zwei Frauen, eine wägende und eine schreibende; die erste wägt die Worte des Tondi, der Mensch werden wollenden Seele, die zweite schreibt das Ergebnis auf ein Blatt des Jambubaumes nieder, und so fällt dann unveränderlich das Schicksal des Menschen aus.‹ [8]

Was die indische Mythenerzählung von den Vögeln sagt – einer aß, der andere nicht –, das kehrt in dem biblischen Genesis-Bericht über Adam und Eva wieder. Hier sind es die ersten Menschen, von denen einer die Frucht verzehrt, der andere nicht. Wir wissen, daß die Vorgängerreligionen des Christentums Astralkulte waren, Deutungen des Kosmos mit Hilfe der Himmelslichter und ihrer Rhythmen.

Der Baum und seine Frucht – der Baum auch, in dem das Himmelslicht Sonne oder Mond als Frucht leuchtet –, spielt für die Vorstellungen vom Anfang, von der Urmacht in den Frühstadien vieler Kulturen an ganz verschiedenen Plätzen dieser Erde eine dominierende Rolle. Auch die buddhistische Mythenwelt kennt solche Berichte vom Baum, unter dem nach der Verdunkelung des Mondes Wahrheit und Recht beraten werden. Die iranische Überlieferung erzählt von einem Vogel auf dem Baum ›Allsamen‹, jenem Inbegriff des Baumes, der aller Früchte Samen und damit alle Sorten von Frucht auf sich vereinigt. Dem Baum wachsen tausend Äste, wenn der Vogel sich erhebt, und ihm zerbrechen tausend, wenn der Vogel sich wieder niederläßt. Ein Baum mit vielen Schößlingen, so erzählt der persische Mythos, wuchs nirgends außer in den Gärten des Königs. Seine Wurzeln hatten die Kraft Gold, Silber, Erze und Steine an sich zu ziehen und festzuhalten; aus der Welt des Lebendigen holten sie Ziegen, Schafe und Vögel zu sich. Alexander der Große soll im Paradies, das er als einen Berg fand, zwei Bäume, Helios und Selene, angetroffen haben – was nichts anderes heißt als Sonne und Mond –, die ihm seinen Untergang voraussagten.

Von vielen Naturvölkern wissen wir, daß sie die Sterne als Seelensitze der Verstorbenen verstanden haben. Die Sterne als Früchte im Baum begegnen uns bis weit ins Mittelalter hinein und noch in der frühen Neuzeit, in den Planetenbäumen der Alchimisten. Zugleich war der Blick in den gestirnten oder wolkenüberzogenen Himmel, von Erwartungen und Furcht vor den Naturgewalten angereichert, Anlaß für Assoziationen, die das Ungreifbare da oben mit Eindrükken aus der greifbaren Welt zu deuten versuchten: Die Milchstraße wird so zum leuchtend verzweigten Himmelsbaum, an dessen Ästen glitzernde Sterne hängen, und die Wolkenbilder erscheinen getürmt wie die Wipfel riesiger Laubbäume, die in den wolkenreicheren Regionen dieser Erde wuchsen.

Das Wachstum hoher Bäume ließ deren Kronen immerfort vor dem hohen Himmel erscheinen; Wolken und Gestirne zogen so in den Baum hinein, glitzerten halb versteckt hervor, sanken und stiegen in seinem Laub, schlummerten in seinen Astgabeln. Kaum wird ein Zeitgenosse des späten zwanzigsten Jahrhunderts die Intensität und Hingabe der Naturbeobachtung weitentrückter Völker begreifen: Sie studierten mit allen Sinnen, was ihr Leben erhielt und bedrohte. Natur war ihr unerschöpflicher Gegenstand – und zugleich war ihre Kenntnis, Erfahrung mit ihr die größte Überlebenschance. Mit dem Menschen und seinem Seelenleben befaßten sie sich nur im Zusammenspiel mit Natur. Ihr jagten sie ab, was sie zu geben hatte; in ihr verehrten und beschworen sie, was sie nicht leicht gab, worum sie kämpfen mußten. Auch das Meer wird in die Vorstellungen vom kosmischen Baum einbezogen. Die vertikal gewölbte Milchstraße am Firmament, als kosmischer Baum aus dem Ozean aufsteigend, spiegelt sich in mythischen Erzählungen, die den Helden an den Ästen eines wunderbaren Baumes aufsteigen sehen, dessen Zweige bis ins Meer herabhängen. Seenotrettungen und magische Fluchtwege führen häufig in diesen Wunderbaum hinauf. Ein babylonischer Mythos macht diese Milchstraßengestalt des Baumes unmittelbar lesbar: ›In Eridi wächst ein schwarzer … Baum, er wurde geschaffen an einem lichten Ort. Seine [Zweige?] bestehen aus strahlendem Lasurstein, die sich über den Ozean erstrecken.‹[9]

Der Fruchtbaum mitten im Meer erscheint auch in einem Märchen aus Borneo. Die herabhängenden Zweige des Baumes berühren das Meerwasser. Der Held der Geschichte ersteigt den wunderbaren Baum, um seine üppig lockenden Früchte zu sammeln. Immer höher klettert er und reicht seinen Gefährten die Früchte hinunter. Schließlich ist er so hoch gestiegen, daß diese ihn nicht mehr erkennen können. Sie segeln reich mit Früchten beladen allein wieder fort. Odysseus ist auch einer von jenen Helden, die sich an den Zweigen eines Baumes aus dem Meer retten: Auf den Rat der Circe hin entflieht er so der Charybdis.

Nicht allein die Gestirne, auch die Vögel können die Seelen der Verstorbenen aufnehmen. Aus dem alten Ägypten kennen wir zahlreiche Darstellungen, die nicht anders zu verstehen sind.[10] Vögel bringen die Gaben des Heiligen Geistes auf zahlreichen mittelalterlichen christlichen Bildern; sie sind also auch hier noch Boten des Himmels.

Was aber meinen nun die beiden Vögel einander gegenüber am Baum, die wir auf schwer datierbaren Gefäßscherben und Knochenplatten aus den ersten Jahrhunderten unserer Zeitrechnung finden? Was meinen sie auf noch viel älteren, altbabylonischen Reliefs und assyrischen Zeichnungen, die auf Tonzylindern auftauchen? Und der Baum selbst: Auch er kann in diesen so geordneten, ornamental vereinheitlichten Bildern nicht einfach die Pflanze meinen, sondern er steht für umfassendere Vorstellungen.

Eine vorchristliche Zeichnung aus Spanien zeigt den Baum flankiert von zwei verzierten Säulen, die mit einem Bogen zu Torpfosten verbunden werden. Der zarte, einfach gefiederte Baum steht in der Tiefe dieses Tores und beschreibt den paradiesischen Ort.[11] Zwei

Schlangen winden sich schräg aufwärts zu den Säulen und geben mit ihren sanft geschwungenen Leibern zwei untere Dreiecksflächen neben den Säulen frei, in denen die Vögel stehen, rechts und links am Paradiesestor. Was die Vögel hier meinen, scheint Spekulationen überlassen. Deutlicher aber redet jenes Steinrelief, das die karthagische Himmelsgöttin Tanit zeigt, von einem Bogen überwölbt auf dem Himmelsberg thronend, Sonne und Mond in den Händen tragend wie schöne Früchte. Unter ihrem erhöhten Platz sind rechts und links die Vögel zu sehen, aufwärts fliegend zum göttlichen Weltberg. Der Berg, so meinen die Kunsthistoriker, tauscht oft den Platz mit dem Baum; oft meine der Berg geradezu den Baum oder vertrete eines das andere. Die Vögel am Baum finden wir aber ohne diese Erklärung noch auf zahlreichen Abbildungen. Vasen aus Zypern zeigen sie rechts und links von Bäumen, die einmal den Typus des Nadelbaumes, dann wieder eindeutig die Palme mit ihren feinen Wedeln darstellen.[12]

Die Bild-Anordnung mit dem Baum in der Mitte, von zwei Vögeln flankiert, erscheint auf vielen dieser Zeugnisse so vereinfacht, daß sie als Schema, als Kürzel erkannt werden muß: Hier liegt ein Sinnmuster fertig vor, das nur ›zitiert‹ wird, hingeworfen mit den notwendigen Strichen. Ein altbabylonischer Zylinder zeigt statt der Vögel ein Menschenpaar am Baume sitzend, die Gesichter einander zugewandt. Auf Zypern fanden sich Bilder, die antilopenähnliche Tiere rechts und links vom Baum äsend zeigen. Das altbabylonische Menschenpaar am Baum gibt aber tatsächlich deutlichere Auskunft, wie wir solche Gruppierungen zu verstehen haben. Die linke der beiden Figuren trägt nämlich ein großes Stiergehörn, die rechte ist von einer Schlange begleitet. Diese beiden Merkmale erklären die stierköpfige Gottheit als Sonnengott, die von der Schlange begleitete als Mondgottheit. Wieder weisen Zeichen auf Adam und Eva: das Menschenpaar am Baum, die Frau dem weiblichen Monde, der Mann der männlichen Sonne zugeordnet, und die Schlange auf der weiblichen Seite, hier sind sie in der mythischen Überlieferung vorgeprägt, aus der die alttestamentlichen Berichte ihre Ausdrucksmittel schöpfen.

Die zartgefiederten Bäume auf den erzählenden Bildern dieser alten Kulturen werden durch die Antilope, die den Mond darstellt, durch Sonnenrad und Schlange, die dem Monde – der Antilope – zugeordnet erscheint, mit dem Sonnenadler oder dem Hirsch, der ebenfalls der Sonne zugehört, zu Himmels- oder Weltenbäumen, auch wenn man nicht weiter den Forschern folgen mag als bis zu dieser unabweislichen Erfahrung: Der Baum erscheint immer wieder als zentrales Symbol auf solchen Bildern. Er sammelt die beiden Himmelskörper um sich, ob diese nun in Vogel- oder anderer Tiergestalt auftreten. Der Baum scheint ein Zitat für Welt, für Himmel und Erde; er ist Himmels- und Weltenbaum.

Daß die Vögel tatsächlich die großen Gestirne des Himmels vertreten, das Tag- und Nachtgestirn, Sonne und Mond, wird nun vollends deutlich in bronzezeitlichen Bildern[13], die den Baum auf einem Schiff zeigen, von zwei Sternen flankiert. Die Dioskuren, jene Zeuszwillinge Castor und Pollux, die den Seefahrern leuchteten, mögen uns in den Sinn kommen. Tatsächlich sind sie auf einigen dieser Darstellungen als menschliche Figuren mit Strahlenkränzen um das Haupt zu sehen. Das Schiff aber trägt einen Baum in seiner Mitte! Soll er auf die Herkunft des Mastbaums vom lebendigen Baum hinweisen?[14] Aber das Schiff ist auf diesen feinziselierten Bildern, die Rasiermesser zieren und in Felshöhlenbildern auftauchen, von lauter ornamentalen, zeichenhaft verkürzten Bildformeln umgeben. Auch der Baum ist streng symmetrisch; seine Krone schwingt in zwei schön gerundeten Hälften aus.

Wie kommt der Baum, der offenkundig lebt und wächst, mit voller Krone auf das Schiff? Vielleicht ist er doch wieder der schön geschwungene Himmelsbaum, und das Schiff bedeutet den Himmelsozean. Ob es zugleich Mond- oder Sonnenbarke ist, bleibt offen; immer mischen sich ältere mit hinzutretenden Bedeutungen, überlagern neue Deutungen die vergessenen oder nicht mehr verständlichen. In besonderem Maße sind wir, die späten Deuter, in der Lage von nicht mehr Verstehenden. Freilich dürfen wir die beiden Sterne, die den Schiffsbaum begleiten wie auf anderen Bildern die Vögel, als Sonne und Mond verstehen, denn sie sind verschieden groß und geben so einen deutlichen Hinweis auf das, was sie bedeuten. Aus dem ägäischen Raum haben wir eine feingeritzte Ringplatte, die den Baum in der Barke noch einmal als lebenden Baum bekräftigt: Hier trägt er Früchte![15] Vollends deutlich macht ein kretischer Sarkophag die Zusammenschau von Baum und Himmelsozean mit Sonne und Mond: Das Steinrelief dieses Sarkophags zeigt eine baumartige Pflanze mit großen Blättern, von Fischen umschwebt, und zwei große, als Kreise mit feinen Strahlen geformte Gestirne. Diese wenigen Zeichen beschreiben formelhaft das Ganze der Welt. Der Weltenbaum im Blau aus Ozean und Himmel; Sonne und Mond als lebensbestimmende Gestirne.

Mircea Eliade berichtet von einem umgekehrten Weltbaum, *arbor inversa*, den altindische Schriften vorstellen: ›Nach unten richten sich seine Zweige, oben befindet sich seine Wurzel. In uns mögen die Strahlen befestigt sein.‹ Dieser Baum verkörpert das Reine, den ›Nicht-Tod‹. ›Alle Welten ruhen in ihm.‹ Das arabische Mittelalter wußte über Plato zu erzählen, daß er den Menschen einem umgekehrten Baum verglichen habe: die Wurzeln zum Himmel, die Äste gegen die Erde gewendet. Der Islam weiß von einem ›Baum des Glücks‹, dessen Wurzeln in den höchsten Himmel hinaufragen, während seine Zweige die Erde berühren.[16] Auch bei den Lappen findet sich dieser umgekehrte Baum als ein Sinnbild der Welt. Zu Ehren eines Vegetationsgottes graben sie einen jungen Baum mit allen Wurzeln aus und stellen ihn auf, so daß die Wurzeln gen Himmel ragen und der Wipfel auf dem Erdboden ruht. Der lappische Gott Veralden olmai, dessen Name ›Weltenmann‹ bedeutet, führt als Wahrzeichen den gedrehten Baum, dessen Wipfel in die Erde versenkt wird; der aufragende Stamm wird mit Blut bestrichen.[17] Australische Stämme bestreichen die Wurzeln eines umgekehrten, mit der Krone eingepflanzten Baumes mit Menschenblut, um den Baum dann anzuzünden.

Dantes ›Göttliche Komödie‹ macht dieses schwer verständliche Bild vom umgekehrten Baum dem späten Mittelalter bekannt. Der Dichter vergleicht dort die himmlischen Sphären mit der Krone eines Baumes, dessen Wurzeln nach oben weisen. Die Blätter des Baumes verwelken nie, er trägt immer Früchte. Die Wurzeln im Göttlichen, die Früchte zur Erde hinabhängend, scheint dieser Baum zu erklären, was mit der Wendung von Krone und Wurzeln in umgekehrte Richtungen gemeint ist: Die Wurzeln saugen nun im Raum der Götter ihre Lebenskraft, Blattwerk und Früchte des Baumes, die sich dem Menschen zuwenden, sind daher unvergänglich.

Die Kultgewohnheiten der älteren Völker scheinen aber einen andern Sinn im umgekehrten Baum zu suchen. Die ostsibirischen Schamanen überliefern auch Menschengesichter, dicht über den Wurzeln in Baumstämme eingeschnitten, so, daß die Wurzeln des Baumes das Menschenhaar darstellen. Ist mit dem umgekehrten blutbestrichenen Stamm bei den Opferriten also der Mensch gemeint? Das Auf-dem-Kopfe-Stehen als Ausdruck des Todes? Es könnte sich dann um eine Opferung handeln, in welcher der Baum den Menschen darstellt. Die Verbrennung, die bei einigen Völkern auf diese Darstellung folgt, würde dafür sprechen.

Vielleicht aber handelt es sich beim Aufrichten der Wurzeln nach oben, gen Himmel, wo die Götter vermutet werden, auch um den Versuch, die verkehrte Welt auf die Füße zu stellen: Ihre Nahrung käme nun vom Himmel, durch die Wurzeln, in die Zweige, die im Irdischen blühen und Früchte tragen. Auf der Insel Ceram erzählt man sich diese Geschichte: Die Sonne (Tuwale) zeigt dem Knaben Haumala in der himmlischen Welt einen Baum, an dem kopfüber viele Fledermäuse hängen. Die Sonne erklärt dem Knaben: ›Diese alle sind Menschenseelen.‹ Das ägyptische Totenbuch und Sarginschriften der Ägypter sprechen von der Furcht, in der Unterwelt auf den Kopf gestellt zu werden. Unter dem Kopf von Mumien, die dem Neuen Reich entstammen, findet sich vielfach der ›Spruch zur Verhinderung des auf dem Kopf Gehens in der Unterwelt‹.[18] Die Symbolsprache alter Kulturen zeigt deutlich, daß die Drehung um 180 Grad als die Wendung vom Tod zum Leben gedeutet wurde – oder vom Leben zum Tode, wie die römische Bezeichnung ›vertere‹, ›wenden‹ für die Eroberung einer Stadt zeigt. Ägyptische Formel für Fülle und Leben ist der liegende Halbmond oder Kreisbogen, wie ein Kahn gestaltet. Das Totenschiff dagegen zeigt mit den aufgebogenen Spitzen nach unten; es ist das verkehrte Lebensschiff.

Die Edda, Sammlung altnordischer Götter- und Heldenlieder, erzählt vom Weltbaum Yggdrasil, einer riesigen Esche, ›umhüllt von hellem Nebel; von dort kommt der Tau, der in die Täler fällt. Immergrün steht sie am Urdbrunnen, dem Wasser des Schicksals.‹ Yggdrasil überschattet die Erde; auf ihrer Krone ruht das Himmelsgewölbe. Felszeichnungen der skandinavischen Bronzezeit zeigen Hirsche, die an den Knospen der Weltesche äsen. Das Heiligtum der Götter, so berichtet die jüngere Edda (um 1220), befindet sich hier. Die Götter halten jeden Tag Gericht am Weltbaum, dem größten und schönsten aller Bäume. Drei Wurzeln tragen ihn, und drei Quellen entspringen an seinem Fuße: die Wasser von Werden, Gedächtnis und Schicksal. Die Herkunft dieses Weltbaums scheint zurückzugehen auf jene Sage der Wikingerzeit, nach der die Götter, auf einer Wanderung am Meer, die Bäume Askr und Embla fanden, aus denen sie Menschen schufen. Die Heiligkeit der Bäume führte zur Verehrung von Schutzbäumen der Höfe und Kultstätten, die nun über sich hinauswiesen zu einem einzigen Baum, der im Mittelpunkt der Welt gedacht wurde: die Esche Yggdrasil, ein kosmisches Bild für die heilige Stätte der Götter und das Universum. Alle Welten durchragen die Wurzeln dieses Baumes in die Tiefe, und sein Geäst breitet sich über das gesamte Reich des Lebendigen.[19]

Die Vorstellung vom Weltbaum, der die ganze Erde überschattet, mischt sich, wie wir sahen, mit jener vom Weltberg: Baum und Berg verbinden sich oder sind austauschbar. Das Aufragen verbindet beide. So kann der Weltkreis, vom Weltmeer umflossen, die Dreiteilung der Welt vorstellen: unter der Erdoberfläche die Unterwelt, über der Erde der weite Luftraum, überwölbt vom Himmel. Im Zentrum einer solchen Weltlandschaft, wie sie eine alte Handschrift zur Apokalypse darbietet[20], steht der stilisierte Baum wie ein Riesenornament, neun Äste nach der einen, sieben nach der anderen Seite ausbreitend. Dieser Weltbaum gehört bereits in die christliche Vorstellungswelt; ein Engel hält vom Himmel herab ein griechisches Kreuz in sein Astwerk. Die sechzehn Äste entsprechen den elf Heiligen und den fünf Engeln, die diesen Weltbaum umgeben: Der Erdkreis im Schutz der Windengel, eine Vision der Apokalypse, die noch Albrecht Dürer, Jahrhunderte später, mit einem Baum dargestellt hat, der nun aber deutlich als Baum des Lebens bezeichnet ist.

Die Offenbarung beginnt mit dieser bildkräftigen Vision das siebte Kapitel: ›Und darnach sah ich vier Engel stehen auf den vier Ecken der Erde, die hielten die vier Winde der Erde, auf daß kein Wind über die Erde bliese noch über das Meer noch über irgendeinen Baum.‹[21] Ein weiterer Engel steigt auf und ruft noch einmal: Erde, Meer und Bäume sollen nicht beschädigt werden. Der Baum gehört also zu der Trias, die den Erdball charakterisiert: Das Erdreich, das Wasser, der Baum. Ein hochgotisches Werk mit Darstellungen zur Apokalypse zeigt die mittelalterliche Vorstellung der Miniaturmaler zu diesem dramatischen Text. Die vier Winde erscheinen hier als Köpfe, denen die Engel den blasenden Mund zuhalten. Der Weltkreis ist aufgeschichtet in der Fläche mit seinen drei Sphären: Erde, Meer und Luft. Wenn vom sturmbewegten Meer die Rede ist, so denkt der Christ des Mittelalters – wie schon jener der Frühkirche! – an das Lebensschiff auf diesem Meer, an das Schiff der Kirche, das gute Fahrt hat, wenn die Winde nicht ungezügelt toben. Das Schiff auf den Wellen des Mittelfeldes trägt daher ein zartes Kreuz hoch oben über seinem Wimpel.[22]

Der Weltbaum nun durchragt die drei Sphären: Im Erdreich wurzelnd, überschneiden zwei Bäume die Wellenbänder, die das Schiff tragen, und fächern ihr Blattwerk im Himmel auf. Die beiden Seiten des Weltenbaumes: Sonnen- und Mondbaum, wie sie schon in der Antike erscheinen, Lebens- und Todesbaum, femininer und maskuliner Baum erscheinen hier aufgeteilt unter zwei Bäume, die den Dualismus alles Lebendigen, wie ihn der Mensch erfährt, ausdrükken.

Ein griechisches Märchen gibt dieser Vorstellung vom Zwiefachen des Weltbaumes Ausdruck: Alexander der Große, so heißt es, besuchte in Indien ein Heiligtum, das von gepflanzten Bäumen umgeben war. Unter diesen Bäumen fielen ihm zwei besonders ins Auge, weil sie fast bis zum Himmel ragten. Sie hatten Ähnlichkeit mit Zypressen. Einer dieser Bäume war männlich, der andere weiblich. Der Name des männlichen Baumes, so erzählt das Märchen, war Sonne, für die Inder Mithra; der Name des weiblichen Baumes lautete Mond – die Inder sagten ›Mao‹.

Zweierlei Bäume des Lebens: Der Paradiesgarten der Genesis taucht vor unserem Blick auf. Einer von den zwei Bäumen im Garten wird der ›Baum des Lebens‹ genannt, von dessen Früchten freilich Adam und Eva nicht mehr pflücken können: Das Paradies wird hinter ihnen verschlossen. Im Weltbaum der jüngeren Edda-Dichtung des Snorri Sturluson scheint er gegenwärtig, der Paradiesbaum.[23] Im Sinne der Heilsbotschaft, die in der Genesis-Erzählung ihr erstes Kapitel hat, sind die Bäume im Garten, jener der Erkenntnis und der Lebensbaum, nicht nur Träger einer großen Tradition von Baum-Mythen, sondern Ausgangspunkt einer Kette von Gleichnissen, ›Weltenbäume‹, weil sie der christlichen Welt zu Zeichen des Heils werden.

Untergang und Errettung kommen im Bild des Baumes; daher verwundert es nicht, auch das Kreuz Christi, das vom guten Baum des Genesisgartens hergeleitet wird, schon im zweiten Jahrhundert nach Christus als Weltenbaum beschrieben zu finden. Nicht von ungefähr; denn im Alten Testament, im vierten Kapitel der Schriften des Propheten Daniel, wird er tatsächlich beschrieben, der Weltenbaum. Der mächtige König Nebukadnezar von Babylon (dessen Regentschaft von 605 bis 562 vor Christus dauerte) berichtet dem Propheten Daniel von einem Traum, der ihn erschreckt hat. Im Mittelpunkt dieses Traumrätsels steht ein riesiger Baum.

Nebukadnezar ist der Eroberer Jerusalems (597); zehn Jahre später zerstört er die Stadt. Für das judäische Volk beginnt die Babylonische Gefangenschaft. Nebukadnezars Ausbau der königlichen Residenz sollte der Gipfelpunkt seiner Machtansprüche werden: Als Turmbau zu Babel ist diese Baugeschichte in das Alte Testament eingegangen.

Dieser Eroberer und König nun erzählt den Sterndeutern und Wahrsagern vergeblich jenen Traum, der ihn umtreibt. Schließlich trägt er sein Traumbild dem Daniel vor, der ›den Geist der heiligen Götter hat‹, so daß ihm ›nichts verborgen ist‹, wie Nebukadnezar einleitend sagt. Auf Daniels Deutung richten sich seine Hoffnungen. Also berichtet er:

> ›Siehe, es stand ein Baum mitten im Lande, der war sehr hoch. Und er wurde groß und mächtig, und seine Höhe reichte bis an den Himmel, und er breitete sich aus bis ans Ende der ganzen Erde.
>
> Seine Äste waren schön und trugen viel Früchte, davon alles zu essen hatte; alle Tiere auf dem Felde fanden Schatten unter ihm, und die Vögel unter dem Himmel saßen auf seinen Ästen, und alles Fleisch nährte sich von ihm.
>
> Und ich sah ein Gesicht auf meinem Bette, und siehe, ein heiliger Wächter fuhr vom Himmel herab;

der rief überlaut und sprach also: Hauet den Baum um, und behaut ihm die Äste, und streift ihm das Laub ab, und zerstreuet seine Früchte, daß die Tiere, so unter ihm liegen, weglaufen, und die Vögel von seinen Zweigen fliehen!

Doch laßt den Stock mit seinen Wurzeln in der Erde bleiben; er aber soll in eisernen und ehernen Ketten auf dem Felde im Grase und unter dem Tau des Himmels liegen und naß werden, und soll sich weiden mit den Tieren von den Kräutern der Erde.

Und das menschliche Herz soll von ihm genommen und ein viehisches Herz ihm gegeben werden, bis daß sieben Zeiten über ihm um sind.

Solches ist im Rat der Wächter beschlossen und im Gespräch der Heiligen beratschlagt, auf daß die Lebendigen erkennen, daß der Höchste Gewalt hat über der Menschen Königreiche, und gibt sie, wem er will, und erhöht die Niedrigen zu denselben.‹[24]

Der Baum, so erklärt nun Daniel dem König, ›das bist du‹. Deine Macht, fährt der Traumdeuter fort, reicht bis an den Himmel und bis ans Ende der Welt. Ein Machtgleichnis also ist der gewaltige Baum. Er bedeutet die Machtfülle des Königs, nicht sein Reich. Der Wurzelstock, von dem im zwölften Vers gesprochen wird, deutet auf das Reich Nebukadnezars, von dem Daniel nun sagt: ›Dein Königreich soll dir bleiben, wenn du erkannt hast die Gewalt im Himmel‹ (Vers 23). Tatsächlich wird der König zu den Tieren auf dem Felde verstoßen, er liegt ›unter dem Tau des Himmels‹ wie der Baumstamm im Traumgleichnis, er wird den Tieren ähnlich: ›Sein Haar wuchs so groß wie Adlersfedern und seine Nägel [wurden] wie Vogelsklauen‹ (V. 30). Er nährt sich von Gras wie die Ochsen (V. 30).

Das Baumgleichnis öffnet seinen Sinn auch von diesen Bemerkungen her: Der gedemütigte Mensch lebt wie ein Tier; er entwikkelt Merkmale, die zur Tierwelt gehören, weil er aus der Welt der Menschen verstoßen ist. Wie der Baumstamm im Gras, der dem Tau und dem Regen ausgesetzt ist, so wird der entmachtete König ein Teil der nichtmenschlichen Natur. Die Wurzeln des Baumes, die noch fest im Erdreich verankert sind, setzen für den aufragenden

Stamm des Baumes das Zeichen der Hoffnung. Das Versprechen neuen Lebens und neuer ›Herrlichkeit‹, wie der König später sagt (V. 32), tritt im Bilde des wurzelnden, seiner Krone beraubten Baumes auf. Es stammt aus vorjüdischer Tradition.

Daß die Hoffnung auf immer neues Leben im Wurzelwerk des Baumes schlummert, dieses Wissen könnte bei den rätselhaften Kultbildern mit der *arbor inversa*, dem umgekehrten Baum, mitspielen. Wenn die verborgene Quelle des Lebens ins Licht gehoben wird, gen Himmel gerichtet, dann wird sie den Mächten zugewendet, die für das Wachsen und Gedeihen verantwortlich sind. Da der ausgegrabene Baum nun tot ist und nie mehr Frucht tragen wird, kann man an eine Opferung denken. Wird dieser geopferte Baum mit Menschenblut bestrichen, so vertritt er offenkundig den Menschen, wie in vielen anderen Gleichnissen auch. Wie reich die jüdisch-christlichen Schriften an solchen Baumgleichnissen sind, weiß jeder Kenner der beiden Testamente. Welche Überzeugungsmacht die Bilder und Symbole um den Baum als Lebensmacht für die Wüstenvölker gehabt haben, zeigt sich daran, daß die heilsgeschichtliche Zusage selbst, das Versprechen auf einen Messias hin, im Sinnbild des Baumes redet.[25]

Auch eine weitere Untergangsprophetie des Alten Testaments, jene des Propheten Hesekiel für das assyrische Reich, kleidet sich in das Baumgleichnis. Hier ist es ein Zedernbaum, der die Macht und den Reichtum des Herrschers von Assur darstellt. Welche Ehrfurcht dem starken, viele Menschengenerationen überlebenden Baum in den schattenarmen, heißen Ländern der Erde gilt, davon zeugt die poetische Schönheit und Ausführlichkeit solcher Schilderungen. Der Baum erhält eine Welt von Tieren, er schützt den Menschen und nährt ihn, er schont den Ermüdeten durch seinen Schatten.

Auf diesen Erfahrungen beruht die Gleichniswahl: ein starker Baum, so erschien es den Wüsten-Nomaden, das ist mehr als ein Mensch; der Baum ist überlegen, weil er das Wasser aus der Tiefe holt, den Vögeln Nistplätze gibt und Nahrung; der Baum überdauert und steht hochaufgerichtet als ein Weg- oder Zufluchtszeichen in der Wüste: Oasen melden sich mit Bäumen beim Wanderer. In Hesekiels Gleichnis-Mahnung an den König von Assur zeigen lebensvolle Bilder die Vitalität der Eindrücke, die von Bäumen ausgingen.

Die Herrlichkeit des Pharao gleicht der eines Zedernbaumes, sagt Hesekiel. Die Zedern des Libanon: Sie machten schon die Phönizier im Handel mit den Ägyptern reich. Zeder an Zeder gedieh am Libanongebirge; das Holz ist witterungsfest und zum Bauen von Häusern wie von Schiffen geeignet. Die gewaltigen Steinblöcke der Pyramiden wurden auf Rollen aus Zedernholz befördert. Das Harz der Zeder benutzten die Ägypter zum Einbalsamieren ihrer Toten; es imprägnierte auch Schriftrollen und Särge. Der reiche König Salomo baute zwischen 965 und 926 in Jerusalem den Tempel mit Libanonzedern. Ein gewaltiges Heer beförderte die Zedernstämme vom Libanongebirge in die Stadt. Der phönizische König Hiram erhielt von Salomo Öl und Weizen für seine Zedern. Da der Tempelbau mehr als zwanzig Jahre dauerte, mußte Salomo, um seinen Zahlungsverpflichtungen nachzukommen, zwanzig Städte in Galiläa an Hiram abtreten. Die römische Flotte wurde ebenfalls aus diesen festen Zedernhölzern erbaut; Kaiser Hadrian (117–138 nach Christus) sicherte sich den Nachschub an Schiffsbauholz durch einen Bann über die Wälder des Libanon.[26] Auch das Schmelzen von Kupfer verschlang viel Zedernholz; die Schmelzöfen des Libanon wurden schließlich mit weit entfernten, bis zu sechshundert Kilometer herantransportierten Zedern beheizt.

Nun läßt sich besser verstehen, was Hesekiel sagen will mit diesem Satz: Die Herrlichkeit des Pharao gleiche der eines Zedernbaumes. Wasserströme umfließen seinen Stamm, und der Leser sieht sich an die Bäume im Paradiesgarten erinnert, die von Wasserläufen umgeben sind. Der herrschaftliche Baum des Ägypterkönigs wird nicht zufällig mit diesen Anklängen an den ersten Garten der Schöpfungsgeschichte ausgestattet: Er ist der Weltbaum, der alle ›lustigen Bäume‹, wie Luther übersetzt, mit Neid erfüllt. Eva hatte bei den Verlockungen der Schlange gedacht, der Baum der Erkenntnis sei ein ›lustiger Baum‹, auch hieran werden wir jetzt erinnert. Der Überbaum, unter dem der gesamte Kosmos Schutz und Nahrung findet, erscheint bei Hesekiel in einer Paradiesesvision: ›Er war so schön wie kein Baum im Garten Gottes.‹[27] Die Pracht eines Königreiches: Sie war es auch, die den allerersten Garten, in dem Adam und Eva unter dem Schutz ihres Schöpfers lebten, auszeichnete. Der Weltenbaum des Hesekiel erklärt dem weit entfernten Zuschauer aus dem zwanzigsten Jahrhundert, warum dieses Gleichnis für lebenserhaltende Macht, der Baum, so verführerisch sein mußte für Völker, die nur Trockenheit und Dürre, Schattenlosigkeit und Staub kannten: ›Alle Vögel des Himmels nisteten auf seinen Ästen, und alle Tiere im Felde hatten Junge unter seinen Zweigen; und unter seinem Schatten wohnten alle großen Völker.‹[28] Schöner als alle Bäume im Garten Gottes, so sagt Gott selbst, den Hesekiel zitiert, über diesen Riesenbaum, der die Welt überspannt.

Der Umschlag kommt ohne große Ankündigung: ›Sein Herz erhob sich.‹ Schon bei Daniel ging die Faszination des Gleichnisses von diesem plötzlichen Sprung in die menschliche Realität aus: Kein ›wie‹ verbindet mehr die Gleichnisbilder, sondern der Baum *ist* der Mensch, sein Blätterdach unter den stolzen Zweigen *ist* des Menschen Macht, seine Vitalität *ist* das Reich, über das ein Mensch gebietet. Der Hochmut des Pharao führt zum augenblicklichen Sturz der Weltenbaumpracht, obwohl der Schirmherr dieses Baumes der Gott des ersten Baumgartens gewesen ist.

Die Vision des Hesekiel ist ein Spiegel der Paradiesesgeschichte aus dem ersten Buch Mose: Entfaltung der Lebensfülle und Übermut des Menschen, der diese Pracht verwalten soll. ›Fremde‹, ›Tyrannen‹, Ungläubige und Andersgläubige plündern nun den Baum. Das Gleichnis kehrt in die Bildersprache des Weltenbaums zurück, nachdem der Umschlag des Schicksals kurz umrissen wurde. Ich, sagt der zornige Gott, gebe den König nun preis wegen seines ›gottlosen Wesens‹, ›... daß Fremde ihn ausrotten sollten, ... und ihn zerstreuen, und seine Äste auf den Bergen und in allen Tälern liegen mußten, und seine Zweige zerbrachen an allen Bächen im Lande; daß alle Völker auf Erden von seinem Schatten wegziehen mußten, und ihn verlassen; und alle Vögel des Himmels auf seinem umgefallenen Stamm saßen, und alle Tiere im Felde sich legten auf seine Äste ...‹[29] Nun plötzlich wird klar, was zuvor mit dem Vergleich zu den Paradiesesbäumen gemeint war: ›so schön wie kein Baum in Gottes Garten‹ zu sein, schon dies war mehr als der Gott über den Garten zulassen konnte. Denn nun folgt das Fazit. Die Zerstörung des Baumes gleicht der Vertreibung von Adam und Eva aus dem Paradies: ›auf daß sich kein Baum am Wasser seiner Höhe überhebe ... kein Baum am Wasser forthin hich erhebe über die andern; denn sie müssen alle unter die Erde, und dem Tod übergeben werden wie andere Menschen, die in die Grube fahren.‹[30]

Die Parallele zwischen Baum und Mensch war offenbar für die Zuhörer so selbstverständlich, daß ohne einen Zusatz herüber- und hinübergewechselt werden kann: Der Baum ist der Mensch, und der abgehauene Baum ist der Mensch, der ins Verderben geht. Nicht nur in den Tod, sondern in die Verdammnis. Und der Gott selbst, der dieses Urteil auslöst, läßt die Natur, die den Baum genährt hat, um seinen Untergang trauern. ›So spricht der Herr, Herr: Zu der Zeit, da er hinunter in die Hölle fuhr, da machte ich ein Trauern, daß ihn die Tiefe bedeckte, und seine Ströme stillstehen mußten, und die großen Wasser nicht laufen konnten; und machte, daß der Libanon um ihn trauerte und alle Feldbäume verdorrten über ihm.

Ich erschreckte die Heiden, da sie ihn hörten fallen, da ich ihn hinunterstieß zur Hölle ...‹

Die ›lustigen Bäume‹ gönnen ihm seinen Absturz, weil sie selbst hinunter müssen zur Hölle: denn sie hatten ›unter dem Schatten seines Armes gewohnt‹. Die Verschmelzung der Metaphern zeigt, welche Macht der Baumvergleich für die wandernden Stämme Kleinasiens hatte: Im Schatten eines Armes Schutz finden wie unter den Zweigen eines Baumes – ein Bild, das die Überlebensbindung zwischen Mensch und Natur voraussetzt, um in solche dramatischen Zusammenhänge zu passen, die von Stolz und Untergang, von Leben und Tod, von Glück und Höllenqual berichten.

Wie weit wir von diesem Erlebnis abgetrennt sind, das wird nicht nur durch die geographischen Entfernungen und Klima-Unterschiede beschrieben. Der Daseinszusammenhang zwischen Mensch und Baum ist in der abgeleiteten Welt unserer Gedanken und unserer Phantasien zerrissen. Wir denken nicht mehr in Bildern, daher kann nicht einmal im Bilde der stolze Baum, der einer Gruppe von Lebewesen, Tieren und Menschen Wohnung, Nahrung und Schutz bietet, seine Würde behaupten, die ihn zum Gleichnis des menschlichen Lebens machen könnte.

Auch die Kunstwerke des Zweistromlandes, aus dem die Überlieferungen des Alten Testamentes zu uns kommen, lassen uns im Bilde des Weltbaumes lesen, welche Macht die kostbaren Wüstenbäume in den Vorstellungen der wandernden Völker entfalteten. Um 2300 vor Christus muß jene Schale in Susa entstanden sein, deren äußeres Rund den mächtigen Bison, Sinnbild der Fruchtbarkeit, unter dem Weltenbaum gelagert zeigt. Mit Schuppenornament überzogen wölbt sich ein steiler Berg, der den symmetrisch stilisierten Nadelbaum trägt. Sein Samen, den er über die Welt streut, verbirgt sich in schön geformten Zapfen auf allen Zweigen. Die altägyptische Religion, deren Spuren auch die christliche Überlieferung deutlich zeigt, hat einen Baum- und Pflanzenkult von großem Reichtum gepflegt; Leben und Tod des Menschen verlangten nach Sinnbildern, die sich in der Vegetation und im Reich der Tiere anboten. Die philosophischen Geheimnisse des ägyptischen Menschenbildes und der Götterwelt des alten Nillandes können nur von Spezialisten ergründet werden. In den Gärten der Reliefs und Fresken freilich kann auch der Laie spazierengehen, um zu erfahren, welche Verklärung der Baum erfährt, wenn er als Lebensmacht gesehen wird.

Das philosophisch geprägte religiöse Denken der altindischen Kultur überliefert uns ebenfalls diese Vorstellung: Das Weltsystem gleiche einem Baum, der an seinem Fuße den Tieren und Menschen Schatten spendet, mit seinen fruchttragenden Ästen in den Himmel reicht und dies alles aus einem Kraftzentrum nährt, von den Wurzelspitzen bis in die hohen Verzweigungen der kleinsten Äste ein einziger Lebenszusammenhang, der Erde, Luft und Himmelsraum verbindet.

In der Offenbarung des Johannes, jener Vision vom Weltgericht, erscheint der Weltenbaum, von dem schon das Alte Testament berichtet, noch einmal in einer düsteren und dramatischen Szenerie. Als das sechste der sieben Siegel vom Lamm aufgetan wird, ereignet sich ein ›großes Erdbeben, und die Sonne ward schwarz wie ein härener Sack, und der Mond ward wie Blut; und die Sterne des Himmels fielen auf die Erde, gleichwie ein Feigenbaum seine Feigen abwirft, wenn er von großem Wind bewegt wird‹.[31]

Der Lichterbaum, mit Sternen behangen, den wir in vielen Darstellungen späterer Jahrhunderte finden, ist hier ein Himmels- und Weltbaum von kosmischen Dimensionen. Das Himmelsgewölbe wird als das Dach seiner Zweige gedacht, die nun das riesige Erdbeben schüttelt: Ihre Früchte fallen ab. Die Sterne als Früchte des

Himmelsbaumes sind wohl nicht von ungefähr Feigen. Der Feigenbaum erscheint an zahlreichen Stellen des Alten und Neuen Testamentes und wird von einigen Forschern für einen der Paradiesesbäume gehalten.[32]

Wenn wir in der Genesis lesen, wie die Aufgaben der Himmelslichter beschrieben werden, so wird deutlich, daß der Sturz dieser Lichter herab vom Himmelsgewölbe die Revision des Schöpfungsaktes bedeutet. Denn die Lichter waren geschaffen, um die Zeitlichkeit zu ordnen: mit Tag und Nacht, Tagen und Jahren (1. Mose 1,14).

Der Baum ist es, der das Bild für die Trennung des Menschen vom paradiesischen Bezirk gab, und der Baum erscheint wieder, wenn es um die Auflösung des ersten Schöpfungsaktes geht, die viele Prophezeiungen vorausgesagt haben. Wie die Reiche und die irdische Macht im Bilde des Baumes in Nebukadnezars Traum erscheinen, so ist das gesamte Weltreich, der Erdball, in der apokalyptischen Vision als ein Baum geschaut, der das Himmelsgewölbe mit seiner Krone rundet.

O Bäume Lebens, o wann winterlich?
Wir sind nicht einig. Sind nicht wie die Zug-
vögel verständigt. Überholt und spät,
so drängen wir uns plötzlich Winden auf
und fallen ein auf teilnahmslosen Teich.
Blühn und verdorrn ist uns zugleich bewußt.
Und irgendwo gehn Löwen noch und wissen,
solang sie herrlich sind, von keiner Ohnmacht.

Rainer Maria Rilke

3. Kapitel

Der Baum des Lebens

In jenen Zonen unseres Erdballs, wo Klima und Boden den Baum zu einer Kostbarkeit machen, an der das Überleben der Menschen hängt, ist jeder lebendige und fruchtbare Baum nicht weniger als ein ›Baum des Lebens‹. Aus diesen Erfahrungen alter Kulturen, die vom Baum fast alles nahmen, was zu Leben, Wohnen, Wärmen und Essen notwendig war, kommt die Vorstellung vom Baum des Lebens in gemäßigtere Klimazonen, in Religionen, die sich, nach Jahrtausenden, schließlich nur noch dunkel an die elementare Vorstufe der längst abstrakt gewordenen Vorstellung erinnern: Daß ein ›Baum des Lebens‹ – und des Todes! – nicht nur zeichenhaft für das menschliche Leben steht, sondern als ›Überlebensbaum‹ seine ganz konkrete Vorgeschichte hat.

Ob es uns Nachfahren gelingt, die Ursprünge genau ins Auge zu fassen, ist fraglich. Was wir aber über die Bäume des Lebens im Alten Orient, in den altindischen Kulten, in Persien und im Zweistromland, in der ozeanischen Inselwelt wissen, das läßt die Paradiesbäume der Christen und die elysischen Gefilde der Griechen als einen Nachklang vorgeschichtlicher Fakten erkennen: je mehr sich die Abhängigkeit der Menschen verteilte auf verschiedene Nahrungsquellen, desto weiter konnte der Baum abgerückt werden in die Welt der inneren Bilder, der kultischen Gleichnisse und Rätsel, in denen viele Realien der natürlichen Welt bis heute ein symbolisch und metaphorisch angereichertes Leben führen, dessen Wurzeln in der Alltagserfahrung der ältesten Vorfahren moderner Kulturen liegen.

Der Baumkult der Germanen ist deshalb von ganz anderer Qualität als jener der Wüstenvölker auf der südlichen Halbkugel, weil nicht das Erlebnis des Einzelbaumes und seiner ängstlich erwarteten Früchte, sondern das Walderlebnis im Vordergrund stand. Der heilige Hain der Griechen klärt uns darüber auf, daß das heute von Touristen als wohltuend oder enttäuschend verkarstet erlebte Griechenland im klassischen Altertum weit größere Baumbestände hatte als heute. Der Einzelbaum nun, die Palme zumal, macht das Baumerlebnis der Wüstenvölker aus. Das alte Ägypten freilich berichtet in seinen Wandmalereien und Reliefs, auch in den Hieroglyphenfragmenten, die wir heute bestaunen, von vielfältigen Bäumen, die im fruchtbaren Bezirk um den Nil gediehen.[33]

Bei den ägyptischen Kulthandlungen und im Alltagsleben ist der Baum schon weit mehr als nur die Pflanze, die das Überleben sichert. Zwar zeigt die Verehrung der Natur – auch der Blumen und Tiere! – im alten Ägypten die Spuren enger Verbundenheit des Menschen mit dieser, aber der Baum steht nicht im Zentrum der Überlebenssicherung. Tod und Leben sind dennoch, durch die Baumgöttin Isis, eng mit dem Baum verbunden. Daß der Lebensbaum nur die Tagseite des Todesbaumes ist, läßt sich im ägyptischen Kult deshalb besonders gut ablesen, weil sich hier ausdrücklicher als in anderen alten Religionen alle Sorgfalt der Lebenden dem Tode und den Toten zuzuwenden scheint. Isis, die in den Gräbern der Neuen Dynastie als die Baumgöttin auftritt, spendet Wasser, Nahrung und Schatten – alles, was der Verstorbene braucht, um in ein anderes Land hinüberzuwechseln. Ihr Baum ist meist die Sykomore, der Maulbeerfeigenbaum mit feigenähnlichen Früchten.

Weit mächtiger als die Pflanzenwelt, deren Vielfalt uns überliefert ist, war für die Vorstellungswelt der Ägypter das Tier. Blumen und Früchte, Palmwedel und Getreide, die blauen Flachsfelder und die Papyrusdickichte der Nilufer tauchen zwar auf vielen Darstellungen auf; die göttliche Macht aber, das Geheimnis des Lebens und die Dämmerung des Todes werden von Tiergottheiten bevölkert und bewacht.

Aus den tropischen Gebieten unserer Erde zeigen viele Überlieferungen, daß die Palme den Charakter eines Lebensbaumes zunächst im vordergründigen Sinne hatte: Die Dattelpalme taucht in vielen Text- und Bildzeugnissen auf; sie wird von vielen Forschern als einer der beiden Paradiesbäume der christlichen Genesis angesehen, und zumindest im christlichen Mittelalter begegnet uns die Vorstellung, es habe sich bei dem Baum des Lebens im Garten Eden um eine Dattelpalme gehandelt.

Im alten Babylon ist die Dattelpalme ganz offenkundig in höchst veredelter Form kultiviert worden. Ihre Heimat war nicht das Zweistromland, aber die Dattelkulturen der Babylonier beeindruckten den griechischen Geschichtsschreiber des vierten und dritten Jahrhunderts vor Christus, als er nach der Schlacht von Kunaxa den Rückzug von zehntausend Söldnern zum Schwarzen Meer leitete: ›Hier aßen die Soldaten zum erstenmal Palmenmark, Palmkohl (die Blätterknospe des Baumes). Der Palmbaum, aus dem das Mark herausgenommen wird, verdorrte gänzlich.‹[34]

Die Heimat der Dattelpalme ist Arabien. Sie verbreitete sich von dort in den Osten, Norden und Westen. Im neunten Jahrhundert vor Christus wurde die Dattelpalme den Griechen bekannt. In der Odyssee findet sich der erste Hinweis auf sie, ein bemerkenswerter Vergleich des Odysseus, als er die heilige Palme auf Delos gesehen hat, wohl die einzige, die ihm auf seinen Fahrten begegnet ist: Diese Palme kommt ihm in den Sinn, als er die schöne Nausikaa sieht, Tochter des Phaiakenkönigs Alkinoos.

›... noch nie habe ich so eines gesehen mit den Augen, weder Mann noch Weib, heilige Scheu faßt mich, wenn ich dich ansehe. Ja, in Delos habe ich derart einst am Altar des Apollon den jungen Stamm der Palme aufsteigen sehen – auch dorthin nämlich kam ich, und es folgte mir viel Volkes auf dem Wege ... – und ganz so, als ich auch jenen sah, war ich starr vor Staunen in dem Herzen, lange – denn noch nie war ein solcher Schaft emporgestiegen aus der Erde –: wie ich vor dir, Frau, verwundert bin und starr bin und mich gewaltig fürchte, deine Knie zu berühren.‹[35]

Der König Theseus schmückt nach seinem Sieg über den Minotaurus die siegreichen Wettkämpfer eines Kampfspiels zu Ehren des Sonnengottes Apollon mit Zweigen dieser Palme. Die Palme als Siegeszeichen hat ihren langen Weg durch die Kulturgeschichte vielleicht damals begonnen. Auch die Münzen von Ephesos und Kreta, von Euböa zeigten über lange Zeit die Palme auf ihren Prägeflächen.

In den Griechenkolonien Unteritaliens begann der Weg der Dattelpalme nach Rom. Titus Livius, römischer Geschichtsschreiber um die Zeitenwende (59 v. Chr. – 17 n. Chr.) berichtet, der erste Palmbaum sei im römischen Reich 291 vor Christi Geburt gepflanzt worden, und zwar zu Ehren des Apollo in dessen Hain in der Hafenstadt Anthium, die heute Porto d'Anzio heißt. Es dauerte noch zweihundert Jahre, bis die griechischen Datteln auf dem römischen Markt erschienen – sie hießen übrigens ›dactyli‹, aus dem aramäischen und hebräischen *Dekhle* und *Dikhla*, was die wogenden Bewegungen der Palmen im Wind der Wüste bezeichnete. Um 756 wird im Park von Cordoba die erste Dattelpalme auf spanischem Boden gepflanzt. Die Mauren waren es, die damit ihre Kultur in Spanien begründeten. Und die Sarazenenheere brachten sie wieder nach Unteritalien und Sizilien, wo das Palmsonntagsfest zur Erinnerung an Christi Einzug in Jerusalem mit palmwedelgeschmückten Häusern gefeiert wurde.

Die dichteste Verbreitung fand aber der Baum nach Westen: Die Phönizier brachten wahrscheinlich die erste Dattelpalme ins nordafrikanische Karthago – um sechshundert vor Christus. Sie erscheint bald schon im Wappen der noch jungen Stadt. Ägyptische Wandgemälde zeigen uns, daß man die Dattelpalme nicht nur kannte, sondern über Kulturen des Baumes verfügte: Als Toten-Nahrung unter den Grabbeigaben finden sich Datteln, und gefällte Palmen zeugen auf Felsmalereien in den Gräbern von Beni Hassan von großzügigen Möglichkeiten, über den Baum nicht nur als Nahrungsquelle zu verfügen. In Nordafrika setzt die Sahara der Verbreitung eine entschiedene Grenze, aber die regenarmen Gebiete in der Nordhälfte Afrikas, auf den Kanarischen Inseln und den Kapverdischen Inseln, in Arabien und Vorderindien waren ihre Verbreitungsgebiete.

Die Vergöttlichung eines solchen Baumes, der auf vielfältige, fast vollständige Weise das Überleben der Menschen sichert, ist leicht verständlich. Der wolkenlose Himmel und das Spiel der Palmzweige mit der auf- und untergehenden Sonne erzeugt auch in den Vorstellungen der Menschen, deren Lebenssicherung um diesen Baum kreist, die Idee vom Lichtgott und dem Baum des Lebens. Dieser Baum stellt also zunächst nicht etwas dar, sondern er *ist* alles das, was ein Lebensbaum sein muß: Die Dattelpalme liefert neben ihren Früchten Bauholz und Hüttendächer, Zaunmaterial aus ihren Blattrippen, Reiser und Ruten, Seile, die im Seewasser besonders dauerhaft sind; sie liefert das Material zu Schuhen, Matten und Decken, Körben und allerlei Hausgerät wie Bürsten und Besen. Der abgestorbene Bast des Palmstammes dient zum Feuerzünden. Ein Baum des Lebens ist die Dattelpalme für die frühen Kulturen auch deshalb gewesen, weil sie das menschliche Leben abbildete in ihrer Zweigeschlechtlichkeit: Männliche und weibliche Bäume – übrigens in einem sehr ungleichen Verhältnis: auf hundert weibliche ein männlicher Baum – gehören zusammen. Hundert bis zweihundert Fruchtansätze hat ein weiblicher Baum, der männliche aber etwa zwölftausend gelbliche Blüten. Schon im Altertum sorgte man für die künstliche Befruchtung der Bäume: Die noch knospigen Blütenstände der männlichen Bäume wurden zu den weiblichen Blütenrispen gebracht. Wind und Insekten besorgen die Bestäubung.

Hundert Pfund Datteln liefert jeder Baum in jedem Herbst. Im Sand vergraben, halten sich gepreßte Datteln ungefähr zwei Jahre: der einzige haltbare Karawanenproviant. Unreif gepflückte Früchte waren zur Lagerung bestimmt, die reifen wurden vom Baum, gekocht oder roh, verzehrt. Gepreßt liefern die Datteln ein gehaltvolles Brot, Honig läßt sich aus ihnen gewinnen – und natürlich der Palmwein und Branntwein. Der Palmwein als Reisegetränk wurde schon von Herodot bei den Babyloniern um 460 vor Christus gefunden. Auf ihren Schiffsreisen den Euphrat hinunter führten sie Palmwein mit. Die griechischen Soldaten bekamen von diesem ungewohnten süßen Getränk heftige Kopfschmerzen. Plinius meint, auch die unvergorene Dattel bereite diese Beschwerden.[36]

Alexander von Humboldt, der um die Wende vom achtzehnten zum neunzehnten Jahrhundert seine großen Erkundungsreisen nach Mittel- und Südamerika unternahm, hat die Dattelpalme als den ›Weinstock‹ der Tropen bezeichnet.

Wahrlich ein Baum des Lebens, der nicht nur die Alltagsgeräte und die tägliche Nahrung, sondern auch den Rausch liefert: Respekt und Verehrung mußte sich auf solche Bäume richten. In großen Zusammenhängen zu denken, lernten die Menschen der alten Kulturen auch durch den Lebensrhythmus dieses Baumes: Im sechsten bis achten Jahr blüht die junge Dattelpalme zum erstenmal.

Aber es dauert bis zu ihrem zwanzigsten Jahr, bis man die erste Ernte einholen kann. In den nun folgenden fünfzig Jahren nimmt der Baum jedes Jahr an Fruchtbarkeit zu, die Ernte wird immer üppiger. Nach dem achtzigsten Lebensjahr werden die Ernten geringer; die Dattelpalme hat ein Leben von etwa hundert Jahren. Sie stirbt ab, und neue Bäume aus Schößlingen vom Wurzelhals der weiblichen Dattelpalme sind unterdessen erwachsen geworden.

Die Parallelen zum menschlichen Leben, das ebensoviel Geduld erfordert, mögen sich aufgedrängt haben. Daß der Baum an Lebensjahren den Menschen übertraf, machte seine Überlegenheit aus; er war der Versorger des Menschen, seine Lebenskraft war die dauerhaftere. Als ältesten Namen der Dattelpalme finden die Forscher das unscheinbare Wort ›EL‹, was bedeutet ›der Starke‹ und zugleich: Gott. Schlank und sehr hoch, bis etwa vierzig Meter, ragt der Stamm auf, im Alter sich biegend, mit der Krone aus immergrünen Palmwedeln, die glänzend in der Sonne schwingen, im Wind wie ein Riesenschopf in eine Richtung gesträubt werden, kraftvoll in ihrer Elastizität.

Die vielfachen Überschneidungen der schmalen, drei und vier Meter langen Palmblätter vor dem Himmel, das Blitzen der Sonne, des Mondes und der Sterne zwischen ihren bewegten Fächern hat weniger als ästhetisches Spektakel die frühen Beobachter beeindruckt: Dies war der Baum, um den sich der Lebensbedarf auch in der Vorstellung sammelte. Er war deshalb schön und voll Würde, weil er für den Menschen unentbehrlich war. Der von weit hergereiste Abenteurer Odysseus schon zeigt mit seinem wunderschönen Frauenvergleich[37] die freiere Schau eines Unbeteiligten, den nicht Alltags-Assoziationen an den Baum binden. Er rühmt die Gestalt des Baumes zweckfrei und damit freigesetzt zum ästhetischen Genuß.

Wie weit sich das reine Wohlgefallen am edlen, biegsamen Baum bei seinen Nutzern Bahn brechen konnte, ist von heute aus schwer zu beurteilen. Die Touristenromantik jedenfalls, die den Palmbaum, windglänzend bewegt, heute auf Reiseprospekten zeigt, lebt von ganz anderen Assoziationen. Mit Ehrfurcht mag die Betrachtung der wirklichen Palme am Reiseziel dann manchen ›Naturliebhaber‹ erfüllen – den aber schon dieser Titel als Kind einer gänzlich anderen Welt ausweist, als es jene antiken Wüstenkulturen waren.

Selbst wenn wir den Eingeborenen begegnen, die immer noch Hütten mit Palmwedeln decken – zuweilen nur für unsere Kameras –, Palmhonig schlürfen und ihre Palmseile mit Steinen hartklopfen: Wir erblicken verklärt und damit eigentlich inhuman, was hier nüchterner Alltag ist. Wir erlauben uns sogar luxuriöse Sehnsüchte in die Welt dieser Menschen, deren Lebensbilder und Gedanken wir nicht kennen wollen, um nicht unsere romantische Distanz zu ihrem Leben einzubüßen, das uns ein Gastspiel, im Grunde ein Voyeurserlebnis wert ist.

Wer die kulturhistorische Vergangenheit der Dattelpalme – als eine Geschichte nicht des Baumes, sondern der menschlichen Kultur mit diesem Baum – auch nur in diesen Stichworten kennt, der müßte zum vollen Anschauungsgenuß des Baumes kommen, wenn er in tropischen Ländern auf seine schlanken Konturen vor dem blanken Himmel sieht: Ein Baum, der Überlebensenergien vor Jahrtausenden schon geliefert hat; ein Baum, der jeweils ein ganzes Jahrhundert lebt und Früchte trägt, während Menschen kommen und gehen.

Was in den Sinnbildern des siebzehnten und achtzehnten Jahrhunderts noch lebt von dieser Kraft der Palme, während in jenen Texten und Holzstichen häufig Menschen von ihr reden, die niemals eine Palme gesehen haben, das spiegelt die Vitalität der alten Berichte. Dem Palmbaum wurde zugesprochen, was der Mensch durch ihn erreichte: der Sieg über den Tod, der Triumph des Lebens. Sie ist auch als der Baum des Friedens in die abendländische Geschichte der Zeichen und Bilder eingegangen. In den älteren Kulturen hat der versöhnende Charakter des lebensrettenden Baumes sicherlich seine Bedeutung bereits gehabt, da über die Kräfte des Baumes die Aussöhnung mit einer feindlichen Natur geschah.

Die Dattelpalme überwand die Gesetze von Leben und Tod durch ihre ständige Selbstverjüngung. Selbst ein abgehauener Baum trieb aus seinem Wurzelstock viele neue Schößlinge, die sein Leben am gleichen Ort fortsetzten. Auch dem Feuer widersteht dieser Baum länger als alle anderen; er brennt nicht hell auf, sondern entwickelt starken Qualm wegen seines im Stamm gespeicherten Saftes. Dattelpalmen bleiben so oft nach großen Bränden als die einzigen Bäume zurück, die, geschwärzt und vom Feuer gezeichnet, weiterhin Früchte tragen.

In der Palmen-Oase, ob sie nun in Ägypten oder dem heutigen Libyen, in Syrien oder Palästina mit ihrem Hain zum Verweilen einlud, fanden sich die Hirten zusammen, um Schatten zu finden; hier wurde das große Erntefest unter schnellerrichteten Hütten von Palmzweigen gefeiert – ein Fest, das Vorbild des israelitischen Laubhüttenfestes gewesen sein könnte, denn dessen hebräischer Name bedeutet ›Einsammlungsfest‹.

Offenbar gab es in diesen Palmenwäldern einen zentralen Gottesbaum, an dem Gericht gehalten wurde und bei dem Verfolgte Zuflucht fanden. Die Münzen der Phönizier und ihrer Kolonien in Judäa und Syrien zeigen verschiedene Palmenmotive: im Schatten der Palme, im wörtlichen wie im übertragenen Sinne, entfaltete sich das Leben. Der Schutz der Palmenkulturen spielte deshalb auch für zahlreiche kriegerische Auseinandersetzungen seine Rolle, und die Entschlossenheit eines Gegners wurde daran gemessen, ob er solche Anpflanzungen zu verteidigen habe oder nicht. Herodot zum Beispiel ist der Meinung, daß sich die Nomaden vom Kaukasus und vom Schwarzen Meer, von den Osthängen des Himalaya deshalb nicht den Herausforderern, den Persern stellten, weil sie keine Palmenkulturen zu verteidigen hatten. Der Palmenstamm mit seinem fächerförmig aufstrebenden und sich wölbenden Wipfel ist das Vorbild für die Säulenarchitektur. Die Kulthäuser der verschiedensten Religionen bilden so, bis tief in die spätgotische abendländische Architektur, in ihrer Raumordnung aus Säule, Kapitell und Bogen den schattenspendenden Baum nach.[38] Noch die ionische Säule läßt deutlich erkennen, daß sie ein vom Palmbaum abgeleitetes Bau-Element ist. Die Stilisierung der heiligen Bäume, wie sie uns die assyrischen und babylonischen Ornamente zeigen, werden in den folgenden Jahrhunderten spielerisch verändert und symmetrisch ins Zeichen übersetzt, so daß häufig der Palmencharakter des dargestellten Zierwerks kaum noch erkennbar ist.

Die Durchsetzungskraft des Palmen-Motivs als Bild für den Lebensbaum ruht neben der mächtigen Ernährerin Dattelpalme sicherlich auch auf der in Ozeanien und an Südamerikas Küsten, in den Ländern des tropischen fernen Ostens verbreiteten Kokospalme. Ihre Früchte mögen, von Insel zu Insel schwimmend, die Verbreitung des Baumes mit erklären: Sie sind von einer Fettschicht überzogen, die das Wasser abwehrt. Die ersten Bewohner der asiatischen Inselwelt könnten bereits grünende Kokospalmenwälder angetroffen haben, die ihre Landnahme möglich machten. Dies gilt jedenfalls für viele kleine Eilande, die nichts außer dem Baum und seiner Frucht, seinem Holz und seinen Blättern zu bieten haben.

Vielleicht hat schon in vorhistorischer Zeit die Kokospalme ihre Wipfel an den Küsten Mittel- und Südamerikas gewiegt. Die Forschung zählt die palmenartigen Gewächse zu den seit sechzig Millionen Jahren, seit dem Neozoikum, auf unserer Erde verbreiteten. Die Kokospalme ist unter diesen Gewächsen eines der ganz wenigen, die sich bis auf unsere Tage kaum verändert haben. Bezeugt ist das Vorkommen der Kokospalme für Asien – durch Sanskritnamen – schon dreitausend bis viertausend Jahre vor uns.

Ein Lebensbaum war die Kokospalme zunächst für unzählige Belange des Alltags: Ihre Blätter finden ähnliche Verwendung wie die der Dattelpalme; eingerollt taugen sie den Eingeborenen noch zu Fackeln. Die Fasern der Fruchthülle, jene Kokosfasern, die auch modernen Europäern des zwanzigsten Jahrhunderts noch in Gebrauchsgegenständen vertraut sind, wurden zu Matten, Besen, Tauen und Riemen verarbeitet. Die harte Schale der Frucht regt den Drechsler an, und das Holz des Baumes wird hart und widerstandsfähig, wenn er fünfunddreißig Jahre alt ist. Kokosöl und Viehfutter werden aus der großen Nuß gewonnen, ihre Milch ist durststillend, und das reife Fruchtfleisch der Nüsse dient zur Nahrung. Aus den Blütenkolben wird ein Saft zu Palmzucker oder zu Palmwein verarbeitet. Auch der Stamm liefert diesen Saft, der zu Rohzucker kristallisiert werden kann. Die Aussaat der Palme ist einfach: gekeimte Samen treiben nach kurzer Zeit, und schon im siebten Jahr bringt der Baum Früchte. Auch die Kokospalme lebt neunzig bis hundert Jahre. Sie bringt vier bis fünf Ernten im Jahr, pro Ernte bedeutet das etwa zehn bis fünfzehn Nüsse.

Bäume des Lebens: Wegen ihrer Vielseitigkeit und ihres Fruchtreichtums müssen diese Bäume den ersten Bewohnern ihrer Verbreitungsgebiete als Inbilder des Lebendigen erschienen sein. Die Mythologie der Babylonier, der Assyrer und anderer Völker weiß bereits von Bäumen, die für das Leben selbst stehen. Da der Baum auf den Menschen bezogen, als sein Ernährer oder als der Verweigerer von Gaben erlebt wird, hat er Macht, deren wohltätige Variante der Mensch auf sich lenken möchte. Seine Ehrfurcht vor den einzelnen Bäumen im Wüstenklima, vor der Oase als einer wunderbaren Sammlung solcher Kräfte war deshalb aus Furcht und Zutrauen gemischt. Die Semiten in Vorderasien hatten deshalb einen Lebensbaum am Kultort des Gottes Ea, dem geheimnisvollen Eridu: Er überschattet den Ozean, Eas Reich.[39] Der Baum bewacht das Reich der Gottheit. Daß Leben von ihm ausging, wußte man aus eigener Alltagserfahrung. Diese Erfahrung zu überhöhen und die Lebenssicherung dem Gott anzuvertrauen, der über den Baum gebietet, entsprang auch der engen Verbindung von Alltag und Kultus. Ausgeliefert an das erhoffte Regelmaß der Ernten, wollten die alten Kulturvölker ihren Lebensrhythmus im göttlichen Bezirk gespiegelt und aufgehoben wissen.

Sicherlich hatten solche Verehrungsformen auch den Charakter der Beschwörung; der verehrte Baum des Lebens stand für alle anderen Bäume, die in den Oasen tief unten im Boden nach Wasser suchten. Nicht von ungefähr entspringen an Lebensbäumen, ob in den vorchristlichen Kulten oder in der Genesis des Alten Testaments, die Wasser des Lebens. Nur im Zusammenwirken von Pflanze und Wasser war das menschliche Leben zu sichern.

Babylonische Siegelzylinder zeigen in vielen Varianten den Lebensbaum mit den Lebensfrüchten, von Genien bewacht. Auch in den Palästen des alten Assyrien erscheinen diese Bilder: adler- oder menschenköpfige Genien, die als Hüter eines Heiligtums verstanden werden können, tragen Früchte vom heiligen Baum in den Händen, andere wieder tragen Gefäße, in denen die religionshistorische Forschung heiliges Wasser vermutet.[40] Altassyrische Palastwände zeigen häufig Reliefs von geheimnisvoller Verschlüsselung, die in den Umkreis des Lebensbaumes gehören müssen: Baumgewächse, deren Blattwerk und Wuchs ornamental stilisiert ist, werden zu beiden Seiten von bekleideten Figuren in die Mitte genommen, Mischwesen mit Menschenfüßen und Menschenhänden. Auf ihrem Rücken wachsen fein ziselierte Schwingen, von denen eine gehoben, die andere gesenkt ist – wie viel später bei manchem Engel an den Fassaden französischer und deutscher Dome. Entsprechend der Haltung ihrer Flügel, haben diese Wesen eine Hand emporgehoben bis zu den obersten Fruchtständen des Baumes; die andere hält am gesenkten Arm ein kleines Gefäß, das einem Korb oder Tragebecher gleicht. Die aufgehobene Hand hält einen Pinienzapfen (oder einen anderen Blütenstand?) und berührt mit diesem die Blüten des stilisierten Baumes.

Ein großes Adlerauge, ein gebogener Schnabel, Kopfschmuck und Haargelock machen das Wesen zu einem respektgebietenden, vornehmen Rätselgeschöpf. Die aufgerichtete schlanke Gestalt strahlt trotz der merkwürdigen Mischung der Wesensmerkmale eine ernste Feierlichkeit aus. Unschwer erkennen wir in diesem Befruchtungsritus jene Methode wieder, die für die künstliche Bestäubung der Dattelpalme in den frühen Kulturen bekannt war und heute noch so praktiziert wird.

Diese Wandreliefs sprechen eine deutliche Sprache. Die Sicherung der Fruchtbarkeit des Baumes war ein heiliges Geschäft, weil sie in das Lebenszentrum der Menschen gehörte, die vom Dattelpalmbaum abhängig waren. Der bestäubende Mensch, so erkennt man jetzt auf dem feingegliederten Relief, verbirgt sich unter einer übergestülpten Adlerkopfmaske und trägt die großen Flügel an Gurten umgeschnallt. Sie gehören als rituelles Kostüm zu seiner weihevollen Handlung. Das Tier der Lüfte, ein Raubvogel, leiht dem Genius seine Gestalt: Kam der handelnde Mensch im Raum der Natur so näher an die Daseinsform des außermenschlichen Lebens heran? Gelang es im Raubvogelkleid besser, den Baum zu beschwören? Ist dieses Kleid Versteck oder Steigerung der eigenen Kraft? Denn die Wipfel der Palmen wiegen sich im Wind, wo der Adler wohnt.

Die sumerische Überlieferung kennt einen Vegetationsgott, Dumuzi, der in Gestalt des Lebensbaumes verehrt wird. Der griechische Mythos erzählt dann die Geschichte vom halbgöttlichen Herakles, der aus dem fernen Westen die Früchte des Hesperidenbaumes herbeischaffen muß. Ein Vasenbild aus Unteritalien, entstanden im vierten Jahrhundert vor Christus (Neapel, Nationalmuseum), klärt uns darüber auf, welcher Art dieser Baum ist und wie seine Früchte beschaffen sind. Die goldenen Quitten oder Äpfel im Garten der Götter, den die Töchter des Atlas, die Hesperiden, hüten, sind die Sterne am Himmelsbaum, der in der Milchstraße erblickt wurde. Ein Lebensbaum kann dieser Baum deshalb genannt werden, weil der Götterbezirk die Unsterblichkeit umschließt.

Hier durchdringen sich die Bilder vom Weltenbaum und dem Baum des Lebens. Atlas, der die Weltkugel auf seinen Schultern trägt, wird in jenem Vasenbild aus dem vierten Jahrhundert gezeigt mit dem gestirnten Gewölbe des Himmels auf seinen Schultern. Die Sterne also soll Herakles vom Himmel holen; die Früchte vom Baum der Götter sind die Himmelslichter, die die Welt regieren. Auch mit der biblischen Genesis-Erzählung berührt sich diese Geschichte. Der Hesperidenbaum ist einer der zahlreichen Vorläufer der christlich-alttestamentlichen Variante von Paradiesbäumen, die Unsterblichkeit und Erkenntnis, Leben und Tod vermitteln.

Welches Erbe in der Genesis-Erzählung zusammenfließt, läßt sich auch ablesen an den bildlichen Darstellungen, die der Geschichte vom Garten mit den Bäumen in den ersten nachchristlichen Jahrhunderten gelten. Da taucht sie tatsächlich wieder auf, die Dattelpalme, an die sich uralte Erfahrungen banden, die sie zu einem Baum des Lebens machten. Eine prächtige, früchtebehangene Dattelpalme im Paradiesgarten zeigt ein Steinrelief am Konstantins-Sarkophag im Mausoleum der Kaiserin Galla Placidia in Ravenna. Das Relief entstand im fünften Jahrhundert. ›Der Gerechte wird grünen wie ein Palmbaum‹, sagt der 92. Psalm, ›er wird wachsen wie eine Zeder auf dem Libanon‹.

Auch zur Geburt Christi gehört in verschiedenen römischen Sarkophag-Reliefs die Palme: Sie steht in der Nähe des offenen Verschlages, unter dem der Korb mit dem Christuskind steht. Ein Steinrelief aus dem ersten Drittel des vierten nachchristlichen Jahrhunderts, das den Deckel eines Sarkophags schmückt, zeigt die Palme dicht neben einer Stütze, die das Dach des Stalls trägt; auch diese Stütze ist ein Baumstamm mit flüchtig gestutztem Astansatz.[41] Der Geburtsort hat außer den beiden Tieren, dem Korb mit dem Kind und dem gestützten Dach des offenen Stalls kein Beiwerk zu bieten. Die Palme reckt sich breit mit den beiden stilisierten Fächerhälften ihrer Krone neben dem Stall auf. Sie ist hier als Lebensbaum zu verstehen, der die Zeichen von Sieg und Frieden mitbringt, wie es den römischen Christen aus der Tradition der Siegespalme vertraut war. Ein zerbrochener Sarkophag-Deckel aus demselben Zeitabschnitt ist uns ebenfalls erhalten und wiederholt das Palmenmotiv: Hier steht die Palme zwischen Maria und Josef, die neben dem Stall ausruhen.[42] Beide Geburtsszenen sind verbunden mit der Huldigung der Magier an das Christuskind. Das Morgenland ist also mächtig in diesen Darstellungen: Seine Baumsymbolik hat Aufnahme gefunden auf Umwegen über die griechische und römische Götterwelt in das Christentum. Aber die Palme als Lebensbaum bleibt noch länger wirksam: Noch im vierzehnten Jahrhundert erscheint sie in einer italienischen Buchmalerei zwischen Meditationstexten.[43] Zwei dieser Miniaturen aus dem Andachtsbuch zeigen die Geburt Christi in einer Felsengrotte. Am oberen Felsenrand reckt sich schön gefächert die Palme empor; ihr Wipfel markiert den höchsten Punkt der Szene; sie wurzelt über der Gruppe und ragt aus der geschlossenen Gesamtkomposition nach oben in das andere Element. Auch Altartafeln aus dem vierzehnten Jahrhundert zeigen die Palme, so wie sie in Darstellungen des Paradiesgartens unter den Bäumen in Eden auftauchte.

Auf einer solchen Tafel von Bernardo Daddi, einem italienischen Maler, weiden die Hirten ihre Herden in einer feinfächrigen Palmenoase dicht neben dem Stall.[44] Die Darstellungen jener Jahrhunderte leben von Bedeutungen; nichts ist wegen des Lokalkolorits in solche bedeutsamen Altarbilder eingerückt. Die Palme ist daher mehr als Zitat der palästinensischen Lebenswirklichkeit, wie uns die vereinzelten Lebensbäume in Palmengestalt auf anderen Bildern bestätigen. Auch die Verkündigung an Maria erscheint in der Kunst mit dem Palmen-Motiv: Der Engel trägt einen Friedenszweig von der Palme, oder der Palmbaum selbst, stilisiert zur Palmette, einem kleinen ausfächernden Gewächs, das die Palmenkrone symmetrisch vereinfacht, steht zwischen Maria und dem Engel, wie auf dem Bronzerelief der Domtür von Monreale.[45]

Dieser kleine Baum, gepflanzt in eine verzierte Schale, soll an die Paradiesesgeschichte erinnern, die mit der Verkündigung des Engels revidiert wird. Friedens- und Lebensbaum ist die Palme hier; und das Gefäß, eine weite Schale, könnte den Lebensbrunnen meinen, der auf anderen Verkündigungsbildern groß in die Szene gesetzt wird. So verbindet das kleine Ornament des Baumes ganze heilsgeschichtliche Epochen für den wissenden Betrachter miteinander. Eine Welt der Zeichen und Verweise tritt in Bildern vor den Zeitgenossen und bedarf der Sprache nicht. Der Baum spielt dabei eine verbindende Rolle für alle Stationen des Geschehens: Er erscheint im Paradies, wird Versuchungsobjekt, Medium des Paradiesverlustes. Er spielt in den Hinweisen auf die Rettung der Menschen im schönen Gleichnis der Wurzel Jesse seine bildkräftige Rolle[46], und er findet sich schon bei der Ankündigung der Heilstat des Mittlers beim Engel und Maria wieder.

Christi Einzug in Jerusalem wird mit Palmzweigen gefeiert. Verräterisch hier wieder, doppeldeutig die Rolle des Friedenszweiges vom Lebensbaum: Der Sieg steht im heilsgeschichtlichen Sinne bevor, aber im Verständnis der Zeitgenossen, bis hin zu den Jüngern, folgt dem siegreichen Einzug die Katastrophe, die Kreuzigung – am Baum des Lebens, wie die Nachfahren gedeutet haben, da das Opferungsholz zugleich den Weg zu den Bäumen des Lebens freimacht, in das künftige Paradies.

Der Lebensbaum reicht für die christliche Heilsgeschichte vom ersten Kapitel der Genesis bis in die Apokalypse. Dort läßt der Weltenbaum endgültig seine Früchte fallen, die nichts anderes sind als die Gestirne des Himmels, um einem neuen Himmel und einer neuen Erde Platz zu machen. Wie mächtig muß der Eindruck gewesen sein, den Bäume auf die Menschen gemacht haben in jenen Teilen der Welt, die den Baum als Lebensretter kannten, daß die Vitalität dieses Erlebnisses selbst im Bild und Gleichnis über Jahrhunderte und Jahrtausende trug.

Auch die berühmte ›Wurzel Jesse‹, der Stammbaum Christi, kann in den Kunstwerken mit dem Baum des Lebens gleichgesetzt werden. Naheliegend ist diese Deutung, da es sich bei Jesaja schon um eine Ankündigung handelt, die den Christus in den Heilsbaum einordnet:

> ›Und es wird eine Rute aufgehen von dem Stamm Isais, und ein Zweig aus seiner Wurzel Frucht bringen; auf welchem wird ruhen der Geist des Herrn, der Geist der Weisheit und des Verstandes, der Geist des Rates und der Stärke, der Geist der Erkenntnis und der Furcht des Herrn.‹[47]

Göttliches und Menschliches verbinden sich in diesem Katalog der Tugenden, die der fruchtbringende Zweig entfalten soll. Sein Duft, so sagt der Text weiter, ist die Furcht des Herrn. Solche Anregungen sind es, die den Meister eines Evangeliars vom Ende des zwölften Jahrhunderts zu einer phantasiereichen Synthese aus Wurzel Jesse und Baum des Lebens beflügeln: Seine Miniatur ist nicht nur Stammbaumdarstellung wie viele ähnliche Beispiele, sondern der Baum ist zugleich durch seine Traubenfrüchte dem Weinstock ähnlich – ›Ich bin der Weinstock, ihr seid die Reben‹, sagt Christus[48] –, er ist damit Lebensbaum und Stammbaum Christi. Nach der Gleichniserzählung Christi im Johannes-Kapitel 15 ist dieser Weinbaum identisch mit Christus.[49] Jesaja, der Verkünder der Vision, ist unter den Prophetengestalten in den vier Ecken, links oben, mit Spruchband als Brustbild über dem Baum dargestellt.

Der Lebensbaum, in den mittelalterlichen geistlichen Kreisen lateinisch als *arbor vitae* bezeichnet, kann die ganze Heilsgeschichte in seinen Zweigen tragen: Blätterumspielte Früchte mit kleinen, medaillonförmigen Bildern hängen regelmäßig verteilt im Gezweig eines solchen Baumes. Er wird zum erzählenden Baum, der Geschichte hat: ein Gedanke, der auch aus den ältesten Erfahrungen mit der Langlebigkeit der Bäume hervorgeht. Um 1320 in Italien entstanden ist ein solches Tafelbild des Lebensbaumes[50], an dessen Stamm Christus gekreuzigt hängt: ein Ausblick auf die Motive vom Kreuzesbaum, der als neuer Baum des Lebens durch die Vorstellungswelt des gesamten Mittelalters geht.[51] Das Bild ist wahrscheinlich im Umfeld der Franziskaner entstanden. Die Medaillons um den Gekreuzigten zeigen Szenen aus seiner Lebensgeschichte, bebildern also die Evangelienberichte und schildern damit die Erlösungstat Christi.

Unter der Baumkrone entfaltet sich das Leben der ersten Menschen, Adam und Eva, von ihrer Erschaffung bis zur Vertreibung aus dem Garten Eden. Diese wie ein Fries zu Füßen des Hügels Golgatha an beiden Seiten angebrachte Genesisbildergeschichte zeigt insgesamt mehr als zehn Bäume im Vorder- und Hintergrund: Schon die Erschaffung Adams geschieht bei einem Baum, ebenso jene der Eva. Gottvater zeigt den Garten und übergibt ihn: fruchttragende Bäume verschiedener Art umgeben die Szene. – Der Baum des Lebens könnte jener sein, auf den die große Hand Gottes weist – er ist von ebenmäßiger, runder Krone geziert, während der Versucherbaum buschig mit ungleichmäßigen Zweigen unruhig nach oben strebt, höher als der Baum bei Gottvater. Man denkt an den Traum des Nebukadnezar, wo ein Baum größer wurde als alle andern und dafür fallen mußte.[52] Dann die beiden Menschen am verführerischen Baum der Erkenntnis mit seinen Früchten. Und gleich daneben die Szene der Verstoßung: Die erhobene Rechte des strafenden Gottes reicht wieder in eine Baumkrone hinein. Der Fluchtweg der beiden ersten Menschen, vom wachenden Engel am rechten Bildrand mit erhobenem Schwert besiegelt, führt nun nur noch an fruchtlosen Bäumen vorbei; die Paradiesespracht liegt hinter ihnen.

Als der Baum des Lebens tritt die Palme noch öfter auf in Bildern, die Maria auf der Flucht nach Ägypten zeigen. Auch hier ist sicherlich der Gedanke zweitrangig, daß die Dattelpalme in Nordafrika weitverbreitet war. Sie wuchs auch in Palästina, und wichtiger: Den Malern und Steinmetzen lag bei ihren Darstellungen in jener Zeit noch nichts am Eigen- oder Informationswert von landschaftlichen Details, wenn diese Werte sich nicht unmittelbar in Bedeutungen, in Sinn für das Dargestellte umsetzen ließen. Aus dem Kreis um Joachim Patinier stammt ein großflächiges, ruhiges Landschaftsbild mit der Ruheszene der fliehenden Maria.[53] Unter einer Palme, in deren Wipfel ein Engel seine Hand ausreckt um die Zweige zu berühren, stillt die junge Mutter ihr Kind. Daß die Palme auf diesem Bild den bevorzugten Platz vor den Laubbäumen erhält, die im linken Teil des Bildes aufragen, daß sie der Baum ist, der Maria Schatten spendet, könnte auf eine ältere Legende zurückgehen, die von dem ›Palmenwunder‹ bei der Flucht Mariens nach Ägypten erzählt und deshalb die ›Palmenlegende‹ genannt wird.

Diese Erzählung zeugt von der starken Wirkung der Palme als Lebensbaum, denn die Geschichte ist nichts anderes als die Verklärung der Erfahrungen, die viele Generationen von wandernden Völkerstämmen mit der Palme gemacht hatten. Ihr Wuchs paßt zu der Wunderhandlung, wie wir sehen werden, und die Geschichte könnte nur schwerlich von einem Laubbaum erzählt werden. Wie ein Wunderbaum mag die Palme auf manchen Ankömmling nach heißer Wüstensonne in einer Oase gewirkt haben, der hier Durst-

und Hungerstillung, Schatten und Schutz fand. Die Palmenlegende also könnte ihre Spur in diesem Bild des sechzehnten Jahrhunderts zeichnen.

Die Palmenlegende erzählt: Maria und Josef suchten auf ihrer Flucht in der Wüste Schutz vor der Sonne. Sie fanden einen Palmenbaum. Maria wollte von den Früchten pflücken, konnte sie aber nicht erreichen; sie hingen zu hoch (wir erinnern uns an die Stammhöhe der Dattelpalmen: vierzig Meter!). Josef sah das Wasser in den mitgenommenen Schläuchen zu Ende gehen. Darauf befahl das Kind, die Palme solle ihren Wipfel herabneigen: Dies geschah, und Maria labte sich an den Früchten und pflückte soviel beide brauchten. Erst auf den Befehl des Kindes richtete sich die Palme wieder empor. Nun befahl das Kind, an ihrem Fuße solle eine Quelle entspringen, und schon quoll das Wasser hervor.

Unschwer ist in diesem Wunderbaum der Baum des Paradieses zu erkennen, aus dessen Wurzeln das Lebenswasser sprudelte. Der Jesusknabe erhebt daraufhin den Palmbaum zu einem Baum des künftigen Paradieses, der neuen Erde, damit alle Heiligen sich an ihm laben könnten wie seine Eltern hier. Ein Engel – und er ist es, den wir im Bilde der Patinier-Schule am Palmbaumwipfel sahen – pflückte daraufhin einen Zweig vom Palmbaum und trug ihn hinauf in den Himmel. Hier zeigt sich der verklärte Glanz, der diesen Baum umgab: ein Baum des Lebens, auf dem sich beglückende Erfahrungen vieler Generationen gesammelt hatten.

In diesem Lichte ist auch der Palmenjubel beim Einzug Jesu in Jerusalem als eine Vorausdeutung auf das Heil im Jenseits verstanden worden, das der Palmzweig ankündigt. Dieses Palmenwunder der Legende hat die Maler, Gießer und Steinmetzen inspiriert. Es konnte dies tun, weil die Bedeutung des Palmbaums verstanden wurde. Es gab also genügend eigenen Erfahrungsstoff, der die Wunderkraft dieser Bäume glaubwürdig machte. Und Erfahrung bedeutet, auch für die folgenden Jahrhunderte, immer zweierlei: äußere Alltagserfahrung und die Tradition geistiger Bilder, Gleichnisse und Symbole, mit denen jeder Künstler lebte. Der Dom von Pisa zeigt auf einem seiner bronzenen Türflügel ein Relief, auf dem die Kokospalme mit Früchten sich über Maria neigt. Der Esel steht, Josef schreitet. Die Palme berührt mit ihrem untersten

Zweig Marias Kopf; der sich beugende Stamm deutet das Palmenwunder an.[54]

Ein Kapitell in der Kirche St. Lazar zu Autun, das in den Anfang des zwölften Jahrhunderts datiert wird, bietet eine Steinmetzarbeit von archaischer Kraft. Zwei Fruchtbäume zieren die Ränder der Szene; sie bilden zugleich die Kanten des vierkantigen Kapitells. Die Fruchtstände sind sehr genau herausgemeißelt; Palmblätter neben mehrlappigen Blättern umgeben die Früchte. Das Statuarische der Gruppe macht den Charakter der Darstellung als einer Aufreihung wichtiger Bedeutungsträger klar: Erst im ausgehenden Mittelalter finden wir Bilder, auf denen die Ruhenden Früchte pflücken oder von einem Engel herabgebogene Zweige abernten.

Wer die Palmenlegende kennt, wird auch Philipp Otto Runges Gemälde ›Ruhe auf der Flucht‹ (1805/06) nun nachdenklicher betrachten: Maria sitzt hier am Fuße eines Baumes, dessen Blätter und Blüten stilisiert sind. Wo der Stamm sich zur Krone verzweigt, schwebt ein kleiner Engel mit einer Palmette in der Hand, von der Strahlen ausgehen. Das Kind schaut hinauf zu diesem Engel. Hinter Maria wächst ein feingefiederter Zweig, der auf Palmengewächse hindeutet.

Der Siegeszweig der Palme verbindet Antike und Christentum, morgenländische und abendländische Kultur. Was bei Christi Einzug in Jerusalem als die Ehrung für den König der Juden gedacht war, wurde von den Jubelnden nur zur Hälfte verstanden. Tatsächlich priesen sie hier den Sieger über den Tod. In diesem Sinne feiert der Palmzweig das Leben über seine zeitliche Dauer hinaus. Die Palme des Paradieses mußte also wiederkehren als der Baum der Schuld-Tilgung; das Holz des Kreuzes soll nach verschiedenen Berichten daher auch Palmholz gewesen sein, oder, nach anderen Legenden, Holz vom Baum des Paradieses.

Die magische Qualität der Bäume des Lebens: Ob es der Weltbaum des Nebukadnezar ist oder der Lebensbaum des Paradieses, der Baum aus der ›Wurzel Jesse‹ oder die Palmenwedel beim Einzug in Jerusalem; schließlich der apokalyptische Baum, der das Geschehen noch einmal, abschließend, unter dem Weltenbaum versammelt: Geschlossene Bilderketten um den Baum des Lebens beweisen die Kraft dieser Gleichnisvorstellung.

Christus selbst ist zuweilen mit dem Palmzweig in Händen dargestellt worden; wie der Verkündigungsengel bei Maria, der den Frieden bringt, so nun der damals angekündigte Retter selbst. Ein Altargemälde des Jan van Scorel (1495–1562) in Utrecht zeigt den Messias mit einem Palmenzweig. Altchristliche Darstellungen zeigen, wie Christus den Märtyrern Palmzweige als Lohn reicht: ›Palma martyrii‹, die Palme des Martyriums ist ein fester Terminus in martyrologischen Schriften. Albrecht Dürers Allerheiligenbild im kunsthistorischen Museum zu Wien versammelt die Schar der Heiligen mit Palmzweigen in den Händen.

Der Baum erlaubt sprachlose Zeichen, die jeder versteht – außer uns, möchte man hinzufügen, denn Allgemeingut sind die inneren Bilder längst nicht mehr, die solche Kunstwerke im Betrachter erwecken wollen.

Der Kardinal Bonaventura (1221–1274), Franziskaner und Reformator seines Ordens, verfaßte im dreizehnten Jahrhundert eine Schrift, die große Verbreitung fand. Sie war in lateinischer Sprache geschrieben und führte den Titel *Lignum vitae*, Der Baum des Lebens. Zahlreiche Handschriften und Zuschreibungen dieses Textes sichern den Verfasser. Eine Skizze zur bildlichen Darstellung seiner Gedanken, die erhalten ist, scheint von Bonaventura selbst zu stammen; eine Darmstädter Handschrift vom Ende des dreizehnten Jahrhunderts gibt als Illustration zum Lebensbaum-Text den Baum selbst, an dessen Stamm Christus gekreuzigt hängt. Im obersten Wipfel des Baumes ist der Pelikan mit seinen Jungen gezeichnet, der seine Brust öffnet, um die Jungvögel zu nähren. Rechts und links vom Stamm, der zum Kreuzesstamm wird, schwingen sich je sechs Zweige vom Baum, an denen je sechs Früchte hängen. In den aufgebogenen Zweigenden sind kleine Köpfe eingefügt, und jeder Zweig ist rot beschriftet, jede Frucht trägt eine Inschrift, jedes von den Brustbildern an den Zweigspitzen hält überdies noch ein Inschrift-Band.

Der Baum wurzelt im Wasser des Lebens, das in schöner, ornamentaler Welle am Fuß des Stammes aufwallt. Wie sich beim Entziffern zeigt, tragen die Äste dieses Lebensbaumes paarweise Texte zu Ursprung und Leben Christi, zu seinem Leiden und zu seiner Verherrlichung, wie der Schreiber selbst erläutert. Daß er seinen Text mit einem Bild sinnfällig macht, begründet er so: Die Einbildungskraft sei die Stütze der Erkenntnis, das den Sinnen angebotene Bild also könne die geistigen Zugänge zur Heilswahrheit öffnen. Die Zweige des Baumes tragen die Strophentexte eines Gedichtes, das in der deutschen Übersetzung mit folgenden Worten beginnt:

›O Kreuzesstamm, der Heil uns bringt,
Benetzt vom Quell der Gnaden,
Von süßem Blütenduft umringt,
Mit teurer Frucht beladen.‹[55]

Das Kreuz, so zeigt die Strophe vier, ist der neue fruchttragende Lebensbaum:

›O Kreuz, all deine Frücht' uns spend',
Erleuchte unser Denken,
Den rechten Pfaden zu uns wend',
Schütz' vor des Feindes Ränken.‹[56]

Zu dem Gedicht auf den Zweigen des Lebensbaumes wurden auch Melodien komponiert; die Zeitgenossen und Nachfahren des Kardinals Bonaventura müssen dieses Lied recht gut gekannt haben, wie sich an manchen Querverweisen zeigt. Dazu trug das mitgegebene Bild sicher nicht wenig bei: Es gab den Sinnen eine Vorlage für das ›innere Bild‹, das sie vom Lebensbaum haben sollten.

Wer in Hieronymus Boschs berühmtes Gemälde ›Garten der Lüste‹ geduldig und aufmerksam hineinwandert, der findet dort den Baum der Welt als einen Baum des Lebens, verwachsen mit dem Lebensbrunnen, der Baumgestalt annimmt. Neben dem Adam des Bildes rankt ein Baumgewächs empor, mit Trauben behangen als Baum des Lebens kenntlich; der Lebensbrunnen in dieser Szene, so meint der Bosch-Forscher Wilhelm Fraenger, sei halb Baum, halb Brunnen. Von einer Eule bewohnt, trägt dieses merkwürdige Brunnenhaus tatsächlich ein baumartiges Gewächs, wie wir es in stilisierten Zeichnungen finden. Die Eule gehört zum Baum der Erkenntnis, sie verbindet also beide Baumsymbole hier miteinander. Der abgewandelte Lebensbrunnenbaum bildet das Zentrum des Bildes: künstlerische Vision, die alle Sinnbilder in ihrer Durchdringung zeigt, zugleich eine Deutungsanleitung, wie sie ohne Worte nur für den Kundigen lesbar ist. Hieronymus Bosch hat sich an der Tradition von Baumsymbolen besonders intensiv und rätselhaft beteiligt.[57] Wer mit geschärftem Blick seine Bilder betrachten will, der wird, vom blühenden Mastbaum bis zum Widerspiel von Laub und Dürre, hier eine magische Welt von ungeheurer Dichte erkennen. Wer hinein will, muß die Schlüsselbegriffe kennen, um die Rätsel des Malers zu erraten.

Des Lebens Baum: Er ist von den Theologen dem Baum der Erkenntnis gegenübergestellt worden. In ihm nimmt das Erlösungsversprechen seinen Anfang, er ist Sinnbild der Erlösung. Mittelalterliche Türbogenfelder zeigen oft beide Bäume, Kurzformel für die Todesüberwindung durch den Gnadenakt. Wenn man solche einfachen Reliefs oder Malereien sieht, wird plötzlich klar: Der Baum erfüllt alle Voraussetzungen, um dieses Gleichnis zu tragen. Nicht nur die kulturgeschichtliche Erfahrung der Völker, daß ein Baum ausreicht, um das Überleben von Menschen zu sichern, sondern auch seine Einbettung in den Lebensprozeß und seine Zugehörigkeit zum Kosmos machen dieses Stück aus der Lebenswelt unvergleichlich.

Andere Bestandteile der belebten Natur zeigen im Vergleich, was den Baum auszeichnet. Tiere, auf denen sich auch viel Deutungslust der Menschen versammelt hat, wechseln den Ort, sie haben eine Stimme, sie ziehen Junge auf, und dies in kurzatmigem Rhythmus, sie sind nicht identifizierbar innerhalb ihrer Gruppe, lassen sich also nicht wiedersuchen, nicht lokalisieren wie die Pflanze. Der Baum übertrifft den Menschen im Alter. Er strahlt eine Beständigkeit aus, die wir sonst bei keinem Lebewesen finden. Er spricht nicht und unterliegt nicht den Fortpflanzungsprozessen der Tier- und Menschenwelt; vielmehr scheint er ihnen überlegen, wenn er lose seine Früchte streut oder den Menschen selbst zur Bestimmung seiner Fruchtbarkeit heranzieht, wie die Dattelpalme. Der Baum kann sein, was kein Tier für den Menschen ist: Dach und Haus und Nahrung zugleich. Lebensretter im äußerlichen Sinne, als Versteck und Fluchtort vor Verfolgern, und als schweigender Spender von Nahrung, der nicht einmal Dank verlangt, keine Gegengabe erwartet. Wenn Menschen sich zu Gaben an die Bäume verpflichtet fühlen, so aus dem Wunsch, den Baum wie ein Wesen von ihrer eigenen Art zu behandeln, das in die Welt der sittlichen Gesetze gehört. Schließlich erreicht der Baum es, in beiden Reichen zugleich zu wohnen: in der Erde und in der Luft. Fester als jedes Tier und jeder Mensch hat er seinen Halt im Boden; zugleich aber schwingt er sich in die Luft, was der Vogel immer nur kann, wenn er die Erde verläßt. So verbindet der Baum die Elemente; die Gestirne scheinen in ihm zu hängen, von ihm gewiegt geht der Mond auf und unter, in seinem Wipfel dämpft selbst die Sonne ihr Licht.

Bäume des Lebens: unter den lebendigen Teilen des Kosmos sind sie das umfassendste Sinnbild, das sich finden ließ. Die christliche Tradition, weit abgerückt von den lebenssichernden Alltagserfahrungen mit dem Baum, hat das Bild des Lebensbaumes auf alle Zentren der Heilsverkündigung ausgedehnt: Im Abendmahlsgeschehen erscheint der mit Trauben oder Hostien behangene Baum, Maria wird dem Lebensbaum zugeordnet, oft Eva konfrontiert, die unter dem Baum der Erkenntnis steht. Bis ins sechzehnte Jahrhundert blüht und wächst diese Überlieferung, vermischt mit germanischen und antiken Baumtraditionen. Sie breitet sich in die Volkskunst aus und zeichnet ihre Spuren in den Märchen, die die Brüder Grimm im neunzehnten Jahrhundert sammelten.[58]

Wenige Bäume sind es, mit denen der Lebensbaum im botanischen Sinne identifiziert wird, so daß wir ihn als einen bestimmten Baum erkennen: Die Palme, von der ich schon manches berichtet habe, der Ölbaum, der Weinstock, der Feigenbaum. Daß eigentlich ein Baum aus allen Bäumen gemeint ist, sozusagen der Prototyp ›Baum‹, wenn der Baum des Lebens ins Bild tritt, zeigt die Idee des ›Allsamenbaumes‹, der alle Bäume in sich aufhebt und damit deutlich macht, was im Lebensbaum gemeint ist: der Baum als Inbegriff des Lebensprozesses in seiner steten Wiedererneuerung. Abwandlungen über das Botanische hinaus sind dann Lichter- und Planetenbaum, das Kreuz Christi als ein neuer Lebensbaum, der den Paradiesbaum erneuert und aufhebt.

Verschiedene Erscheinungsformen des Lebensbaumes gehen durch die Geschichte der Kunst: der natürliche Baum – oder das Baumpaar rechts und links, entsprechend dem Paar von Erkenntnisbaum und Lebensbaum in der Genesis. Der Kreuzbaum ist die Erfüllungsgestalt dieses Paradiesbaumes, ein lebender Baum auf vielen Darstellungen, mit zwei Ästen, die wie die Kreuzarme nach beiden Seiten wachsen. Auch mit äsenden Tieren wird dieses Kreuz dargestellt; es versammelt die Schöpfung und gilt allen Lebewesen. Das Sühnekreuz kann als Lebensbaum aber auch inmitten eines Gartens von Zypressenbäumen stehen: Totenbäume mit dem Lebensbaum in ihrer Mitte. Am Kreuzesstamm emporrankende Pflanzen verdichten das Vegetationsbild. Nun wird der Kreuzbaum zur Stütze für andere Pflanzen, die ans Licht streben. Auch ein Blütenkelch umschließt zuweilen das Kreuz: Nun wächst es wie ein Fruchtstand aus der Blume. Aus der antiken Pflanzenornamentik kommt der Lebensbaum als rankende, häufig symmetrische Pflanze. Wie ein Kandelaber kann er gestaltet sein; Blüten oder Früchte recken sich wie Kerzen an den äußersten Zweigenden empor. Schon im Spätmittelalter erlahmt die Kraft dieser bunten Bilderwelt; je weniger die Zeichen verstanden werden, desto schwächer wird ihre Überlebenskraft. Sinnbilder, die mehr und mehr von ihrem Sinngehalt verlieren, werden zwar nicht fallengelassen; sie laufen noch eine Weile weiter mit; ihre Spielarten spielen wie freigelassen noch eine Weile weiter, aber die Vitalität, die von dem mitgeführten geistigen Bild ausgeht, ist nicht durch die ästhetische Wirksamkeit des Bildes zu ersetzen.

Baumkreuze finden wir als Lebensbäume noch im Barock; abgeschwächt und ohne geistlichen Sinn bewegen sich Erinnerungen an das Bild des Lebensbaumes durch den Volksglauben weiter: wenn ein Kind zur Welt kommt, pflanzt man einen Baum, und die Gräber beschatten Bäume, mit denen sich unbestimmte Nachklänge der Lebensbaumsymbolik verbinden. Die Volkskunst zeigt in vielen symmetrischen Baumornamenten auf Wäschestücken und Keramik, an Türen und Möbelstücken das Motiv des Lebensbaumes, ohne daß es die Betrachter heute noch als die ferne Nachricht von einer einst reichen Tradition verstünden.

Die ›Wurzel Jesse‹, eine merkwürdige Formel, die heute nur noch wenige verstehen, hat die Bildwelt des Lebensbaumes in der frühchristlichen Zeit um einige Varianten reicher gemacht. Da ist die Ankündigung des Propheten Jesaja, ›eine Rute‹ werde aufgehen aus dem Stamm Isais, ›und ein Zweig aus seiner Wurzel Frucht tragen‹ (Jesaja 11,1). Ein Geschlecht wird einem Baum verglichen, das ist für uns nichts Ungewohntes – wenngleich die ›Stammbäume‹ der Familien erst entstanden, als der Stolz selbstbewußter Fürstenhäuser diese zuvor undenkbare Parallele erlaubt erscheinen ließ: Im zwölften Jahrhundert beginnen Herrschergeschlechter, ihre eigenen Ahnenbäume zu zeichnen, mit den Medaillons, in denen nun Vorfahrenportraits erscheinen statt der ehrwürdigen Stammväter Israels. Davon aber später.

Die ›Wurzel Isai‹, sagt Jesaja wenig später in seinem elften Kapitel, ›steht zum Panier den Völkern‹ (V. 10). Sie ist also das Feldzeichen im Kampf, und dies meint nichts anderes als die Flaggenbäume, die das Heer vor sich hertragen ließ in den Kampf – um die eigenen Kämpfer weithin zu sammeln und um den Feind mit einem Motto, einem Erkennungszeichen voll Stolz zu konfrontieren. Die ›Wurzel Jesse‹, die Paulus im Brief an die Römer wörtlich so nennt (Römer 15,12), bezeichnet die Abstammung Christi, eine Ahnenreihe, die den Stammvater Jesse zur Wurzel hat, eine Beschreibung, die im Mittelalter ohne Zögern so ins Bild gesetzt wurde: Der schlafende Jesse ruht, und aus seiner Seite wächst der ornamental geschwungene Baum, dessen Stamm und Äste die Nachkommen des Vorvaters bis zum fernen Messias schmücken – in Medaillonbildern oder als stehende Gestalten, von Blüten des Baumes und feinem Blattwerk eingehüllt. Die allegorische Kunst der Schriftgelehrten in den ersten nachchristlichen Jahrhunderten hat die Baumidee für Christi Abstammung begierig aufgegriffen und erweitert: Das Reis aus dem Stamm des Isai, der des Königs David Vater ist, soll also ein neuer David sein, der Erlöser. *Virga*, das Reis, könne nur die Virgo meinen, die Jungfrau, so schrieb Tertullian im beginnenden dritten Jahrhundert nach Christus.[59] Isai die Wurzel, und Christus nun die Blüte oder Frucht an diesem Reis.

Der Kirchenvater Hieronymus schließt sich wie andere Deuter dieser Version an. In den Evangelienbüchern um das erste Jahrtausend finden wir nun bezaubernde Miniaturen zu diesem Baum des Heils: sieben Tauben, jede mit einem leuchtenden Nimbus um den zarten Kopf, sitzen in den Zweigen des Baumes; sie stellen den Heiligen Geist dar, der auf dem Reise ruht, wie es der Prophet gesagt hat.[60] Der Stammvater Isai trägt auf andern Bildern diesen Baum, der in sieben Äste mit ebensovielen Tauben verzweigt ist, Vögeln, die ganz von Nimben eingeschlossen sind, damit ihre Heiligkeit deutlich wird.

Die Buchmaler nehmen also die Gelegenheit wahr, zum Baum zu gruppieren, was zu ihm gehört: den Vogel. Aber beides, Baum und Vogel, ist gesättigt von geheimnisvollem Sinn. Der unsichtbare und unbeschreibbare Geist Gottes erhält die überlieferte Gestalt der Taube – immerhin war sie es, die dem Vorvater Noah zum Zeichen des Lebens den Ölzweig in die Arche brachte –, und sie läßt sich nieder im Baum des Heils.

So fügte sich zu einem gewohnten Naturbild das durchgeistigte und kunstvoll auszulegende heilsgeschichtliche Zeichen. Heilsgeschichte aber war identisch mit Lebensdeutung, es gab nicht neben der christologischen Lebensdeutung eine andere, eine säkulare Lesart des Lebens, wie heute. Die Schöpfung diente dem Unsagbaren der Heilswahrheit mit ihren Geschöpfen als Zeichen. Der Baum hatte darin den bevorzugten Platz. Maria steht in einigen dieser frühen Bilder majestätisch starr im Stamm des Baumes.[61]

Die Phantasie der Maler entwickelt das schöne Baumbild in den ersten Jahrhunderten des zweiten Jahrtausends zu immer neuen Wendungen: Da sammeln sich die sieben Vögel über dem Haupt einer lächelnden Maria, die mitten im Baum sitzt, mit den Fingerspitzen das Kinn ihres lachenden Kindes an ihre Wange hebend.[62]

Der Jessebaum aus der Lende des schlafenden oder im Grabe liegenden Isai erinnert an Darstellungen, die viel älter sind als diese und den schlafenden Adam zeigen, aus dessen Lende ein Baum wächst, der als neuer Baum des Lebens, als Kreuz Christi verstanden werden muß. Mit Recht denken wir zugleich an die Lebensgefährtin Eva, die aus Adams Rippe genommen wurde, nachdem Adam in Schlaf versetzt worden war. Eva ist es, die Adam die verhängnisvolle Frucht reicht. Diese Genesiserzählung könnte die Künstler bewogen haben, nun auch den neuen Lebensbaum aus Adams Seite wachsen zu lassen, wo die Versucherin Eva hergekommen war. Vielfältig entwickelt schmückt das Motiv des Jessebaumes das große Fenster in der Westfront der Kathedrale von Chartres. Christus thront oben im Baumwipfel, von sieben Tauben umflogen, *sapienta, intellectus, consilium, fortitudo, scientia, pietas* und *timor*, wie schon auf älteren Darstellungen. Sie vertreten den Katalog der sieben Gaben aus Jesajas Prophezeiung.[63] Die Ahnen Christi bilden den Stamm des Baumes. Es sind vier Könige und Maria, jeder von zwei Ästen umrahmt. Unverkennbar ist die Gestalt dieser ornamental vereinfachten Äste: Es sind Palmenkronen auf biegsamen Stämmen, die hier die Erinnerung an die Lebensbaumtradition wachhalten.

Die berühmte Holzdecke des Doms von Hildesheim stellt den Jessebaum in die großen Szenarien des Heilsgeschehens: Unter dem Lager des Jesse, aus dem der Baum emporwächst, grenzt ein Bildfeld mit Adam und Eva an. Sie stehen am schlangenumwundenen Baum der Erkenntnis und halten Früchte in Händen. Zwei weitere Bäume füllen das Bild: neben Adam ein großer Baum, dessen Krone sich mandelförmig öffnet für ein Brustbild Christi, und neben Eva ein Baum mit Feigenblättern, deren eingerollte Ränder die Gesichter von Heiligen umschließen: Das zukünftige Paradies umgibt den Sündenfall. Auch im Jessebaum treffen Antike und Christentum versöhnlich zueinander: Vergil und Sibyllen treten zwischen die Propheten[64], um an der Heilsgeschichte teilzunehmen. In Leuchtern und Monstranzen lebt dieser Stammbaum Christi weiter, zuweilen trägt er Weintrauben, ein Lebensbaum von üppiger Fruchtfülle, dessen Vögel bewegt um das Haupt Christi fliegen.[65]

Hundert Jahre lang blüht und entfaltet sich dieses Thema vom Baum Jesse, Christi Stammbaum, in der Kunst. In St. Kunibert in Köln erscheint das späte Gegenbild zu Chartres, nun nicht mehr mit den Voreltern Christi, sondern mit Szenen aus seinem Leben und Wirken geschmückt: Verkündigung an Maria, Geburt, Kreuzigung und Auferstehung. Der triumphierende Christus im Baumwipfel hält den Erdball in der Hand wie einen Reichsapfel: Insignium seiner Weltherrschaft und der Erlösungstat. Dieses große Szenarium von Botschaften trägt ein Baum, so hoch wie das Fenster, bevölkert von Figuren der Heilsgeschichte, mit seinen Blättern und Blüten jeden Winkel des bunten Glases füllend.

Spätmittelalterlich taucht sie noch hier und dort auf, die Wurzel Jesse, aber ihre Darstellung wird vordergründiger, der Naturalismus nimmt im gleichen Maße zu wie die Bildvorräte und verfügbaren Deutungen, die allegorische Lust der Schöpfer und Betrachter abnehmen.

Ein liebenswürdiges Beispiel des Jessebaumes taucht noch einmal auf im Netzer Altarbild, einem westfälischen Werk gegen 1400. Die Verkündigung an Maria schmückt die Tafel; zwischen ihr und dem Engel steht ein kleiner, zarter Blütenbaum, der aus dem Brustkorb des sitzenden, bärtigen Jesse emporwächst. Im Baum sitzt, von den Ästen zierlich umschlossen, ein kleiner Harfenspieler mit Königskrone: der König David, Sohn Isais und erster in der Reihe der verheißenen Vorläufer Christi. David, der ausgesucht wird vom Propheten Samuel unter den Söhnen Isais, ein Schafhirte und bräunlich, mit schönen Augen, wie es im Buch Samuel heißt. Die Erwählung des geringsten unter den Söhnen macht den Anfang. Dieser geringste sitzt hier königlich geschmückt im Baum Jesse, weil es von ihm bei Samuel heißt: ›... der Geist des Herrn geriet über David‹[66]. Das kleine Bäumchen, in dessen Gezweig dieser König sitzt, trägt helle Blüten.

Das Spruchband des Verkündigungsengels schwingt in einem Rundbogen über diesem Baum, als hätte er einen Nimbus. Die Worte ›*dominus tecum*‹ – Gott mit dir, die Maria gelten, werden so gleichzeitig auf David zurückgedeutet, der aus der Wurzel als erster aufging: Mit Marias Empfängnis rückt das Ziel nahe. Die beiden vornehmsten Glieder des Stammbaums, David und Maria, werden so einander zugeordnet. Die unbekümmerte Wirklichkeitsferne älterer Darstellungen aber ist geschwunden; das kleine Obstbäumchen, in dem der winzige König sitzt, läßt den späten Betrachter lächeln, weil eine gewisse unfreiwillige Komik in die Darstellung gerät, sobald Wirklichkeitstreue angestrebt und zugleich auf die geistigen Bilder rekuriert wird.

Der Stammbaum der Welfen, um 1170 entstanden (Landesbibliothek Fulda), benutzt das Wurzel-Jesse-Motiv, um die vornehmen und stolzen Mitglieder der Sippe zu gruppieren: In der *Historia Welforum*, der Familiengeschichte des Welfenhauses, wird der heilige Baum zum weltlichen Abstammungsgebilde. In den geringelten Ästen die Brustbilder der Familienmitglieder, im gebogenen Stamm die Köpfe der Vorväter. Die Macht des heiligen Stammbaums ist damit gebrochen. Aber seine Vorbildlichkeit und Autorität wird deutlich: Sahen die Fürstengeschlechter ihre Macht als eine von Gott geliehene an, so hinderte sie dies mit dem Erstarken ihres

Selbstbewußtseins nicht daran, für die eigene Abkunft das ›getaufte‹ Bildmuster des Stammbaums Christi selbst zu wählen. Das Sinnbild wird aus der himmlischen in die irdische Sphäre geholt – dies um so unbefangener in diesem frühen Zeitpunkt, als der Baum Jesse ja keineswegs ein Götterbaum, sondern das Sinnbild der Verbindung zwischen Gott und Mensch war: Die menschliche Ahnenreihe Christi füllte den Baum, in seinen Zweigen waren Menschen und der göttliche Mittler verbunden. Das Sinnbild Baum leistete also – wieder einmal – die Verbindung von Himmel und Erde, ganz wie der Baum, den die Menschen auf ihrer Erde seit Jahrtausenden mit ihren Träumen und Deutungen umgaben.

Im Wallfahrtsort Neviges im Bergischen Land steht eine Wallfahrtskirche des Architekten Gottfried Böhm. Sie hat ein langes schmales Fenster, Erlösungsfenster genannt, das den Baum des Lebens zeigt, wie ihn ein Künstler des fortgeschrittenen zwanzigsten Jahrhunderts sieht: kein Rankenwerk, keine Blütenornamente, keine Früchte. Ein langer Stamm, der auf hohen dreifachen Wurzeln steht und sich weit oben, ohne Blatt und Blüte, verzweigt in wenige kurze Äste. Ein Kreuzbaum, meinen manche Deuter. Ein kahler Baum, den die Zeitgenossen früherer Jahrhunderte nicht als einen Lebensbaum verstanden hätten: Es fehlt ihm die Fruchtbarkeit, seine Gestalt ist leer. Keine erklärenden Spruchbänder, keine Propheten- oder Heiligenköpfe, kein thronender Christus. Der Lebensbaum des zwanzigsten Jahrhunderts ist ein kahler, verlassener Baum. Gewiß: tief unten an seinem Stamm, ganz gegen jede natürliche Regel des Wachstums, glüht an einzelnem Stiel eine riesige, blutrote Rose auf. Sie deutet auf Maria, wie schon in den alten Bildern der Vorfahren. Nur wenige verstehen heute noch diese Botschaft. Im übrigen schweigt das Fenster. Es hilft den unkundigen Gästen dieser Kirche nicht, den Baum als geistliches Sinnbild zu deuten, als Heilszeichen, als Hoffnungsgestalt.

Deutlicher läßt sich der Unterschied zwischen den Jahrhunderten nicht zeigen: Der Lebensbaum hat seine Blätter verloren; er spielt nicht mehr mit Blüten- und Rankenwerk um die Köpfe der Ahnen Christi und seiner Propheten und Apostel. Wer ihn erkennt als einen Nachfolger der leuchtenden Sinnenbilder älterer Zeiten, bleibt allein mit seinem Wissen; der Baum kommt ihm nicht mit Deutungsangeboten entgegen, um seine inneren Bilder lebendig zu halten, wie die Lebensbäume im sechzehnten und siebzehnten Jahrhundert, ja noch im achtzehnten ihren Beschauern eine geistige und geistliche Welt der Sinngehalte öffneten.

Die Rose mag jeder deuten, wie er will, bietet dieser Fensterbaum an. Das Wundenblut, so verstanden frühere Jahrhunderte ihr strahlendes Rot, das Sühneopfer Christi war in ihr präsent. Naturalistisch wie diese Rose von Neviges, verweigert die Marienblume eher solche Deutungsabsichten. Auch fehlt das Ziel ihrer Blüte: der Christus. Kein Hinweis macht diesen dürren Riesenstamm zu einem Baum der Erlösung. Das Fenster kann ästhetisch gefallen; geistlich sagt es wenig. Die inneren Bilder sind aufgezehrt, darum treten sie nicht mehr in äußere Sichtbarkeit über. Der blattlose kahle Baum dieses Fensters ragt auf wie ein besonders aussagekräftiger Zeitzeuge, Vorbote des Baumverlustes, nachdem zuvor die Bilder menschlichen Lebens und göttlichen Heils sich aus den Baumbildern zurückgezogen haben. Der entleerte Baum verschwindet. Geistig leer war er schon seit hundert Jahren, als natürlicher Lebenserhalter wurde er schon viel länger nicht mehr begriffen und erlebt. Als Reiniger von Wasser und Luft, als Augenlust verschwindet er zuletzt – wenn die Propheten seines Todes recht haben.

Mephisto:
Grau, teurer Freund, ist alle Theorie,
Und grün des Lebens goldner Baum.

Johann Wolfgang von Goethe

4. Kapitel

Der Baum der Erkenntnis

Er gehört zum Baum des Lebens, dieser Baum der Erkenntnis. Ist er sein Gegenteil? Oder ist er ein Teil vom Baum des Lebens, in ihm aufgehoben? Wenn wir heute vom Baum der Erkenntnis reden, so geschieht es nur noch in scherzhaften und profanen Wendungen. Der Baum im ferngerückten Garten Eden interessiert die Kinder, weil die Geschichte eine wunderbare und geheimnisvolle ist, und er beschäftigt die Theologen. Uns interessiert er, weil er zum Sitz der Entscheidung gemacht wird: zwischen göttlicher Macht und menschlicher Ohnmacht, behauptet die Schlange; zwischen Tod und Leben, und zwar ewigem Tod oder ewigem Leben, sagt der Schöpfer von Adam und Eva.

›Und Gott der Herr ließ aufwachsen aus der Erde allerlei Bäume, lustig anzusehen, und gut zu essen, und den Baum des Lebens mitten im Garten und den Baum der Erkenntnis des Guten und Bösen.‹[67] Er hat seine Vorläufer und Parallelen, dieser Erkenntnisbaum, im Baum der Hesperiden, von dem der griechische Mythos erzählt, im iranischen Baum Hom, und im heiligen Baum Buddhas, von dem Erkenntnis ausging: es war der Baum der Erleuchtung, ein Feigenbaum, unter dem Buddha die große Einsicht in Tod und Leben zuteil wurde. Ein Baum der Erkenntnis und des Todes ist der Buddha-Baum. Ein solcher ist auch jener Baum im Garten Eden, und es ist unbedeutend, ob das ›Holz des Lebens‹, wie Calvin zu übersetzen vorschlägt[68], aus mehreren Bäumen oder verschiedenen Baumsorten bestand.

Für die Rolle des Baumes in der Geschichte menschlicher Selbstdeutung und menschlichen Umgangs mit der göttlichen Macht in der Geschichte ist interessant, daß auch die Neugierde des Menschen, seine Grenze zu überschreiten, ins Göttliche zu schauen und ›klug‹ zu werden, im Bild des Baumes darstellbar erschien: Wie eine Frucht vom verbotenen Baum, so ersehnt der Mensch die Einsicht in Bezirke, die ihn verlocken, weil er sie nicht kennt – weil er argwöhnt, Gott wolle sie für sich behalten. Die verbotene Frucht bringt, wie Adam später erkennt, den Tod. Vor diesem Urteil, in die Vergänglichkeit hinausgestoßen zu werden, spürt Adam den Vorboten des Lebens mit dem Tode: die Angst. Er versteckt sich – unter den Bäumen des Gartens, wie wir noch sehen werden. Er lernt noch etwas kennen: die Scham. Er bekleidet sich – mit Blättern vom Baum.

Der Garten Eden hat die Gestalt einer Oase, wie sie im Wüstenland den wandernden Völkern vertraut war. Die Bäume, so heißt es, sind nicht nur mit eßbaren Früchten behangen, sie sind auch eine Lust für die Augen, ›lustig anzusehen‹. Sie machen dem Menschen Freude, und dies wird nur von den Bäumen ausdrücklich gesagt. Es wird wohl auch deshalb hervorgehoben, weil die Lust der Eva sich bald auf einen Baum richten wird, von dem es wieder heißt: ›Das Weib schaute an, daß von dem Baum gut zu essen wäre, und daß er lieblich anzusehen und ein lustiger Baum wäre, weil er klug machte‹:[69] Er macht Lust auf etwas Unbekanntes, das verboten ist.

Der Baum steht im Mittelpunkt des Interesses für die beiden ersten Menschen, weil sich auf ihn und nur auf ihn das einzige Verbot richtet, mit dem sie leben. ›Du sollst essen von allerlei Bäumen im Garten‹, so sagt Gott schon zu Adam, ehe Eva geschaffen ist; ›aber von dem Baum der Erkenntnis des Guten und Bösen sollst du nicht essen; denn welches Tages du davon issest, wirst du des Todes sterben.‹[70]

Nicht eine theologische Exegese ist das Ziel meiner Beobachtungen an diesem Text. Am erlaubten und verbotenen Baum scheiden sich Leben und Tod. Welches Bild sonst hätte die Genesis für die Beschreibung dieses Konfliktes wählen sollen: daß die Geschöpfe Gott sein möchten? Der antike Mythos fand andere Bilder: da stahl ein Menschensohn das Feuer (Prometheus); ein anderer, der Halbgott Herakles, holte die Früchte vom Hesperidenbaum im Garten der Götter. Aber Herakles hat die halbgöttliche Abkunft, er ist eine Mittlerfigur und hat deshalb besondere Zugänge zur Welt der Götter.

Entscheidend aber ist etwas anderes: Die griechische Götterwelt ist eine Familie, den menschlichen nachgebildet. Die Götter streiten und überlisten einander wie die Menschen, denen sie gewogen oder feind sind. Das Hauptthema der christlichen Welt ist noch nicht geboren: der Menschheitsfall, der nach Sühne verlangt. Um diese Situation darzustellen, den Sturz des Menschen in den Abgrund der Gottverlassenheit und des Todes, tritt der Baum ins Bild. Nicht als ein Baum mit giftigen Früchten, wie es ihn nach der Erfahrung der Menschen natürlich gab, sondern als ein vollkommenes Sinnbild dessen, was hier geistig und geistlich gesagt werden soll: die Begehrlichkeit des Menschen richtet sich auf etwas, das ihm in ähnlicher Gestalt erlaubt zur Verfügung steht: allerlei Bäume, lustige Bäume, von deren Früchten er essen soll, stehen im Garten. Ihn aber interessiert dieser eine, von dem er nicht essen soll. Er interessiert ihn, weil dieser Mensch seinem Gott mißtraut. Die Schlange drückt es aus, was Eva denkt: Gott fürchtet, daß ihr werdet wie er, deshalb verbietet er euch, von diesem Baum zu essen. Ihr werdet keineswegs sterben, sondern göttlich werden.

Das ist argumentiert nach Menschenart – übrigens sehr modern: Gott hat eine Interessenlage zu verteidigen, sagt die Schlange. Er möchte euch dumm, damit er euch regieren kann. Werft eure Gehorsamsfesseln ab, emanzipiert euch von Gott, und ihr werdet wissend wie er.

Die Frucht des Baumes nimmt diese komplizierten Zusammenhänge auf; die Grundsituation des Menschen wird im Baum Gestalt: er hat Lust, über sich selbst hinauszuwachsen, Lust auf neue Dimensionen, die ihn steigern, Heißhunger auf Erkenntnis – wie auf eine saftige Frucht vom Oasenbaum, denn der Baum ist Inbegriff des Lebens und Inbild der Welt; er ragt in den Himmel, er hat dennoch Halt in der Erde; er bringt Frucht.

Der Baum, von dem alle leiblichen Bedürfnisse gestillt werden, ist das naheliegende Bild für den geistigen Hunger der Menschen, die in einer sinnbildlichen Landschaft leben: vier Wasser fließen in die vier Windrichtungen, es sind die Wasser des Lebens von den Wurzeln des Lebensbaumes. Und noch etwas macht den Baum hier zum sinnvollen Bild für den Konflikt: das Leben, im Sinne der göttlichen Nähe mehr als nur körperliches Überleben, wird ebenfalls vom Baum gespendet, dem ›Baum des Lebens‹. Welche Macht könnte dagegen aufgeboten werden, die mit gleichem Zauber lockt wie der andere Baum – oder der andere Aspekt desselben Baumes? – wir können deuten wie wir wollen. So gelingt es, die beiden Mächte, Leben und Tod, im Gleichgewicht zu zeigen. Der Tod ist verlockender, weil er im verbotenen Raum angesiedelt ist – und weil man ihn schmecken muß, ehe man ihn erkennt. Schon das Wort ›Eden‹ bedeutet nichts anderes als ›Lust‹; die beiden ersten Menschen bewegen sich also in einem Lustgarten, und als Hauptfreude werden die Bäume und ihre Früchte geschildert.

Den Auslegern aller Generationen hat dieser Garten mit seinen Bäumen Mühe gemacht: die alte Tradition des Elysiums, des Paradieses (ein persisches Wort!) lebt in der Genesis weiter. Gibt oder gab es diesen Baumgarten? Der Baum der Erkenntnis hat seinen Namen von den Ereignissen, die nach dem Genuß seiner Früchte geschehen – er hat einen zukunftsweisenden Namen. So sagt es auch Martin Luther, der mit überraschender Schlußfolgerung argumentiert: dieser Baum sei für den Menschen da, obwohl er dem Menschen verboten wird. Die Schlange aber, als Gegnerin Gottes, behauptet, der Baum der Erkenntnis sei da, um Gottes Macht zu demonstrieren: er wolle ein Verbot durchsetzen, das ihn selbst vor Übergriffen des Menschen schützt. Luther erklärt: Der Baum der Erkenntnis ist dem Menschen zur Übung seiner Frömmigkeit gegeben, nicht um ihn fromm zu machen. Zum Sünder kann der Baum ihn wohl machen, fährt Luther fort, aber zum frommen Manne nicht; es sei denn, Adam verhielte sich aus eigener Kraft wie ein Frommer. Luther sieht, was jeder Ausleger zugeben muß: da bleiben Rätsel und Fragen offen. Das Zeichen des Baumes jedoch – so Luther: der Baum ist ein *Zeichen* für Adam [71] – erscheint auch in seiner Deutung in der umfassenden Leistung: ein Lebenssignal, das die morgenländische Welt im Baum zu erkennen gewohnt war, wird zum Todesmittler.

Aber der Baum des Lebens ist gleichzeitig greifbar! Jedoch reicht dieses eindeutige Angebot dem Menschen nicht aus. Gerade dort, wo verbotenes Gebiet beginnt, möchte er nachforschen. Nicht durch eine Tat allein dringt Adam in diesen Bezirk des Todes vor, sondern durch einen Genuß. Adam und Eva essen die Früchte eines Baumes – hier könnte ja auch stehen, daß sie durch eine Tür schauen, die verboten ist, oder einen Weg gehen, der unerlaubt ist, oder ein Wild erlegen, das sie schonen sollen – statt dessen der Baum, von dem sie essen.

In einer sattgegessenen Epoche ist die sinnliche Bedeutung dieser Handlung gewiß nicht leicht einzusehen; in Breiten zumal, die bei gemäßigtem Klima und hinreichend Wasser keine Bewunderung mehr für das Wachstum der Bäume kennen. Der Fruchtgenuß ließ sich dort, in der kargen Wüstenlandschaft, als die Versuchung darstellen, weil die saftigen Oasenfrüchte eine Kostbarkeit waren. Und die Handlung des Adam gewann ihre überflüssige Anmaßung eben daraus, daß er sich in einem unwirklich reichen Fruchtgarten bewegte: von allen Bäumen war lustig zu essen, das sagt der Text ausdrücklich.

Was den Baum der Erkenntnis von den andern unterscheidet, ist tatsächlich nur das Verbot, nicht der Geschmack der Frucht. Wir hören auch nichts darüber, daß diese Frucht den beiden besonders gut geschmeckt hätte. Ihr Zugewinn an Einsicht ist ausschließlich schmerzlicher Natur. Sie nehmen Feigenblätter und machen sich Schürze – und sie verstecken sich ›unter die Bäume im Garten‹.[72]

Der Baum ist es, der ihnen das Leben erhalten soll; der Baum ist es, an dem sie scheitern, und der Baum ist es gleich nach dem Verhängnis, der sie kleidet und der sie verstecken soll. Kein Element außer Gott und Menschen ist in der Geschichte vom Anfang der Menschheit in der christlichen Fassung so dominierend wie der Baum. Adam hat den verbotenen Baum zuerst erprobt, so zeigt sich, denn der Baum des Lebens könnte ihm, immer noch, das ewige Leben schenken.

Gott verriegelt den Garten mit dieser Begründung: ›Nun aber, daß er nicht ausstrecke seine Hand, und breche auch von dem Baum des Lebens, und esse, und lebe ewiglich!‹[73] Im verschlossenen Paradies also bleibt jener Baum zurück, der den Fall des Menschen hätte rückgängig machen können. Damit ist die Phantasie der Deuter für Jahrhunderte beflügelt; und sie erhält Nahrung durch zahlreiche Fortführungen des Baumgleichnisses in den biblischen Texten. Vom

Alten ins Neue Testament herrscht das Baumgleichnis mit einer bestechenden Konsequenz. Heil und Verdammnis erscheinen im Bild des Baumes, Frömmigkeit und Sünde werden in seinem Zeichen dargelegt, Weltrettung und Weltgericht erscheinen wie die Paradiesgeschichte mit Baumbildern reich besetzt.

Der Abschluß dieser ersten dramatischen Geschichte in der Genesis ist wichtig: Der Weg zum Baum des Lebens – wie ausgelöscht scheint der Baum der Erkenntnis, wir hören nichts mehr von ihm, er hat seine Schuldigkeit getan – wird nicht von Ungeheuern oder dem Teufel selbst verstellt, sondern von den Engeln Gottes. Cherubim ›mit dem bloßen, hauenden Schwert‹ lagern sich um den Baum des Lebens. Gottes Baum also wird vor dem Zugriff des Menschen von Gottes Boten bewacht. Das Zeichen des Erkenntnisbaumes ist mit dem Fall des Menschen aufgebraucht; diese Frucht wird nur einmal genossen, ihre Wirkung ist endgültig – außer sie würde getilgt und aufgehoben im Genuß vom Baum des Lebens. Da Adam an diesen Baum nicht mehr gelangen kann, wird dieser anders und neu aufgerichtet: als Wurzel Jesse, als Kreuzbaum in der Passion, als letzter Feigenbaum in der Apokalypse des Johannes.

Viele Legenden rankten sich in den ersten Jahrhunderten und im Mittelalter um diesen Baum der Erkenntnis und seinen Verbleib. Eine Legende erzählt, der biblische Erzvater Abraham habe tausend Jahre nach der Vertreibung Adams und Evas aus dem Paradies den Baum Erkenntnis gefunden: Gott hatte ihn ausgerissen und auf die Mauer des Paradieses geworfen. Abraham pflanzte ihn in seinen Garten, und bald ertönte eine Stimme: Dies ist der Baum, an dessen Holz Christus gekreuzigt werden wird. – Andere Legenden schreiben dem Baum des Lebens diese Rolle zu.[74]

Der Baum der Erkenntnis kehrt abgewandelt in Darstellungen des sechzehnten und siebzehnten Jahrhunderts wieder: als der ›philosophische Baum‹. Adam erscheint auf solchen Bildern liegend, wie der Vorvater Jesse, mit einem aufragenden Baum, der in seinem Körper wurzelt.[75] Die *arbor philosophica* des sechzehnten und siebzehnten Jahrhunderts trägt statt der Früchte nun aber Gestirne. Die Planeten, Sterne, Sonne und Mond hängen in ihren Zweigen. Statt Adam und Eva stehen Hermes *Trismegistos*, der Führer der Suchenden, als würdiger Greis und ein Jüngling, als sein Schüler zu verstehen, rechts und links unter der Krone des Baumes. Es ist die Zeit der Sinnbildfreude.[76]

Unter den Symbolen der Alchimisten treten auch *arbor solaris*, Sonnenbaum und *arbor lunaris*, Mondbaum auf; an ihren Ästen hängen die Planeten als Früchte. Ein solcher Planetenbaum, unter dem Magister und Scholar sich unterhalten, wurde auch Weisheitsbaum genannt, *arbor sapientiae*. Die fünf damals bekannten Planeten in seinen Zweigen waren Jupiter, Saturn, Merkur, Mars und Venus. So wurde die Baumkrone zum Weltall, und der Mensch ein Spiegelbild des Kosmos.

Zugleich beginnt die Ummünzung biblischer Motive in das weltliche Leben der Kaufleute und Wissenschaftler: auch der Verlorene Sohn des Neuen Testaments wird im sechzehnten Jahrhundert zum optimistischen Selbstbildnis aufbrechender Handelsfamilien umgedeutet; sein Auszug ist nicht der Verlust, sondern der Gewinn eines stolz gestalteten Lebens.[77]

Lucas Cranach hat einen Bildtypus zu diesem zwiespältigen Wissenszugewinn des Menschen geschaffen, der beide miteinander verbindet: Lebensbaum und Baum der Erkenntnis (Gotha, vor 1529). Diese Form des Ausdrucks hat viele seiner Zeitgenossen und Nachfahren überzeugt; sie fand weite Verbreitung. Cranach stellt einen Baum mit zwei verschiedenen Hälften dar: sein Stamm bildet die Mittelachse des Bildes, und eine Hälfte der Baumkrone trägt Blätter und Früchte; die andere ist blattlos und dürr.

Diese verdorrte Seite des Baumes weist in eine Paradieslandschaft im Hintergrund, wo Adam und Eva eben vom Baume der Erkenntnis gegessen haben und vertrieben werden: Tod und Teufel, drastisch genug, besorgen hier die Austreibung. Die grüne Hälfte der Baumkrone hat dagegen zum Hintergrund eine Landschaft, in der Kreuzigung, Auferstehung und die Überwindung des Teufels durch das Lamm dargestellt sind. Ein solches erzählendes und zugleich sinnbeladenes Bild konnte die Mitwelt des Malers so gut verstehen, daß es nicht nur in vielen protestantischen Kirchen, sondern auch auf den Truhenwänden der Bauern bis in die Barockzeit sehr häufig wiederkehrt.

Wir finden auch Variationen dieser Idee: mehr als hundert Jahre früher malt Berthold Furthmayr einen Baum, der in reich verziertem

Rankenwerk das runde Mittelfeld einer Tafel füllt: Früchte füllen eine kugelige Krone, dichtes Blattwerk verdeckt alle Äste. Freilich windet sich die Schlange um seinen Stamm, es ist der Baum der Erkenntnis. Eva nimmt mit abgewandtem Gesicht die Frucht aus dem Maul der Schlange, und über ihr in der Baumkrone spreizt sich das böse Maul eines Totenschädels. An der andern Seite des Baumes steht Maria mit blondgewelltem Haar, einen großen Nimbus um das bekrönte Haupt, der in die Baumkrone gebieterisch hineinragt. Über ihrem leicht geneigten Gesicht hängt im Baum der Gekreuzigte. Maria greift wie Eva in den Baum, aber auf dieser Seite ist er der Baum des Lebens. Sie hält eine Frucht in der pflückenden Hand, die unter dem Kreuz des Erlösers gewachsen ist.

Ein Engel steht hinter Maria und bestätigt, daß diese Frucht das Brot des Lebens ist: ›*Ecce panis angelorum factus cibus viatorum*‹ steht mit vielerlei Abkürzungen auf dem Spruchband, das dieser Engel hält. ›Hier ist das Brot der Engel, das zur Speise geworden ist für die Menschenpilger.‹ Hinter Eva lauert dunkelgetönt der Tod. Sein Spruchband verkündet: ›*Mors est malis, vita bonis inde*‹, ›von daher kommt den Bösen der Tod, den Guten aber das Leben‹. Der eine Baum ist es, der Leben und Tod bringt. Adam liegt halb aufgerichtet hinter dem Stamm des Baumes: der gefallene Mensch. In Erkenntnisschmerz hat er die linke Hand zur Stirn erhoben, zwischen Schlange und Baumstamm hindurch. In der Rechten, zu Boden gesenkt, hält er die Frucht vom verbotenen Baum.

Dieser trauernde Adam hat die Welt in ihrer Spaltung begriffen: in Gut und Böse; eine Einsicht, die mit dem Genuß der Frucht versprochen wurde und nun als trauriger Zugewinn verwaltet werden muß. Der Tod ist verschlungen in den Sieg, steht bei dem Apostel Paulus[78], und genau dies will der Maler mit seiner bedeutungsreichen Miniatur ins Bild setzen: der Baum ist beides, Baum der Erkenntnis und Baum des Lebens. Totenschädel und siegreiches Kreuz, vom Baum genommen, hängen in seiner Krone.

Der Tod als Frucht des Erkenntnisbaumes: Er entfernt den Menschen zunächst vom Baum des Lebens, und über die Jahrtausende von der Natur überhaupt. Wenn es zutrifft, daß in unserer Epoche, nahe am zweitausendsten Jahr nach der Geburt Christi, die Bäume, längst bedeutungsleer, in einem Todesprozeß stehen, so möchte man Deutungen versuchen: als ein Zeichen für das menschliche Leben und sein geistiges Schicksal ist der Baum seit einigen Jahrhunderten mehr und mehr verblaßt. Als eine Pflanze, die biologisch für uns unentbehrlich ist, tritt er nach und nach, wahrscheinlich aber verspätet, wieder ins Bewußtsein. Jedoch fehlt ihm die Macht der Lebensdeutung, die in früheren Jahrhunderten seinen Anblick mit inneren Bildern im Beschauer ›übersetzte‹ in Bilder vom menschlichen Leben.

Der Triumph des vom Baume des Lebens vertriebenen Adam ist die Weltherrschaft, ganz wie es die Schlange versprochen hat. Er hat diesen Weg angetreten und ist weit auf ihm fortgeschritten: den Weg der Emanzipation vom Herrn des Gartens. Tier- und Pflanzenwelt und seinesgleichen hat er als Räuber, Mörder und Eroberer in Besitz genommen mit jeder Art von Mißbrauch. Zugleich hat ihn die Sehnsucht nach dem Guten begleitet: nach der Güte Gottes und, als die Entfernung von Gottesabhängigkeiten groß genug geworden war, nach eigener Güte. Die Sehnsucht der Menschen, gut zu sein, beschäftigt uns ideologisch seit einigen Jahrzehnten intensiv.

Künstler des fünfzehnten und sechzehnten Jahrhunderts haben den Baum der Erkenntnis in die zeitgenössische Welt gepflanzt: ein Holzschnitt um 1500 zeigt ihn als den Mastbaum[79] eines Schiffes, das von zwei Teufeln gerudert wird. Dieser Schiffsmast trägt Laub, die Schlange umwindet ihn, und Eva selbst steht unter dem Blattwerk, den Apfel in der Hand. Das Schiff des Lebens und der Kirche – mit dem Mastbaum, der die Segel hält, zum Heil oder Verderben des Schiffes den Winden ausgesetzt: so verbinden sich verschiedene Bildzeichen, die jedes ihre lange Vorgeschichte haben.

Auch Hieronymus Bosch, der schon 1450 geboren ist, malt in jenen Jahrzehnten den Baum der Erkenntnis als Mast eines Schiffes: es ist ein merkwürdiges Bild, das um 1500 entstanden sein könnte – unter den Kunstgelehrten herrscht keine einhellige Meinung darüber. Ein satirisches Werk war 1494 erschienen und schnell populär geworden: Sebastian Brants ›Narrenschiff‹.[80] Unweigerlich meldet sich die Verbindung zu diesem Buch, wenn man Boschs Bild betrachtet. Eine singende Gesellschaft von teilweise schon Betrunkenen feiert auf einem kleinen Boot. Singend sitzen sich Mönch und lautenschlagende Nonne gegenüber. Das Weinfäßchen ist mit an

Bord; über den Bootsrand hängte man Flaschen zur Kühlung. Belaubte Bäume hat man statt eines Mastbaumes ins Schiff gepflanzt: der mittlere ragt hoch hinauf, unter seiner Krone weht ein langer Wimpel, mit dem zunehmenden Mond bemalt, unterhalb davon ist ein gerupftes Huhn an den lebenden Mastbaum gebunden, das eben ein lüsterner Kletterer mit einem langen Messer losschneiden will. Oben im Wipfel des Baum-Mastes schaut mit dunklen Augen eine Maske herunter, die mit gebogenem Schnabel als ein Eulenkopf erscheint; nichts weiter von der Eule ist zu sehen, aber wir wissen, was die Eule bedeutet: sie meint den Tod. Viele mittelalterliche Maler hängen Totenschädel in den Baum der Erkenntnis; Bosch führt diese Tradition fort.

Der Tod also sitzt im Baum, der des Schiffes Mast sein soll. Und jetzt entdecken wir, daß es keine Segel hat: nur dünne Seile halten den Mast, aber kein Segeltuch ist zu sehen. Die Schiffer können also ihre Fahrtrichtung nicht bestimmen; sie sind auch nicht besorgt um ihren Kurs, sie treiben dahin. Ein kleineres, üppig verzweigtes Bäumchen ist festgezurrt an einem der Schiffsschnäbel: ist es Heck oder Bug? In diesem Bäumchen hockt mit geschlitztem Narrenröckchen und Schellenkappe ein Narr; seine Maske trägt er an einer langen schmalen Gerte über die Schulter gelegt; er hat sie abgelegt, um aus einer Trinkschale zu schlürfen. Sebastian Brants Narrenschiff, so meinen viele Interpreten, sei dies Schifflein. Steuerlos treibt es auf dem Meer.

Wenn man Brants ›Narrenschiff‹ hier abgebildet sieht, so ist der tödliche Hintergrund dieser närrischen Szene offenkundig: die trunkene Schiffsbesatzung treibt ins Verderben; sie tut dies im Zeichen des Erkenntnisbaumes, der hier zum Mastbaum wird, ohne Segel zu straffen. Vom Mastbaum hängt das Leben der Seefahrer ab; eine überwältigend reiche Tradition beweist, wie deutlich dieses Bild auch im sechzehnten Jahrhundert noch wirkte. Ein Mast, der die Fahrtrichtung nicht bestimmen kann, läßt das Schiff in den Untergang treiben. Wenn dieser Mast ein lebender Baum ist, an dem statt des Ausgucks ein gebratenes Huhn hängt, dann kann dies der Baum des Lebens nicht sein; der Baum der Erkenntnis, als des Todes Baum, ist hier im Schiff aufgerichtet.

Ihr großen Wälder füllt gleich Domen mich mit Schauer;
Ihr rauscht wie Orgelton; durch das verwünschte Herz,
Ein Ort des Sterbens, noch durchweht von alter Trauer,
Hallt dumpf wie euer De Profundis *dunkler Schmerz.*

Charles Baudelaire

5. Kapitel

Der gute und der böse Baum

Tod und Leben, das Gute und das Böse, Hell und Dunkel, Glück und Unglück: die Gegensätze verlangen nach Bildern, solange die Menschen in Bildern zu denken gewohnt sind. Das Bild vom Baum, für fast alle Lebenslagen des Menschen tauglich, nimmt auch diesen Wunsch auf, Gut und Böse klar zu unterscheiden, für das Gute und gegen das Böse Bilder aufzurichten, die den alten Wunsch erfüllen, immer genau zu erkennen: Was ist gut, was ist böse? Was soll ich wählen, was meiden? Ebendieser Wunsch lag schon im Paradies der Entscheidung für den Baum der Erkenntnis zugrunde; und es ist die Weisheit der Genesis-Erzählung, gleich zu Anfang zu zeigen, daß klare Erkenntnis von Gut und Böse nicht gelingt. Vielmehr führt der Versuch, sie zu erlangen – zu sein wie Gott – unfehlbar in die Macht des Bösen, hinter dem der Tod wartet.

Aus dieser Welterfahrung ist das Bemühen zu begreifen, dennoch das Gute immer wieder zu beschwören, wenigstens in Sinnbildern und Zeichen, um es vor Augen zu haben. Stellvertretend trennt sich der Baum, das Leben selbst, in diesen Bildvorstellungen in zwei kontradiktorische Hälften: Gut und Böse wohnen nicht mehr zusammen in einer Baumkrone, wie in den Miniaturen der frühchristlichen Buchmaler häufig gezeigt, sondern ein Baum bedeutet das Gute unvermischt, und das Böse wird ausgetrieben in einen andern.

Arbor bona, der gute Baum, nahm vielerlei Tugenden auf; in den mittelalterlichen Jahrhunderten, dem zwölften und dreizehnten vor allem, die Tugendkataloge der Kirche. Auch als Allsamenbaum kann dieser vielseitige Baum ausdrücken, daß er alle gute Frucht in sich vereinigt, alle Blütenpracht und damit alle Eigenschaften, die den Baum zum Segensspender machen. Damit gibt *arbor bona* dann ein Beispiel für den Menschen: so reich an Tugenden soll er sein, wie der Baum an Blüten und Früchten. Der gute Baum erscheint besonders farbenreich und zugleich märchenhaft dargestellt in einem Buch, das in der zweiten Hälfte des zwölften Jahrhunderts entstanden ist, dem *Liber floridus* des Lambertus von St. Omer in Flandern.[81] In diesem Buche blätternd, finden wir zunächst eine Pflanze, die mehr einer Lilie gleicht als einem Baum. Die Bildunterschrift zählt die Gaben des Heiligen Geistes auf, jene christlichen Tugenden, die zur *arbor bona*, wenn wir uns ihr hier nähern, gehören könnten: Liebe, Freude, Friede, Geduld, Freundlichkeit, Gütigkeit, Glaube, Sanftmut und Keuschheit. Als Vögel um den Baum des Lebens Christi finden sich diese Tugenden in vielen mittelalterlichen Bildern.

Rechts von diesem Lilienbaum wird die Welt der antiken Philosophie einbezogen in die Beschwörung der erstrebenswerten Tugenden und Künste der jungen christlichen Welt: Grammatik und Dialektik, Geometrie, Arithmetik und Astrologie, Musik; die Künste der Griechen und Römer, die den mittelalterlichen Unterricht bestimmen, verbinden sich mit den christlichen Tugenden zu einem harmonischen Idealbild des wohlgebildeten Menschen.

Wie zum Beleg für die edlen Qualitäten, die hier aufgezählt werden, schließt der Schreiber der christlichen Tugendliste eine Reihe edler Baum-Namen an – und der antiken Liste der Wissenschaften eine Aufzählung von Pflanzen, die Balsam und Wohlgeruch spenden: Die abstrakten Tugendkataloge sollen für den Leser in die Sinnenwelt gestellt werden, damit er ihre begehrenswerten Eigenschaften fühlen, schauen, schmecken kann. Zeder und Zypresse, Palme, Platane und Ölbaum, Rose und Weinrebe werden genannt. Zum Teil haben diese Bäume eine eigene, vorchristlich schon bedeutungsvolle, jahrtausendelange Geschichte. Der Schreiber fährt fort: Terebinthe – das ist die Pistazie mit ihrem Balsamharz –, und Lorbeerbaum, Pinie, Edeltanne und Buchsbaum.[82]

Die hohe Lilie dieses Bildes stellt nichts anderes dar als *ecclesia*, die Kirche. Und tatsächlich findet sich nun auf der nächsten Seite der Handschrift von St. Omer ein Palmbaum mit strahlenförmig aufstrebenden, zartgefiederten Wedeln.[83] Dreiundzwanzig dieser feinen Palmwedel beschreiben einen hohen Kreisbogen. ›*Ecclesia*‹ nennt nun auch der Autor dieses Baumbild: ›*arbor palme Ecclesia*‹, der

Palmbaum der Kirche. Wer sich der großartigen Hintergründe erinnert, auf denen diese Vorliebe für die Palme verstanden werden muß[84], sieht ihr Bedeutungsspektrum um eine weitere Nuance wachsen.

Fünf Reihen roter Früchte leuchten zwischen den Zweigen; rote Punkte trennen die dreiundzwanzig Palmwedel. An den Spitzen der Palmblätter die Liste der Tugenden; größer an Zahl nun, vermehrt um die Nüchternheit und die Hoffnung, um Keuschheit, Milde, Selbstbeherrschung, Langmut, wahren Glauben und Mäßigkeit, Stärke und Bescheidenheit, Güte, Gerechtigkeit und Klugheit, Demut, Enthaltsamkeit, Gottesfurcht und Beständigkeit. In schönster Harmonie versammelt dieser üppige Palmbaum nun die antiken Philosophentugenden mit jenen der christlichen Welt.

Weit außen erscheint die Welt der *arbor mala*, des Lasterbaumes, den viele mittelalterlichen Interpreten mit dem Feigenbaum, jenem Baum der Erkenntnis, aus dem die Sünde kam, identifiziert haben. Ein Baum des Bösen tritt hier noch nicht ins Bild, aber die Laster erscheinen, durch eine Trennungslinie von den Tugenden getrennt, dem gleichen Kreisbogen folgend, den die Palmwedel beschreiben. Die ›Possenreißerei‹ gehört zu ihnen, interessant für uns und begreiflich, wenn wir an die Narrenbilder späterer Zeit denken, in denen auch nicht irgendeine Torheit, sondern die tödliche Verirrung in Schalkheit und boshaftes Gelächter gemeint ist.

Streit und Verzweiflung gehören in die Lasterkette, Unkeuschheit und Hochmut, Zorn und Schwelgerei, Unbeständigkeit, Heuchelei, Begierde, Haß, Neid, Mord, Geiz, Zwietracht, Völlerei und Betrug, Überheblichkeit und Schlemmerei, Traurigkeit, Ruhmsucht und Schwäche. Ein Katalog zum Nachdenken für ferngerückte Nachfahren wie uns: die *tristitia*, die Traurigkeit gehört zu den schweren Lastern wie die Verzweiflung, die im Wortbild zeigt, daß der Zweifel an der göttlichen Güte gemeint ist, der den Traurigen als einen Ungläubigen kenntlich macht. Könige und Patriarchen bezeichnen die Festigkeit des Palmstammes mit ihren Namen: auf ihnen ruht die *arbor bona*, auf ihnen wuchs ihre Krone empor. Der Siegesbaum, die Palme, wurde von den Zeitgenossen auf Christi Opferung für das Heil gedeutet, auf den Frieden, der damit gewonnen wurde.

Das Original der Abschrift, die in Wolfenbüttel liegt, bewahrt die Universität Genf auf; hier findet sich ein weiterer Baum des Guten, weitverzweigt und mit der Inschrift *arbor bona ecclesia* gedeutet. Blätter, Blüten und Früchte tragen vielfältige Muster, die sie als lauter kleine Baumkronen erkennen lassen: der Baum des Guten als Baum aus vielen kleinen Bäumen. Zusammen vertreten sie alle Baumarten, die als vorbildlich und zeichenkräftig bekannt waren. Es sind all jene, die beim Lilienbild nur durch Worte auftraten: Rose und Pinie, Terebinthe, Buchsbaum, Zeder, Ölbaum und Zypresse, Abies (die Tanne), Platane, Cynamomum und Balsam. Auch die Tugenden erscheinen nun in Bildern: weibliche Halbfiguren in Medaillons, die wie Früchte in den Zweigen hängen. *Caritas,* die Mutter aller Tugenden, ist in der Baumwurzel als weibliches Rundportrait eingefügt. Rechts und links wird der Baum gedeutet: Wie aus einer Baumwurzel viele Zweige hervorgehen, so werden viele Tugenden aus der einen *Caritas* geboren. Und zur Rechten des Baumes: ›Der gute Baum, welcher ist die Königin zur Rechten Gottes, mit Buntheit umgeben, ist die Kirche der Gläubigen, mit der Verschiedenheit der Tugenden bekleidet.‹ Jacobus und Paulus, David und Salomo werden mit ausgewählten Textstellen zitiert, die auf das Bild des Baumes passen. In allen diesen kleinen Bibelversen ist von der Frucht die Rede, die der gute Baum bringt. Alle Texte dieses Bildes sind lateinisch geschrieben. Da heißt es nach Jacobus, 3,17: ›Die Weisheit von oben her ist voll guter Früchte.‹ Paulus: ›Die Frucht aber ist der Geist‹ (vgl. Galater 5,22). Und David: ›Er bringt seine Frucht zu seiner Zeit‹ (gemeint ist der Psalm 1). Schließlich Salomon: ›Seine Frucht ist kostbarer als alle Reichtümer.‹ (gemeint ist wohl Spr. 8,19). Der Platz zur Rechten Gottes ist auch Mariens Platz, und der Palmbaum steht in zahlreichen Texten und Bildern für Maria.

Und nun *arbor mala*, der Baum des Bösen: in diesem Bild tritt er als Baum auf, der alle gegensätzlichen Merkmale deutlich an sich trägt: ›*arbor mala, Synagoga*‹ lautet die Inschrift. Keine Frucht ziert seine Zweige, nur grünes Blattwerk. Auch dieser Baum hat kleine, mit Blattwerk ausgemalte Baumkronen anstelle der Blätter, aber nur ein einziges Blattmuster macht diese Kronen alle gleich: es ist das Feigenlaub, durch das überall wiederholte Wort ›*ficulnea*‹, ›zum Feigenbaum gehörig‹, ausgewiesen. Der Feigenbaum ist gemeint, dem die Axt schon an die Wurzel gelegt ist, und die Stimme Gottes wird auf diesem Blatt zitiert mit den Worten: ›Ich habe keine Frucht an ihm gefunden.‹ Gewährsleute der Schrift werden zitiert, Untergang und Verdammnis werden dem unfruchtbaren Baum verheißen. Programmatisch sagt es ein kleiner Text auf dem Blatt: ›Dieser herbstliche Baum ist unfruchtbar, zweimal gestorben, entwurzelt, dem der Ansturm der Finsternis in Ewigkeit aufbewahrt ist.‹ Zwei blanke scharfe Äxte sind rechts und links auf das Wurzelwerk des Baumes gelegt, die eine mit gerader, blinkender Klinge, die andere halbrund geformt. Es ist das Bild aus Matthäus 3,10 und Lukas 3,9, das wegen seiner dramatischen Klarheit über Jahrhunderte in den Bildern der Künstler und in den Texten der Schriftgelehrten, aber auch der Moralisten variiert worden ist. Bei Matthäus und Lukas ist es Johannes der Täufer, Vorläufer Christi, der mit dieser drastischen Warnung zur Umkehr auffordert.

Die Begierde, *cupiditas,* die Mutter aller Laster, ist als düsterer Gegensatz zur *Caritas* am guten Baum, hier am Baum des Bösen im Wurzelmedaillon aufgeführt. Von ihr gehen alle anderen Laster aus, die in den Medaillons der Zweige beschrieben werden. Ihre Liste umfaßt über vierzig Untugenden und Verbrechen, unter ihnen alle schon aufgezählten. Das Wissen um die Bosheit und Verderbtheit hatte also schon damals mehr Namen als der Katalog der Tugenden.

Besonders das Bild der Axt am Baum war als ein Kürzel für die Todesurteile über alle Laster so eindrücklich, daß es auch in der Plastik leicht darstellbar erschien. Wer die Kathedrale von Reims betritt, der kann an der inneren Westwand eine Figurengruppe aus dem dreizehnten Jahrhundert finden, Johannes den Täufer und zwei Propheten darstellend. Ein kleiner dürrer Baum ragt vor Johannes auf, ja verstellt ihm den Schritt: wie ein Gitter recken sich die scharfen, verdorrten Astenden vor ihm auf. Johannes blickt nach unten, wo die langstielige Axt einen Querriegel vor seinen Weg legt. Ihre Klinge hat den unfruchtbaren Baum schon halb durchtrennt. Spät noch einmal, nach der Mitte des fünfzehnten Jahrhunderts (1457), malt der Italiener Fra Filippo Lippi für die Medici eine Waldlandschaft mit der Anbetung des Kindes. Der kleine Johannesknabe erscheint in dieser Szene – und die Axt, dem Baum an die Wurzel gelegt. Wie Reims, so zeigt auch die Kathedrale von Amiens in Frankreich die Axt am verdorrten Baum (mittleres Westportal); der gute Baum steht neben dem bösen; er trägt Früchte.

Das Buch von St. Omer wendet das Baum-Motiv noch weiter: die Seligpreisungen der Bergpredigt erscheinen in der Gestalt von Bäumen, einer phantasiereicher als der andere, mit kunstreich verschlungenen Zweigen und bunten Früchten, von Trauben, Blüten und feingegliedertem Blattwerk zu symmetrischen Kunstgebilden abgewandelt, in leuchtenden Farben, die weit von der Natur wegführen um die Natur zu preisen: so überirdisch und köstlich verlokkend wie diese Bäume aussehen, so kostbar und herrlich anzuschauen sind die Tugenden und der Lohn der Seligen. Einzig die stilisierten Blattformen lassen erkennen, welche Bäume gemeint sind. Jedes der Baumbilder trägt einen kleinen Text in lateinischer Sprache. Der Ölbaum gehört hier zu den Barmherzigen, die Platane zu denen, die reinen Herzens sind, die Weinrebe zu den Leidenden (Christus sagt: ›Ich bin der Weinstock, ihr seid die Reben‹), die Terebinthe zu den Friedfertigen.

Der böse Baum, den die Axt fällt, findet sich auf Darstellungen mit Johannes dem Täufer schon in byzantinischen Mosaiken: das Kloster *Hosios Lukas* hat in seiner Kirche ein Kuppelmosaik, das hinter dem taufenden Johannes (es ist die Taufe Christi) den Baum zeigt, an dem die Axt lehnt.[85]

Auch der *Hortus deliciarum* der Herrad von Landsberg, der ›Lustgarten‹, eine Enzyklopädie der Äbtissin des zwölften Jahrhunderts († 1195), zeigt eine zarte Federzeichnung, die um 1170 entstanden sein dürfte: Johannes tauft Christus, und hinter dem Täufer lehnt zart, fast grazil, die Axt an einem Baum. Das Zeichen sprach: es konnte, aus dem Hintergrund des Bildes redend, die Szene in zeitliche Tiefe öffnen – nach vorwärts oder rückwärts. Hier greift es zurück in die Vorgeschichte dieses Augenblicks, als Johannes allein auftrat, der absonderliche Wüstenprediger mit dem wilden Aussehen und den Gewohnheiten eines Außenseiters. Nun tauft er den Messias, und immer noch warnt das Zeichen der Axt am Baum – warum? Weil es weiter gilt, und noch der Messias selbst wird zahlreiche Gleichnisse vom guten und bösen Baum erzählen, die an das Axtgleichnis des Johannes anknüpfen. Ein einfaches Bild, zwei Gegenstände, und ein zeit-räumliches Szenario öffnet sich in heilsgeschichtliche Räume, die ohne Bilder gar keine Sprache fänden.

Eine griechische Ikone des 14. Jahrhunderts zeigt eine Variante dieses Themas vom bösen Baum: Christus läßt sich taufen; Engel schweben herab, die Taube mit dem Zweig vom Ölbaum, wie auf allen diesen Bildern, öffnet den Horizont ins Alte Testament, zur Errettung Noahs, und hinter Johannes lehnt die Axt, mit der Klinge nach oben, auf den Stiel gestellt, an einem belaubten Baum, der vom Wind heftig bewegt wird. Das Wasser dieses Bildes ist mit Goldlinien überzogen, die Szene ist triumphal und festlich. Hat der Künstler deshalb die Axt demonstrativ in eine Position gebracht, die von den übrigen Darstellungen abweicht? Während der Retter getauft wird, ruht die Strafdrohung, scheint er sagen zu wollen.[86]

Guter und böser Baum können mit noch einfacheren Mitteln einander gegenübergestellt werden: als grüner und verdorrender, belaubter und kahler Baum. Ein italienischer Steinmetz des dreizehnten Jahrhunderts hat sie 1221 so in den Hintergrund der Taufszene gemeißelt: hinter Christus den üppig begrünten Baumwipfel und hinter Johannes jenen mit verkümmerndem Blattwerk.[87]

Die Kirche, deren Portal so geschmückt wurde, hatte eine besondere Tauferlaubnis. Betrachtet man die verwitterte Taufszene genauer, so entdeckt man ihn doch noch, den Baum mit der Axt: Am rechten Reliefrand, in der Ecke des halbkreisförmigen Lünettenfeldes, das über dem Portal die Darstellung füllt, hat der Bildhauer ihn hinter einem der Engel plaziert.

Und schon in frühchristlicher, in römischer Zeit stoßen wir auf eine Steinmetzarbeit, die den guten und bösen Baum zeigt, auf einem Steinsarkophag, der entstand, als noch nicht dreihundert Jahre die frühen Gemeinden von der Geburt ihres Messias trennten.[88] Nichts Überflüssiges ist hier dargestellt, Antikes und Christliches durchdringen einander in bewegender Klarheit und Ökonomie der Zeichen. Johannes ist bärtig und in vorgerücktem Alter dargestellt, sein Kopf gleicht den Münzportraits römischer Cäsaren oder Philosophen. Er steht in leicht gedrehter Frontposition, mit der Toga bekleidet. Sein unbekleideter rechter Arm ist halb erhoben, so daß er den Körper des Täufers überschneidet, der seine rechte Schulter ein wenig dem Betrachter zuwendet. Die Fingerspitzen der rechten Hand berühren sacht den Kopf des Christusknaben: mit Römergelock um den kindlichen Kopf steht er, frontal zum Beschauer, gerade aufgereckt, mit locker hängenden Armen, ein Kind, nackt und von kräftigem Körperbau. Johannes hält in der Linken eine Schriftrolle, die der Christ auf das Prophetenwerk, der Römer als Philosophenrolle deuten konnte. Die Unterschenkel des kleinen Knaben sind von Wasser umflossen, das ihre Konturen durchschimmern läßt. Mit geneigtem Haupt schaut Johannes auf den Messiasknaben nieder. Und nun die Bäume: neben Christus steht ein karger, kläglich entlaubter Baum, dessen Äste nur noch als gekrümmte Stummel vom Stamm abstehen, ohne sich weiter zu verzweigen. Hinter Johannes ein starkstämmiger Baum mit dicker, schmaler Krone, wie sie verschiedenen immergrünen Bäumen eigen ist. Schraffuren deuten das dicke Laubwerk an, und die Rundung des Reliefs treibt den ganzen Baum sehr plastisch hervor.

Ein oberitalienischer Künstler hat die Idee von der Axt am Baum noch bildkräftiger in eine Szene übersetzt, die sich auf derselben Bildfläche mit der Predigt des Johannes, offenbar kurz vor der Taufe des schon ins Wasser gestiegenen Christusknaben, abspielt. Auf einem Elfenbeinkästchen bringt er Anfang des fünften Jahrhunderts diese Vielfalt der Szenenfolge unter. Johannes predigt, der kleine Christus steht im Wasser, Zuhörer sind anwesend – und der Täufer weist warnend auf einen Mann, der die Axt schwingt, um einen Baum zu fällen. Die Blicke der erschrockenen Zuhörer richten sich auf den Baumfäller. Wer das Relief sah, kannte den Text aus Johannes 3 und verstand.[89]

Guter und böser Baum galten aber nicht nur als Bilder für abstrakte Größen – wie die Kirche, die Synagoge, die Tugenden und Laster. Bei der Benediktinerin Hildegard von Bingen (1098–1179), die mystische und naturwissenschaftlich-medizinische Schriften verfaßte, wird die Seele des Menschen mit dem blühenden Baum verglichen. Das Gewicht solcher Vergleiche wird freilich heute kaum noch erfaßt werden können. Die Grünkraft der Bäume und Pflanzen – bei Hildegard *›viriditas‹* –, das Wachsen und Gedeihen, der Kreislauf des Wassers, alles erschien als Sinnbild für die Zusammenhänge, in die nicht nur der Körper des Menschen und seine Gesunderhaltung, sondern auch das geistig-seelische Heil eingebettet war. Jedes Bild, das die Natur zur Deutung anbot, wurde als ein Sinnbild für die Funktionen des menschlichen Lebens begriffen. Im vierten Buch ihres berühmten *Liber scivias* schreibt die Nonne:

›Und die Seele durchströmt den Körper wie der Saft den Baum. Was [bedeutet] dies? Durch den Saft grünt der Baum und bringt Blüten hervor, und darauf bildet er Frucht, so auch der Körper durch die Seele. Und wie wird dann die Frucht des Baumes zur Reife gebracht? Durch die Milde der Luft. Auf welche Weise? Die Sonne wärmt sie, der Regen feuchtet sie, und so wird sie in der Milde der Luft vollendet. Was [bedeutet] dies? Die Barmherzigkeit der Gnade Gottes erleuchtet den Menschen wie die Sonne, der Anhauch des heiligen Geistes bewässert ihn wie der Regen, und so führt ihn die Trennung wie die gute Mischung der Luft zur Vollkommenheit der guten Früchte.
Aber die Seele ist auch in dem Körper wie der Saft im Baum, und ihre Kräfte gleichsam die Gestalt des Baumes. Auf welche Weise? Die Erkenntnis in der Seele ist wie die Grünkraft der Zweige und Blätter am Baum, der Wille aber wie die Blüten an ihm, der Geist aber wie seine erste hervorbrechende Frucht, die Vernunft aber wie die in der Reife vollendete Frucht, die Sinne aber wie die Ausdehnung seiner Größe. Und entsprechend dieser Art wird der Leib des Menschen von der Seele gefestigt und gestützt. Deshalb, o Mensch, erkenne, was Du in Deiner Seele seist, der Du Deinen guten Verstand ablegst und willst, daß man Dich den Tieren vergleicht.‹[90]

Das Zusammenspiel von Leib und Seele, wie es in der künstlichen Welt des zwanzigsten Jahrhunderts kaum noch darstellbar erscheint. Nicht um die Mittel, mit denen wir uns auf solche Ziele der Harmonie von Innen und Außen verständigen, kann es gehen. Die Bilder einer anschauungsnahen versunkenen Welt werden durch Zitate nicht wieder verfügbar. Aber vielleicht beflügeln sie die Sinne und den Geist: denn auch wenn wir mit solchen Baumvergleichen nicht mehr umgehen, verstehen wir, was diese Worte meinen. Ob wir sie kindlich, entrückt, unaufgeklärt finden, die Benediktinerin des zwölften Jahrhunderts, ihre Einfalt bei der Lektüre im ›Buch der Natur‹, wie es noch durch Jahrhunderte heißen wird, soll nicht zu anachronistischer Nachahmung auffordern, sondern – erinnern, wie alle unsere Vorfahren sich erinnert haben, um sich selbst und ihren Platz in der Geschichte besser zu verstehen.

Die Möglichkeiten der Schönheit,
die sich in einem Raum von fünfzehn
Schritt im Geviert, umgeben von
vier Mauern, entfalten können, sind
einfach unmeßbar. Es können im Hof
eines Bauernhauses eine alte Linde
und ein gekrümmter Nußbaum beisammen-
stehen und zwischen ihnen im Rasen durch
eine Rinne aus glänzenden Steinen das
Wasser aus dem Brunnentrog ablaufen,
und es kann ein Anblick sein, der durchs
Auge hindurch die Seele so ausfüllt
wie kein Claude Lorrain.

Hugo von Hofmannsthal

6. Kapitel

Paradiesbäume

In den Mythen vieler Kulturen gibt es ihn: den Baum, der unablässig Früchte trägt. Der Keltengott Dagda gebot über einen solchen Baum. Vielleicht war er ein Erdgott, der über ein Reich der Fruchtbarkeit in der Unterwelt herrschte.[91]

Ausgeprägter ist der Glaube an den wunderbaren Baum dort, wo überwiegend Unfruchtbarkeit herrscht: in den Wüstengebieten dieser Erde, wo nur die Oase, aufgrund verborgener Wasseradern, die durch Brunnen erreicht werden, die mühselig unterirdisch vom Treibsand befreit werden müssen, eine üppige Fruchtbarkeit hervortreibt. Schon die Oase kann wirken wie ein Wundergarten, wenn sie von Öde und Geröll oder feinem, erstickendem Sand umgeben ist. Die babylonische Astralreligion, mit der auch die wandernden Nomaden des Alten Testaments immer wieder in Berührung kamen, kannte Erzählungen von einem wunderbaren Garten, der mit Weinstöcken bepflanzt sei und an einem herrlichen Ort liegen sollte, der wie ein Berg gestaltet sei.[92] Zu dieser Weinpflanzung sollte auch ein heiliger Baum gehören. Andere Nachrichten aus der babylonischen Überlieferung sagen, daß am Eingang zum Himmel, dem Reich der Götter, zwei Bäume stehen: der Baum des Lebens und der Baum der Wahrheit. Hier sehen wir den Vorklang der Genesis-Erzählung des Alten Testaments. Aber die babylonischen Mythen berichten auch von jenem himmlischen Lebensbaum, der in der Mitte der Welt stand; aus seinen Wurzeln quollen die Weltströme. Bei den Germanen überdauert eine ähnliche Vorstellung alle christlichen Einflüsse: der Himmels- oder Weltenbaum Yggdrasil, eine gewaltige Esche, beschattet und erhält den Erdkreis.

Götterbäume hat es wohl in allen frühen Kulturen gegeben: in

Mexiko trafen die Spanier zu Beginn des sechzehnten Jahrhunderts auf Tempelreliefs mit stilisierten Bäumen, auf denen der Göttervogel sitzt.[93] Die Fruchtbarkeit scheint das Hauptmerkmal auch dieses Baumes zu sein, denn die Priester zu seinen Seiten, in festlichem Schmuck, vollziehen den Regenzauber an diesem Baumaltar.

Die Fruchtbarkeit des Baumes prägt alle Paradiesesmythen; erst nach dieser Qualität interessieren andere: der Schatten, die Kühle, der Vogelgesang, der Schutz vor Verfolgern und wilden Tieren. Wunderbare Bäume, die zum göttlichen Bezirk gehören, werden vor allem wegen ihrer Früchte gerühmt, und diese Früchte sind es, die den Zugang zum Götterreich bedeuten. Häufig verleiht ihr Genuß besondere Fähigkeiten oder Vorrechte, die den Ausgezeichneten über die übrigen Menschen hinausheben. In anderen Geschichten hören wir, daß die Götterfrüchte niemand mitnehmen kann, daß Strafe den Frevler bedroht, der sich ihnen nähert. In den griechischen Mythen gehören bestimmte Fruchtarten in den Herrschaftsbereich bestimmter Götter – der Granatapfel ist Attribut der Aphrodite. Der Preis, den der Jüngling Paris der Aphrodite im Wettstreit der drei Göttinnen zuerkennt, soll ein goldener Apfel, also keineswegs eine irdische Frucht gewesen sein. Die Götterfrucht taucht in den verschiedensten Sagenkreisen auf. Auch der sagenhafte Herrscher über Uruk, der Halbgott Gilgamesch, dessen Geschichte in Bruchstücken überliefert ist, findet einen solchen Götterpark, nachdem er zwölf Meilen durch nächtliches Land geirrt ist. Was hier erzählt wird, ist um zwölfhundert vor Christus entstanden. In dem Göttergarten trifft Gilgamesch auf Bäume, die Edelsteine statt Früchte tragen; sie hängen an Zweigen, die aus Kristall gewachsen sind.

Wann diese Vorstellungen ihren Anfang genommen haben, läßt sich nur schwer ermitteln. Die älteste Zeichnung eines früchtetragenden Baumes stammt wahrscheinlich aus dem Mesolithikum, der Mittelsteinzeit, von der man annimmt, daß sie etwa um achttausend vor Christus begonnen hat. Die Felszeichnung vom früchtetragenden Baum stammt aus spanischen Felsbildern bei Albarracin. Sie ist sehr einfach und zeigt ein Strichbäumchen mit Ästen, an denen etwas dicker die strichförmigen Blätter stehen. Um den dünnen Strichstamm sind Früchte im Fallen gezeichnet, andere liegen bereits am Boden. Sinnbild ist dieser Baum gewiß noch nicht; er meint, soweit die Wissenschaft diese Periode überhaupt verstehen kann, das unmittelbare Erlebnis. Dieses Ereignis wird erzählt, weil es den Menschen, der hier zeichnet, in irgendeiner Form beteiligt – in welcher, können wir nicht erfahren. Sicherlich hat die Zeichnung auch magischen Charakter, sie soll bannen, bezaubern. Wen – ob einen Gott, ob die Fruchtbarkeit in der Pflanze – wir wissen es nicht. Bei den Karaiben in Guayana wird eine merkwürdige Geschichte erzählt. Es gab eine Zeit, so beginnt sie, da hatten Menschen und Tiere nichts zu essen. Nur der Tapir kam jeden Abend sichtlich sattgegessen auf sein Lager zurück. Die Beutelratte war es, der es gelang, den Futterplatz des Tapirs ausfindig zu machen. Es war ein wunderbarer Baum, der Allepantepo, der alle Arten von Früchten trug. Ein Allfruchtbaum also, der an den Allsamenbaum erinnert. Da wuchsen Bananen und Ananas, Kassawa, ein tropisches Wolfsmilchgewächs mit stärkereichen Knollen; der Baum trug Maiskolben und Yambohnen, eine Kulturpflanze Süd- und Ostasiens, und Kürbisse. Von der Beutelratte geführt, trafen die Menschen bald bei dem wunderbaren Baum ein. Für sie war aber seine Rinde zu glatt, sie konnten nicht hinaufklettern, um sich die Früchte zu holen. Also entschieden sie, der Baum solle gefällt werden. Sie brauchten dreißig Tage, bis der Baum fiel. Dann nahmen sie von seinen Früchten, was ihnen gefiel, und pflanzten es auf ihren Feldern an.

Der Raub bei den höheren Mächten gelingt also. Wir kennen zahlreiche andere Mythen, in denen der Übergriff in den göttlichen Raum bestraft wird. Noch die alttestamentliche Genesis-Erzählung bietet dafür ein Beispiel. In der Sage aus Guayana erkennen wir unschwer einen Deutungsversuch für die Herkunft der Feldfrüchte, die man anbaut. Das Bewußtsein, ohne diese Pflanzen dem Hunger preisgegeben zu sein, führt zu den Berichten über die göttliche Herkunft der Nahrung.

Im Garten der Hesperiden, von dem der griechische Mythos erzählt, wächst der Baum mit goldenen Äpfeln, einer Speise der Götter, die Unsterblichkeit verleiht. In anderm Zusammenhang werden wir sehen, daß in den Früchten dieses Baumes die Planeten des Himmels, Sterne und Sonne sich spiegeln.

Die alttestamentliche Genesis-Erzählung stellt den Baum in den

Mittelpunkt der Entscheidung zwischen Gott und Menschen: Nicht seine materielle Gestalt ist es, die den Charakter der Versuchung bestimmt; nicht die Köstlichkeit der unbekannten Früchte verlockt so unwiderstehlich, daß Eva der Schlange gehorcht. Vielmehr ist es die alte Sehnsucht nach Transzendenz, nach Überwindung der eigenen Erkenntnisgrenzen, die den Menschen leitet. Daß es der fruchtbare Baum ist, der diese Sehnsucht aufnimmt, läßt sich aus der Geschichte des Menschen mit Bäumen begreifen. Daß Gott selbst, der Herr des Gartens, diesen Baum in die Mitte des Gartens stellt, zeigt die zentrale Position dieser Prüfung für den Menschen. Der Baum des Paradieses tritt in den Mittelpunkt der unlösbaren Verquickung von Gut und Böse, von Wahr und Unwahr, von Richtig und Falsch, mit der die Menschheit lebt. Denn die Worte der Schlange sagen ja Zutreffendes und Unwahres zugleich: Die Augen der beiden Menschen werden aufgetan, sie sehen anderes als vorher – und das, was sie kannten, sehen sie anders. Ihr Wissen wächst, sie erkennen sich als nackt, ihr Gefühlsraum erweitert sich, sie fühlen Scham. Ihr sittlicher Horizont entwickelt sich: sie spüren ihr Gewissen, sie fürchten sich und müssen sich verstecken.

Die Eindeutigkeit dieser Handlungsmuster macht ihre Wirkung: Mit der selbständigen, gottlosen Handlung kommt das Zögern vor der Berührung mit Gott. Das Friedensverhältnis wird zum Rechtfertigungsverhältnis: der erste Dialog schon nach dem Verstecken ist einer, in dem Adam sich entschuldigt, indem er die Schuld verschiebt. Und der Baum ist es, der ihm Zuflucht gewährt hat, der Baum ist es, von dem er seine erste Kleidung nimmt – absurderweise, um sich vor dem Schöpfer seiner Körperlichkeit zu verbergen: ›Wir schämen uns, weil wir nackt sind‹ – das ist seine erste Begründung für das Verstecken.

Es kommen also alle Verhaltensmuster zusammen, die der neuen Erkenntnismöglichkeit entsprechen: die Lüge, die Befangenheit gegenüber dem Werk Gottes – dem eigenen Körper – was sagen will: mit der Entzweiung von Gott geschieht die Entzweiung mit der eigenen Leiblichkeit, die von Gott geschaffen ist. Zwiespalt greift um sich: Nichts ist mehr wie es vorher war. Die Bäume, lustig anzuschauen, wie Luther übersetzt, sind nicht mehr Augenlust, sondern Versteck, und dazu ein absurdes: als könnte Adam sich vor seinem

Schöpfer verstecken. Die Psalmbücher und Predigtwerke des Mittelalters enthalten viele Variationen dieser Szene: der Paradiesbaum der Erkenntnis zwischen Adam und Eva, rechts und links von beiden zwei weitere Bäume des Gartens. Die Baumdarstellung wird damit für Jahrhunderte nicht anders als zeichenhaft möglich: Bäume bedeuten immer etwas, und ihre Bedeutungsmöglichkeiten sind vielfältig genug, um grenzenlos variabel zu werden. Leben und Tod, seit es um sie geht, Gut und Böse, Lust und Leid lassen sich für Hunderte von Jahren jedem Beschauer verständlich im Bild der Bäume ausdrücken: fruchtbeladen oder kahl, mit Sonne, Mond und Sternen behangen, mit Medaillons geschmückt, die Schriftzeichen tragen, mit Schlange, Eule oder Totenschädel im Laub, bedurfte der Baum keiner umständlichen Texte, um verstanden zu werden: ein Bild des Lebens, des Todes, der Hoffnung, der Verdammnis. Die Polarität und Vieldeutigkeit des Lebens fand in diesem Stück des Kosmos farbigste Ausdrucksmöglichkeit.

Unter den mittelalterlichen Schriften, die viel gelesen wurden – von denen, die lesen konnten, aber auch erzählt wurden für jene, die nicht lasen –, war die Paulus-Apokalypse. Hier wird der Wohnort der Seligen beschrieben als eine Stadt, vor deren Toren zwei Säulen stehen. An diesen Säulen sind Tafeln angebracht: darauf geschrieben stehen die Namen der Gerechten. Säulen, das macht die altägyptische, aber auch die altgriechische Kultur deutlich, sind nichts anderes als Abwandlungen der Baumgestalt. Die Kapitelle und Schäfte beweisen dies: in Ägypten Papyrus, Lotos und Palmen-Nachbildungen, bei den Griechen ornamentale Palmen- und Blattstrukturen, teilweise von den Ägyptern übernommen, teilweise aus der in Griechenland bekannten Flora hergeleitet.[94] Paulus beschreibt in seiner Vision vom Weltende noch weitere Paradiesbäume: in einem blendend hellen Licht erblickt er überirdisch schöne Palmenbäume, die Trauben tragen. Auch in das Paradies selbst, wie es Adam und Eva bewohnt haben, wird der Apokalyptiker geführt. Dort schaut er einen wunderbaren, ungeheuer großen Baum, auf dem der Heilige Geist ruht. Duftendes Wasser entspringt aus dessen Wurzel und teilt sich in vier Wassergräben, die Flußbetten des Paradieses. Noch immer steht der wachende Cherub am Baum des Lebens, und der Baum der Erkenntnis ragt auf wie in uralter Vorzeit.

Im klassischen Griechenland sind – wie wahrscheinlich in allen Kulturen – ähnliche Visionen von der Welt der ewigen Seligkeit beschrieben worden. Bei den Griechen ist es der Hain, ein lichter Wald, in dem alle Sinne sich erquicken, der die Träume vom unaufhörlichen Glück aufnimmt. Auch dies mag mit der Vegetationserfahrung jener Kultur zusammenhängen: Wie der Wüstennomade vom einzelnen, glückspendenden Baum träumt, so der Bewohner des damals bewaldeten Inselreiches in der Ägäis von den sanftschattigen Wäldern, die er kannte. Das Bekannte wird gesteigert in eine überirdische Pracht, aber die Phantasie kann nur von dem ausgehen, was erlebt wird. Daher ist in den wälderreichen Gebieten, die die Kelten bewohnten, oder in den dichtbewaldeten Zonen, in denen die Germanen lebten, eine andere, verglichen mit den südlichen Ländern farbenärmere Visionenwelt zum Ort der Seligen entstanden.

Wo Bäume eher die Feinde der menschlichen Ansiedlung sind, seine Kraft und Ausdauer herausfordern, seinen Feinden Schutz bieten und ihn in dichten Wäldern erschrecken, weil er seinen Weg nicht mehr findet, da kann der Traum vom wunderbaren Baum, der unablässig Frucht trägt, aus zwei Gründen nicht geträumt werden. Erstens erlebt niemand einen Baum in diesen Breiten, der unablässig und üppig Frucht trägt, und zweitens ist der Baum nicht der Hauptemährer, nicht die Kostbarkeit, nicht das lebenserhaltende Wunder.

In den Paradiesphantasien der Kirchenväter in den heißen Zonen der Erde, wie bei dem syrischen Kirchenvater Ephräm, schimmert noch die mythische Überlieferung vorchristlicher und vorjüdischer Überlieferungen durch, jene Sonnen- und Mondkulte der ägyptischen und assyrischen Religionen, deren Spuren auch im Alten Testament noch dicht und deutlich sind. Ephräm schaut die Zauberbäume des Paradieses auf der Höhe eines Berges. Der Baum des Lebens ist glänzend – Ephräm sagt: Er ist die Sonne des Paradieses. Eine Fülle von Früchten bietet sich, unter ihnen Trauben, die ihre Früchte dem Gast reichen, als seien sie lebendige Wesen. Ewiger Frühling durchzieht diesen Ort, liebliche Flüsse durchfließen ihn und sanfte Winde wehen. Die glücklichen Bewohner dieses Ortes, die belohnten Gerechten, ›Kinder des Lichts‹, wie der Kirchenvater mit Paulus[95] sagt, haben Wohnungen, aus Wolken gewebt und mit Blumen durchflochten, mit Früchten bekränzt. So beschrieben, ist dieses Paradies mit allen Merkmalen ausgestattet, die den lieblichen Ort, den *locus amoenus,* schmücken, der aus der griechischen und römischen Tradition bis ins lateinische Mittelalter fortwirkt: durchaus nicht nur Lustort und Schauplatz von Belohnungen und Siegen, vielmehr auch Kampfplatz, dessen äußere Lieblichkeit in unerwartetem Gegensatz zu den Herausforderungen steht, die dort auf den Helden warten. Im Grunde wiederholt aber dieser liebliche Ort in dieser doppeldeutigen Variante durchaus das Muster des christlichen Paradieses: der Ort des ungetrübten Wohlbehagens ist zwangsläufig, wenn Menschen und nicht Götter in ihm leben sollen, ein Platz der Herausforderung und der schwersten Prüfung. Ein anderer Kirchenvater, Theophilus von Antiochien, sagt in seinem Kommentar zur Genesis-Erzählung: ›Die Gewächse im Paradies wurden mit ausgezeichneter Schönheit und größtem Wohlgeschmacke erschaffen ... Und zwar besaß die Erde auch die übrigen Pflanzen von gleicher Art, die zwei Bäume aber, den des Lebens und den der Erkenntnis, hatte die übrige Erde nicht ...‹[96]

Augustinus, in unseren Tagen berühmtester der Kirchenväter, wandte die bewährten Auslegungsmethoden auf die Paradiesgeschichte an, die allegorische und die anagogische, die alle Realien der Geschichte vom Paradies ›übersetzen‹ in abstrakte Begriffe zur Lebens- und Heilsgeschichte. Die Bäume des Paradieses, so erklärt er, bedeuten ›alle nützlichen Wissenschaften und Künste‹. Ihre Früchte sind ›die Sitten der Frommen‹, der Lebensbaum verkörpere ›die Weisheit als die Mutter aller Güter‹ und der ›Baum der Erkenntnis des Guten und Bösen‹, wie er ihn sehr bewußt ausführlich nennt, bezeichne ›die Erfahrnis infolge der Übertretung des Gebotes ... Man mag dies alles‹, so fährt er fort, ›auch auf die Kirche deuten und es ... als prophetische Vorzeichen auffassen: das Paradies als die Kirche selbst ... die Paradiesesströme als die vier Evangelien, die fruchttragenden Bäume als die Heiligen, und ihre Früchte als deren Werke, den Lebensbaum als den Heiligen der Heiligen, als Christus, den Baum der Erkenntnis des Guten und Bösen als den eigenen freien Willen.‹[97]

Die Oenusvision, ebenfalls ein mittelalterlicher Text, berichtet, wie Oenus, einen Strom auf einer Brücke überquerend, an eine Mauer gelangt, in der ein mit Edelsteinen verziertes Tor sich öffnet.

Viele Bischöfe, Äbte und Mönche strömen ihm entgegen. Sie tragen Kreuze, Kerzen und Fahnen, und sie singen wohlklingende Lieder. Ihr Paradies, das sie dem Ankömmling Oenus zeigen, ist eine duftende Wiese voller Blumen und mit herrlichen Obstbäumen bestanden. Ihre Nahrung ist Feuer vom Himmel, das sich ähnlich den Flammen beim Pfingstwunder täglich auf ihren Häuptern niederläßt. Die Tundalus-Vision erzählt vom Paradies als einer wunderschönen Wiese, auf der es immer Tag ist. Eine glänzende Mauer umgibt den herrlichen Ort. In gold- und silbergeschmückten Zelten aus Batist in Purpur und aus Seide sitzen Mönche und Nonnen. In der Nähe der Zelte aber steht ein riesengroßer Baum, in dessen Zweigen viele Vögel singen. Unter dem Schatten, den seine großen Äste werfen, befinden sich Kammern aus Gold und Elfenbein, in denen herrlich geschmückte Männer und Frauen singen. Der Baum, so erläutert der Text, ist die Kirche.

Die Predigten im Mittelalter wurden in vielen Stücken aus diesen Visionen gespeist. Der Dominikanerorden besaß eine vielfarbige Beispielsammlung für diese Zwecke. Da wird zum Beispiel von dem Abt erzählt, der sich im Gebet entrückt fand auf eine liebliche Aue, in der ein Tempel stand. Er näherte sich dem Gebäude und erblickte vor der Tür einen großen Baum, dessen Zweige glitzerten wie Sterne. Über dem Baum entsprang ein Quell, so hell wie Kristall. Als er in den Tempel trat, sah er die Heilige Jungfrau kommen und Blüten von dem Baume brechen. Sie flocht daraus sechs Blumenkränze. Christus tritt hinzu mit Engeln und zwölf Jungfrauen, die er rechts und links vom Altar gruppiert. Er füllt einen Becher mit dem Quellwasser und gibt davon den sechs Jungfrauen zur Linken zu trinken, um sie dann in den Himmel zu führen.

Vielen Gläubigen des Mittelalters war auch diese Entrückungsgeschichte eines Mönchs bekannt: Er hatte Gott gebeten, ihm die kleinste Freude des Paradieses zu zeigen. Eines Tages fand er danach einen schönen Weg, der ihn zu einem prachtvoll blühenden und duftenden Baum führte. Ein Vogel saß in dem Baum und sang unbeschreiblich schön. Der Mönch verweilte ein wenig und ging dann nach Hause zurück. Erst als er dort eintraf, erfuhr er, daß er drei Generationen lang fortgewesen war. Caesarius von Heisterbach beschreibt das Paradies ebenfalls als einen blühenden, lieblichen Garten, in dem Blumen und

Bäume duften. Schöne Jünglinge führen die Seligen, die eingelassen werden, auf goldene Ruhesitze zu Füßen der Jungfrau Maria.

Der Reformator Martin Luther nun, der sich mit den Fragen nach der Beschaffenheit des Gartens Eden ernstlich und geduldig auseinandersetzte, hat seinem Sohn Hans einen Brief geschrieben, der die Fragen nach den Wundern des Paradiesgartens auf kindliche Weise beantwortet:

›Ich weiß einen hůbschen schonen Garten, da gehen viel Kinder innen, haben gůldene Rốcklin an, und lesen schốne Aepfel und den Båumen und Birnen, Kirschen, Spelling und Pflaumen; singen, springen und sind frốhlich; haben auch schốne kleine Pferdlin mit gůlden Zåumen und silbern Såtteln. Da fragt ich den Mann, deß der Garten ist: weß die Kinder wåren? da sprach er: es sind die Kinder, die gern beten, lernen und fromm sind. Da sprach ich: Lieber Mann, ich hab auch einen Sohn, heißt Hånsichen Luther, mốcht er nicht auch in den Garten kommen, daß er auch so schone Aepfel und Birn essen mốchte, und so schon Pferdichen reiten, und mit diesen Kindern spielen? Da sprach der Mann: wenn er auch gerne betet, lernet und fromm ist, so soll er auch in den Garten kommen, Lippus und Jost auch, und wenn sie alle zusammen kommen, so werden sie auch Pfeifen, Pauken, Lauten und allerlei Saitenspiel haben, auch tanzen, auch mit kleinen Armbrůsten schießen. Und er zeigt mir dort eine schone Wiese im Garten zum Tanzen zugericht, da hingen eitel gůldene Pfeifen, Pauken und feine silberne Armbrůste. Aber es war noch frůhe, daß die Kinder noch nicht gessen hatten: darumb konnte ich des Tanzens nicht erharren, und sprach zu dem Mann: Ach lieber Mann, ich will flugs hingehen und das alles meinem lieben Sốhnlein Hånsichen schreiben, daß er ja wohl lerne, bete und fromm sei auf daß er auch in diesen Garten komme; aber er hat eine Muhme Lehne, die muß er mitbringen. Da sprach der Mann: Es soll ja sein, gehe hin und schreibe ihm also.‹ [98]

Das also reichte für paradiesische Vorstellungen: Obst essen – das man selbst pflücken mußte! –, Pferde reiten, mit andern Kindern spielen. Verwundert würden manche Kinder von heute lächeln, kopfschüttelnd wird es mancher Erwachsene lesen, was damals, für ein Kind am Anfang des sechzehnten Jahrhunderts, ausreichte, um die grenzenlose Seligkeit zu beschreiben. Nun gut, werden manche sagen: Pferde reiten, das ist schon etwas, wovon man träumen kann. Aber spielen? Früchte pflücken und essen? Merkwürdig. Das Versprechen, Obst von Bäumen essen zu dürfen, als eines von drei Paradiesesversprechen: so weit sind wir aus jener Zeit entwandert, daß wir diese Kostbarkeit der Frucht am Baum überhaupt nicht mehr verstehen.

Wie viele Menschen mag es, zum Beispiel in diesem Staat, geben, die noch niemals eine Frucht von einem Baum gepflückt und gegessen haben? Wie viele Kinder, die weder den Apfelbaum erkennen – gar im Winter! – oder den Pflaumen-, den Kirschbaum, noch jemals von seinen Früchten eine gepflückt und genossen haben? Wie groß mag die Zahl derer sein, die sich zu den Früchten, die sie essen, keinen Baum denken könnten, weil sie nie gesehen haben, wie der Baum aussieht, an dem diese oder jene Früchte, die wir kaufen, hängen und gepflückt werden?

Wir könnten ja deshalb die Bäume, an denen wir selbst Früchte ernten dürfen, in ein geträumtes Paradies pflanzen. Aber wem fiele wohl heute zum Paradies eine solche Vorstellung ein? Paradies: das ist Nicht-arbeiten-müssen, würden vielleicht viele sagen. Früchte pflücken ist Arbeit, also wirklich ein Paradiesesversprechen aus einer andern Welt. Würden wir den Baum lieben um der Frucht willen, die uns schmeckt? Haben wir nicht längst den Eindruck, daß die Bäume, die wir sehen, mit den Früchten, die wir essen, überhaupt nichts zu tun haben? Die Pflaumen irgendeines Bauern, die verfaulen an irgendwelchen Feldern oder Wiesenrändern, wen gehen sie etwas an? Jeder kann behaupten, daß er sich fürchten muß, wenn er als Nichtbesitzer eine pflückt.

Größer wird die Zahl derer sein, die sich sagen: Pflaumen kann ich ja kaufen, warum sollte ich sie hier, an einem schmutzigen Weg, auflesen oder umständlich vom Baum pflücken? Ja, es gibt die Stimmen jener, die sagen: die Frucht vom Baum erinnert mich an meine Kindheit. Sie schmeckt ganz anders als die aus den Marktkörben. Schwärmer sind es, meinen andere, nostalgische Ewiggestrige. Leute, die imstande wären, vom Paradies nicht interessanter, nicht moderner und nicht fortschrittlicher oder komfortabler zu träumen als einfach so: daß es ein Garten sei, in dem man alle Früchte pflükken kann. Ob die Kostbarkeit der Früchte wieder einmal so zunimmt, daß wir so träumen können vom Paradies? Diese Träume jedenfalls sind so alt wie die Menschheit. Und kaum einer dieser Träume läßt ihn aus: den Baum, Bild des Lebens. Bei Pygmäen und Indianern, Negern und Südseevölkern finden wir Mythen vom Ort ewigen Glücks. Paradies, das bedeutet auch: die heile Zwiesprache zwischen Gott und Mensch, zwischen Mensch und Kosmos. Das heißt für den Menschen: geklärte Schau des eigenen Wesens in der Harmonie mit der Ordnung des Kosmos. Paradiesische Orte drükken immer diese Sehnsucht aus: daß nichts ›draußen‹ sei und daß alles sich verstehen lasse; daß nichts fremd sei, sondern alles befreundet mit dem Menschen. Die nordafrikanischen Kabylen beginnen eine ihrer Erzählungen von diesem Zustand des Glückes so: ›Im Anfang sprachen alle Steine, sprach alles Holz, sprach alles Wasser, sprach die Erde.‹ Die Jenseitslandschaft der Perser, das heilige Land Khvaniras, läßt von seinen Bergen Wasserflüsse in den Ozean strömen. In der Mitte dieses Ozeans steht der Urbaum; sein Samen fällt mit dem Regenwasser auf die Erde, und ihr wachsen die Pflanzen wie Haare auf einem Menschenkopf. Die heilige Landschaft Khvaniras ist fruchtbar durch das Himmelsfeuer, dem Tod und Finsternis weichen müssen.

Paradies-Darstellungen ohne Bäume finden wir nirgends – mehr noch: die Bäume sind das markante Merkmal der jenseitigen Gefilde. Nicht die wildwachsenden Bäume eines Urwaldes sind es, die in solchen Visionen der Völker auftauchen, sondern der Baumgarten, eine geordnete Landschaft also, die in der Genesis betont als eine geschaffene und nicht gewachsene Ordnung dargestellt wird: Gott ›pflanzte einen Garten‹, heißt es im ersten Buch Mose.[99]

Das Paradies ist also nicht Wildwuchs, sich selbst überlassene Natur, sondern planvoll gebaute, in ihren schönsten und wohltätigsten Eigenschaften und Bestandteilen geordnete Natur. Für die Träume unserer Jahrzehnte von einer ›unberührten‹ Natur ist dies eine interessante Nachricht: Das Land der Seligen, als man noch ernsthaft von ihm sprach, wurde als die ins Überirdische gesteigerte gepflegte, nicht ›naturbelassene‹ Natur beschrieben. Die Sehnsüchte früherer Jahrhunderte waren unseren also darin durchaus unähnlich, daß sie die ordnende Hand eines göttlichen Gärtners voraussetzten, um einen Ort der vollkommenen Seligkeit denken zu können.

Aus der künstlichen Welt der Betonstädte gehen andere Träume ins Jenseits: die wilde Natur, die wir nicht kennen, das Ungebändigte und Zügellose der Elemente und Wachstumsformen, das Unberechenbare und Riskante erscheint in den Träumen vom paradiesischen Natur-Erlebnis, weil die Bedürfnisse sich verlagert haben auf das Urtümliche, das Unmittelbare und Ungeordnete. So produzieren die Lebensumstände der Kulturen ihre je eigenen Traumbilder vom ungetrübten Glück – die immer Gegenbilder zum gelebten Alltag sind.

Wer seine Tage mit Bändigungsmühen in der wildwachsenden Vegetation zubringt, der wird träumen vom geordneten Garten, wo Früchte sich ohne Kampf anbieten, das Wasser rieselt und Rasenplätze zum gefahrlosen Ausruhen einladen, während Vogelgesang und Blütenduft den Sinnen schmeicheln. Wo der Alltag voller Bedrohungen und Ängste ist, wo Überleben von der erkämpften, nicht verschenkten Gunst der Natur abhängt, da gilt der besänftigten, der gezähmten Natur der Traum vom vollkommenen Glück. Wo Natur aber ausgetrieben ist aus dem täglichen Leben, wo sie unterworfen und ungefährlich an den Rändern des Lebens durchschimmert, wo sie folgenlos vergessen werden kann, da entwickeln sich die Träume von ihrer Wildheit und Unberechenbarkeit, von der ungebändigten Vitalität des Unbeschnittenen, Fessellosen, an dem man sich laben und stärken möchte, um der Blässe des naturfernen Lebens etwas Farbe und Glanz hinzuzufügen. Der *parádeisos*, wie die Griechen das persische Wort weitertrugen, hat seinen Namen von der Umfriedung, die den Park des Friedens schützte: *pairidaeza* heißt das persisch-awestische Wort für die – unsichtbare! – Begrenzung des göttlichen Ortes. In der mittelalterlichen Literatur finden sich zahlreiche Variationen dieses Schutz-Zaubers: als Wolke, unsichtbarer Wall oder Nebelschleier, der alle Unbefugten zurückhält, taucht die Paradiesesgrenze in den höfischen Vers-Romanen auf. Mittelalterliche Bilder zeigen den umzäunten Paradiesgarten mit vielen Blumensorten, Beerenpflanzen und Bäumen, Vögeln – wie den Pfauen, die Unsterblichkeit bedeuteten, den Schwalben, die das Licht darstellen, und Goldfasanen als Zeichen der Auferstehung. Oft sitzt Maria in einem solchen Garten: der *hortus conclusus*, der verschlossene Garten, bedeutet Maria, die Jungfrau. Zugleich ist sie die Trägerin der neuen Paradieseshoffnung, und bei jedem Beschauer solcher Bildtafeln spielte das Wissen um die Bedeutungsüberschneidungen all dieser Zeichen zusammen: Maria im Paradiesgarten, das war die Summe verschiedener, zueinandergehöriger Bildwelten. Eine Vorstellung sollte die andere überlagern, der Baum des Lebens den der Erkenntnis, und beide den Kreuzbaum der Opferung Christi, des Messias – der zugleich die Frucht der Wiedergutmachung am Baum des Lebens ist. Die zarten Rosen im Garten deuteten auf das Blut Christi und das Reis, aus dem er, Jahrhunderte vorher angekündigt, hervorging.

Eine reichere Landschaft als die des Paradieses war daher auch von den Deutungsmöglichkeiten her nicht denkbar. Im Zentrum aber dieser Bedeutungs- und Bilderfülle stand der Baum. Durch das Baumgleichnis läßt sich jede Etappe der alt- und neutestamentlichen Heilsgeschichte darstellen, und dieses Bild-Mittel war ererbt von all jenen Kulturen, die ihren Einfluß auf die altjüdische Kultur geübt hatten. Wie weitverteilt die Vorstellungen von einem Urgarten mit fruchtbaren Bäumen waren, zeigte sich noch in unserem Jahrhundert bei der Neuentdeckung von Wandmalereien in Mittelamerika bei einem Ort namens Tepantitla. Hauswände zeigen dort Bilder eines Gartens, der nicht die irdische Wirklichkeit meinen kann. Ein Fluß durchströmt die paradiesische Landschaft, Menschen tanzen zwischen Blüten umher und strecken ihre Hände nach Schmetterlingen aus; Maispflanzen und Kakaobäume bieten ihre Früchte. Mythische Berichte erzählen dazu vom Lande Tollan, in dem der Gott Quetzalcoatl regierte, der den Menschen verschiedene Kulturgüter brachte, unter anderem die Baumwolle und den Kakao. Das Volk der Tolteken ließ es aber, so erzählt der Mythos weiter, an der religiösen Pflichttreue fehlen. Daraufhin erschienen drei Dämonen und prophezeiten Unheil für das Volk. Der Gott Quetzalcoatl wandte sich von den Tolteken ab und verließ das paradiesische Land Tollan. Ehe er sich zurückzog, hatte er alle Kakaobäume in Dornen-Akazien verwandelt.[100]

In den mohammedanischen Überlieferungen wird die machtvolle

Ausdehnung des Paradiesbaumes auf besonders anschauliche Weise wiedergegeben: Im Paradies sei ein riesiger Baum, dessen Krone so breit sei, daß man in ihrem Schatten hundert Jahre reiten kann, ohne an sein Ende zu kommen. Auch für die Himmelfahrt Mohammeds spielt in diesen Berichten der Baum eine wichtige Rolle: Gabriel geleitet den Propheten durch sieben Himmelssphären. ›Darauf wurde ich zu dem Sidrabaum am Ende erhoben, da waren seine Früchte wie Tonkrüge ... und seine Blätter wie Elefantenohren ...‹[101] Was in den Vorstellungen der Gläubigen zum koranischen Paradies lebte, schildert ein später entstandenes arabisches Buch, dessen Verfasser und Entstehungszeit wir nicht kennen. Sieben Paradiesgärten gibt es nach dieser Beschreibung; sie sind aus Perlen und Smaragden, Silber und Gold. Die Paradiesströme fließen über Perlenkies, die Bäume sind aus Perlen und Hyazinthen (ein Edelstein ist gemeint, der durchsichtige, braunrote Zirkon) gebildet. Der größte unter ihnen ist der Baum Tuba. Seine Wurzeln sind Perlschnüre, sein Stamm ist aus Barmherzigkeit – also offenkundig nicht anschaulich zu schildern –, seine Zweige aus edlen Steinen: Chrysolith (eine blaßgrüne Variante des Olivins, eines Silikatminerals), daran zittern edle Blätter aus grüner Seide.

Die Spielarten solcher Paradiesbeschreibungen sind vielfältig. Eine andere arabische Erzählung spricht von einem Baum, dessen oberer Krone die Prachtgewänder für die Seligen entnommen werden, während unten aus dem Baum geflügelte Pferde mit feinem Geschirr und verzierten Decken und Sätteln hervorspringen. Der Buddhismus kennt Berichte, nach denen der Baum des Paradieses erst durch die gelungene Versenkung eines Mönchs entstehen kann: Wenn der Jünger Buddhas sich entschließt, der Welt zu entsagen, dann entfalten sich am Kovidara-Baum in Indras (des höchsten Gottes der wedischen Inder) Paradies die ersten, blaßgelben Blätter. Folgt der Mönch seinem Entschluß, so wachsen die Blätter zu ihrer vollen Größe. Erreicht der Fromme nun den ersten Versenkungszustand, so entwickelt der Baum erste Blütenknospen; gelangt er in die zweite Phase der Versenkung, so schwellen die Knospen. Während der Mönch im dritten Versenkungszustand ist, öffnen sich die Blüten zögernd, im vierten entfalten sie sich weit. Hat der Mönch schließlich im Nirwana alle irdischen Leidenschaften abgelegt, dann steht in Indras Paradies der voll erblühte, strahlende Baum.

Für die griechische Antike wissen wir von vorgriechischen Darstellungen des Elysions, *Elysion pedion*, das war eigentlich: das Gefilde der Hinkunft, zunächst am Westrand der Erde gedacht, angrenzend an den Okeanos; später dann in der Unterwelt. Römische Vorstellungen eines Ortes, an den die Verstorbenen gelangen, zeigt uns ein Wandgemälde aus dem dritten Jahrhundert nach Christus, das in einem der Gräber Pompejis gefunden wurde: Kinder bevölkern einen Garten mit großen Blumen, und Octavia Paulina, die junge Verstorbene, hält Einzug in den Armen eines kleinen Genius, der auf einem Taubengespann steht. Merkur, der Seelengeleiter, eilt dem Zuge voraus.

Die Ideallandschaft, wie Ernst Robert Curtius sie genannt hat, belebt durch Jahrtausende die Literatur. Sie stammt ab von den Paradiesträumen der Völker, und sie rückt in weltliche Erzählungen ein, um den idealen Ausschnitt eines unversehrten Kosmos zu schildern, in dem der ideale Mensch sich mit Geist und allen Sinnen fern von allem Leid aufhält. Bei Homer nimmt diese Bezauberung der Natur durch die Wunschkraft der Dichter ihren Anfang: ›Die Natur nimmt am Göttlichen teil‹.[102] Diese vormittelalterliche Welt- und Menschensicht wehrt das Tragische ab; der Tod als das alle erwartende Schicksal scheint ausgegrenzt aus dieser edlen Welt einer stolzen, zur Verklärung des Daseins entschlossenen Schicht.

Homers ideale Landschaften sind immer durch die Baumgruppe charakterisiert; die Bäume können zusammentreten zu einem lichten Hain mit Quellen und leuchtendem Gras. Die Natur ist belebt und durchsetzt von Göttern: Natur- und Quellgötter, Baum- und Windgeschöpfe beseelen alles, was den Menschen umgibt. Weinstöcke mit unerschöpflicher Traubenfülle, flüsternde Pappeln am Quellwasser schildert Homer in der Odyssee als die Gewächse eines solchen Ortes.[103]

Die Fruchtbarkeit ist das bestechende Merkmal solcher wunderbaren Orte. Auch hier, bei Homer, sind sie Gärten, nicht wilde Natur, die sich selbst ihren Weg sucht. Die reichste Beschreibung solcher überirdischen Baumkulturen liefert Homer, als er die Gärten des Phäakenkönigs Alkinoos beschreibt, des Vaters der Nausikaa, die Odysseus aufnimmt. Schon bevor Odysseus an diesen Ort gelangt, wird der Zugang mit den Merkmalen des göttlichen Bezirks beschrieben: Odysseus darf mit niemandem reden, wenn er in die Stadt der Phäaken kommt; und er kann gar nicht aus eigener Kraft dorthin gelangen. Athene, zu der er mit Opfern gebetet und gefleht hat, legt einen Nebel um ihn, so daß er unsichtbar, als ein göttlich Beschirmter, durch die Straßen der Stadt zum Palast des Königs Alkinoos gehen kann. Der Held darf also diesen Ort nur betreten, weil er unter göttlicher Gunst steht. Allein würde er den Garten weder finden noch in ihn eintreten dürfen.

Als Odysseus an die Schwelle des Palastes gelangt, muß er innehalten: ein Glanz wie von Sonne oder Mond geht von den Gebäuden aus; eherne Wände umziehen den Raum, den er betritt, von einem Gesims aus blauem Glasfluß umgeben. Als hätte sich der freie Himmel materialisiert, so wirkt diese Beschreibung: Sonne und Mond über den Wasserströmen des Paradieses. Der Dichter fährt fort:

> ›Goldene Türen verschlossen das feste Haus nach innen, und silberne Pfosten standen auf der ehernen Schwelle, ein silberner Türsturz war darüber und golden war der Türring. Goldene und silberne Hunde waren zur Rechten und zur Linken, ... unsterblich waren sie und ohne Alter alle Tage.‹

Es sind göttliche Tiere, von Hephaistos, dem Feuergott, für Alkinoos zur Bewachung des herrlichen Hauses geschaffen.

> ›Draußen vor dem Hof aber ist ein großer Garten, nahe den Türen, vier Hufen groß, und um ihn ist auf beiden Seiten ein Zaun gezogen. Da wachsen große Bäume, kräftig sprossend: Birnen und Granaten und Apfelbäume mit glänzenden Früchten, und Feigen, süße, und Oliven, kräftig sprossend. Denen verdirbt niemals die Frucht noch bleibt sie aus, winters wie sommers, über das ganze Jahr hin. Sondern der West bläst immerfort und treibt die einen hervor und kocht reif die andern. Birne altert auf Birne und Apfel auf Apfel, Traube auf Traube und Feige auf Feige. Dort ist ihm, reich an Früchten, auch ein Weingarten gepflanzt ...‹

Dieser Weingarten bringt ebenfalls unablässig Früchte; zugleich blühen die Reben. Es ist ein unaufhörliches Blühen und Reifen. Im

Weingarten ›sind zwei Quellen: die eine verteilt sich über den ganzen Garten, die andere läuft drüben unter der Schwelle des Hofs hinweg zu dem hohen Haus: aus ihr holen die Bürger sich das Wasser. Solche herrlichen Gaben der Götter waren in dem Hause des Alkinoos.‹ [104] Die Hinweise auf Sonne und Mond bei der Beschreibung des Palastbaus erinnern daran, daß Odysseus nach der Meinung verschiedener Forscher ein Sonnengott ist, Penelope eine lunare Gestalt, also dem Monde zugehörig.[105]

Bei der Grotte der Nymphe Kalypso trifft Hermes, der Totengeleiter, auf eine paradiesische Landschaft, die wieder aus dem Zusammenspiel von Gold und Feuer, Bäumen und Wasser lebt: Wieder trifft hier kein Sterblicher ein, sondern der göttliche Bote, denn der Ort ist ein göttlicher Ort, der nur Göttern oder Götterlieblingen zugänglich ist. Hermes nun steigt aus dem ›veilchenfarbenen Meere‹ auf das Ufer der Kalypso-Insel. Das Herdfeuer brennt mit Zedern- und Lebensbaumholz, es duftet weithin über die Insel. Die Nymphe selbst geht singend in der Höhle auf und ab am Webstuhl, wo sie mit goldenem Weberschiffchen webt.

Bei der Beschreibung des Alkinoos-Palastes hat Homer die webenden Frauen mit den schlanken Blättern der Pappel verglichen.[106] Das goldene Weberschiffchen in der Hand der Frau, die der schlanken Pappel oder ihrem Blatt gleicht: das könnte ein Nachklang älterer Mythen sein, in denen die Mondsichel, weiblich, wie wir aus vielen Mythenstoffen wissen, im weiblichen Baum hängt. Noch die Märchen, die uns über die Sammlung der Brüder Grimm erreicht haben, zeigen mit zahlreichen Beispielen, daß Gestirne im Baum zu Frauen mit goldenem Haar oder goldenem Schmuck werden.[107]

Zurück zur Höhle der Kalypso. Die Pappel gehört auch hier zu dem wunderbaren Baumbestand um die Höhle:

›Und ein Wald wuchs um die Höhle, kräftig sprossend: Erle und Pappel und auch die wohlduftende Zypresse. Da nisteten flügelstreckende Vögel: Eulen und Habichte und langzüngige Krähen, Wasserkrähen, die auf die Erträgnisse des Meeres aus sind. Und daselbst um die gewölbte Höhle streckte sich ein Weinstock, jugendkräftig, und hing voll von Trauben. Und Quellen flossen, vier in der Reihe, mit hellem Wasser, nah beieinander, und wandten sich, die eine hier-, die andere dorthin. Und rings sproßten kräftig weiche Wiesen von Veilchen und Eppich. Da mochte alsdann auch ein Unsterblicher, der daherkam, staunen, wenn er es sah, und sich ergötzen in seinen Sinnen.‹ [108]

Der Weinstock: er nimmt seinen Weg durch die antike und in die christliche Tradition. Christus ist der Weinstock, er ist im Verständnis der frühen Christenheit der antiken Welt sogar der neue Dionysos, jener, der auf der berühmten Exekias-Schale als der Überbringer des Weinstocks dargestellt ist: um den Mastbaum seines Schiffes windet sich die Rebe, weitausgreifend Trauben breitend über das ganze Schiff. Der Weinstock findet sich immer wieder zwischen den bevorzugten Bäumen der antiken und abendländischen Tradition. Er ist nicht der ›Baum‹ dieses Buches; seine Traditionslinien müßten ein eigenes Buch verlangen. Die vier Paradiesesflüsse erkennen wir auch hier, bei Kalypsos Höhle, und Homer beschreibt, daß von ihnen die Bewässerung des umliegenden Landes ausgeht. Der göttliche Wald um die Höhle ist so schön, daß er selbst den Gott erstaunen läßt: ›Da stand er und staunte‹, sagt der Dichter von Hermes.

Eine Wunder-Grotte betritt auch Odysseus selbst auf Ithaka, wohin er gelangt, ohne diese seine Heimat zu erkennen. Es ist eine Najadengrotte, die Odysseus hier findet: Wenig vorher sagt der Dichter ausdrücklich, daß Odysseus einer ist, der ›Gedanken gleich den Göttern hatte‹,[109] ein Ausgezeichneter unter den Menschen, der an Ausnahmeorte nur deshalb gelangen kann. Odysseus erreicht die Bucht schlafend, der Morgenstern ist eben aufgegangen. Die Höhle nennt Homer ›anmutig‹ und ›dämmrig‹, sie ist ›ein heiliger Ort‹.[110] ›Und darin sind Wasser, immer strömende‹. Zwei Türen verbinden die Grotten mit der Außenwelt: nach Norden zeigt eine, die den Menschen zugänglich ist, und nach Süden liegt jene, die nur den Unsterblichen, den Göttern also, als Zugang dient. Odysseus' Schiff gelangt durch diese Götterpforte in die Grotte, weil die phäakischen Ruderer, die Alkinoos ihm mitgegeben hat, diesen Zugang kennen. Die Najadenhöhle wird von einem großen Ölbaum überschattet. Windschatten läßt die Schiffe in der Bucht unvertäut ruhig liegen. In der Grotte selbst stehen steinerne

Krüge und Amphoren, die Bienen bauen hier ihre Waben. Auf steinernen Webstühlen weben die Nymphen Tuche aus Purpurfarben des Meeres.

Daß es irgendwo Küsten geben müsse, an denen der Tod nicht gilt, an denen wenigstens seine Schrecken gebannt sind, an denen nicht Hunger und Krankheit die Menschen treffen, erzählt Homer in der Odyssee an anderer Stelle.[111] Das Land Elysion ist es auch, an das besondere Sterbliche entrückt werden, ohne daß sie sterben müssen: Menelaos zum Beispiel, von dem die Odyssee sagt, daß er eine solche Verheißung erhalten habe: ins elysische Gefilde soll er entrückt werden, wo niemals Schnee fällt und niemals Regen. Ein immerwährender Westwind vom Okeanos soll ihn dort kühlen.[112]

Der Baum mit dem kühlenden Schatten wird zum wichtigsten Bestandteil solcher lieblichen oder überirdisch schönen Orte. Besonders die Platane wird in den antiken Texten gepriesen als ein solcher Baum, unter dem sich dichten, schreiben, philosophieren läßt. Bei Vergil findet der Held Aeneas auf seiner Reise durch das jenseitige Reich auch das Elysium. Der Wald ist dem Leser der Aeneis schon vorher als der Ort göttlicher Geheimnisse vertraut geworden. Am elysischen Ort nun empfängt nicht die düstere und bedrohliche Variante des Waldes den Helden, sondern ›glückliche Waldesgebreiten‹ sind die Sitze der Seligen. ›Andere Sonne und Sterne‹ erfüllen den seligen Ort mit ›purpurnem Licht‹. Wieder also ist es das Zusammenwirken von Bäumen und Gestirnen, was die kosmische Dimension des heiligen Ortes ausmacht.

Baumgruppen und Haine werden schon von Vergil nach Sorten differenziert: die Mischwaldbeschreibungen, von denen eine relativ bescheidene in der Aeneis auftaucht (VI, 179 ff.), werden später zum virtuosen Kunststück der Rhetoriker. Ovid zum Beispiel nutzt diesen idealisierten Wald mit verschiedenen Baumarten, um den Mythos vom Sänger Orpheus dramatisch aufzubereiten: Auf einem schattenlosen Hügel tritt der Sänger auf und beginnt die Leier zu schlagen. Da eilen von allen Seiten die Bäume herbei, dreizehn verschiedene Arten nennt Ovid. Sie versammeln sich und spenden Schatten.[113]

Die elysische Landschaft und der schattenspendende Baum oder Hain fließen für das Mittelalter zusammen zum lieblichen Ort, dem *locus amoenus*. Bis ins sechzehnte Jahrhundert bleibt diese

Tradition wirksam. Das Grundmuster der Jenseitslandschaft wandert damit in die profane Literatur, es hat sich abgelöst von den engen Bindungen an göttliche Auftritte, Botschaften oder Auszeichnungen an ihre Lieblinge. Freilich finden noch viele Auftritte in solchen idealisierten Landschaftsausschnitten statt, die an die Herkunft des lieblichen Ortes aus der Religion erinnern. Über die Hirtendichtung, die den geeigneten Menschentypus in solche Gefilde unauffällig einführte, gelangt der paradiesische Naturausschnitt zu einem Eigenleben, das phantasiereiche Schilderungen hervorbringt. Curtius sieht die erste zweckfreie, nur für sich selbst stehende Naturbeschreibung dieser Art in der lateinischen Dichtung bei Petronius:

> ›Die bewegliche Platane hatte sommerlichen Schatten ausgegossen wie auch der beerengeschmückte Lorbeer, die bebende Zypresse und die beschnittenen Pinien mit ihrem wogenden Scheitel. Zwischen diesen Bäumen plätscherte ein schäumender Bach und überspülte die Kiesel mit klagendem Naß. Der Ort war zur Liebe gemacht: möge die Nachtigall es bezeugen, die die Wälder liebt, und die Schwalbe, die der Stadt vertraut. Beide flatterten über Rasen und zarte Veilchen und verschönten den Platz mit ihrem Sang.‹[114]

Der Götterplatz in der menschlichen Welt wird – ein Ort für die Liebe. Was ehemals der Begegnung der Götter mit den Menschen vorbehalten war, nur durch ihre Gunst erreichbar und nur unter göttlichem Beistand zu genießen, das ist jetzt zwar immer noch herausgehobene Sphäre; aber das Prädikat, das diesen Ort von anderen absondert, ist nur der ferne Abglanz jenes Erlebnisses, das die Götterlieblinge am elysischen Götterort hatten: die Ausschaltung der Todesnähe.

Pendant dieses göttlichen Geschenkes ist unter Menschen die Liebe. Auch sie läßt, solange sie währt, den Tod schweigen. Das Gegenbild dieses freundlichen, schützend-lichten Ortes ist der wilde Wald, in dem Gefahren lauern, Weglosigkeit den Helden irritiert und die Unberechenbarkeit seiner Schicksale anschaulich wird. Die höfische Literatur des Mittelalters zeigt eine Fülle solcher Plätze; in dramatischem Wechsel wie die Geschicke der Helden präsentieren sich Wildnis und Lichtung, beide als Orte der Prüfung und des Durchbruchs zur Bewährung.

Immer wenn die lieblichen Gärten sich plötzlich hinter Nebel, Wolken oder inmitten dichter Wälder den Rittern präsentieren, die der Leser begleitet, so ist der wunderbare Baum aus viel älteren Überlieferungen der markante Punkt solcher Wunderlandschaften: hier begegnen sich die Jahreszeiten in Blüte und Frucht, hier ist beides unerschöpflich und zugleich unübertragbar: niemand kann diese Früchte mitnehmen, aber der auserlesene Held kann hier von ihnen essen, soviel er mag. Das Genesis-Paradies kommt uns in den Sinn, wenn wir im ›Erec‹- oder ›Iwein‹-Roman dergleichen lesen; auch Adam und Eva konnten von den Bäumen des Gartens essen, aber nichts mitnehmen in die Wirklichkeit der Dornen und Disteln. Von den Bäumen des paradiesischen Gartens trennte sie – der Genuß einer Baumfrucht, der einzigen verbotenen.

Verblüffend einfach ist das Netz aus Baum-Sinnbildern, in dem sich die Hoffnungen und die Reue der Menschheit spiegeln. Selbstinterpretation im Bild des Baumes begleitet die Menschen ganz verschiedener Kulturen. Die Alchimisten des Mittelalters, deren Ziel die Überführung unedler Stoffe in eine edle Urmaterie war, entwickelten ihre eigenen Vorstellungen vom Baum, die wie Variationen des Paradiesbaumes erscheinen. Sie nehmen auch den blätterlosen, abgestorbenen Baum aus der jüdisch-christlichen Tradition auf, die ihn als Paradiesbaum deutet, der nach dem Sündenfall verdorrt sei. Nach einer alten englischen Legende sah Seth, einer der Söhne der Eva, im Paradies folgende Szenerie:

> ›In der Mitte des Paradieses entsprang ein glänzender Quell, aus dem vier Ströme flossen, die die ganze Welt bewässerten. Über dem Quell stand ein großer Baum mit zahlreichen Ästen und Zweigen, aber er sah aus wie ein alter Baum, denn er hatte keine Rinde und keine Blätter. Seth erkannte, daß es der Baum sei, von dessen Früchten seine Eltern gegessen hatten, infolgedessen er nun kahl dastehe. Bei näherer Betrachtung sah Seth, wie eine nackte Schlange ohne Haut sich um den Baum gewickelt hatte. Es war die Schlange, durch die Eva beredet worden war, von der verbotenen Frucht zu essen.‹[115]

Seth darf noch einen weiteren Blick ins Paradies tun und sieht nun plötzlich den Baum gänzlich verändert: ›Er war jetzt mit Rinde und Blättern bedeckt und auf dem Gipfel desselben lag ein neugeborenes Kindlein in Windeln gewickelt, das wegen Adams Sünde jammerte.‹ Auch der Baum mit den vielerlei Blüten und Früchten, verwandt dem Allsamenbaum, ist ein alchimistisches Motiv. Der arabische Alchimist Abu'l-Qasim Muhammad beschreibt im dreizehnten Jahrhundert die Blüten dieses Baumes als vierfarbig: rot, weiß, schwarz und weißgelb. Diese vier Farben meinen die vier Elemente, mit denen der Alchimist experimentiert. Der Baum wird zum willkommenen Sinnbild der angestrebten Einheit aus der Vierzahl: ein Baum trägt vierfarbige Blüten, und aus vier Elementen soll der eine Urstoff werden. In der ›Turba Philosophorum‹ wird vom früchtetragenden Baum wiederholt gesprochen: daß er den Greis zum Jüngling mache durch den Genuß seiner Früchte, und daß, wer von ihm ißt, nie mehr hungern werde, weist diesen Baum als einen Nachfolger des paradiesischen Baumes aus.

Die Speise, die nie mehr hungern läßt, ist als Brot des Lebens im Neuen Testament geläufig. Das Mittelalter kennt den ›philosophischen Baum‹, der auch ›Baum der Weisheit‹ heißen kann. Seine Früchte und Samen werden oft als Sonne und Mond bezeichnet. In den Paradiesbäumen der Genesis erkennen die Alchimisten ebenfalls die beiden Himmelskörper, die den Tag und die Nacht regieren: Sonne und Mond. Das fünfte Buch Mose mag hierfür die Vorlage gewesen sein. Dort heißt es im 33. Kapitel, im Segen des Moses für Joseph:

> ›Sein Land liegt im Segen des Herrn: da sind edle Früchte vom Himmel, vom Tau und von der Tiefe, die unten liegt; – da sind edle Früchte von der Sonne und edle, reife Früchte der Monde – und von den hohen Bergen von alters her und von den Hügeln für und für – und edle Früchte von der Erde und dem, was darinnen ist.‹[116]

Der Baum des Himmels ist der Sonnenbaum, und der Mondbaum entspricht den Früchten aus der Tiefe. Bei den Alchimisten mischen sich antike und christliche Paradiesträume: Auch der goldene Apfel der Hesperiden wird vom philosophischen Baum gepflückt, wie die

Frucht des christlichen Himmels. Mit dem goldenen Hesperidenapfel verbindet sich der Alchimistentraum vom Urstoff Gold, der als die Krönung aller Mischungsversuche gefunden werden soll. Die Sonne selbst, die hinter der Frucht des Hesperidenbaumes sich verbirgt, ist das Ziel der alchimistischen Versuche, die wie ein wachsender Baum zur göttlichen Frucht führen sollen. Dieser philosophische Baum der Alchimisten hat mit dem Paradiesesbaum die wesentlichen Eigenschaften gemeinsam. Er soll im Westland wachsen, ›auf dem Meer‹, wie es öfter heißt, also wohl auf einer Insel. Dieser Mond- und Sonnenbaum ist entstanden aus dem wunderbaren Wasser, das mit Magnetenkraft aus Mond- und Sonnenstrahlen gezogen wurde. Der Baum *solis et lunae,* des Mondes und der Sonne, wird auch der ›Rothe und weiße Corallenbaum unseres Meeres‹ genannt.[117] Das Meerwasser wird von den Söhnen der Weisheit, den Philosophen, als der Trank der mütterlichen Sophia, der Weisheit, verstanden. Auf Bergeshöhe oder in einem Garten wird dieser Baum aber ebensooft beschrieben. Auch mehrere Bäume können es sein, die den Planeten entsprechen. Oft ist von metallischen Blättern und Früchten des Baumes die Rede, meist von goldenen Früchten, die den wunderbaren Baum als einen Weltenbaum erklären, an dessen Ästen die Gestirne wie Früchte hängen.

Die Gnostiker schreiben von einem großen Baum, der aus überhimmlischem Feuer bestehe und alles Fleisch ernähre. Seine Zweige und Blätter verbrennen in dem Feuer, aber die Früchte reifen und werden in Scheunen gebracht. Diese Frucht ist der Mensch, der seine Bewährungsprobe bestanden hat.[118] Ein gnostischer Text beschreibt die Bäume des Gartens Eden als Engel, unter ihnen den Baum des Lebens als den Engel Baruch, den dritten der väterlichen Engel. Der Baum der Erkenntnis des Guten und Bösen ist der dritte der mütterlichen Engel, der Naas. Diese Verteilung der Geschlechter auf die beiden Bäume weist auf den Schöpfergott, auf alten und neuen Adam, Christus am Baum des Lebens – und, auf der weiblichen Seite, zu Eva und der neuen Eva, Maria, die den Erkenntnisbaum mit dem Baum des Lebens zur Deckung bringt: die Dualität löst sich in Christus.

Der Zauber des Paradieses blieb wahrscheinlich auch deshalb so stark, weil die Unwiderstehlichkeit der Versuchung, es mit dem göttlichen Befehl selbst aufzunehmen – in der Übertretung –, die magische Macht dieses Ortes verstärkte. Vom Wohlbefinden der beiden Paradiesesbewohner war in der Genesis ja an keiner Stelle die Rede gewesen – wohl aber davon, daß Gott ›sah, daß es gut war‹. Die beiden Menschen sind von der Unruhe erfüllt, an das heranzukommen, was ihnen verwehrt ist: die magische Frucht des einen, verbotenen Baumes. In der Tat ist deren Wirkung unabsehbar, sie trennt die beiden Menschen vom Ort der Sorglosigkeit und Fülle.

Das Traumpotential richtet sich nun auf das künftige, vom Anfang der Zeit ans Ende verschobene Paradies: Da wir nicht rückwärts durch die Zeit wandern können, verlegen wir die Rückkehr nach vorn, in eine unbekannte Zukunft. Medium dieser Hoffnung wie des ersten Kardinalverlustes ist der Baum. Der Baum, mit Früchten behangen, die Verlockung und Zusage für ewiges Leben bedeuten. Die Schlange stellt so den Todesbaum als Lebensbaum vor: Ihr werdet mitnichten des Todes sterben, sagt sie. Und die Christen finden bald schon Trost für diesen Sturz in den Tod durch einen Baum: das Versprechen auf den neuen Baum, auf Christus, der am Kreuzbaum[119] für die erste Verfehlung des ersten Adam sein Leben läßt, um den neuen Paradiesbaum wieder zugänglich zu machen.

Verschneit liegt rings die ganze Welt,
ich hab nichts, was mich freuet,
verlassen steht der Baum im Feld,
hat längst sein Laub verstreuet.

Der Wind nur geht bei stiller Nacht
und rüttelt an dem Baume,
da rührt er seine Wipfel sacht
und redet wie im Traume.

Er träumt von künftger Frühlingszeit,
von Grün und Quellenrauschen,
wo er im neuen Blütenkleid
zu Gottes Lob wird rauschen.

Joseph von Eichendorff

7. Kapitel

Der Kreuzbaum

Das älteste uns bekannte Bild von der Kreuzigung Christi ist ein Elfenbeinrelief aus dem Jahre 425: Christus am Kreuz und neben ihm Judas, der sich selbst erhängte, an einem Baum (London, Brit. Museum). Todes- und Sündenbaum ist dieser Baum hier, sein vom Gewicht des Toten herabgesenkter Ast trägt Eichenlaub und Eicheln; ein Vogel sitzt auf diesem Ast, dem gekreuzigten Christus zugewendet, füttert er seine Jungen. Ein Hoffnungsbild, das zum Sinn dieser Opferung paßt. Christus breitet in majestätischer Haltung die Arme aus, nicht wie ein Hängender, sondern wie ein erhöhter, in die heilige Sphäre aufgestiegener Triumphator ist er dargestellt. Der Nimbus entrückt ihn in den göttlichen Bezirk. Das Kreuz, dessen Form seine Gebärde nachzeichnet, ist daher kaum noch irdisch: Triumphzeichen aus edlem Metall, der neue Baum des Lebens als ein geschmiedetes Siegeszeichen über den Tod.

Das Kreuz als Leidensbaum wird schon in der frühchristlichen Theologie und im Volksglauben des Mittelalters zum vitalen Symbol der Erlösung durch den neuen Adam. Der erste Adam aß die Frucht vom Baum der Erkenntnis, und der neue Adam, Christus, wird geopfert am neuen Baum des Kreuzes, der den Erkenntnisbaum auslöscht.

Der griechische Theologe Andreas von Kreta fügt das Kreuzholz den alten Vorstellungen vom Weltenbaum ein; er vollzieht also die Taufhandlung, deren viele mythische Berichte bedurften, um im neuen Glauben einen Sinn zu behalten. Das Kreuz, so sagt er, ist die Weltachse. Wie der einzelne Baum an allen vier Elementen teilnimmt: Erde, Wasser, Luft und Sonne, so vermittelt das Kreuz zwischen Diesseits und Jenseits.

Der Kirchenvater Ambrosius nimmt auch die Schlange am Baum der Erkenntnis in die Heiligung des Sündenbaumes hinein: *serpens in ligno suspensus* nennt er den Messias. Das heißt nichts Geringeres als: Christus ist die Schlange, am Holz des Lebens aufgehängt. Er ist das Gegenbild zur Versucherin, ihre Auslöschung. Durch die Kreuzigung Christi, so Ambrosius, wird der Schlange ihr Gift entzogen.

Das Holz des Lebens, *lignum vitae,* wird in der frühchristlichen Zeit auch mit dem ersten Adam zusammen dargestellt: da ruht der Schädel Adams unter dem verdorrten Baum des Lebens – oder Adam beugt sich am Kreuzbaum zu den Füßen des Gekreuzigten hinab und fängt das rettende Blut Christi auf.

Mittelalterliche Buchmaler zeichnen solche belebten Kreuzbäume dann mit Rosenblüten an den drei Enden und im Schnittpunkt von Längs- und Querholz, oder als einen zum Kreuz beschnittenen Baum, dessen lebende Astarme rechts und links das Querholz des Kreuzes bilden. Der Lebensbaum sollte sichtbar sein im Moment des rettenden Todes Christi. Kühn ist die Weiterführung dieser Phantasien bei Ephräm dem Syrer: Das Kreuz sei das ›Brautbett‹, so sagt er, auf dem Christus am Tage seines Todes wiedergeboren wurde zu ewigem Leben. Der Baum des Leidens sei deshalb auch für die Menschen der ›Mutterleib‹, auf dessen Zweigen sie wie Kinder ausruhen und neu geboren werden.

Vom ›Holz des Lebens‹ ist nach mittelalterlicher Vorstellung auch die Dornenkrone genommen. Auf dem Grabe Adams, wie ihn viele mittelalterliche Bilder zeigen, ragt der neue Lebensbaum auf, an dem Christus hängt, mit den Dornen aus Holz des Lebens gekrönt.

Daß man das Kreuz tatsächlich inmitten der Bäume eines geweihten Gartens dachte, zeigt uns ein alter Grundriß zum Friedhof des Benediktinerklosters Sankt Gallen. Hier sind dreizehn verschiedene Baumarten durch Rankenornamente angedeutet und mit Namen auf lateinisch bezeichnet. Daß auch diese Bäume nur von ihrem geistlichen Sinn her, nicht aufgrund der klimatischen Bedingungen hier hätten wachsen können, zeigen die Feige und der Maulbeerbaum, beide im Alten und Neuen Testament häufig erwähnt und mit Gleichnis-Bedeutung beschwert. Im rauhen nordschweizerischen Winter hätten sie auf keinen Fall überdauert.

Mitten unter diesen symbolisch gedachten Bäumen erscheint das Kreuz; es soll in ihrer Mitte stehen; ringsum die früchtetragenden Bäume und dies in ihrem Zentrum: ›Unter allen Hölzern des Erdreiches ist immer am heiligsten das Kreuz, an dem die Früchte des ewigen Heils duften. Um es herum sollen die Körper der verstorbenen Brüder ruhen, und wenn es wiedererstrahlt, sollen sie das Reich des Himmels empfangen.‹ [120]

Mit allen Sinnen nahmen diese fernen Vorfahren unserer verstandeshörigen Zeit ihre Heilsträume wahr: duftende Früchte, das schien den Mönchen jenes Sankt Gallener Friedhofs das angemessene Bild, um das ›Seelenheil‹, ein schwieriges Abstraktum, aus dem gedachten in den gefühlten, sinnlich erlebten Raum dieser Welt hereinzuholen.

Auch der Mensch also, in seiner Verhaftung an die Sinne, wurde damals ernster genommen als heute; und das Heilsversprechen selbst wurde in seiner Zuwendung zum Menschen so ernst genommen, daß es in diesem sehr irdischen Gleichnis vom Baum mit duftenden Früchten keineswegs zu niedrig angesetzt schien: der Respekt vor dem Kosmos war so groß, daß jedes Beispiel aus der belebten Welt angemessen erschien, um den Glanz der Transzendenz abzubilden. Was die Sinne übersteigt, muß im Bilde herabgeholt werden, um ›menschlich‹ zu werden: ein Verständnis der christlichen Lehre, das heute weitgehend verloren scheint.

Die Palme, uralter Lebensbaum früher Kulturen, Siegeszeichen in der antiken und christlichen Welt, Baum des Paradieses und der Maria, Baum der Geburt Christi, taucht auch als Kreuzholz auf: den Palmstamm zeichnen mittelalterliche Buchmaler oft als Baum der Messias-Kreuzigung.

Deutschland und Italien bringen die meisten Bilder vom Baumkreuz hervor. Antike und christliche Welt treffen sich in einem byzantinischen Elfenbeintäfelchen, das zwei Bäume zeigt, die sich von rechts und links mit ihren zypressenförmigen Wipfeln an den Schnittpunkt der Kreuzbalken anschmiegen. Weinranken umschlingen den linken, Efeu rankt sich um den rechten Baum. Das Kreuz erblüht an seinen Enden in Rosen, es ragt auf in einen gestirnten Himmel. Beide Bäume, die hier vom Kreuz vereinigt werden, sind nichts anderes als Todes- und Lebensbaum: der Wein mit seinen Trauben meint das Leben, die Efeuranke den Tod. Schon in vorchristlicher Zeit hatten beide Schlinggewächse in seinen Mysterien diese Bedeutung: der griechische Dionysoskult gibt ihnen in seinen Mysterien diesen Sinn.[121] Das christliche Kreuz wird so in mehrfachem Sinne zum Welt- und Versöhnungsbaum, der Todes- und Lebensbilder zusammenführt.

Die Legenden des Mittelalters nehmen die Idee von der Verbindung Adams mit dem neuen Baum der Schuldentilgung in vielen Variationen auf. Adam, so heißt es in einer dieser Erzählungen, bereut an seinem Lebensende die alte Schuld und sendet seinen Sohn Seth zur Pforte des Paradieses, damit er von Gott das Öl der Barmherzigkeit vom Baum des Lebens erbitte. Gott aber läßt dem Seth einen Zweig vom Baum der Erkenntnis geben; es ist ein verdorrter Zweig. Wenn dieser Zweig wieder Früchte trage, so läßt Gott dem Adam sagen, dann könne er von seiner Schuld geheilt werden. Seth durfte mit einem einzigen Blick ins Paradies schauen. Er erkannte dort den rindenlosen Baum der Erkenntnis, kahl an allen Zweigen. Er schaute genauer hin: da reichte dieser Baum bis an den Himmel, und hoch oben in seinem Wipfel lag ein in Windeln gewickeltes Kind.

Als Seth heimkehrte, war sein Vater Adam gestorben. Seth pflanzte den kahlen Zweig vom Erkenntnisbaum auf Adams Grab; der König Salomon aber vergrub den großen Baum, der aus diesem Zweig wuchs, in der Erde. Als Christus verurteilt wurde, so die Legende weiter, schwamm das Holz dieses Baumes auf einem Teich, den man unterdessen für die Opferschafe an jener Stelle gegraben hatte. Die Juden nahmen dieses Holz, um das Kreuz daraus zu fügen.

Einfachere Legenden erzählen, Adam habe einen Apfel – oder einen Schößling – vom Baum der Erkenntnis mitgenommen aus dem Paradies und gesät oder gepflanzt, woraus dann jener Baum gewachsen sei, aus dessen Holz das Kreuz Christi gezimmert wurde. Allen diesen Legenden liegt die verlockende Vorstellung zugrunde, das Baumholz des Paradieses könne hinübergedeutet werden in die Aufhebung der Sünde. Christus am Baum der Erkenntnis sterben zu lassen, damit schon die Paradiesgeschichte mit diesem Glanz verklärt werden könne: diesem Verlangen haben viele Maler Gestalt gegeben. Hinter solchen versöhnlichen Versionen der Heilsgeschichte steckt der menschliche Wunsch, Jahrhunderte zusammenzudenken vom Ende her: den Tod zu verschlingen in den Sieg.

*Feigenbaum, seit wie lange schon ists mir bedeutend,
wie du die Blüte beinah ganz überschlägst
und hinein in die zeitig entschlossene Frucht,
ungerühmt, drängst dein reines Geheimnis.*

Rainer Maria Rilke

8. Kapitel

Bäume der Bibel

Das Alte Testament zeigt deutliche Spuren der Baumkulte, mit denen das Volk Jahwes, das spätere Israel, bekannt war. Immer wieder taucht schon in den ersten Büchern Mose das Verbot auf, Bäume als heilige Stätten zu verehren oder ihnen zu opfern. Zugleich ist die Kostbarkeit des Baumes und seiner Früchte in zahlreichen Gleichnissen und Beispielerzählungen unverkennbar; Regeln für den Umgang mit den Bäumen und ihrer Frucht, Anweisungen für die Verwendung des Holzes kehren immer wieder. Gebote für und gegen das Fällen von Bäumen in bestimmten Notlagen zeigen, daß der Baum nicht ein Nebenthema der Geschichte des Heiligen Volkes war; er wurde im gleichen Maße beispielhaft wie er lebenserhaltend war; ein kostbares Gut, so kostbar, daß die Hauptstücke der Heilsbotschaft in seinem Bilde mitgeteilt werden.

Das Leben des ersten Menschenpaares beginnt im Baumgarten des Landes Eden.[122] Was die Ausgestoßenen hinter sich lassen, tritt wieder im Bilde des Baumes auf: der Cherub bewacht den Baum des Lebens. Dieser Baum ist *pars pro toto* für das Land des Lebens; seine Würde reicht aus, um alles das in einem Worte zu beschreiben, was jenseits der Erkenntnis von Gut und Böse ist: Gottesnähe, Angstfreiheit, grenzenloses Wohlbefinden.

Alte Baumheiligtümer wurden häufig auch Orte der Begegnung zwischen dem Gott Jahwe und seinen Gläubigen. Wahrscheinlich ist der Hain Mamre[123], in dem Abraham drei Wanderer empfängt, ein altheidnisches Baumheiligtum, bei dem Abraham seine Hütte gebaut hat. Er erkennt in den drei Männern Gott und redet ihn an als seinen Herrn, läßt ihm entsprechende Ehre angedeihen. Der Hain ist also in seiner Eigenschaft als Heiligtum hier nicht mehr von

Bedeutung. Die Bäume bedeuten Schutz vor der Sonne, und Abraham fordert die Wanderer unmißverständlich zur einfachsten Geste des Ausruhens auf: ›lehnet euch unter den Baum.‹ Dieser Hinweis genügt, um die Bäume als Schattenspender ohne jede kultische Bedeutung in das Geschehen einzubeziehen.

Das Pflanzen von Bäumen gehörte zur Vorbereitung eines ungeschützten Ortes in der Wüste für längeren Aufenthalt. Wir erfahren das wenige Abschnitte später von Abraham, dem Nomaden, der bei einem Brunnen, den er gegraben hat, Bäume pflanzt, weil er den Ort als einen fruchtbaren Ort für sich gewonnen hat. Dort weidet er seine Herde, dort ist er geschützt durch den Bund mit Abimelech, dessen Leute ihm zuvor den Brunnen weggenommen hatten. Auch an dieser Oase predigt Abraham, aber er predigt nicht Baumgottheiten, sondern ›von den Namen des Herrn, des ewigen Gottes.‹ [124] So wurden die alten Kultformen nicht einfach geächtet, sondern an ihren Stätten neu besetzt. Ähnliche Vorgänge beobachten wir auf der Grenze zwischen antiker Götterwelt und Christentum: alter Glaube wird angereichert mit neuen Inhalten; der Abschied von der vertrauten Götterwelt wird gemildert.

Aber nicht immer geschieht die Ablösung der heidnischen Baumkulte so mittelbar wie hier; denn nicht immer ist der Glaube an Baumgötter den Handelnden so wenig verführerisch wie dem Abraham in den beiden Szenen. Im fünften Buch Mose steht eine deutliche Warnung, die sich gegen die Baumkulte richtet; wir wissen aus anderen Quellen, daß es sich bei dem Baumkult, dem immer wieder Gruppen der wandernden Israeliten anhingen, wahrscheinlich um den kanaanäischen Ascherakult gehandelt hat. Der Prophet Jeremia sagt dazu:

> ›Die Sünde Juda's ist geschrieben mit eisernen Griffeln, und mit spitzigen Demanten geschrieben, und auf die Tafel ihres Herzens gegraben und auf die Hörner an ihren Altären, daß ihre Kinder gedenken sollen derselben Altäre und Ascherabilder bei den grünen Bäumen, auf den hohen Bergen.‹ [125]

Vor der Aschera, dem grünenden Baum, wurde vor allem die syrische Göttin Astarte verehrt; sie war eine Fruchtbarkeitsgottheit. Der alljährliche Rhythmus von Sterben und Erneuerung des Lebens in der Natur wurde gefeiert als die Liebe der Astarte zum sterbenden und auferstehenden Gemahl. Er trug die Namen Tammuz oder Adonis.

Der Prophet Jesaja schildert mit farbiger Polemik, wie ein solches Baumgötterbild entsteht:

> Man ›zimmert Holz und mißt es mit der Schnur, und zeichnet's mit Rötelstein, und behaut es, und zirkelt's ab, und macht's wie ein Mannsbild, wie einen schönen Menschen, der im Hause wohne. Er geht frisch daran unter den Bäumen im Walde, daß er Zedern abhaue, und nehme Buchen und Eichen; ja, eine Zeder, die gepflanzt, und die vom Regen erwachsen ist, und die den Leuten Brennholz gibt; davon man nimmt, daß man sich dabei wärme, und die man anzündet, und Brot dabei bäckt. Davon macht er einen Gott und betet's an; er macht einen Götzen daraus, und kniet davor nieder. ... und betet, und spricht: Errette mich; denn du bist mein Gott!‹
> Der Prophet fügt hinzu: sie ›knien vor einem Klotz‹[126].

Im fünften Buch Mose heißt es:

> ›Du sollst keinen Hain von Bäumen pflanzen bei dem Altar des Herrn, deines Gottes, den du dir machst. Du sollst dir keine Säule aufrichten, welche der Herr, dein Gott, haßt.‹[127]

Die Säule ist nichts anderes als der stilisierte Baum; wir finden diese Abwandlung des Baumes im alten Ägypten und in vielen frühen Kulturen; auch die griechischen Säulenkapitelle zeigen zweifelsfrei die Herkunft der Säule vom Baum: die Kapitelle zeigen Pflanzenstrukturen und Blattformen. Bis tief in die abendländische Kultur hinein reicht diese vom Baum hergeleitete Form der Stütze für die Sakralbauten.

Verfolgen wir zunächst die Abwehr der Aschera-Kulte weiter: Schon an einer früheren Stelle im fünften Buch Mose taucht ein kämpferischer Befehl auf: ›Verstöret alle Orte, da die Heiden, die ihr vertreiben werdet, ihren Göttern gedient haben, es sei auf hohen Bergen, auf Hügeln oder unter grünen Bäumen, und reißt um ihre Altäre, und zerbrecht ihre Säulen, und verbrennet mit Feuer ihre Haine, und die Bilder ihrer Götter zerschlaget ...‹[128] Im Buch der

Könige wird berichtet, daß der Reformator-König Josia im Tempel von Jerusalem die Gerätschaften des Aschera-Kultes beseitigt, das Aschera-Bild aus dem Tempel holt und es verbrennt am Bach Kidron und zu Staub macht, den er auf die Gräber wirft.[129] ›... und zerbrach die Säulen, und rottete aus die Ascherabilder und füllte ihre Stätte mit Menschenknochen.‹[130] Der Gott des Volkes Israel will einen bildlosen Kultus, darum geht es in diesen Berichten.

Die Säule, die hier abwechselnd mit dem Baum auftaucht, ist in der orientalischen Welt aus der besonderen Verehrung für den lebenserhaltenden Baum zu begreifen. Wie die ägyptischen Papyrus- und Lotosblüten-Kapitelle das Erlebnis der verehrten Natur in eine künstlerische Form überführen, so mag es in der morgenländischen Welt der Palmenoasen der sanft geschwellte Stamm der Palme gewesen sein, der den Säulenschaft formte; die regelmäßige Krone der Palme mit ihren üppigen Fruchtständen und leuchtenden Früchten forderte in ihrem Ebenmaß zur ornamentalen Vereinfachung heraus. Der Horustempel im ägyptischen Edfu zeigt in schönster Stilisierung einen solchen Säulen-Palmenschaft. Die verbreitete Dattelpalme dürfte das Vorbild solcher ägyptischen Säulenformen gewesen sein; der heilige Baum des Sonnengottes wurde so, als Säulengruppe in der Vorhalle des Tempels zusammentretend, zum Abbild des heiligen Hains.

Die Säulenhallen der ägyptischen Tempel bilden tatsächlich Papyrusdickicht oder Palmenwälder nach. Die Säulenschäfte erinnern an Papyrusbündel und Palmenstämme. Sie bestätigen dem Eintretenden, daß er sich in einem Stein gewordenen Hain bewegt. Schaut er nach oben, so blickt er in den gestirnten Himmel: Reliefs oder Deckenmalereien zeigen die Sterne und Sternbilder; große Geier mit ausgebreiteten Schwingen schweben dort oben: Man hat den Eindruck, in einem Wald unter freiem Himmel zu wandeln.

Auch der Palast des Königs Salomo hatte in seinem Vorhof solche Säulen, die Bäume nachbilden: Sie sind aus Zedernholz gemacht, also vom Baum genommen: ›... er baute das Haus vom Wald Libanon ... Auf vier Reihen von zedernen Säulen legte er den Boden von zedernen Balken ...‹

Der Tempel nun hat in seiner Vorhalle zwei prachtvolle Säulen, ›ehern‹, mit zwei Knäufen aus Erz. ›Und es war an jeglichem Knauf oben auf den Säulen Gitterwerk, sieben geflochtene Reife wie Ketten. Und machte an jeglichem Knauf zwei Reihen Granatäpfel umher an dem Gitterwerk, womit der Knauf bedeckt ward.‹ Zweihundert Granatäpfel befestigt Salomo so an diesen beiden Säulen. Sie werden aufgerichtet rechts und links vor der Halle des Tempels.

Der Innenraum des Tempels ist mit Blumen und Rankenwerk so dicht überzogen, daß man keinen Stein sieht. Geschnitzte Palmen finden sich hier auch, sie sind also offenkundig aus Holz gemacht. Salomo überzieht sie mit goldenen Blechen.[131]

Die Phönizier haben die ägyptische Säule übernommen; und die machtvolle Säulenarchitektur der Baalstempel ist an vielen Orten dieses Kultes den wandernden Israeliten bekanntgeworden. An vielen Stellen des Alten und Neuen Testaments ist von diesem Baalskult die Rede. Im Buch der Könige wird deutlich gesagt, daß die Verehrung des Baal im Zeichen der Säule – des ornamental gestalteten Baumes also – geschah. Der König Joram nämlich, dessen Vater Ahab noch dem Baalskult angehangen hatte, ›tat weg die Säule Baals, die sein Vater machen ließ.‹[132]

Daß Ahab einen solchen Kultort mit Baals-Altar und Ascherabild in Samaria gebaut hatte, wird erzählt im ersten Buch der Könige.[133] Vom Kampf gegen den Baalskult und seine Säulen ist auch im zweiten Buch der Könige noch einmal die Rede, als Jehu fortfährt in der Ausrottung der Anhänger des von Ahab etablierten Baalskultes. Jehus ›Trabanten und Ritter … gingen zur Stadt des Hauses Baals, und brachten heraus die Säulen in dem Hause Baals, und verbrannten sie, und zerbrachen die Säule Baals samt dem Hause Baals.‹[134] Verbrennen – was auf Holz als Werkstoff der Säulen deutet – und Zerbrechen: dies bedeutet, die zentralen Gegenstände des Kultes zu zerstören, um den Gott des Kultes zu vernichten.

Der Jahwe-Glaube kennt Opfer, aber keine Anbetungsgegenstände – außer dem Gott selbst. Wohl aber redet dieser israelitische Gott und der Messias des Neuen Testamentes wie seine Propheten im Bild des Baumes, um Heilsgeschichte sinnfällig zu machen mit Zeichen aus der Lebenswelt der Menschen – und aus der Schöpfung dieses Gottes. In diesem Sinne gehört der Baum ins Zentrum der Zeichensprache der Bibel. Er reicht vom Paradiesgarten bis in die letzten Kapitel der Apokalypse; seine Zeichenkraft wird nicht abgetan, wenn die heidnischen Kulte bekämpft werden, sondern er wird zurückgeführt in den Schöpfungszusammenhang. In diesem Zusammenhang ist er eines der bevorzugten Zeichen für den Umgang Gottes mit den Menschen, ja für die Fleischwerdung Gottes selbst.

Am Beispiel des Baumes werden aber auch die Verhaltensformen der Menschen erklärt, und der Umgang mit dem Baum als einem kostbaren Stück Natur wird in entschiedenen Regeln und Geboten geordnet. Es steht den Menschen nach diesen Texten nicht frei, wie sie mit dem Baum umgehen.[135]

Die Säule nun zeigt auch Verbindungen zum Weltenbaum, dessen Stamm als die Achse der Welt verstanden werden konnte. Wie stark diese Vorstellungswelt des heiligen Baumes im Bild der Säule war, zeigt noch die Irminsul der Sachsen, die ein Holzstamm war, unter freiem Himmel aufgerichtet. Ihr Name bedeutet: Allsäule, Säule, die das All trägt.[136] Noch die gotischen Dome bieten mit ihren Dekkenmalereien, die den offenen Himmel zwischen den tragenden Säulen zeigen, eine späte Weiterführung dieser Vorstellung vom himmeltragenden Baum – auch wenn die Baumeister sich dessen nicht mehr bewußt gewesen sein sollten.

Verschiedene Völker kennen den ›heiligen Mittelpfahl des Hauses‹ – und der griechische Held Odysseus, der ehemals ein Sonnengott gewesen ist, baut sein Bett um den Stamm eines lebenden Ölbaums, der im Boden wurzelt. Dieses Bett ist nicht nur Ruhestätte, sondern Ort der zeremoniellen, geweihten Vereinigung unter dem Schutz der Göttin, deren heiliger Baum der Ölbaum war: Athene.[137]

Im Alten Testament wird nebenbei deutlich, daß die Baumverehrung tatsächlich eng zusammenhing mit Mond-, Sonnen- und Gestirnskulten. Die Nachwirkungen dieser schließlich in den Volksglauben übergegangenen Verbindungen von Sonne, Mond, Sternen und Baum läßt sich in unserem Kulturraum bis in die Märchen der Brüder Grimm verfolgen.[138] Im Alten Testament wird die Verehrung der Gestirne als ein Bestandteil des Baalskultes erwähnt: ›Und er [das ist der Hohepriester Hilkia] tat ab ... die Räucherer des Baal und der Sonne und des Mondes und der Planeten und alles Heeres am Himmel.‹[139]

Der Schutz des jungen Baumes, die Nutzung erwachsener Bäume werden in den Büchern des Alten Testamentes in Weisungen erörtert. Es sind in der Tat Weisungen und Gebote, nicht nur Empfehlungen für den Umgang mit Bäumen, die dem Volk Israel gegeben wurden – und das bedeutet ihre Fortschreibung in den christlichen Äon hinein. Natürlicherweise sind viele dieser Weisungen abhängig von der besonderen Situation des Wüstenvolkes und von dem Stellenwert des Baumes im wasserarmen, heißen Land. Wichtiger: Dieser Gott des Alten Testamentes, der als Schöpfer aller Lebewesen und des Kosmos auftritt, weist sein Volk an, die Schöpfung angemessen zu behandeln. Im dritten Buch Mose steht eine solche Anweisung.[140] Sie wird wieder eröffnet mit dem Signal eines Urbarmachens von Wüstenland: ›Wenn ihr ins Land kommt, und allerlei Bäume pflanzt, davon man ißt ...‹, so beginnt der Text. Ins Land kommen, heißt Bäume pflanzen. Land bewohnbar machen, bedeutet Bäume pflanzen.

Die Früchte dieser Bäume, so lautet nun die Anweisung, sollen drei Jahre lang geschont werden. Im vierten Jahr sollen sie dem Herrn des Volkes, Gott, geopfert werden – ›ein Preisopfer‹, das heißt also zum Lob des Gottes, der sie wachsen läßt. Im fünften Jahr darf der Genuß der Früchte beginnen: ›denn ich bin der Herr, euer Gott‹, schließt der Satz – das ist die Formel, die den Zehn Geboten voransteht, und dieses Baum-Gebot steht in einer Auslegung der Zehn Gebote, also an bevorzugter Stelle in den Büchern Mose.

Schutz der Natur, so sagt diese Anweisung, ist eine Handlung im Sinne des göttlichen Auftrags, die Schöpfung zu bewahren und zu achten. Wie ernst dieser Einbezug der Natur in den Auftrag des Menschen gemeint ist, zeigt wenig später ein Segensversprechen an Israel: ›Werdet ihr in meinen Satzungen wandeln, und meine Gebote halten und tun, so will ich euch Regen geben zu seiner Zeit, und das Laub soll sein Gewächs geben, und die Bäume auf dem Felde ihre Früchte bringen ...‹[141]

Dieser Zusage entspricht ein Fluch, der wenige Verse weiter im Text folgt: Wenn die Gebote Jahwes, des Gottes nicht befolgt werden, so sollen auch ›die Bäume im Lande ihre Früchte nicht bringen.‹[142]

Daß in einer solchen Drohung nicht irgendetwas Beiläufiges gesagt wurde, sondern der Entzug der Lebensgrundlagen angekündigt war, ist für heutige Leser in den reichen Zonen dieser Erde kaum nachvollziehbar. Der Baum konnte nur deshalb zum Sinnbild für die großen Heilsversprechen dieser Texte werden – als neuer Baum des Lebens, als Wurzel Jesse [143] –, weil die Erlebnisse des Alltags, die an ihn gebunden waren, eben nicht beliebiger Natur waren, sondern das Überleben, die Sicherung des Daseins bedeuteten. Der Baum, dessen erste Frucht geschont werden soll, dessen Unfruchtbarkeit ein großes Unglück ist, war häufig Oasenbaum, gepflanzter und gehegter Baum, dessen Frucht im Jahresplan der Menschen ihren unersetzlichen Platz hatte.

Wie sorgsam in jedem Falle mit Bäumen umzugehen war, das zeigen auch jene Berichte im Alten Testament, die von Bäumen im Feindesland reden, ›fremden‹ Bäumen also, die nicht eigener Besitz Israels sind. Immer ist sorgsam zu erwägen, was der Baum dem Menschen bietet – und so argumentiert das fünfte Buch Mose:

> ›Wenn du vor einer Stadt lange Zeit liegen mußt, wider die du streitest, sie zu erobern, so sollst du die Bäume nicht verderben, daß du mit Äxten dran fährst; denn du kannst davon essen, darum sollst du sie nicht ausrotten. Ist's doch Holz auf dem Felde, und nicht Mensch, daß es vor dir ein Bollwerk sein könnte. Welches aber Bäume sind, von denen du weißt, daß man nicht davon ißt, die sollst du verderben und ausrotten, und Bollwerk daraus bauen wider die Stadt, die mit dir kriegt, bis daß du ihrer mächtig werdest.‹ [144]

Der Baum soll also nicht einer Augenblickslage geopfert werden, dazu ist seine Wachstumszeit zu lang – und seine Frucht zu notwendig für das Überleben der Menschen, die in seinem Wachstumsgebiet leben müssen. Wenn wir heute über Bäume und ihre Erhaltung reden, so keinesfalls der Früchte wegen; das Motiv zu ihrer Erhaltung fordert im sittlichen Sinne viel mehr von uns: Einsicht in das, was der Baum ökologisch leistet, während wir es nicht unmittelbar sehen oder genießen können; ästhetische Bereitschaft und die Genußfähigkeit unserer Sinne. Der Schutz der Bäume durch den Menschen hat abgenommen im gleichen Maße, wie die vordergründige Abhängigkeit des Menschen vom Baum schwand.

Sittliches Engagement freilich ist auch im Alten Testament schon gefordert, wie wir im gleichen fünften Buch Mose lesen, wo es um die Vögel geht, die in den Bäumen nisten. ›Wenn du auf dem Wege findest ein Vogelnest auf einem Baum oder auf der Erde, mit Jungen oder mit Eiern, und daß die Mutter auf den Jungen oder auf den Eiern sitzt, so sollst du nicht die Mutter mit den Jungen nehmen, sondern sollst die Mutter fliegen lassen, und die Jungen nehmen, auf daß dir's wohl gehe, und du lange lebest.‹[145] Wieder macht die Formel aus den Zehn Geboten den Ernst dieser Regel klar: Du hängst ab von dem Überleben der Natur, sagt Jahwe, nicht nur im Sinne der Ernährung, sondern auch im Sinne des ungestörten Verhältnisses zu diesem Gott. Wer die Natur, Tiere und Pflanzen, verdirbt, der zieht sich den Zorn dieses Gottes zu. Ein Predigtstoff für das fortgeschrittene zwanzigste Jahrhundert, das sich mit ökologischer Sensibilität schmückt? Aber immer weniger Menschen finden die Gebote dieses Christengottes verbindlich. Sie suchen ihre ökologische Motivation woanders. Vielleicht zwänge uns erst die äußerste Bedrohung, die Natur zu schonen; diese aber wird für unsere Sinne zu spät fühlbar, das wissen wir schon heute. An die Stelle der eigenen Sinne trat deshalb ehemals die Gottesfurcht, die Ehrfurcht vor dem Schöpfer dieser Tiere und Pflanzen. Die Zurückhaltung der Menschen gegenüber der Schöpfung versagt, sobald sie nur ihren eigenen Sinnen folgen.

Dem Heidenkönig Abimelech, der ein Baalsdiener ist und bei einer hohen Eiche gekrönt wird[146], einem vielfachen Mörder, erzählt der Jüngling Jotham ein Baumgleichnis, nachdem Abimelech alle seine Brüder umgebracht hat.

> ›Die Bäume gingen hin, daß sie einen König über sich salbten, und sprachen zum Ölbaum: Sei unser König! Aber der Ölbaum antwortete ihnen: Soll ich meine Fettigkeit lassen, die beide, Götter und Menschen, an mir preisen, und hingehen, daß ich schwebe über den Bäumen? Da sprachen die Bäume zum Feigenbaum: Komm du, und sei unser König! Aber der Feigenbaum sprach zu ihnen: Soll ich meine Süßigkeit und meine gute Frucht lassen, und hingehen, daß ich über den Bäumen schwebe? Da sprachen die Bäume zum Weinstock: Komm du, und sei unser

König! Aber der Weinstock sprach zu ihnen: Soll ich meinen Most lassen, der Götter und Menschen fröhlich macht, und hingehen, daß ich über den Bäumen schwebe? Da sprachen alle Bäume zum Dornbusch: Komm du, und sei unser König! Und der Dornbusch sprach zu den Bäumen: Ist's war, daß ihr mich zum König salbt über euch, so kommt, und vertraut euch unter meinen Schatten; wo nicht, so gehe Feuer aus dem Dornbusch, und verzehre die Zedern Libanons.‹

Dieser merkwürdigen Geschichte, die alle erstrangigen Bäume aufzählt, um beim nutzlosen Dornbusch zu enden, folgt die Deutung: ›Habt ihr nun recht und redlich getan, daß ihr Abimelech zum König gemacht habt ... wo nicht, so gehe Feuer aus von Abimelech‹ – wie von dem Dornbusch, der dies ankündigt. Dieses Feuer soll alle verzehren, die den unwürdigen König gekrönt haben, sagt Jotham, und anschließend soll Feuer den Abimelech selbst verzehren.[147] Jotham muß nach dieser Erzählung vor dem König fliehen, um nicht von ihm getötet zu werden. Das Baumgleichnis zeigt schon jenen Zug, der später in vielen Gleichnissen des Neuen Testaments wiederkommt: Die Bäume mit ihrer je besonderen Frucht geben ein Beispiel für das ›fruchtbare‹ Wirken von Menschen. ›An ihren Früchten sollt ihr sie erkennen‹, diese Formel des Matthäus genügt schließlich, um die Parallele zwischen Baum und Mensch für die damalige Zeitgenossenschaft deutlich zu machen. ›Ein guter Baum bringt gute Früchte, ein fauler Baum bringt arge Früchte‹[148], das war die eindeutige, jedermann verständliche Bildersprache, um das Tun der Menschen zu bewerten. Jedermann kannte aus seinem Alltag jene Feigen, die prall aussahen wie süße, volle Früchte und doch, wenn man sie aufbrach, hohl und ohne Süße waren.[149]

Schauen wir zurück in die Nomadenwelt des Volkes Israel. Ein feindliches Volk lebensunfähig machen, das hieß immer viererlei: die Städte zerstören, die Brunnen verstopfen, die Äcker mit Steinen verderben und die guten Bäume fällen.[150] In der Alltagssicherung hatte also der Baum einen erstrangigen Platz, den nichts anderes einnehmen konnte. Einschneidend wurde der Verlust der Bäume, weil er etwas Endgültiges hatte: die Wachstums- und Schonzeit der Bäume war zu lang, als daß ein baumloses Volk sie hätte überbrükken können. Baumloses Land mußte verlassen werden, es erlaubte kein Überleben mehr.

Umgekehrt ist der Baum auch für Menschen in äußerster Not ein Vorbild für unsterbliche Hoffnung. So greift Hiob, der Unglückliche, zum Bild des Baumes, um zu zeigen, daß sein eigenes Unglück größer sei als alles, was je einem Baum an Unglück zustoßen könne:

>›Ein Baum hat Hoffnung, wenn er schon abgehauen ist, daß er sich wieder erneue, und seine Schößlinge hören nicht auf. Ob seine Wurzel in der Erde veraltet, und sein Stamm in dem Staub erstirbt, so grünt er doch wieder vom Geruch des Wassers, und wächst daher, als wäre er erst gepflanzt. Aber der Mensch stirbt, und ist dahin ...‹[151]

Der verzweifelte Hiob weiß, wann auch der Baum tot ist, und in gesteigerter Verzweiflung hält er seinen Freunden entgegen: ›Er hat mich zerbrochen um und um, und läßt mich gehen und hat ausgerissen meine Hoffnung wie einen Baum.‹[152] Wenn der Baum ausgerissen oder ausgegraben wird, erst dann ist alle Hoffnung auf sein Weiterleben zu Ende.

Auch die Psalmen des Alten Testaments bedienen sich dieses Bildes: daß der Mensch sei wie ein Baum. Berühmt wurde der Psalm einst wegen seiner klaren Bildersprache, obwohl auch er uns die Bemühung abfordert, im Sinne der Wüstenvölker die Plastizität der Bilder zu begreifen, die hier Menschenleben und Baum verbinden. Wer Gott anhängt, so heißt es da, ›der ist wie ein Baum, gepflanzt an den Wasserbächen, der seine Frucht bringt zu seiner Zeit, und seine Blätter verwelken nicht; und was er macht, das gerät wohl‹. Die Gottlosen dagegen sind ›wie die Spreu, die der Wind verstreut‹[153], das bedeutet: wie die leeren Hülsen des Korns, die der Wind davonträgt, wenn gedroschen wird. Die Wasserbäche meinen ›das Wasser des Lebens‹, das Wort Gottes.

Die Bibel redet also von den abstraktesten, den transzendenten Fragen mit Vergleichen aus der Natur. Im Zentrum dieser Bildersprache für den Umgang Gottes mit dem Menschen steht der Baum. Daß die passende Zeit der Früchte erwähnt wird, hat übrigens einen besonderen Sinn, den die Hörer dieses Psalms verstanden. Der Feigenbaum, einer der wichtigsten Nahrungsbäume im alten Palästina, bringt manchmal Feigen aus dem letzten Winter, die unreif hängen bleiben mußten, im frühen nächsten Sommer scheinbar zur Reifung. Pflückt man die gutaussehenden Früchte, so findet man sie innen vertrocknet: Früchte zur Unzeit, die den Gärtner täuschen.[154]

Der Baum ist aber keineswegs nur in der Beispielrolle bedeutend, sondern als lebendige Pflanze aktiv am Leben der großen kosmischen Ordnung beteiligt: das Geschaffene rühmt den Schöpfer. Der 96. Psalm gibt für diese Aktivität der ganzen Schöpfung ein schönes Beispiel. Die Völker werden aufgefordert, Gott als König zu preisen, und der gesamte Erdkreis soll daran mitwirken: ›Der Himmel freue sich, und die Erde sei fröhlich; das Meer brause und was darinnen ist; das Feld sei fröhlich und alles, was darauf ist; und lasset rühmen alle Bäume im Walde vor dem Herrn ...‹[155] Diesem Rühmen entspricht das Seufzen der Kreatur nach Erlösung, von dem Paulus spricht.[156]

In den ökologischen Diskussionen der Gegenwart wird gern erwähnt, das Christentum habe den Raubbau durch den Menschen an der Natur vorbereitet durch die Wendung, ›Macht euch die Erde untertan.‹ Alle Anweisungen des Gottes, der diesen Auftrag formulierte, zum Umgang mit diesen ›Untertanen‹ in der Natur zeigen, daß die Sorgfalt eines verantwortlichen Herrschers gemeint ist, wenn der Mensch als die Krone der Schöpfung diesen Auftrag erhält. Der Gott Israels wurde verstanden als Regent auch der Elemente, weil immer gegenwärtig war, daß dieser Gott alles geschaffen hatte. Das Zusammenspiel aller lebendigen Kräfte in Tier- und Pflanzenwelt wird nicht nur in seiner Nützlichkeit verstanden, sondern auch in seiner Schönheit genossen – als eine Lust für die Sinne, wie es schon im Garten Eden die Bäume waren.

Der 104. Psalm gruppiert poetische Bilder einer solchen gesegneten Landschaft:

> ›Du lässest Brunnen quellen in den Gründen, daß die Wasser zwischen den Bergen hinfließen, daß alle Tiere auf dem Felde trinken und das Wild seinen Durst lösche. An denselben sitzen die Vögel des Himmels und singen unter den Zweigen. Du feuchtest die Berge von oben her; du machst das Land voll

Früchte, die du schaffest; ... und daß der Wein erfreue des Menschen Herz ..., daß die Bäume des Herrn voll Saft stehen, die Zedern Libanons, die er gepflanzt hat. Daselbst nisten die Vögel, und die Reiher wohnen auf den Tannen.‹[157]

Dieses Loblied auf die Lebensordnung, in der Löwen und Fische, Bäume und Hügel, Mond und Sonne ihrem Daseinsrhythmus folgen, wird ebenso wie das Hohelied heute fast nie in den Kirchen gelesen. So erscheint es vielen Kirchenbesuchern, als sei Christentum eine Angelegenheit der abstrakten Moral- und Bußanweisungen. Der Glanz der natürlichen Lebensprozesse ist im Alltag unkenntlich, und das Lob der Schönheit von Tieren, Landschaften und Pflanzen, von Himmel und Meer hat nur noch verschwiegen in der Bibel seinen Platz; aus den Mitteilungen ihrer Zeugen heute ist es weithin verschwunden. Christentum wird gehandelt als eine Religion, die den Menschen betrifft. Daß nichts ihn betreffen kann ohne den Erdball, den er bewohnt, dies wird vernachlässigt, seit wir uns auf den Weg in die künstliche, von totem Gerät beherrschte Welt gemacht haben. Die Produktion des Leblosen, das nur scheinbar und mechanisch lebt, erwürgt das Lebendige des Kosmos, wie wir nun schrittweise – und vielleicht zu spät erkennen.[158]

Bei Salomo, dem großen Weisheitslehrer des Alten Testaments, fällt ein besonders kühnes Bild auf, das die lebendige Vorstellung vom ›Baum des Lebens‹ voraussetzt, wie er in den Genesis-Berichten und wahrscheinlich im Volk Israel lebte. Die Weisheit, sagt Salomo, ›ist ein Baum des Lebens‹;[159] ›die Frucht des Gerechten ist ein Baum des Lebens‹. Das ist, vor allem im zweiten Satz, eine recht vielschichtige Vorstellung: die Frucht als Baum? In dieser Wendung erkennen wir, wie formelhaft selbstverständlich das Bild von den Früchten menschlichen Handelns und menschlicher Gesinnungen war. Daher fiel es leicht, auch diese widersprüchliche Wendung zu begreifen: Der Gerechte ist ein gläubiger Mensch, und seine Gesinnung, sein Zutrauen zu Gott, trägt Früchte. Diese Früchte sind so reich, daß sie mit einem Lebensbaum, einem unerschöpflich fruchtbaren Wunderbaum verglichen werden.

Auch der gefällte Baum taugt zu Gleichnissen für das menschliche Leben. Der Prediger Salomo sagt, zunächst recht rätselhaft:

›... wenn der Baum fällt – er falle gegen Mittag oder Mitternacht –, auf welchen Ort er fällt, da wird er liegen.‹[160] Noch in den *Emblemata*, den Sinnbildsammlungen des 16. und 17. Jahrhunderts, taucht diese Lebensregel auf. Mit dem Tode ist plötzlich jede Revision des Lebens unmöglich, während doch die Menschen, solange sie glauben Zeit zu haben, viele Bemühungen um ein gutes Leben aufschieben. Überrascht sie der Tod, so gilt nur das, was sie bis dahin waren. Ähnliches will Salomo sagen; die Jahrtausende nach ihm haben das Bild vom Baum, der gefällt unbeweglich schwer liegt, noch begriffen.

Und das Hohelied nun: jener Preisgesang auf die menschliche Schönheit und die Pracht der Natur verbindet den Menschen mit der Poesie jenes Fruchtbaumes, der im Frühling eine der märchenhaftesten Blüten entfaltet: ›Wie ein Apfelbaum unter den wilden Bäumen, so ist mein Freund unter den Söhnen. Ich sitze im Schatten, des ich begehre, und seine Frucht ist meiner Kehle süß ... Er erquickt mich mit Blumen, und labt mich mit Äpfeln; denn ich bin krank vor Liebe.‹[161] Gewiß: wer wird heute noch die Köstlichkeit eines Apfels verstehen? Unsere Sinne haben ihre Schwierigkeiten mit den unkomplizierten Genüssen. Was ist an die Stelle solcher Vergleiche getreten? Jesaja, der Prophet, sagt, wenn Menschen sich fürchten: Ihr Herz bebte, ›wie die Bäume im Walde beben vom Winde‹.[162]

Uns sind für vieles, was wir fühlen, die Bilder ausgegangen. Finden wir neue, so stammen sie aus Naturwissenschaft und Technik: die Funktionen unserer Maschinen liefern das Vorbild für psychische und geistige Leistungen. Bilder stehen hinter diesen Begriffsübertragungen nicht mehr. Elektrizität und Magnetismus, Mechanik und chemische Reaktionen sind die Felder, auf denen wir Vergleiche für Liebe und Furcht holen. Unsere Lebenswelt ist von diesen Mächten bestimmt, sie fordern uns zu Vergleichen heraus. Die Menschen der alten Welt, bis durch das Mittelalter, durch die Aufklärung und ins frühindustrielle Zeitalter hinein, nahmen ihre Vergleiche aus der Natur. Der Mensch, dem der Baumvergleich nicht mehr einfällt, glaubt sich wohl menschlicher geworden. Da er sich statt dessen mit der Maschine vergleicht, dürfen wir fragen, ob er sich nicht irrt.

Die großen und rätselhaft verschlüsselten Messias-Weissagungen der alttestamentlichen Propheten vergleichen immer wieder den Menschen mit dem Baum – so Jesaja, der in die Glücks- und Heilsversprechen einfügt: ›daß sie [die ehemals Traurigen] genannt werden Bäume der Gerechtigkeit‹[163], und der Prophet Hesekiel kleidet eine verrätselte Voraussage über das Haus Davids – aus dem Christus stammt – in Gleichnisse, die wechselnde Baumbilder bieten. Die Vision gipfelt im Vergleich des Volkes Israel mit einem Baum, den Gott selbst aus einem Reis der Libanonzeder gepflanzt habe. Der Baum soll seine Zweige ausbreiten und Frucht tragen, und die Vögel sollen in seinen Zweigen wohnen. ›Und sollen alle Feldbäume erfahren, daß ich, der Herr, den hohen Baum erniedrigt, und den niedrigen Baum erhöht habe, und den grünen Baum ausgedörrt, und den dürren Baum grünend gemacht habe.‹[164] In klaren Bildern stand damit den Zuhörern die Macht Gottes vor Augen. Die Vorgänge, von denen der Prophet redet, sind so abstrakt, daß nur kleine Gruppen theologisch gebildeter Hörer sie verstanden hätten. Diese Sätze aber verstand jeder; und was zum Beispiel diente, hatte jeder schon erlebt.

Der Evangelist Matthäus schöpft das Gleichnis vom guten und faulen Baum mehrfach aus; er deutet es auch selbst und liefert damit Bild und Auslegung in einem. Schon bei der Ankündigung des Messias durch den Täufer Johannes taucht dessen mächtiges und düster drohendes Baumgleichnis von der Axt auf, die den Bäumen schon an die Wurzel gelegt sei. Die Kunst der frühen Christenheit hat mit zahlreichen Miniaturen, Reliefs und Gemälden auf diese sinnfällige Warnung reagiert.[165]

Wieder ist die Erlebniswelt der Zeitgenossen des Matthäus lebendig, wenn er vor falschen Propheten warnt: Wölfe in Schafskleidern sind sie, und

> ›An ihren Früchten sollt ihr sie erkennen. Kann man auch Trauben lesen von den Dornen oder Feigen von den Disteln? Also ein jeglicher guter Baum bringt gute Früchte; aber ein fauler Baum bringt arge Früchte. Ein guter Baum kann nicht arge Früchte bringen, und ein fauler Baum kann nicht gute Früchte bringen.

Ein jeglicher Baum, der nicht gute Früchte bringt, wird abgehauen und ins Feuer geworfen.‹[166]

Was dies ›abgehauen und ins Feuer geworfen‹ für die Hörer solcher Gleichnisse bedeutete, ist interessant zu wissen. Der letzte Zweck toten Holzes war dieser: als Brennholz verbraucht zu werden. Palästina war ein holzarmes Land; der lebendige Baum eine große Kostbarkeit. An das Fällen gesunder, fruchtbarer Bäume für Feuerholz war nicht zu denken. So wurde totes Holz gesammelt, Stück für Stück, um bei Bedarf verbrannt zu werden. Auch die ausgegrabenen Wurzeln taugten für diesen Zweck; noch heute werden sie umständlich freigelegt und als Feuerholz verkauft.[167]

Nicht das Holz des ›faulen Baums‹ ist unbrauchbar, wie man erkennt, sondern nur die Frucht. Einen Baum, dessen Früchte auf den ersten Blick Genießbarkeit vortäuschen, gibt es bei Jericho in der Aue des Jordan und am Ostufer des Toten Meeres; es ist der Sodomsapfel, der möglicherweise seinen Namen von der Verfluchung der lasterhaften Städte Sodom und Gomorrha im Alten Testament hat. Eine leuchtend gelbe, feste und apfelähnliche Frucht hängt an diesem Baum; ergreift man sie und will sie zum Essen zerteilen, so hält man Fasern und Schalen in der Hand. Der Baum, und das ist es, was Johannes meint, kann keine andern als diese argen, ungenießbaren Früchte hervorbringen. Jeder Baum bringt seine Art von Früchten, wie Johannes am Beispiel der Dornen und Disteln klarmacht.

Bei Jakobus findet sich diese einfache Beweisführung wieder: ›Kann auch, liebe Brüder, ein Feigenbaum Ölbeeren oder ein Weinstock Feigen tragen?‹[168]

Johannes könnte auch vom wilden Ölbaum gesprochen haben mit seinem Gleichnis, einem üppig wachsenden Baum mit festem, gut brennendem Holz. Nur veredelt bringt er genießbare Früchte. Diese wilden Ölbäume waren schon am Anfang des zwanzigsten Jahrhunderts von den Holzsammlern ausgerottet und zu Brennholz verwendet; eine schneinbar vordergründige Erfüllung dessen, was Johannes fast zweitausend Jahre vorher ankündigte: ein Baum, der keine brauchbaren Früchte bringt, wird abgehauen und ins Feuer geworfen. Der wilde Ölbaum wurde im Westjordanland aus eben diesem Grunde fast gänzlich ausgerottet.

Wenige Kapitel weiter wiederholt Matthäus: ›Setzt entweder einen guten Baum, so wird die Frucht gut; oder setzt einen faulen Baum, so wird die Frucht faul. Denn an der Frucht erkennt man den Baum.‹ Der Evangelist erklärt dieses Beispiel selbst: ›Ein guter Mensch bringt Gutes hervor aus seinem guten Schatz des Herzens; und ein böser Mensch bringt Böses hervor aus seinem bösen Schatz.‹[169]

Bei Matthäus findet sich auch die Frage, die mancher Leser dieser Gleichnisse stellen möchte: ›Warum redest du zu ihnen durch Gleichnisse?‹ Die besorgten Jünger stellen diese klug gemeinte Frage, und Jesus beantwortet sie so: ›Euch ist's gegeben, daß ihr das Geheimnis des Himmelreichs versteht; diesen aber ist's nicht gegeben.‹[170] ›Diese‹, das sind Leute, die von den Erträgen der Felder, der Bäume und Herden leben. In der Kette von Gleichnissen aus ihrer Lebensumwelt, die Christus nun erzählt, taucht auch jenes vom Senfkorn auf. ›Das Himmelreich‹, so eröffnet Christus kurzerhand das knappe Gleichnis, ›ist gleich einem Senfkorn, das ein Mensch nahm und säte es auf seinen Acker.‹ Der Same des Senfbaums ist sehr klein, darum geht es Jesus bei dieser Erzählung, kleiner als alle anderen Samen, und der Baum überragt am Ende alle Gewächse des Ackers, die größere Samenkörner hatten. Dieser Baum breitet seine Krone aus, ›daß die Vögel unter dem Himmel kommen und wohnen unter seinen Zweigen‹. Leicht verständlich ist der Sinn dieses Beispiels. Auch die andern Evangelisten haben diese Geschichte wiedererzählt.[171]

Matthäus ist es auch, der die dramatische Szene von der Verfluchung des Feigenbaumes berichtet. Hier geht es nicht um ein Gleichnis, sondern Christus spricht seinen Fluch aus über einen Baum. Freilich wird dieser Akt zum spektakulären Lehrstück für die anwesenden Jünger. Die Handlung ist knapp: Jesus ist morgens auf dem Wege nach Jerusalem. In den Tagen zuvor ist er dort mit Jubel empfangen worden, so als hätten ihn alle erkannt als ihren König. Er hat die Krämer aus dem Tempel getrieben, hat Blinde und Lahme geheilt. Der Zorn der Hohenpriester gegen ihn wächst.

Auf dem morgendlichen Weg in die Stadt verspürt er Hunger. Ein einziger Feigenbaum steht am Wege. Christus geht zu dem Baum, um Früchte zu pflücken, findet aber nur Laub. ›Nun wachse auf dir hinfort nimmermehr eine Frucht!‹[172] befiehlt der Messias. Der Baum verdorrt im gleichen Augenblick. Diese Geschichte ist merkwürdig auch deshalb, weil in der Passahzeit, zu der diese Szene spielt, keine Feigen erwartet werden konnten. Vielleicht hat Lundgreen recht[173], der das zu weit entwickelte Laub des Baumes, das gereifte Früchte erwarten ließe, als das Zeichen einer Krankheit deutet, wie sie bei den Feigenbäumen des Landes sehr wohl bekannt war. So täuschte der Baum reife Früchte durch den Zustand seines Laubes vor und täuschte jeden Hungrigen.

In diesem Zustand könnte der Baum ein Beispiel für die Stadt Jerusalem geben, die in jenen Tagen zwar das große religiöse Szenarium des Passahfestes aufgebaut hat, aber zugleich im Begriffe ist, den Herrn seiner Kirche zu verkennen.

Die Jünger sind erschrocken über das plötzliche Sterben des Baumes und verlangen eine Erklärung. Christus antwortete: ›Wahrlich, ich sage euch: So ihr Glauben habt und nicht zweifelt, so werdet ihr nicht allein solches mit dem Feigenbaum tun, sondern, so ihr werdet sagen zu diesem Berge: Hebe dich auf und wirf dich ins Meer! so wird's geschehen. Und alles, was ihr bittet im Gebet, so ihr glaubet, werdet ihr's empfangen.‹ – Eine rätselhafte Antwort, die das Zeichenhafte des Vorgangs als Rätsel bestehen läßt. Im Baumgarten vor der Kreuzigung, die nun näherrückt, wird Christus ähnlich rätselhaft mit seinen Jüngern sprechen.

Man begreift nun, daß die frühe Kirche fasziniert war von der durchgehenden Baumkulisse der Heilsgeschichte: der Ölbaumgarten ist Jesu letzter Aufenthalt vor der Kreuzigung und das Kreuz der Leidensbaum – gedeutet als ein neuer Baum des Lebens.[174]

Dicht an der landwirtschaftlichen Wirklichkeit der Zeit ist auch jenes von Lukas berichtete Gleichnis vom Mann, der in einem Weingarten einen Feigenbaum hat, auf dem er drei Jahre lang vergebens Früchte gesucht hat. Nun will er den Baum abhauen. Der Weingärtner, mit dem er diesen Plan bespricht, bittet um Aufschub: ›Herr, laß ihn noch dies Jahr, bis daß ich um ihn grabe und bedünge ihn, ob er wollte Frucht bringen; wo nicht, so haue ihn darnach ab.‹[175]

Der Weingärtner, soviel wissen wir aus anderen Gleichnissen, ist Christus selbst. Was den heutigen Hörern wie eine beliebig erdachte Geschichte erscheint, sofern sie die Vegetation Palästinas nicht kennen, war für die Zuhörer Christi eine wirklichkeitsnahe, erfahrungsgesättigte Szene aus ihrem Leben. An den felsigen Abhängen Palästinas wuchsen wilde Feigenbäume, die keine Früchte lieferten. Lockert man rund um diese Bäume die oberste Erdschicht, düngt sie und beschneidet ihre Zweige, dann bringen sie süße Früchte. Auf diese Erfahrung spielt das Gleichnis an, und der Gärtner des Weinbergs kündigt solche besonderen Bemühungen um den Baum an.

So hatte das Gleichnis Leben für seine Hörer, es stimmte für die Wirklichkeit, und deshalb konnten die Zeitgenossen seinen übertragenen Sinn aufnehmen. Daß übrigens hier nur vom Umhauen des Baumes, nicht vom Verbrennen die Rede ist, hat ebenfalls seinen konkreten Grund. Das Holz dieser Feigenbäume eignet sich nicht zum Verbrennen. Es ist schwammig und überaus leicht.

So füllen sich ferne, blutlos gewordene Geschichten mit Leben, wenn es gelingt, sie in ihre zeitgenössische Welt zu stellen. Warum glauben so viele Prediger, dies sei überflüssig? Warum meinen viele Kirchenleute den geistlichen Sinn aus diesen Geschichten könne der heutige Hörer blutlos aufnehmen, ohne Kontakt zur Wirklichkeit – da doch Christus selbst sich die Mühe macht, den Menschen die geistlichen Wahrheiten in Bilder ihrer Alltagswirklichkeit zu kleiden? Warum macht sich heute fast niemand die Mühe, diese Alltagswirklichkeit mit zu erwecken, damit die Gleichnisse in den Bildern lebendig werden können?

Auch die Geschichte vom Verlorenen Sohn[176] erfährt einige Belebung, wenn wir die Baumfrüchte, die dort vorkommen, in ihre historische Umgebung rücken. Jene ›Treber, die die Säue aßen‹, sind die Schoten des Johannisbrotbaumes – der seinen deutschen Namen daher hat, daß Johannes der Täufer von seinen Früchten gegessen haben soll. Für seine wie für des Verlorenen Sohnes Gestalt ist dies charakteristisch. Johannes, der von wildem Aussehen war und ein rauhes, grobes Gewand trug, ernährte sich entsprechend seiner Armut und Außenseiterposition von jenen Früchten, die den Ärmsten und dem Vieh als Nahrung dienten. Der Verlorene Sohn erreicht diese Stufe als Sauhirt, nachdem sein Erbe verzehrt ist und niemand ihm zu essen gibt. Er teilt die Nahrung des Viehs. Seine Niedrigkeit ist durch Verprassen des ererbten Gutes entstanden und eine Vorstufe zur Buße. Bei Johannes ist die Viehnahrung ein lebendiges Vorbild der Buße, die er predigt – wie seine Gestalt und Lebensweise.

In der Apokalypse des Johannes schließlich, jenem geheimnisvollen Text, der die Menschen des Atomzeitalters zu Paralellen mit ihren Endzeitbefürchtungen verlocken könnte, werden neben der Erde und dem Meer immer wieder die Bäume genannt: die Windengel halten die vier Winde der Erde – eine Szene, die Albrecht Dürer dargestellt hat[177], damit Erde, Meer und Baum geschont werden, solange die Gerechten, die zu Rettenden, schutzlos sind.[178] Diese Geretteten, aus allen Völkern vielsprachig versammelt, tragen dann Palmzweige in den Händen, wie sie beim Einzug Christi in Jerusalem gepflückt wurden.

Die ungeheure Vision gipfelt in der Schilderung des neuen Paradieses, in dem das Wasser des Lebens klar wie Kristall fließt. ›Mitten auf ihrer Gasse auf beiden Seiten des Stroms stand Holz des Lebens, das trug zwölfmal Früchte und brachte seine Früchte alle Monate; und die Blätter des Holzes dienten zu der Gesundheit der Heiden.‹[179]

Der merkwürdige Eingang des Satzes – ›mitten auf ihrer Gasse‹ – erinnert an die Zwei- oder Vierteiligkeit des Lebensstromes, die wir schon in den Genesisberichten finden. Hier handelt es sich um eine Straße, die von Flüssen beiderseits begleitet wird. Denn der verästelte Lebensfluß schon der Paradiesberichte ist nach der Anschauung vom gewölbten Himmel gestaltet: er beschreibt die Milchstraße mit ihren Armen.[180]

Auch Weltbaumvorstellungen sind offenkundig im Anblick des ›Himmelsbaumes‹ der Milchstraße entstanden. ›Das mythologische Kapitel vom Himmelsbaum und Himmelsbäumen ist lang. Ursprünglich bedeutet der ungeheure Himmelsbaum, dessen Wurzeln im Wasser ruhen, ‹der alles bedeckt und Erzeugnisse von allen Früchten hat› (slav. Henoch 8), das Himmelsgewölbe selbst, das auf den unterirdischen Wassern gegründet ist, von dem nach antiker Vorstellung aller befruchtende Same herunterkommt, an dem die Lichtkörper hängen.‹[181]

Der Baum des Lebens ist hier zu einer Vielzahl von Bäumen geworden. Sie kennen nicht mehr den winterlichen Tod, wie auch die Seligen, die hier ewig leben, keine Nacht und keinen Schmerz und Tod mehr kennen. Das Sinnbild für Vergänglichkeit und Hoffnung ist zum Inbild dauernder Erfüllung geworden. Der Baum reicht in den beiden Testamenten mit seiner Gleichniskraft von der ersten bis zur letzten Szene, vom Garten Eden bis zum Ende des Weltgerichts.

Mir ist noch immer, wie mir vorzeiten war,
Als durch den Garten, unter den hangenden,
Fruchtüberladenen Apfelbäumen
Mitten ins Schattengewirr der Vollmond

Aufs Rasenfeld verlorene Zeichen schrieb,
Die sich verschoben, wenn aus dem knorrichten,
Umfinsterten Genist ein Apfel
Fiel und die raschelnden Zweige wankten.

Rudolf Alexander Schröder

9. Kapitel

Der Baum, die Mutter

Schutz und Nahrung, Schatten und Deckung gibt der Baum nicht nur den Vögeln und Nagetieren, den Larven und Käfern, dem Wild auf den Feldern; auch der Mensch sucht seine schützende Nähe, birgt sich unter oder in seinen Zweigen, genießt seinen kühlenden Schatten, bewundert seine alljährliche neue Lebenskraft, wenn die Knospen aufbrechen, der Blüte die Frucht folgt. Der Baum durchläuft die Stadien alles Lebendigen, die dem Menschen nur einmal im Laufe seines Lebens geschenkt werden, jedes Jahr von neuem: Geburt, Lebensblüte, Fruchtbarkeit und Tod. Jeden Frühling richtet er sich neu aus der Totenstarre auf und wird jung; unaufhörlich führt er das große Spiel von Geburt und Aufstieg zur Lebensfülle vor, das für Menschen unwiderruflich einmal auf die Höhe und dann stetig bergab führt.

Als das Mütterliche, das immer neu das Leben selbst aufblühen läßt, um anderes, flüchtigeres Leben in seiner Macht zu bergen, haben deshalb die Mythen und Märchen fast aller uns bekannten Kulturen den Baum verehrt. Nur selten wird er gerühmt ohne die Kraft des Wassers, das sich als Quelle an seinem Fuße oder als die im Erdinnern den Baum nährende Kraft findet. Auch deshalb bedeutet der aufragende Baum im trockenen Wüsten- oder Steppenland die lebenspendende Macht, weil er das Signal zum dürstenden Wanderer hinüberruft: hier ist Wasser, sonst könnte der Baum nicht überleben. Der Baum ist also auch Bote anderer Lebensspender.

Erde und Wasser, jene beiden den Baum nährenden Mächte, die man erkannte, werden von den naturverbunden lebenden alten Kulturen als mütterliche Elemente verstanden. Der Luftraum hingegen, in den der Baum aufragt, ist männlich wie das Feuer, das den Baum verzehrt. Bäume sind damit dem Weiblichen enger verbunden als dem Männlichen: Erde und Wasser nähren sie; aber sie ragen hinauf ins Männliche und entfalten dort ihre Krone, ihre Blüten und lassen ihre Früchte in der männlichen Luft reifen.

Die Frucht selbst wird in den Sagen und Mythen überwiegend als männlich verstanden, dem Mutterbaum zwar nahe verbunden, aber endgültig von ihm geschieden. Das Feuer als männliche Macht hat die verzehrende Gewalt über den mütterlichen Baum. Auch der Feuerball der Sonne aber wird nach der Vorstellung einiger Völker wie eine leuchtende Frucht allmorgendlich im Wipfel des Baumes geboren. Der Sonne gehört die männliche, dem Mond die weibliche Seite des Baumes; Mondzyklen sind weiblicher Rhythmus. Noch zahlreiche mittelalterliche Darstellungen von Lebens- oder Weltbäumen zeigen Sonne und Mond den verschiedenen Seiten des Baumes zugeordnet. Schon die Antike ließ beide Aspekte des Baumes als einzelne Bäume auftreten: Sonnenbaum, Mondbaum. Von Alexander dem Großen erzählt ein griechisches Märchen, daß er in Indien auf ein Heiligtum stieß, das von Bäumen umgeben war. Sie reichten bis fast an den Himmel, und der männliche von ihnen hieß Sonne, der weibliche Mond.[182]

Mütterliches und weibliche Existenz mag auch in der rhythmisch wechselnden Abfolge von Ruhe und Fruchtbarkeit, im Gleichmaß der Preisgabe des Baumes an diese Intervalle gefunden worden sein. Erst unsere Zeit, die der Auslieferung an natürliche Rhythmen den Kampf angesagt hat, würde auf das Baumgleichnis für das weibliche Leben nicht mehr zurückgreifen wollen.

Daß die Hölzer der Bäume zu Wiegen und Lagerstätten, zu Häusern und Möbeln, zu Näpfen und Kübeln für die Nahrung verwendet wurden, spielt für diese Vorstellung von der mütterlich bergenden und hegenden Macht des Baumes gewiß seine Rolle. Das schützende Haus, die abwehrbereite Lanze und der Wurfspeer zur Jagd, der Mastbaum des Schiffes, die Wärme des Feuers und der schwimmende Kahn, der Sarg für die Toten, alles war vom Baume genommen. Der Baum hatte lebenumspannende Macht, er konnte als die Mutter alles Lebendigen erscheinen.

Die Früchte des Baumes werden oft als die Söhne dieser mütterlichen Macht verstanden; Vegetationsgötter können daher einem Baum zugeordnet sein. Der altägyptische Horus, die griechischen Götter Attis und Adonis haben diese Herkunft.

Vom altmesopotamischen Vegetationsgott Tammuz heißt es, die göttliche Mutter habe ihn bei der glänzenden Zeder in Eanna, dem Tempelbezirk von Uruk, geboren. Leto, Geliebte des Zeus, brachte, an eine Palme gelehnt, die Zwillinge Artemis und Apollon zur Welt. Viele mittelalterliche Bilder zeigen die Erschaffung der Eva unter dem Lebensbaum. Nordamerikanische Indianerfrauen suchten zur Entbindung den Fuß eines Baumes auf; auch aus Hinterindien kennen wir diese Sitte. In Skandinavien suchte die werdende Mutter die Nähe eines Baumes, umfaßte ihn und nahm so teil an den mütterlichen Kräften der Natur.

Es verwundert daher nicht, daß wir in vielen frühen Kulturen die Vorstellung finden, erstes menschliches Leben sei überhaupt aus dem Baum entstanden. Die altnordischen Heldenlieder der Edda berichten, daß die ersten Menschen aus Esche und Ulme, *askr* und *embla* geboren seien.

Das Alte Testament berichtet von der Bestattung Verstorbener unter Bäumen: Debora, die Prophetin und Amme der Rebekka, wurde unter einer Eiche begraben; die Gebeine Sauls und seiner Söhne unter der Terebinthe.[183] Die Mitwirkung alter Baumheiligtümer aus heidnischer Zeit ist hier unverkennbar; die Umwertung der heidnischen Kultstätte durch das Begräbnis eines Heiligen Jahwes konnte so auch eine Demonstration für den alleinigen Gott des auserwählten Volkes sein.[184]

Nicht nur Einzelgestalten, denen göttliche Natur zugesprochen wird, stammen von Bäumen ab; auch Volksstämme können ihre Herkunft von Bäumen ableiten, die dann den Charakter eines Totems haben. Auf der melanesischen Insel San Christoval galten einige Kokospalmen als Totembäume; ›Blut der Urahnin‹ wurde ihre Milch noch zu Anfang unseres Jahrhunderts von den Eingeborenen genannt.[185] Der Stamm der ostafrikanischen Sandawe wußte von seinem Ahnherrn Matunda zu erzählen, daß er aus dem Brotfruchtbaum herabgestiegen sei und aus diesem Baum die ersten Menschen und Tiere erschaffen habe. Die Herero glauben, ein Lebensbaum sei aus der Unterwelt gekommen und ihre Voreltern seien Kinder dieses Baumes, ein Mann und eine Frau, die erste Rinderherden auf die Oberwelt mitbrachten.

Die sibirischen Jakuten erzählen von einer Baumgeburt des ersten aller Menschen: aus einem Baum mit acht Ästen ging das erste Kind hervor; genährt wurde es von einer Baumfrau, die zur Hälfte Baum, zur Hälfte Menschenfrau war. Magische Verbundenheit mit dem Baum drückt auch das Neugeburtsgebet der Pygmäen von Äquatorialafrika aus, mit dem der Häuptling den kleinen Knaben zu den Göttern emporhebt:

›Dir dem Schöpfer, dir dem Mächtigen,
Opfere ich diese neue Pflanze,
Die neue Frucht des alten Baumes.‹ [186]

Die mütterliche Natur des Baumes umgreift für viele Frühkulturen auch die Vorstellung von Anfang, Ursprung, Heimat, verlorenem Paradies. Die alttestamentliche Urheimat des ersten Menschenpaares bindet dessen Schicksal ja auch sogleich an die Bäume in diesem Gottesland. Der Baum des Lebens ist unter diesen, jener Baum, an den sich später die Verheißung knüpft, der von den Predigern in Maria wiedererkannt wird, die dann ihrerseits Christus als die Frucht des Heils trägt.[187]

Ist das Feuer männlich, das baumgeboren in der Sonne zum Himmel steigt, so wird seine Entstehung doch wieder weiblich begriffen: das Reibholz zum Feuerzünden ist weiblich, weil es vom mütterlichen Baum genommen ist und Leben, Wärme und Licht bringt. So verstehen es die Inder, deren Feuergott Agni folgerichtig ein baumgeborener Gott ist: aus dem Sami-Baum, der Akazie, *acacia suma* geboren. Auch der altindische Sonnengott Mithras ist aus dem Baum geboren. Der Psychoanalytiker C. G. Jung zählt in der Psychologie des Unbewußten den Baum zu den Mutter- und Wiedergeburtssymbolen – eine Auffassung, die in zahlreichen Mythen ihre Bestätigung findet.[188]

In Ägypten war die Verehrung der Großen Mutter mit dem Baum eng verbunden: nicht nur Horus und Upuat, ein Sonnengott[189], sind aus Akazie und Tamariske geboren; auch der Umgang der Menschen mit dem Holz des mütterlichen Baumes geschieht im Schatten des Kultes. Die Wiege für das Geborene, das Bett zur heiligen Hochzeit und der Sarg für den Toten stammen vom mütterlichen Holz des Baumes. Im gehöhlten Baumsarg empfing die weibliche Göttin den Toten mit ausgebreiteten Armen – Gottheit und Baum verbinden sich so zum weiblichen Prinzip des Umarmenden und Bergenden. Das spätere Ritual der ägyptischen Choiakfeste enthält eine Zeremonie, bei der die Leiche des Fruchtbarkeitsgottes Osiris in einer Höhle unter dem Ischedbaum auf Sykomorenzweigen bestattet wird. Diese Zweige bedeuten die Göttin Nut. Das Grab des Osiris zu Philae trägt die Inschrift: ›Seine Mutter ist Nut, die Sykomore. Sie soll ihn beschirmen und seine Seele in ihren Zweigen verjüngen.‹[190]

Die Göttin Nut verbindet Himmel und Baum; sie ist Himmelsgöttin und geht in den Baum über; der Baum gewinnt kosmologische Dimensionen durch die Gottheit. Sie umhüllt auch die Toten im Sarg wie in der Grabkammer, versorgt die Verstorbenen mit Speise und Trank. Das Umhüllende solcher Baumgötter umschließt also Leben und Tod; auch die Geborgenheit auf der Reise in eine jenseitige Welt wird von weiblichen Baumgottheiten gewährt. Der Kreislauf von Leben und Tod schließt sich mit dieser Vorstellung, daß der Tote in den Mutterschoß zurückkehrt.

Die Idee der Wiedergeburt läßt sich aus solchen Bräuchen verstehen, in denen der Tote zu jenen Götterbäumen gebracht wird, aus denen nach dem Mythos die Götter selbst geboren wurden. Die alten Ägypter scheinen diesen Kreis beschreiben zu wollen, wenn sie die Toten von Kindern, die dem Mutterschoß am nächsten sind, zu den mütterlichen Bäumen bringen lassen.

Hathor, die kuhköpfige Himmelsgöttin in einem der ältesten Kulte des Nillandes, ist zugleich Herrin der Sykomore. Sie speist die Verstorbenen; Grabmalereien zeigen sie in Palmen oder Sykomoren, aus denen sie Brot und Getränke an die Jenseitsreisenden austeilt. Zuweilen ist es auch der Seelenvogel der Toten, der diese Nahrung entgegennimmt. Hier und da findet sich auch die Göttin Isis, neben namenlosen Baumgöttinnen, als Säugerin der Abgeschiedenen. Die Frauen sind es also, die bis ins Jenseits für das leibliche Wohl der Menschen sorgen; göttliche Frauengestalten sind die einzigen Abbilder des Menschlichen, die nach dem Tode das Weiterleben der Seelen sichern.

Das mütterliche Verhältnis des Baumes zum Menschen rührt natürlicherweise auch vom Erlebnis der eßbaren Früchte her: wie eine Mutter ihrem Kinde, so gibt der Baum den Menschen von seinen Früchten zu essen. Die Ehrfurcht vor dieser Gabe muß stark sein, wenn die Abhängigkeit der Menschen von der Baumnahrung eng ist. So glauben die ostafrikanischen Wanika in jeder Kokospalme einen besonderen Geist. Wer eine Kokospalme vernichtet, ist ein Muttermörder.

Die Jakuten erzählen einander eine Heldensage, die den Mutterbaum als Lebensbaum zeigt – mit Zügen des Paradiesbaumes, weil er den Jahreszeiten nicht unterworfen ist. In Urzeiten, so beginnt diese Sage, lebte am stillsten Ort der Erde, am Erdnabel, ein Jüngling. Auf einem Hügel im Osten stand ein riesengroßer Baum, dessen Rinde immer frisch und saftig war und dessen Blätter niemals verwelkten. Der Jüngling fühlte sich einsam; daher näherte er sich dem paradiesischen Baum und redete ihn an: ›Verehrte hohe Herrin, Göttin meines Baumes und meines Wohnortes … ich will mich auf die Wanderschaft begeben und mir ein Weib meinesgleichen suchen … Verweigere mir nicht deinen Segen.‹ Die Blätter des Baumes säuselten mit einem Male, und aus seinen Wurzeln stieg die Halbfigur einer Frau hervor, die dem jungen Manne Milch aus ihrer Brust anbot. Er trank und fühlte seine Kraft verhundertfacht.[191]

In der polydämonistischen Zeit der frühen Griechen ist die Natur in den Vorstellungen ihrer menschlichen Bewohner von weiblichen Baum- und Waldnymphen erfüllt. Sie wohnen in Bergen, Grotten, Quellen und Bäumen, bevölkern die Flüsse und das Meer. Einzelne Gottheiten heben sich deutlicher ab; so die Jagdgöttin Artemis, die aus der Schar der Wald- und Bergnymphen hervorgeht. Sie beherrscht die wilden Tiere, tanzt und singt mit den anderen Nymphen, nährt die Jungtiere und hat zugleich Macht über Menschen. Sie steht Wöchnerinnen bei, beschützt Heranwachsende. Ihre Pfeile jedoch können jähen Tod bedeuten. Tod und Leben dicht beisammen als die Merkmale des Weiblichen: auch in Artemis sind sie den Bäumen zugeordnet.

Der phrygische Frühlingsgott Attis wurde aus dem Mandelbaum geboren, so erzählt der griechische Mythos. Eine Variante dieser mythischen Erzählung gibt ihm die Tochter eines Flußgottes zur Mutter. Die Frucht des Mandelbaumes habe sie geschwängert, so erzählt diese Fassung. Schon die minoische und mykenische Kultur liefert uns Zeugnisse für den Zusammenhang zwischen Baum und Frau. Ein goldener Siegelring aus Mykene zeigt eine Göttin, vor einem Baum sitzend, der sich drei Frauen mit Lilien in den Händen nähern. Die Kultbilder der Artemis scheinen in ältester Zeit in Bäumen gehangen zu haben. Die vielbrüstige Artemis von Ephesos trägt nach der Meinung einiger Forscher Eier und Trauben, Nüsse und Eicheln an ihrem Körper, die sie Menschen und Tieren zur Nahrung anbietet. Daß sie den Wöchnerinnen hilft, mag sich aus der mythischen Erzählung herleiten, die sie als Geburtshelferin bei ihrem Bruder Apollon sieht, der einen Tag nach ihr geboren wird: Götter verfügen anders über Raum und Zeit als die Menschen.

Die altrömische Göttin Juno wird dem Feigenbaum zugeordnet; er ist ihr heiliger Baum. Romulus und Remus, die Gründer Roms, werden von der Wölfin gesäugt unter einem Feigenbaum. Feigenbäume spielen auch in den beiden Testamenten eine unübersehbare Rolle; Gleichnisse vom verfehlten oder vorbildlichen Leben bedienen sich des Bildes vom fruchtbaren oder dürren Feigenbaum.[192] Als ›weiblicher Baum‹ in der nordeuropäischen Literatur fällt die Linde ins Auge. Wenn in Walthers von der Vogelweide berühmtem Gedicht das Blumenbett des Ritters, das er mit dem bäuerlichen Mädchen teilt, ›Under der linden, an der heide‹ gewählt wird, so scheint es nicht abwegig, an die Zuordnung der Linde zur Frau zu erinnern. Die beiden Liebenden begeben sich bei ihrer Begegnung in der freien Natur, wo kein Dach und keine Wand sie schützt, in den Schutzbezirk des ›weiblichen‹ Baumes.

Das Rettende der Baumgestalt zeigt sich auch in vielen Wandlungsgeschichten, die davon berichten, daß im Baumleben ein Mensch Zuflucht und Schutz vor Verfolgern, Trennung oder Schmerz findet. Die Tochter des Königs Kinyras wird nach der Blutschande ihres Vaters mit ihr in den Myrrhebaum verwandelt. Der Baum zerbirst in zwei Teile und bringt den Adonis hervor, einen schönen Jüngling, der seine Vorgeschichte als altorientalischer Vegetationsgott auch im griechischen Mythos nicht verleugnen kann: Auf der Jagd von einem Eber zerrissen, wird er von Aphrodite, die ihn liebt, für jeden Sommer aus der Unterwelt befreit.

Philemon und Baucis, die auch im hohen Alter unzertrennlichen Liebenden, werden in Eiche und Linde verwandelt statt im Tode einander entrissen zu werden. Die Götter Zeus und Hermes belohnen sie damit für ihre Gastfreundschaft. Die berühmte mythische Erzählung von Daphne, die auf der Flucht vor dem liebestrunkenen Apoll in die Gestalt eines Lorbeerbaumes gerettet wird, hat die Maler verschiedener Jahrhunderte inspiriert. Der Lorbeer galt seit diesem Ereignis, so sagt der Mythos, als heiliger Baum des Apollon.

Von dem Knaben Kyparissos erzählt der griechische Mythos, daß er einen Hirsch zum Spielgefährten hatte. Eines Tages, als Kyparissos im Walde jagt, tötet er versehentlich seinen Hirsch, weil dieser im Schatten liegt und Kyparissos ihn mit anderem Wild verwechselt. Kyparissos ist von nun an für keinen Trost zugänglich. Apollon erlöst ihn, indem er ihn in den trauernden Baum, die Zypresse, verwandelt.

Die Märchen verwandeln den weiblichen Baum in oft rätselhafte Bilder. Da wird die baumgeborene Sonne zum Mädchen mit goldenem Haar, wie in dem türkischen Märchen ›Die drei Söhne des Padischah‹. Der jüngste dieser drei Söhne steigt auf eine hohe Pappel und holt einen goldenen Mädchenzopf herunter. Ähnliches berichtet eine deutsche Sage vom Knaben, der eine hohe Ulme erklettert, die bis an den Himmel reicht. Er will ein Nest erreichen, das oben im Ulmenwipfel hängt. Als er das Nest erreicht hat, steigt ein Mädchen mit leuchtendem Haar heraus, das er erkennt als die Sonnenjungfrau. In der Märchensammlung der Brüder Grimm steht die Geschichte von Rapunzel, dem Mädchen auf dem Turm, das seine langen goldenen Flechten herunterläßt, um die Zauberin und später den Freier heraufzulassen. Der Turm ist nichts anderes als der Baumstamm älterer Geschichten.[193]

Das Mädchen am Baum und sein Umgang mit den Himmelslichtern Sonne und Mond prägt viele Sagenerzählungen aus verschiedenen Teilen der Welt. Ein mikronesischer Mythos handelt von dem jungen Mädchen, das in längst vergangener Zeit, als die Geisterwelt noch in die Menschenwelt hineinreichte, mit seiner Großmutter an einem hohen Baume lebte. Die Alte hätte gern einen Gott für ihre Enkelin zum Manne gewählt. Um ihn zu finden, sollte das Mädchen den zum Himmel hinaufragenden Baum erklettern. Im Wipfel oben trifft nun das Mädchen auf ein blindes altes Weiblein, die Mutter von Sonne und Mond. Es kann wählen – und wählt, getreu der Zuordnung von Mond und Frau, den sanften Mond zum Gefährten, mit dem es seither oben durch die Lüfte segelt. Die alte blinde Frau ist der Geist des Baumes; Sonne und Mond sind des Baumes Früchte, wie wir es in vielen anderen mythischen Erzählungen hören.

Die Märchensammlung der Brüder Grimm bietet viele weiblich-mütterliche Bäume. Aschenputtels Mutter, auf deren Grab der Haselzweig zu einem Wunderbaum heranwächst, schützt und beschenkt ihre Tochter in dieser Baumgestalt über den eigenen Tod hinaus.

Das Märchen von Frau Holle weist zurück auf den Volksglauben des fünfzehnten und sechzehnten Jahrhunderts, der bestimmten Bäumen wahrsagende, überirdische Frauengestalten zuordnet. Diese ›witten wîwer‹, die weisen Frauen, hießen in Niederdeutschland ›Hollen‹. Die Frau Holle des Märchens ist ein solcher weiblicher Schutzgeist; die Begegnung der Schwestern mit ihr wird über den Baum vermittelt, einen Baum, der in einer überirdischen Wirklichkeit auftaucht, nachdem die Mädchen in den Brunnen gefallen sind.

Im unheimlichen Märchen vom ›Machandelboom‹, das niederdeutsch erzählt wird, stirbt die Mutter bei der Geburt eines Sohnes. Sie wird begraben – auf eigenen Wunsch unter jenem Baum, an dem später ihr Sohn wiedergeboren wird: ganz offenkundig durch die mütterliche Kraft.[194]

Das Mütterliche im fruchtbringenden Baum, das Weibliche in seiner schutzspendenden Krone, in seiner verläßlichen Wiederholung des Jahreszeitenrhythmus: es scheint uns auch heute noch gleichnishaft zu begegnen, wiewohl wir auf solche Sinnbilder immer weniger vorbereitet sind.

Die fruchtbehangenen Pflaumen- und Apfelbäume an den Spazierwegen der modernen Stadtbürger, jene Obstbäume, von denen zwei oder drei Wochen nach der üppigen Reifung die faltigen Früchte abfallen, von Autos zu Brei zerfahren, von Füßen zertreten, von Vögeln als Köstlichkeit zerpickt, diese Fruchtbäume scheinen wie das Weibliche selbst aus dem Schutzraum der menschlichen Ehrfurcht gerückt in ein Niemandsland der phrasenhaften Kommentare, mit denen wir auf Mißstände reagieren, die immer nur andere verschulden.

Wie der Baum mißachtet wird in seinem Regelmaß von Knospe, Blüte und Frucht, das er weiterverfolgt ohne ein Echo, Sinnbild ohne Sinn geworden, so ist das Weibliche selbst in Mißkredit geraten, seine Fruchtbarkeit eine entwürdigende Last, wie viele meinen. Und wagt man es, das Sinnbild der mißachteten Fruchtbarkeit unserer Bäume auszuschöpfen, so begreift man die Parallele, die das Schwinden der Ehrfurcht hier wie dort verbindet: wo unsere Ehrfurcht der Natur entzogen wurde, da haben wir sie auch dem Menschen entzogen, der Naturgesetzen unterworfen ist. Das menschliche Kind ist seit Jahrzehnten ein Objekt von Rationalisierungsmaßnahmen und Vermeidungstechniken. Das Mütterliche darf niemand mehr zitieren, der nicht ein Zyniker genannt werden will. Die Einbettung in biologische Rhythmen, die das Leben der Frau bestimmen, steht zur Überwindung an; für diesen wissenschaftlichen Eifer gibt es viele Gründe, denn Frauenleben ist ein naturunterworfenes Leben.

Als die große Spenderin von Leben, als die Hüterin und Schutzgewährende ist die Frau weitgehend außer Kurs geraten. Wir staunen nicht mehr über Fruchtbarkeit, über Lebensvermittlung durch mütterliche Wärme. Das Staunen hat uns daher auch angesichts der fruchtbaren Natur verlassen.

Der Kreislauf des Jahres in seinen schönsten Sinnbildern, den Bäumen, bedeutet heute für unzählige fruchtbare Bäume ein herbstliches Ende mit verkommender, verfaulender Frucht, die niemand pflückt, niemand in der Hand dreht, um sie zu bestaunen, niemand in Körben sammelt, niemand schmeckt.

Unser materieller Reichtum ist für den Verlust dieser Ehrfurcht keine Entschuldigung. Die Differenzierung unseres zivilisierten Lebens und Reflektierens hat uns zwar abgerückt von der lebenspendenden Natur – so weit, daß viele nicht mehr glauben möchten, wir hätten überhaupt mit ihr Gemeinsames. Auch von der Angst vor ihren Wildwüchsen und Ausbrüchen haben wir uns gelöst, gewiß, und auch den Kampf gegen die Natur in uns haben wir erlernt, so perfekt, daß wir von ihr in uns kaum noch etwas wissen. Wir beschäftigen eine Kaste von modernen Magiern und Seelendeutern, die uns erklären, was Natur in uns von uns will und mit uns tut, ohne daß wir sie noch in ihrem Wirken erkennen oder begreifen oder steuern könnten.

Unser Reichtum macht die reifen Pflaumen an den Feldern der Vorstädte überflüssig, läßt uns geringschätzig lächeln über die Bauernäpfel in den Baumhöfen der ländlichen Bezirke, da wir uns doch einen feinen Gaumen erzogen haben, der nur ausländische Äpfel mag, exotische, weitgereiste.

An die Stelle des nackten Bedarfs hätte der Respekt vor der Fülle treten müssen, die uns die unbeirrbaren Jahresrhythmen immer noch und immer wieder präsentieren, als wären wir noch Hungrige und Landarbeiter, Sammler von Wintervorrat und Verehrer von Fruchtbarkeit. Wir sind es nicht mehr, vor allem aber das letzte, die Verehrung der fruchtbaren Natur um ihrer Lebensbilder willen, die sie uns zeigt, hätte nicht preisgegeben werden dürfen, wenn wir wollten, was angeblich heute jeder leidenschaftlich wünscht: Den Frieden mit der Natur, das heißt mit ihren undomestizierten Resten, die uns nicht feindlich sind, sondern uns nur noch Zeichen zusenden wollen, Zeichen von den Regeln des Lebendigen, die uns lehren könnten, was der Mensch ist und wo seine Grenzen sind, daß er mit Werden und Vergehen seinen Frieden machen muß, wenn er mit seinesgleichen Frieden üben will, und daß in den Grenzen seiner Macht, die ihm die Sinnbilder der Natur in ihrem Lebensrhythmus zeigen, seine Würde liegt. Fast könnte man also glauben, wir hätten die Baumkatastrophe, die wir verdienen.

Unterdes nimmt die Weisheit des Tages die Gestalt
eines schönen Baumes an,
und der Baum, sich wiegend,
der eine Prise Vögel verliert,
schuppt in den Lagunen des Himmels ein Grün ab, so schön –

Saint-John Perse

10. Kapitel

Maria, der Baum

Im Bayerischen Nationalmuseum zu München kann man die Statue einer Hausmadonna betrachten, die um 1330 entstanden ist: ›Maria mit dem Rosenbaum‹ wird sie genannt. Die gekrönte Madonna trägt ihren kindlichen Sohn auf dem einen Arm, mit dem andern berührt sie die Blüten eines kräftig gewachsenen Rosenbaumes, der in sanfter Biegung, sorgsam beschnitten und nun an den oberen Ästen üppig blühend, zu ihr und dem Kinde emporragt. Die Blüten umgeben den Körper des jugendlichen Christus; sie sind groß entfaltet. Die Jungfrau im Rosengarten, wie man sie im Mittelalter oft dargestellt hat, ist nicht nur ein idyllischer Einfall des Malers; die Rosenblüte ist das Sinnbild der göttlichen Liebe, die den Retter aussendet, und Sinnbild der Wundmale, die das Leiden des göttlichen Mittlers bezeichnen.

Zugleich weist der blühende Rosenbaum auf das Reis, das schon in den Weissagungen des Alten Testaments die Abstammung des Messias über viele Generationen voraussagt: ›... und ein Zweig aus seiner Wurzel wird Frucht bringen ... Und Wohlgeruch wird ihm sein die Furcht des Herrn.‹ [195]

Nun, da Maria den göttlichen Knaben auf ihrem Arm hält, ist das Reis aufgegangen, es ist zu voller Blüte entfaltet und wird Frucht bringen. In der Plastik aus dem Anfang des 14. Jahrhunderts, die in München steht, erscheint das Christuskind als Verkörperung der Blütenfülle, zu der die Heilsgeschichte für alle Menschen führen soll. Als die Statue geschaffen wurde, bedurfte es keiner Erklärung für diese Bildersprache. Jedermann war es gewohnt, in Bildern und Zeichen zu denken und zu schauen.

Maria erscheint aber nicht nur am Baum des Lebens und der

Heilshoffnung, sie wird selbst zum Lebensbaum, ja zum Baum der Welt. Als *arbor bona*, guter Baum erscheint sie in der Symbolgeschichte. Die Namen vieler Wallfahrtsorte machen uns aufmerksam, daß Marienverehrung häufig in der Nähe von Bäumen stattfand: Mariabuchen, Marialinden, Maria Tann, Marienbäume.

Vorchristliche Baumheiligtümer wurden mit dem Namen der christlichen Gottesmutter verbunden und so dem Bedürfnis nach Verehrung überlieferter Kultorte erhalten: wenn das alte Baumheiligtum zum Marienheiligtum wurde, geschah das, was bei der Überführung unzähliger vorchristlicher Glaubensformen und Kultstätten geschehen ist: Der Ort älterer Verehrung, an den sich Anhänglichkeit und Tradition heftete, wurde ›getauft‹ durch die neue Sinnzuweisung. Die Verehrung, die dem Baumort galt, mag bei den Lebenden und auch bei ihren Kindern, die in den Baumkult eingewöhnt waren, noch lange Züge einer zwiefachen und unentschiedenen Verehrung für die ›alten‹ Baumgeister und für die Jungfrau Maria gehabt haben. Wie dauerhaft die Koexistenz der Kulte von Naturgöttern und christlicher Gottesverehrung in den bodenständigen Bevölkerungsteilen sein kann, das beweisen bis heute die Reste des Baumkultes im christlichen Brauch des Weihnachtsbaumes, der Mai- und Kirmesbäume, der Dorflinden. Führen nun Wallfahrtsorte Namen wie ›Maria-Linden‹, ›Maria-Grün‹ oder ›Maria-Buch‹, so sind solche alten Baumheiligtümer ihre Ursprungsorte.

Altgermanisch-keltische Baumverehrung steht bei einigen Wallfahrtsorten als weit entfernte Quelle hinter dem Marienheiligtum. ›Maria Linden‹ bei Otterweier in Baden deutet auf eine solche Herkunft der Verehrungsstätte. In einer Nische eines Lindenbaumes, so erzählt die Legende, habe ein Bild der Muttergottes gestanden. Als die Kirche durch kriegerische Plünderer zerstört wurde, sei die Rinde des Lindenbaumes über das Bild gewachsen, um es allen Blikken zu entziehen. In der dann folgenden Friedensperiode hörte ein Hirtenmädchen, so die Legende weiter, beim Hüten seiner Herden in der Nähe des Baumes am Abend einen lieblichen Gesang, der offenkundig aus dem Baume kam. Es erzählte davon zu Hause, und sein Vater zog aus, um dem Teufelswerk ein Ende zu machen. Als er die Axt an die Linde legte, gab diese das Marienbild frei, das dem Manne entgegenlächelte und ihn von seinem Plan abhielt.

Im Süden Deutschlands treffen wir an verschiedenen Orten auf Kirchen, die um einen Baum herum erbaut sind – nicht aus Ehrfurcht vor dem Baum als einem Stück Natur, wie der Zeitgenosse des Waldsterbens meinen möchte, sondern weil diese Bäume Marienbilder trugen. Der Baum wird geheiligt als ein Anwesenheitsort der Jungfrau. Von der Vernichtung solcher Bäume werden entsprechend dieser Ehrfurcht Geschichten erzählt, die das Marienbild blutend sehen, weil der Baum gefällt wurde, an dem es hing. Der Baum als Sitz des Göttlichen ist also in den christlichen Marienkult aus den Vegetationskulten der frühen Kulturen übernommen worden.

Die beherrschende Rolle der Baumgleichnisse im Alten und Neuen Testament zeigt darüber hinaus, daß die Vitalität des Lebensbildes, wie der Baum es vorführt, trotz aller alttestamentlichen Drohungen gegen die Anhänger der Baumkulte in die Zentren der Heilsbotschaft übernommen wird – gewiß nicht nur, weil man seine Vitalität nicht brechen konnte und sich zur ›Taufe‹ des heidnischen Symbols genötigt sah, sondern weil die Sinnfälligkeit dieses Naturgleichnisses für alles Lebendige nicht zu überbieten war.

Das Weibliche und Mütterliche als Qualität des Baumes spielt seine Rolle für die Mariensymbolik. Die vegetative Symbolik älterer Kulturstufen ordnet Merkmale des Weiblichen und Mütterlichen besonders häufig den Bäumen zu. Jost Trier, Sprachwissenschaftler und Etymologe, hat wiederholt darauf hingewiesen, daß der Begriff für ›Mutter‹ in den indogermanischen Sprachen deutlich auf den biologischen Bereich weist, während ›Vater‹ ein Begriff der Rechtsordnung ist. Im Lateinischen meint ›mater‹ einerseits die Menschenmutter, andererseits aber auch den Baumstumpf, den Wurzelstock. ›Mater‹ ist für die Römer auch ›terra‹, die Erde zu der man gehört, das Mutterland. Die ›matrix‹, zu übersetzen mit Stamm, Gebärmutter, Mutterleib, hat auf der Gegenseite, beim Wort ›pater‹, keine Entsprechung.

Maria als Baum, der das rettende Kind als Schößling, als Reis oder als Frucht hervorbringt, das Leiden als Blüte und Triumph über den Tod: die Vorstellungen vermischen sich mit jenen der *arbor bona*, die auch die Kirche im ganzen meinen kann.[196] Immer wieder finden wir aber in den Predigtschriften des Mittelalters Maria mit verschiedenen Baumarten verglichen, denen besondere Ehrfurcht galt, weil sie schon als Baumsorten mit sinnbildlicher Kraft geladen waren. Konrad von Megenberg vergleicht in seinem um 1350 entstandenen ›Buch der Natur‹ Maria mit der Zeder, dem Ölbaum, der Zypresse.

Die östliche Kirche verehrt in Maria die ›Blume‹ und den ›Lebensbaum‹. ›Taufe‹ älterer Kultvorstellungen scheint auch vollzogen, wenn im Volksglauben der Äthiopier in jeder Sykomore eine Jungfrau Maria wohnt; der altäyptische Kult der Himmels- und Totengöttin Hathor findet so eine schmerzlose Überführung in die christliche Welt. Begegnungen mit dem Göttlichen, insbesondere mit dem Christusknaben unter Bäumen werden bis ins zwanzigste Jahrhundert immer wieder beschrieben. Auch in ihnen finden wir Nachklänge der Identifikation des Baumes mit Maria.

Der Kirchenlehrer Johannes Damascenus geht in der allegorischen Erklärungslust noch etwas weiter: Er nennt Maria die Paradieseserde, die den wahren Lebensbaum, jenen also, der den Sündenfall im Garten des ersten Lebensbaums auslöscht, hervorgebracht habe. Dieser neue Lebensbaum aus der Erde Maria ist Christus. Die Beweglichkeit der Bildersprache ließ beides nebeneinander zu: Maria als der Baum des Lebens, an dem Christus als Frucht reift durch Gottes Geist, und Christus als den Baum, der in Maria, dem neuen Erdreich eines künftigen Paradieses, wurzelt. Diese Vorstellung hat viele Varianten. Eine ist uns heute noch aus dem alten Volkslied bekannt, das gedankenlos oder mit Befremden ob seines sonderbaren Textes zur Weihnachtszeit nur noch selten gesungen wird. Das Lied berichtet vom Traum Marias, der ihr zeigt, wie ein Baum unter ihrem Herzen gewachsen sei. Dieser Baum ist Christus, und das alte Mariengebet, das aus dem geistlichen Lied hervorging, läßt diesen Baum zu einem Weltbaum werden, der alle Länder mit seinem Schatten überspannt.

Maria kann auch als der frische Trieb am alten, verdorrten Baum des Davidsgeschlechtes gedeutet werden: so geschieht es in einem kleinen Sinnbild, das in den Sammlungen des 16. und 17. Jahrhunderts auftaucht. Es zeigt einen dürren Baumstamm mit einem frischen Trieb, und die Kommentatoren jener sinnbilderfreudigen Jahrhunderte schmücken den lateinischen Text in Versen aus:

›Das gschlecht David zeigt der Stock an /
Der bey nah war verdorret schon.
Ein Zweiglein schön / lieblich vnd gut /
Auß diesem Stock herfür sich thut /
Mariam diß Zweiglein bedeut /
Die CHRistum hat geboren heut.‹[197]

Die Verbindung des Lebensbaumes mit Maria ist charakteristisch für viele Verkündigungsdarstellungen aus den ersten christlichen Jahrhunderten. Maria als die neue Eva, die der verbotenen Frucht der ersten Eva nun die lebensrettende Frucht ihres Leibes entgegensetzt: ein zwingender Zusammenhang für jeden, der es wie die frühen Christen gewohnt war, in den Auslegungskategorien einer hochkultivierten theologischen Tradition zu denken, die von den neutestamentlichen Autoren selbst vorgezeichnet worden war. Ein Elfenbeintäfelchen aus dem letzten Viertel des zehnten Jahrhunderts zeigt zwischen Maria und dem diademgeschmückten Verkündigungsengel einen mächtigen, das Relief beherrschenden Baum.[198] Drei dreiblättrige Zweige verteilen sich: je einer neigt sich über das Haupt des Engels und jenes der Maria; ein dritter ist dreifach gefächert nach oben. Die Dreifaltigkeit des Gottes aus Geist, Vater und Sohn ist so hineinkomponiert in den Baum des Lebens und der Versuchung – und in jene Szene zugleich, die viele Jahrhunderte nach dem Paradiesesverlust das Paradies zurückbringen wird.

Ein dramatisch hingetuschtes Fresko in Castelseprio (Italien) zeigt zwischen Maria und dem Engel ebenfalls einen Baum, der markiert wird dadurch, daß die Verkündigungsgeste des Engels auf ihn weist.[199]

Die Gestalt der Maria erreicht eine Bedeutungsbreite im Felde der Baumgleichnisse, wie sie keiner anderen Figur der Heilsgeschichte eröffnet wurde. Finden wir die Jungfrau einerseits im Paradiesgarten sitzend, wie sie zahlreiche Buchminiaturen des Mittelalters zeigen, so ist sie auch selbst der verschlossene Garten, *hortus conclusus*, womit ihre Jungfräulichkeit beschrieben wird, ihre

Reinheit und zugleich ihre Fruchtbarkeit. Der Christusknabe wächst in diesem Garten heran zwischen den Marienbäumen Zeder, Zypresse und Palme. Konrad von Würzburg preist die Jungfrau als das ›lebende Paradies‹:

›du bist erhochet, frouwe,
sam in Sion der cyprian
und als der ceder in Liban,
der sich zu berge leichet.
din name hoch uf reichet
sam in Cades der palmen ris,
du bist ein lebendes paradis.‹

Die Miniaturmalereien der mittelalterlichen Handschriften zeigen oft neben der Geburtsszene einen verschlossenen Garten mit einem Brunnen. Diese Beigabe erweist die Kenntnis des Alten Testaments, wo im Hohen Liede steht:

›Meine Schwester, liebe Braut, du bist ein verschlossener Garten, eine verschlossene Quelle, ein versiegelter Born. Deine Gewächse sind wie ein Lustgarten von Granatäpfeln mit edlen Früchten ... Ein Gartenbrunnen bist du, ein Born lebendiger Wasser, die vom Libanon fließen. Stehe auf, Nordwind, und komm, Südwind, und wehe durch meinen Garten, daß seine Würzen triefen! Mein Freund komme in seinen Garten, und esse von seinen edlen Früchten.‹ [200]

Hier ist für die Braut, die Kirche, all jene Lieblichkeit und Fülle vorgezeichnet, die sich auf Maria, die Mutter der neuen Kirche Christi, anwenden läßt.

Das berühmte Bild im Frankfurter Städel, das ein oberrheinischer Meister um 1410 gemalt hat, zeigt eine viel tiefsinnigere Auslegung dieser Maria im Paradiesgarten: Hier pflückt die heilige Dorothea reife Kirschen in ein Körbchen – von einem Baum mit spiralig gewundenem Stamm; Maria liest in einem Buche, von Heiligen umstanden. Ein gepfropfter Baum – oder der dürre Stumpf mit frischem Trieb! – erscheint in diesem scheinbar so lieblich-verspielten Gemälde; er bedeutet das Alte Testament erfüllt im

Neuen. Ein mächtiger düsterer Engel gehört in diese vieldeutige Versammlung; zu seinen Füßen hockt der Teufel. Ob man ihn nun als den endgültig überwundenen Bösen deuten will oder, wie einige Kunsthistoriker es tun, als den Verderber zu Füßen des Todesengels: für beide Varianten der Deutung finden sich Belege auf dieser Tafel. Auch einen früchtelosen Baum zeigt das Bild; die Baumsymbole der Heils- und Unheilsgeschichte sind also vielfach deutbar beisammen.

Christus als Marias schönste Frucht – eine überaus plastische Darstellung findet diese Idee in einer Klosterkirche bei Dachau (Indersdorf): Maria und der Baum erscheinen hier ineinander verschlungen, so als wüchse der Baum durch die Jungfrau hindurch. Maria ist schwanger, ihr gewölbter Leib ist in leuchtendem Orange koloriert wie eine üppige Frucht. Der Baum ragt über ihre rechte Schulter empor und wird dort zum Stamm des Kreuzes, an dem Christus – der noch Ungeborene, wenn man auf Maria schaut – als Geopferter hängt. Ein Bild, das in gedrängter Erzählung mehrere Szenen der Heilsgeschichte verbindet, wie es viele mittelalterliche Darstellungen taten. Die Beschauer waren an dieses Erzählen in Bilderszenen gewöhnt; mühelos durchliefen ihre Augen und Gedanken auf einer einzigen bemalten Tafel viele zeitlich weit auseinanderliegende Szenen.

Konrad von Megenberg versieht in seinem ›Buch der Natur‹ die Baumarten, die immer wieder auf Maria bezogen werden, mit sorgfältigen Begründungen.[201]

Er beginnt beim Zedernbaum. Maria selbst habe sich der Zeder verglichen und von sich gesagt: ›Ich bin erhöht wie ein Zedernbaum auf dem Berge Libanon.‹ Der Autor Konrad von Megenberg fügt an: so könne Maria wohl sprechen, die gnadenreiche, denn sie sei erhöht über alle Engel des Himmels. Vom Ölbaum als Mariensymbol sagt er: Dem zarten edlen Ölbaum, so habe schon Isidor bezeugt, gleiche die schönste aller Frauen in der Schrift, da sie auch von sich selbst gesagt habe: ›Ich bin erhöht wie ein schöner Ölbaum auf dem Felde.‹ Konrad meint, wie das süße, sanfte Öl des Ölbaums heile die Jungfrau Maria mit dem Öl ihrer Güte seine kranke Seele und seine müden Glieder wie die anderer Sünder auf dem Felde draußen. Die Gaben des Ölbaums werden so, im übertragenen Sinne, zu Gnadengaben der Maria an die Gläubigen.

Schließlich spricht Konrad von der Zypresse. Wie eine Zypresse sei sie erhöht auf dem Berg Zion, sagt Maria über sich selbst. Da Zion ein Berg des Friedens sei, habe die Jungfrau recht gesprochen. Der Berg bedeute den Himmel, und dort sei die Jungfrau im ewigen Frieden, um ihre Gnade zu den Gläubigen herabzuschikken. Die Zypresse, als ein Baum der Totenstätten, führt hinüber in die andere Welt, für den Christen in das Himmelreich. Die Baumsymbole, die zu Maria treten, haben ihre vorchristliche Geschichte. Sie finden sich schon in der altgriechischen Mythologie und überall dort, wo Ölbaum und Zypresse wuchsen – und die Zeder, deren reichster Standplatz im Altertum das dichtbewachsene Libanongebirge war.

Rainer Maria Rilke, später Nachfahre dieser Marienverehrung, dichtete zu Anfang dieses Jahrhunderts, 1912, in seinem Gedichtzyklus ›Marien-Leben‹ Verse, die das Ineinanderspielen altägyptischer Baumkulte mit christlicher Marienlegende ins Bild setzen. Hinter seinen Strophen steht jene Geschichte vom Palmbaum, der sich Maria zuneigte, als sie hungrig an seinem Fuße rastete.[202]

›... Doch da ging –
sieh: der Baum, der still sie überhing,
wie ein Dienender zu ihnen über:

er verneigte sich. Derselbe Baum,
dessen Kränze toten Pharaonen
für das Ewige die Stirnen schonen,
neigte sich. Er fühlte neue Kronen
blühen. Und sie saßen wie im Traum.‹[203]

Rilke findet auch unabhängig von der alten Legende, in der diese Geste des Baumes vorgezeichnet war, für die geheimnisvollsten Augenblicke des Umgangs der Maria mit Christus solche Naturbilder, die das menschliche Reden durch ihre Ausdruckskraft übertreffen. Die Begegnung der Maria mit dem auferstandenen Christus, wie sie Johannes (20,11–17) berichtet, schildert Rilke als eine wortlose Szene, in der die leichte Berührung: Christi Hand auf Marias Schulter – als Botschaft der Verständigung ausreicht.

›Und sie begannen
still wie die Bäume im Frühling,
unendlich zugleich,
diese Jahreszeit
ihres äußersten Umgangs.‹ [204]

Ein Fichtenbaum steht einsam
Im Norden auf kahler Höh.
Ihn schläfert; mit weißer Decke
Umhüllen ihn Eis und Schnee.

Er träumt von einer Palme,
Die, fern im Morgenland,
Einsam und schweigend trauert
Auf brennender Felsenwand.

Heinrich Heine

11. Kapitel

Baumzeitalter

Wir wissen, daß vor uns die Pflanzen und Tiere diese Erde belebt haben. Ohne das Leben der Bäume gäbe es vermutlich kein menschliches Leben, und nach dem Verlust der Bäume werden zumindest bestimmte Zonen dieser Erde für den Menschen unbewohnbar sein. Wir sind Zeugen solcher Versteppungs- und Verwüstungsprozesse in den heißen Ländern dieser Erde.

Mit dem Beginn des zwanzigsten Jahrhunderts wurde zum erstenmal deutlich, daß der Vorrat an Holz nicht unerschöpflich sei. Erstmals trat die Endlichkeit dieser scheinbar unbeschränkten Ressource ›Baum‹ ins Bewußtsein der zivilisierten Völker. Wo Not und lebensbedrohlicher Mangel an Nahrung den Alltag prägen, bleibt die Frage nach der ökologischen Bedeutung von Baumbeständen auch heute noch unbeachtet.

Ob die Verehrung über Jahrtausende den Baum vor dem Menschen geschützt hat, bleibt eine schwierige Frage. Die Übervölkerung der Erde hat am Schwinden der Baumbestände ebenso großen Anteil wie die Veränderung der Einstellung zur Natur, die mit dem Christentum und, gründlicher, mit dem Anbruch des wissenschaftlich-technischen Zeitalters Raum griff. In der ersten Hälfte des zwanzigsten Jahrhunderts drängten sich erstmalig Rechenexempel auf, nach denen in absehbarer Frist die Holzvorräte erschöpft sein würden, wenn im begonnenen Umfang weiter gerodet würde. Daß diese Rodungen außer dem Verlust des kostbaren Rohstoffs noch weit verhängnisvollere Folgen haben würden, trat zugleich ins Bewußtsein.

Erosion trug die fruchtbare Krume ab, wo das Land bloßlag; Wasser und Wind begannen überall dort, wo kein Baumbestand mehr das Erdreich von unten zusammenhielt und von oben schützte, ihr zerstörerisches Werk. Wasserscheiden versagten, das Gleichgewicht der natürlichen Kräfte, auf das man sich so sehr verlassen hatte, daß man glaubte, es mißachten zu können, geriet aus den Fugen. Die Kostbarkeit der Bäume schien erkannt; ihr Fortbestand schien sicher durch Naturschutz und Kontrolle der Rodungen.

Daß wenige Jahrzehnte später Zerstörungen ganz anderen Ausmaßes und viel komplizierterer Genese die Bäume wieder ins Gespräch bringen würden, konnte damals noch niemand wissen. Die ›Ökologie‹ entwickelte sich zögernd; sie ist die Lehre vom Zusammenspiel und Wechselbezug zwischen lebenden Organismen und ihrer Umgebung. Daß wir in keinen Einzelbereich der Natur eingreifen können, ohne andere Bereiche in Mitleidenschaft zu ziehen, ist eine so selbstverständliche Erfahrungstatsache in allen Zusammenhängen des Lebendigen, daß wir uns wundern dürfen, warum wir so spät erst bereit sind, diese Erfahrung auch für den Wechselbezug zwischen dem Menschen und der Natur ernstzunehmen.

Zwischen Mensch und Mensch hat uns das Geheimnis der sprachlosen Interaktionen schon länger beschäftigt; die Psychologie und Psychoanalyse wurden zu Erfolgswissenschaften dieses Jahrhunderts. Die Medizin nahm stürmische Entwicklungen; die Wissenschaften von der Natur wurden zu den führenden dieses Zeitalters. Philosophie trat zurück, Theologie tat ihre Arbeit im Schlagschatten von Wissenschaft und Technik. Der Mensch als Herr der Welt war mit Selbstdeutung und neuen Selbstkonzepten beschäftigt; Optimismus bestimmte die Ideenlehren des Jahrhunderts; die Höherentwicklung des Menschen schien unaufhaltsam. Erst nach der Jahrhundertmitte trat die Natur wieder entschiedener in den Blick; die ›Umwelt‹ wurde eine neu besetzte Vokabel, trat aus der Unbestimmtheit und Harmlosigkeit des Begriffs mit neuer, nämlich ökologischer Präzision hervor; zugleich nahmen sich ideenpolitische Gruppen des neuen Begriffsfeldes an. Auch die Wissenschaft wurde aufmerksam; sie gängelte nicht nur das neu erwachte Interesse überzivilisierter Menschen an einfacher Bewegung im Freien; sie begab sich auch auf jene Felder, die nun ›Umwelt‹ markierten: die Pflanzen, die Gewässer, die Wälder. Der Reflex ihrer Vergiftung tauchte in der Nahrung auf und alarmierte immer größere Gruppen von Menschen.

Die Wälder unserer Tage kommen aus einer dramatischen und wechselvollen Entwicklung, wenn wir nicht unsere kurzatmige Erfahrung, sondern die Erdgeschichte zugrundelegen. Was uns als ›ursprünglich‹, ›wild‹ und natürlich gewachsen erscheint, ist längst nicht mehr jener ursprüngliche Bestand an Bäumen, der vor der letzten Eiszeit auf diesem Teil der Erdkugel anzutreffen war. Kiefer und Fichte, Buche und Eiche, die wir als die verbreitetsten Baumarten unserer Breiten nennen könnten, bilden einen verhältnismäßig jungen Bestand, wenn wir in den Riesendimensionen der Erdzeitalter messen. Während der Eiszeit, die vor etwa zehntausend Jahren endete, war Deutschland von Bäumen fast völlig entblößt. Über Nord- und Süddeutschland lagen riesige Gletscher. Das Eis wich langsam nach Norden und in den Alpenraum zurück, und die Baumarten aus dem wärmeren Südeuropa, die überlebt hatten, konnten nach und nach wieder den Raum nördlich der Alpen in Besitz nehmen. In unterschiedlichen Tiefen zeigen uns die Moore konservierten Blütenstaub der Waldbäume, die wir kennnen, aber nicht mehr in solcher Verbreitung erleben, wie sie die Moore ausweisen. Um achttausend vor Christus hat es nach diesen Funden eine Birken-Kiefern-Zeit gegeben, der um sechstausend eine Haselzeit folgte. Eichenmischwald herrschte vor um fünftausend vor Christi Geburt, und die Buchenzeit, die um zweitausend vor Christus begonnen hat, dauert heute noch an.[205]

Die Zahl der Baumarten ist seit der letzen Eiszeit in Europa stark zurückgegangen. Im Tertiär wuchsen auch hier jene Baumarten, die in klimatisch ähnlichen Zonen Nordamerikas und Ostasiens noch heute anzutreffen sind: der Mammutbaum, Ginkgo- und Tulpenbäume, Sassafras und Amberbaum, die bei uns vereinzelt durch Aufzucht gedeihen und als exotische Gewächse bestaunt werden – sofern sie Beachtung finden. Alpen und Mittelmeer haben wahrscheinlich die Rückkehr dieser Arten nach der Eiszeit unmöglich gemacht.

Frühe Einflüsse des Menschen auf den Wald bestanden im Sammeln von Früchten, in der Jagd und der Rodung kleinerer Abschnitte für Ackerbau, Viehzucht und Ansiedlung. Das Holz war Brennmaterial und Baustoff. Schon das frühe Mittelalter bringt größere Rodungen; Wälder als Bollwerke gegen Feinde und als Jagdgebiete für die herrschende Schicht und den Klerus wurden freilich auch gezielt erhalten, wie wir schon von Karl dem Großen wissen. Holz benötigte man aber in größerer Menge bald für die Glasherstellung und für die Erzgewinnung. Das Köhlerhandwerk wurde eines der angesehensten, weil Holzkohle unentbehrlich war. Aber auch die Häuser der aufblühenden Städte verlangten zum großen Teil Bauholz. Feuer vernichtete immer wieder solche Holzbauten; so stieg der Bedarf weiter an. In die Wälder trieben die Bauern ihre Schweine, um sie mit Eichen- und Buchensamen zu mästen. Auch die Pferde, Kühe, Ziegen und Schafe weideten in den lichten Waldstücken, deren Boden mit Gras bedeckt war. Schäden wurden am Ende des Mittelalters spürbar, weil die jungen Schößlinge nicht aufgingen und der Humus von den Tieren abgetragen und von den Bauern als Streu in die Ställe geholt wurde.

Auch die Wälder wurden von Bränden heimgesucht, Rodungen folgten überwiegend dem augenblicklichen Bedarf, und Holzdiebstahl war überaus häufig. Das fünfzehnte und sechzehnte Jahrhundert kennen daher bereits Holz- und Forstverordnungen, die den Raubbau eindämmen sollen, den Vieheintrieb zu regeln versuchen und die Abtragung der kostbaren Humusschicht als Streu verhindern sollen. Erste Eichen- und Kiefernsaaten stammen aus dieser Zeit; die Kiefer säte man mit ganzen Zapfen.

Der Dreißigjährige Krieg brachte neue Ausbreitung der Wälder, weil er die Bevölkerung stark dezimierte. Wo das Bauernland verödete, die Dörfer verwüstet waren, breitete sich der Wald wieder aus; junge Bäume wuchsen, weil kein Vieh sie abweidete, der Wald gewann Terrain zurück, wo der Mensch verschwand.

Auch das Jagdinteresse der Territorialherren schützte im siebzehnten und achtzehnten Jahrhundert den Wald vor radikalen Eingriffen. In der zweiten Hälfte des achtzehnten Jahrhunderts wuchs dann das Interesse an einer systematischen Holzproduktion; Wald wurde als Einnahmequelle begriffen, Erträge wurden geschätzt, und der Wechsel von Anpflanzung und Ernte wurde zur Grundlage einer durchdachten Forstwirtschaft. Nadelhölzer werden nun wegen ihres schnelleren und hohen Wuchses bevorzugt; auch die Vielseitigkeit ihrer Verwendung läßt Nadelbäume beliebter werden. Die Einfuhr nordamerikanischer und anderer ausländischer Baumarten beginnt; sie wachsen noch schneller und sollen den steigenden Bedarf rascher decken.

Obwohl in den Ländern Europas seit einigen Jahren mit großer Erregung über die voraussehbaren Baumverluste geklagt wird, läßt sich weder die plötzliche und heftige Anteilnahme scheinbarer Mehrheiten am Sterben der Bäume aus bisher gepflogenen Baumvorlieben erklären noch scheint jedem einzelnen deutlich, was der Baum für jenes Gleichgewicht der natürlichen Kräfte bedeutet, das wir heute leichthin das ökologische nennen – ohne genauer zu wissen, welche Rolle der Baum darin spielt.

Dramatisch wirkt sich der Verlust von Bäumen auf die Wasservorräte und die Steuerung der Wassermengen aus, die im Laufe des Jahres als Regen, als Schnee und Schmelzwasser, als Grund- und Flußwasser und als Quellwasser kreisen. Ein Zentner Holz enthält fünfundzwanzig bis dreißig Liter Wasser. Während freilich dieselbe Menge Holz heranwächst, verbraucht sie etwa tausendmal soviel Wasser. Bis zu tausend Liter Wasser am Tag kann ein einzelner Baum verbrauchen. Stehen nun Bäume im Quellbereich eines Flusses, an einer Wasserscheide, so fließt Regenwasser oder Schmelzwasser nicht einfach ab, sondern es wird von den Bäumen aufgenommen. Zugleich schützen die Bäume den Boden vor der Abtragung durch Regen und Wind. Ihr Blätterdach mildert den Aufprall der Regentropfen, und der mit Blättern, Moos und kleinen Ästen bedeckte Boden ist saugfähiger als nackte, ungeschützte Erde. Unbedecktes Erdreich wird vom Regen abgetragen, weil es nur an der Oberfläche das Wasser aufnimmt, um dann mit dem Oberflächenschlamm das Einsickern des Wassers in tiefere Bodenschichten zu verhindern. Unter Bäumen aber ist die Erde saugfähig; Larven und Würmer arbeiten hier und graben unzählige Gänge; das Wurzelwerk der Bäume durchzieht den Boden und schafft Laufgänge für das Wasser. Das Erdreich ist hier locker und biologisch lebendig. Bis zu fünfunddreißig Prozent seines Gesamtvolumens kann ein solches Erdreich noch einmal in Form von Wasser aufnehmen. Herabtropfend von den Zweigen und Blättern der Bäume, sickert das Wasser tief in den Boden ein und zeigt sich irgendwo an tiefergelegenen Orten wieder, oder es sammelt sich als Grundwasser an.

Baumverluste begünstigen Überschwemmungen, von denen wir in den gemäßigten Zonen wenig wissen. Italien, zu zwei Fünfteln aus Gebirgszügen bestehend, hat in Jahrhunderten unbedachter oder unwissend begangener Rodungen vier Fünftel seiner Bergwaldbestände verloren. Die baumlosen Berge wurden schnell kahl, weil die kostbare Krume weggeschwemmt wurde. Der schmale flache Streifen vor den Küsten ist grün und fruchtbar; fallen aber große Regenmassen, so entstehen hier unten Überschwemmungen, weil der Wald der Gebirge fehlt, der das Wasser hätte aufnehmen und für trockene Zeiten aufbewahren können. Im Jahre 1966 bedeckte eine große Überschwemmung die Städte Florenz und Venedig. Sie hatte keine andere Ursache als den Baumverlust in den Gebirgen.

In Trockenzeiten ist es dann der Wassermangel, der auf dieselbe Ursache zurückgeht: die Verzögerung, mit der die Bäume das Wasser in tiefergelegene Gebiete fließen lassen, hätte, was im Übermaß zu Verwüstungen führte, wohldosiert heranfließen lassen. Auch die Schneeschmelze verzögert sich dort, wo Bäume stehen, um bis zu fünf Wochen. Der Waldboden ist weniger gefroren als das ungeschützte Erdreich; er nimmt deshalb auch mehr Schmelzwasser auf – und hält diesen Vorrat länger fest. Der unterirdische Weg des Wassers bedeutet eine Filtrierung, die wirksamer mit künstlichen Filtern nicht bewerkstelligt werden kann.

Freilich ist auch diese Regel der natürlichen Mitwirkung an unseren Ressourcen durch die Vergiftung der Erde und ihrer Gewässer bedroht. Was den Baum vergiftet, das vergiftet auch das Wasser, und was den Baum nicht trifft, das mischt sich dem Wasser in den Flüssen, im Grundwasser bei und fällt mit dem Regen wieder auf die Bäume hinab. Der Kreislauf des Wassers wird zum Kreislauf der Gifte, im Boden, in den Flüssen und Seen, in der Luft, in den Pflanzen – im Menschen selbst. Bäume als Hüter von Wasser und Erdkrume: was sie verzögern in der Erosion, das reicht aus, um die selbständige Regeneration des fruchtbaren Erdreichs wirken zu lassen. Unbeeinflußter Waldboden, jener der Urwälder, bleibt kontinuierlich fruchtbar, weil alle sterbenden Pflanzen dem

Boden wieder einverleibt werden. Jedes vergehende Gewächs gibt seine Mineralien wieder an den Boden ab, der es genährt hat. Neue Bäume, neue Pflanzen wachsen aus den Bestandteilen der vergangenen. Urwald nun freilich ist kein Lebensraum für den Menschen. Der Mensch kultiviert den Boden, und über Jahrhunderte oder Jahrtausende tat er es sicherlich ohne ein genaues Wissen über den biologischen Rhythmus der Waldbestände, die er lichtete, um zu siedeln, um Ackerland zu gewinnen, um der Bedrohung durch wilde Tiere zu entgehen. Über Jahrtausende war Raum genug auf dieser Erde, daß Menschen die ausgelaugten Böden verlassen konnten, die kahl gewordenen, gerodeten Hänge und die immer wieder überschwemmten Felder am Fuße der kahlen Gebirge, um neue Landstriche zu erschließen, Wälder zu roden, Ackerland zu gewinnen, Vieh zu weiden. Aber der Untergang der Wälder durch Kahlschlag hat länger gedauert als die Unwissenheit des Menschen über die ökologischen Zusammenhänge.

Altes naturwissenschaftliches Wissen stammte aus der Beobachtung, und sie belegte ungefähr alles, was wir heute wissenschaftlich und abstrakt ausdrücken können. Das Leben mit den Bedingungen von Saat und Ernte lehrte auch die Rolle der Bäume zu verstehen: als Wasserbewahrer und Bodenschutz. Die Gefahr für die Bäume des zwanzigsten Jahrhunderts kam von einer anderen Seite. Was das Leben der Bäume relativ plötzlich bedroht, hat sich offenbar lange aufgebaut: eine Summe von Einwirkungen, die zusammen, im allzuschnellen Umkippen eines langen Prozesses, uns durch tödliche Konsequenz erschrecken. Die Welt der Wissenschaft ist sehr abstrakt geworden – sie überfordert uns durch Abstraktion auch dort, wo wir konkret verstehen möchten.

Im Jahre 1830 formulierte der Geologe Charles Lyell die für unser Selbstverständnis und unsere Selbstbeschränkung unverändert aktuelle Erkenntnis, daß der Mensch eine ›Kraft der organischen Natur‹ sei, weil er die physikalische Geographie der Erde so durchgreifend zu verändern vermocht hat.[206] Die heiligen Haine der Griechen, von denen die Philosophen und die Mythen erzählen, sind zum großen Teil heute verschwunden. Formentera, eine spanische Insel im Mittelmeer, ist heute kahl und trocken; ihren Namen hat sie vom lateinischen frumentum, Getreide, weil sie einst eine

Kornkammer war. Hier können Klimaveränderungen die Ursache sein; für Griechenland, Ninive und Babylon, für Rom wissen wir, daß gedankenlose Rodungen, die den Menschen kurzfristig Reichtum brachten, zunächst das Land kahl und steinig zurückließen; schließlich verblühten auch die Hochkulturen, die an diesen Orten ihr reiches Leben entfaltet hatten.

›Als die kahlen Hügel zerfressen wurden und Dürre und Überschwemmungen abwechselnd die Fruchtbarkeit des Ackerlandes zerstörten, versumpften die Flüsse, und der Küstenverlauf änderte sich. Die lebenswichtigen Häfen lagen plötzlich auf dem Trockenen, und der fruchtbare Humus wurde von schmutzigen Wassern ins Meer hinausgesschwemmt. In der Erkenntnis der tragischen Torheit ihrer Vorfahren kämpfen die Völker dieser halb verwüsteten Länder nun endlich einen verzweifelten Kampf, ihr Land wieder fruchtbar zu machen, indem sie die steinigen Wasserscheiden von neuem mit Bäumen bepflanzen. Aber der Kampf ist erschütternd und der Ausgang unsicher, denn der lebenspendende Humus ist nicht mehr vorhanden, und es ist unmöglich, ihn zu ersetzen. So wird es viele Generationen dauern, ehe neue Bäume die lebenswichtigen Höhen beschützen, und der langsame Prozeß der Humusbildung von neuem beginnen kann. Man kann wahrhaftig sagen, daß ungehinderte Bodenerosion schwererwiegende Folgen hat als ein Krieg.‹ [207]

Jene fruchtbare Schicht, die mit der Erosion weggeschwemmt oder vom Wind fortgetragen wird, hat nur eine geringe Dicke; durchschnittlich etwa dreißig Zentimeter, an verschiedenen Orten der Erde sehr viel weniger. Zwei bis drei Zentimeter Humus brauchen mindestens hundert Jahre für ihre Entstehung, so meinen Fachleute. Alle Organismen, von den Bakterien über die Pflanzen bis zu den Menschen, sind auf diese fruchtbare Schicht angewiesen. Unterhalb dieser Humuslage atmet nichts und lebt nichts. Der Baum hält sie fest, schützt sie und reichert sie an. Wahrscheinlich hat es bei den Menschen, die auf Bäume angewiesen waren, ein vorwissenschaftliches Wissen über diese Macht des Baumes gegeben; und die Ehrfurcht, die den Bäumen galt, hängt vielleicht auch mit diesem Wissen zusammen.

Bäume sind die ältesten Lebewesen dieser Erde. Die älteste Art sind die Grannenkiefern, *Pinus aristata*. Viertausendsechshundert Jahresringe und mehr zählt man bei heute noch lebenden Grannenkiefern im Südwesten Nordamerikas – dem einzigen Ort, wo die Grannenkiefern heute noch zu finden sind. Ein Baum dieses Alters hat also gekeimt etwa 2640 Jahre vor Christi Geburt. Die Mammutbäume, deren Name unsere Phantasie, in Analogie zum Mammut der Tierwelt, womöglich leichter in abenteuerliche Vorzeit schweifen läßt, werden nicht so alt, aber doch über dreitausend Jahre. Die Bäume Europas, Eichen, Linden und Fichten, Ulmen, Eschen und Birken, auch die Birnbäume, erreichen nicht dieses unvorstellbare Alter: tausend Jahre sind es bei Linden und Fichten, bei den Ulmen fünfhundert; Birnen und Eschen erreichen dreihundert und Birken hundertzwanzig Jahre.

Anders als die Grannenkiefer übertrifft ein anderer Baum den Menschen und seine Geschichte: der Ginkgobaum, der uns nur deshalb erhalten geblieben ist, weil das alte China ihn heilig hielt und in Hainen anpflanzte. Der Ginkgobaum ist der älteste, unverändert über einen unvorstellbaren Zeitraum zu uns herüberreichende Baum: das Erdzeitalter des Jura, etwa 150 Millionen Jahre von uns entfernt, ist seine Ursprungszeit. Er hat sich nicht gewandelt und ist somit das einzige Lebewesen, das in gleichbleibender Gestalt, als lebendes Fossil, mit den Menschen des zwanzigsten Jahrhunderts weiterlebt – wenn er von diesen Menschen geschützt und erhalten wird.

Es wirkt wie Ironie, daß dieser urtümliche Baum besonders unempfindlich gegen schlechte Luft ist: der Ginkgo ist ein idealer Straßenbaum. Worin mag sein Geheimnis beruhen, nach 150 Millionen Jahren, daß ihm die Anpassung an die jüngste Sekunde der Erdgeschichte so gut gelingt?

Bäume wachsen langsam, so meinen die meisten Menschen. Aber der Eukalyptus kann in zwei Jahren vierzehn Meter erreichen – verglichen mit einem Menschen oder einem Tier ein abenteuerliches Tempo. Unter Mangelbedingungen wachsen die Bäume langsam: in der Wüste, im Hochgebirge, am Rande der Arktis. Sie passen ihre Größe unabhängig vom Alter den Lebensbedingungen an, unter denen sie wachsen; eine 700 Jahre alte Grannenkiefer in Kalifornien maß nur 91 Zentimeter, und eine Sitka-Fichte an der nördlichen Baumgrenze war nur 28 Zentimeter hoch, bei einem Alter von 98 Jahren.[208]

370 Millionen Jahre sind vergangen, seit es die ersten baumartigen Pflanzen auf dieser Erde gab. Achtzig Millionen Jahre lang, einen unvorstellbar viel längeren Zeitraum als Menschen bis heute die Erde bewohnen, gediehen die Sumpfwälder des Karbon, mit riesigen Schuppenbäumen und Siegelbäumen, deren Stämme meterdick waren und dreißig Meter in die feuchte, sauerstoffarme Dschungelluft aufragten. Erst hundert Millionen Jahre später bewegen sich die Saurier über die Erde; die Rinde der Schuppenbäume scheint sie, in jenen uns unfaßlichen Zeitperioden von Jahrmillionen, anzukündigen: mit Schuppenpanzer, langsam beweglich, menschenfern wie diese ersten Wälder.

Die Sumpfwälder des Karbon waren nicht lieblich; sie kannten keine Blumen und keinen Vogelgesang. Riesengroße libellenartige Insekten schwebten schillernd über dem brackigen Wasser; im umgestürzten Holz krochen Riesenschaben umher. Überschwemmungen wechselten mit Wachstumsphasen; Schlamm und abgestorbene Pflanzen bildeten eine wachsende Schicht am Boden. Die Kohle unseres Zeitalters entstand in diesem Wechselspiel von Jahrmillionen Wachstum und Absterben, Ertrinken und Absinken in den Untergrund; bei wenig Sauerstoff gab es wenig natürlichen Zerfall. Das dickste Kohlenflöz, das wir kennen, 120 Meter stark und in China gefunden, entstand aus einer Pflanzenschicht von 2500 Metern Dicke. Drei Millionen Jahre muß Sumpfwald ohne Überschwemmung bestanden haben, um dieses Flöz zurückzulassen. Die Hinterlassenschaft dieser vorzeitlichen Bäume beschäftigt heute ebenfalls die Ökologen; die Kohleförderung als die Nutzung der uralten Holzvorräte, die ohne Zutun des Menschen entstanden sind und keinen seiner räuberischen Eingriffe zur Voraussetzung haben, schädigt die heute lebenden Bäume und Menschen.

Das Ende der großen Sumpfwälder kam wahrscheinlich durch Klima-Umschichtungen. Eiszeit und Wüstenbildung durch Trokkenperioden ließen viele Pflanzenarten für immer verschwinden. Die Schuppenbäume des Karbon leisten Anpassung durch zweihundert Millionen Jahre; heute müssen wir uns bücken, um die verkleinerten Nachfahren dieser Urbäume zu pflücken: den Bärlapp, den Schachtelhalm. Auch Achate, wie sie aus Verwandten der Araukarie, einem mächtigen, regelmäßig verzweigten Nadelbaum, entstanden, sind Baumzeugen aus frühen Erdzeitaltern.

Das Erdzeitalter des Perm, dessen Anfang vor 270 Millionen Jahren gewesen sein könnte, hat neue Baumsorten, ›Nacktsamer‹ und daher empfindlich in der Fortpflanzung. Palmenartige Pflanzen, die Zykadeen, entwickelten sich in den folgenden Jahrmillionen; grobstämmige Pflanzen mit schweren, gefiederten Kronen, die Benettiteen, gediehen neben großen Nadelbäumen.

Riesensaurier und erste Vögel beleben diese menschenlose Welt. Primitive Saurier beginnen ihre Entwicklung; bis zum Menschen werden noch über zweihundert Millionen Jahre vergehen. Die Nacktsamer hatten ihre größte Verbreitung vor etwa 160 Millionen Jahren; 700 Arten haben bis heute überlebt, den größten Anteil davon machen die Nadelbaumsorten aus, unter ihnen der Ginkgo, von dem ich schon gesprochen habe. Die Bedecktsamigen, begünstigt durch ihre sichere Art der Vermehrung, beherrschen nun unsere Erde seit sechzig Millionen Jahren. Alle Bäume, die wir heute kennen, gehören in diese Gruppe – außer dem fossilen Ginkgobaum, den Nadelbäumen und den Zykadeen, jenen palmenartigen Pflanzen, die uns gelegentlich als Bäume erscheinen, aber keine Bäume sind.

Bedecktsamige Bäume, *Angiospermen*, bilden unsere Wälder; auch die baumartigen Palmen gehören zu ihnen, so gut wie die Eichen und Birken, die Obstbäume und Kakteen. Auch die Bäume der tropischen Regenwälder stammen aus jener Periode der letzten sechzig Millionen Jahre: Bäume, die uns exotisch erscheinen und doch aus demselben Erdzeitalter kommen wie die uns vertrauten: Gummibaum und Würgefeige, Palisander, Mahagoni und Bananenstaude, Ebenholz.

Ob wir in Malaysia oder Indien, im Amazonas-Dschungel oder auf den Philippinen die Urwälder bestaunen – und ihr Hinschwinden in schwindelerregenden Zahlen pro Tag und Stunde rechnen können – oder ob wir in deutsche Buchenwälder und Birkenalleen, ja in die Obstgärten unserer ländlichen Bezirke schauen: Alle diese Bäume gehören dem jüngsten Erdzeitalter seit etwa sechzig Millionen Jahren an, in dessen letzte, eben angebrochene Sekunde der Mensch trat. In der lächerlich kurzen Zeit seines Wirkens, gemessen an den Jahrmillionenrhythmen der Pflanzenwelt, hätte der Mensch also, wenn das Sterben der Bäume tatsächlich in erster Linie auf sein Tun zurückginge, eine ungeheure Beschleunigung von Prozessen bewirkt, die bis dahin durch allmähliche Klima-Umschwünge sehr langsam, in Menschenaltern nicht zu rechnen, abgelaufen waren.

Auch andere Prozesse haben sich in dieser – wörtlich: atemberaubenden Weise beschleunigt, und dies besonders in den letzten Jahrzehnten dieses Jahrhunderts. Wissenschaft und Technik öffnen immer mehr Einblicke in die Gesetze des Lebens; unser Auge, unser Arm und unser Kopf taugen schon lange nicht mehr, um diese Beobachtungen ›unbewaffnet‹, wie die aufrichtige Sprache sagt, zu machen. Die Technik, in der Tat, ist unsere Waffe, um in die kleinsten und unsinnlichsten Teilchen der Materie vorzudringen. Bei diesem dramatischen Zugriff auf die Lebenszentren werden Energien von vernichtender Kraft frei – Gifte in jeder Form: flüssig oder flüchtig, sichtbar und unsichtbar, spürbar und unmerklich, Dämpfe und Pulver und Flüssigkeiten entstehen und entweichen, sickern in Boden, Flüsse und Meere ein – und steigen mit den Säften der Bäume wieder hinauf, fallen als Regen und Dunst auf ihre Zweige und Blätter.

Die Bäume, wenn wir richtig beobachten, verkürzen unter diesem dramatisch beschleunigten Klimawandel die Existenzphase ihrer heute lebenden Arten.

Die Nadelbäume haben bereits eine längere Geschichte hinter sich – freilich wohl kaum als Monokulturen, wie sie erst der Mensch schuf. Endet ihre Lebensphase auch ohne unser Zutun in diesen Jahrzehnten? Die Art und Weise des Baumsterbens scheint dem zu widersprechen; aber konnte je vor dem Auftreten des Menschen Baumbestand unter diesen Luft- und Wasserverhältnissen erprobt werden, wie sie der Mensch geschaffen hat? Die zuständigen Wissenschaftler werden die Frage besser stellen können. Der uralte Ginkgo, lebendes Fossil – hat er vielleicht auch vor unserem Auftreten deshalb so lange überdauert, weil er so belastbar war? Schmutztoleranz ist seine überragende Eigenschaft – neben seiner archaischen Schönheit, die nur wenige kennen, weil ihn nur so wenige mit Namen nennen können. Der älteste Baum, den wir haben, 220 Millionen Jahre alt, ist vielleicht nicht von ungefähr der widerstandsfähigste Straßenbaum im Industriezeitalter.

Wer ist da durch den Wald gegangen und, da er
den Himmel berührt, zurückgekommen,
sein Leben fortzusetzen als Baum?

Miodrag Paulovic

12. Kapitel

Urbäume

Unser Umgang mit Bäumen, wie mit der Natur im ganzen, wird deshalb immer schwieriger, weil wir immer weniger Bestandteile dieser Natur mit Namen nennen können. Unter Menschen ist es für uns selbstverständlich: Ich will jemanden anreden und brauche dafür seinen Namen. Wird dieser Mensch mir vertrauter, so erhält sein Name den ›Geschmack‹ dieser Vertrautheit, er färbt sich ein mit dem Wesen dessen, der ihn trägt. Die Namen der Bäume sind nur noch wenigen unter unseren Mitmenschen in größerer Zahl bekannt. Längst ist es selbstverständlich, daß man sie nicht kennt, längst auch ist der Gedanke selbst an Pflaumenbäume, wenn wir Pflaumen kaufen, an Apfelblüten, wenn wir Äpfel einkaufen, an Kirschblatt und Birnbaumborke fern von uns, während wir die Frucht anschauen, aussuchen, verzehren.

Vielen von uns ist nicht nur dieser Zusammenhang abhandengekommen; sie kannten ihn nie. Sie sind aufgewachsen mit städtischen Marktäpfeln und Supermarktkirschen in Pappkörbchen, Erdbeeren in ›Klarsicht‹-Schachteln. So als wüchse die Erdbeere in der Schachtel, so als glitzerte der Apfel sozusagen von der Herstellung an, also ab Fabrik wie Waschmittel und Nähgarn, durch eine Folie zu uns herüber. Fast ist der Gedanke ausgetilgt, daß Früchte wachsen, daß sie Stadien durchlaufen in der freien Luft, am Ast eines Baumes, unter den starken, zackigen Blättern der Erdbeerpflanze, im sonnendurchfluteten Laub des Kirschbaumes, am windigen Standplatz eines Pflaumenbaumes.

Daß Früchte wachsen, sollen wir vergessen: nur die makellosen werden uns präsentiert, jene ohne Kratzer und ohne Narbe, kugelrund und idealfarben; genormt nach Größe. Während wir an diese unwirkliche Makellosigkeit des Obstes gewöhnt wurden, sagte man uns, wir wollten nur solche Äpfel, solche unwirklich roten Tomaten, die uns schon deshalb nicht mehr an die Sonne erinnern, weil sie keine ›Sonnenseite‹ mehr haben, auf der sie roter, glühend sind – und keine Schattenseite, die kühl und hell vom Standplatz des Baumes, der Tomatenpflanze, der Erdbeerstaude erzählen könnte. Wir werden mit Obst versorgt, das uns von den Bäumen wegführt – denn ein freiwachsender Baum hat immer neben großen auch kleine Äpfel, neben runden auch seltsam verhutzelte, an denen die rauhen Stellen, Spuren von Astdruck oder Zweigschaben im Sturm, am besten schmecken.

Kinderumwelt ist baumarm geworden in den großen Städten; aber auch dort, wo die Baumsysteme unserer Großstädte gepflegt werden, in den Parks, ist die intime Annäherung an den Baum nicht mehr möglich. Sich unter Bäumen abends schlafen legen – oder auch nur ein Buch aufschlagen im Mittagsschatten, den Kopf im Gras, ins Laub hinaufblinzeln, Borke tasten, den schwarzgrünen Staub auf den Fingern zerreiben, Vögel hören, huschen sehen, ihr Nest ahnen, ihr Gezeter oder Liebesgeflöt aufsaugen und ihr Schwirren mit den Augen verfolgen – auch mit dem Ohr, jetzt nah, dann fern, nun im Laub und verstummt –: dies alles gelingt Stadtmenschen nur, wenn sie entschieden wollen.

Warum sollten sie aber dergleichen wünschen, wenn sie nie damit bekannt geworden sind, was das Rascheln und Knistern der Blätter für ein aufgeregtes Gemüt bedeutet, wie ein sanfter Windhauch – den wir unterm Baum als den Wind des Baumes fühlen –, über die schon fühlunwillig gewordene Haut eines Stadtmenschen streicht? Schon der Rasen fast aller städtischen Kindheiten, auf dem dann fern vielleicht Bäume stehen – das Kind braucht Nahsicht, es schaut nicht in die Ferne –, trägt das Schild ›Betreten verboten‹.

Hat sich je einer von unseren ›Experten‹ überlegt, was wir von unseren Psychologen längst wissen: daß sich das Unberührbarkeitsgebot nun mit dem köstlichen, weichen Gras verbindet statt mit irgend etwas umständlich dazu Gedachtem? ›Rasenfläche – verbotene Fläche‹, so lernt das Kind. Wo es nun Gras sieht, denkt es: ›verboten‹. Gras und Baum sind in einer solchen Welt etwas Unberührbares, etwas, das man meiden muß, etwas, auf das unser

Fuß nicht gehört, schon gar nicht unser ausgestreckter Körper, hingeschmiegt, anvertraut, beschattet, umduftet, beschützt, wie eben Natur schützt, ohne Dank zu fordern, ohne Fragen zu stellen. Jeder Gedanke, jeder Seufzer, jedes Selbstgespräch sind zugelassen, jeder schweifende, abenteuerliche Traum wird hier ermutigt statt erstickt wie unter Menschenvernunft.

Das Gras, auf dem die Bäume unserer Städte stehen, ist Tabugebiet. Der Baum im Park – und viele Stadtkinder sehen keine anderen Bäume – ist tabu für Kletterer, verbotenes Terrain, das man deshalb auch nicht mit Namen kennen möchte. Die Spezies reicht, individueller wollen wir's nicht, wenn wir keinen Kontakt aufnehmen dürfen. Wen interessiert die ferne Eiche, deren Blatt und Frucht er nie betasten kann?

Für unsere Orientierung in der Umwelt ist es in der Tat völlig gleichgültig, ob wir heute noch wissen, daß Ahorn oder Platanen die Straße säumen, oder ob es Buchen sind, unter denen wir raschelnd im Frühjahr spazieren, von unglaublich zart im Zickzack gefalteten Blättchen überrascht, an die unser Kopf stößt. Das feine Haarfell dieser gefalteten Blättchen zwingt zum Streicheln, sacht mit den Fingerspitzen; es erinnert an kleine Tiere, deren Fell ähnlich dünn über der zarten Haut wächst. Erstaunen über solche Parallelen weckt den Respekt vor der stummen Lebendigkeit der Bäume. So können wir die Kastanien in unseren Städten bestaunen, wenn sie dunkel gleißende, klebrig tropfende Knospen aufrichten, als stünde eine Explosion im Winter angesammelter Kraft bevor. Scheint die Sonne in den März-Kastanienbaum, so glänzen die lackierten Knospen hell in den schwarzen Zweigen. Wenn die Blätter der Kastanie sich dann entfalten, so bewundern wir die gleichmäßig gefältelten, schmalen, schnell breit auswachsenden Finger und später, im Mai, die festlichen Kerzen, weiß oder rosa, die der Baum aufrichtet.

Ahorn und Platane säumen ebenfalls Großstadtstraßen, der Ahornbaum in vielerlei Sorten, mit spitz-zackigen oder fein geschlitzten Blättern, im Herbst rotgolden leuchtend, die Platane mit dem schöngemaserten Marmor ihres Stammes, der südliche Sonne und Sand, warme Erde wie auf abstrakten Gemälden zu beschreiben scheint. Seine kleinen Kugeln schmücken noch den kahlen

Winterbaum wie ein lustiger Behang aus Jahrmarktstagen. Gewöhnt man sich an den Jahreslauf mit einer Allee oder mit Gartenbäumen, so entsteht ein engeres Verhältnis zu den Jahreszeiten: der Frühling kündigt sich an im Baum, zuerst durch die Vögel, die ihn befliegen und in seinen Zweigen zwitschernd spielen. Der Sommer durchläuft im Baum die Phasen vom frischen, unberührten Grün bis zum dunkleren Junigrün, dem staubigen Juliblatt, bis in den gleißenden oder nassen August, wo wir hier und da ein Blatt fallen sehen, anders als die im Junisturm herabgerissenen, müde und beinahe herbstlich. Wir haben Zeit, uns an den Herbst zu gewöhnen, wenn wir den Bäumen zusehen.

Solche jahreszeitlichen Rhythmen entsprechen unserem eigenen Lebensrahmen; wir durchlaufen sie mit dem Baum gemeinsam und denken nur manchmal daran, daß er lange vor uns dort stand, zum Beispiel als im Zweiten Weltkrieg die Häuserreihen rechts und links von der Allee brannten, als hier Menschen starben, verschüttet wurden. Viel Leiden, Hoffnung und Freude, Heranwachsen und Altwerden hat sich unter diesen Bäumen einer Großstadtstraße bewegt, das geht uns wohl manchmal durch den Kopf.

Was aber bewegt uns, wenn wir im Südwesten Nordamerikas auf jene ältesten Bäume dieser Erde treffen, die Grannenkiefern, die nicht nur als Art, sondern als individuelle Lebewesen, wie sie da vor unseren Augen stehen, über viertausend Jahre an ihrem Platz wachsen? Unsere Zeitrechnung beginnt mit der Geburt Christi. Ihre Lebenszeit reicht weiter hinter die Zeitenwende zurück als in sie hinein: einige dieser Kiefern begannen zu wachsen mehr als 2600 Jahre vor Christi Geburt. Wir bewegen uns auf das Jahr 2000 nach Christus zu; nicht die Hälfte seines Lebensalters hat ein solcher Baum in der von uns gezählten Zeit verbracht. In Babylon herrschten damals, in der ersten Lebensepoche des jungen Kiefernbaumes, assyrische Könige; von ihnen wird im Alten Testament erzählt. Das nordamerikanische Hochland, 3400 Meter hoch gelegen, war damals wahrscheinlich menschenleer. Kleine Nadelbäume entfalteten sich in diesem rauhen Klima, als der Glanz der mesopotamischen Städte verblaßte. Die Grannenkiefern wuchsen zu jungen Bäumen empor, als das alte Ägypten seine Macht und Weltdeutung entwickelte und zur bedeutendsten Kultur der alten Welt wurde.

Zur Zeit des Pyramidenbaus hatten die Grannenkiefern im fernen Kontinent schon ein Alter von tausendvierhundert Jahren erreicht. Siebenundzwanzig Jahrhunderte umfaßte ihr Lebensalter, als im fernen Palästina der Messias der Christenheit geboren wurde, der König der Juden, eine winzige Weltsekunde später ans Kreuz geschlagen. Die Kiefern im Hochland der nordamerikanischen Sierra setzten Jahresring um Jahresring an, Millimeterbruchteile dünn; sie gediehen weiter, während die antike Welt sich dem Christentum öffnete, unbeachtet und unbemerkt in einer Welt von Rittertum und Kreuzzügen, Kriegen und Reformation, Renaissance und Aufklärung, Revolutionen und immer wieder Kriegen, Festen und Staatstheorien. Wären sie nicht über Jahrtausende ohne menschlichen Zugriff gewachsen, die Grannenkiefern, so hätten die Forscher der fünfziger Jahre unseres Jahrhunderts sie vermutlich dort oben nicht mehr angetroffen.[209] Jene uralten Nadelbäume im Norden Amerikas wuchsen auch noch im gleichen Millimetertempo weiter, als das erste Raumschiff um den Erdball kreiste; die Ungeheuerlichkeit der abgelaufenen Weltgeschichte hat sie nicht erreicht und nicht beeinflußt.

Etwas von dieser Überlegenheit der Bäume mögen Menschen zu allen Zeiten geahnt haben; und die Erfahrung beständiger lebender Generationen vor uns trug auch solche Nachrichten weiter: daß es Bäume gab, die Geburten und Tode in langer Kette überdauerten, in deren Schatten schon die Urahnen Zuflucht gefunden hatten. Solche Nachrichten werden im wissenschaftlichen Zeitalter vielleicht bei Spezialdisziplinen verläßlicher als in den Erzählungen der Menschen; für den durchschnittlich lebenden Stadtbewohner aber besteht diese Frage in der Regel nicht: wie lange ein Baum, den er täglich sieht, schon hier aufrage, wer von seinen Vorfahren unter dessen Krone schon vorbeigegangen, an seinen Stamm schon die Hand gelegt, von seinen Knospen eine abgebrochen habe, um sie im Frühling neugierig zu entfalten. Wir sprechen den Bäumen keine besondere Individualität zu, deshalb leben wir mit ihnen, als wären sie Dinge. Schöne Dinge, lebendige und wandlungsfähige Dinge, aber nicht eigentlich Lebewesen würden wir sie nennen. Das pflanzliche Leben ist zu weit von uns fort, das Vegetative ist uns fremd geworden – wiewohl wir in unseren medizinischen und psychologischen Interessen eben ein neues Zeitalter des schwärmerischen Umgangs mit dem Unsichtbaren und Unhörbaren, dem Geheimnisvollen und Übersinnlichen eröffnet haben.

Wer die Grannenkiefern aus der Zeit der Könige von Assur aufsucht, der staunt zunächst über ihren kleinen Wuchs. Kaum mehr als zwölf Meter messen die höchsten. Andreas Feininger, der als Naturfotograf diese Bäume besucht hat, beschreibt sein Erlebnis mit der aufschlußreichen einleitenden Wendung, eigentlich könne er weder mit Worten noch mit seinen Bildern etwas über diese Eindrücke sagen. Damit bemerkt er genau das, was für den Umgang der Menschen mit der Natur zu allen Zeiten entscheidend war – entscheidend auch für das Schicksal der Natur in der Hand des Menschen: Sein Verhalten gegenüber den Bestandteilen des Kosmos bestimmt sich nach zwei Faktoren, die entweder beide oder einzeln zutreffen – nach seiner Abhängigkeit von ihnen oder nach dem, was er sich als geistiges und sittliches Wesen zu diesen Teilen des Kosmos denkt. Andreas Feiningers Erlebnis beim Anblick der alten Grannenkiefern war einzig deshalb bewegend, unaussprechlich, weil er zu diesen Bäumen etwas wußte, das ihn sprachlos machte, und weil er sich bei ihrem Anblick dieses Wissen begreiflich und fühlbar zu machen versuchte. Vor allem, daß dies so gut wie gar nicht gelang, nötigte ihn zu atemloser Bewunderung.

Die Zeitgrenzen, denen der Mensch auch mit seinem Vorstellungsvermögen unterliegt, werden durchschlagen. Die unscheinbare und zugleich altersgezeichnete, unschuldsvolle Lebendigkeit dieser Urbäume erfüllt den Beobachter mit einem Gefühl der Ohnmacht, der Begrenztheit, das zur reinsten Bewunderung deshalb führt, weil ihn kein Wollen, keine Unruhe, kein Besitzwille oder Vorteilsinteresse zu diesen Lebewesen in ein geglückteres Verhältnis setzen könnte. Das reine Schauen, mit mängelreichem Wissen untermischt, versetzt uns in die schönste Lage, die auf dieser Welt zu haben ist: übertroffen zu werden in allem, was wir raumzeitlich denken und fühlen und sein können – und gleichzeitig nicht einem Angriff oder einer Bedrohung ausgesetzt, sondern zum interesselosen Wohlgefallen eingeladen. Solche Augenblicke müßten sie bringen: die Annäherung an das Glück.

Die kleinwüchsigen Grannenkiefern, deren Zweige rundum starke Nadeln tragen, wirken gedrungen und vital. Junge Bäume können von schönem, gleichmäßigem Wuchs sein; ein Kranz von gleichmäßig gewachsenen, unten längeren und nach oben kürzer werdenden Zweigen umgibt ihren Stamm rundum. Die Nadeln sind dunkelgrün und im Gegensatz zu ihrem starren, starken Aussehen weich wie Fell. Das Idealklima für diesen Baum ist in Höhen von zweitausend bis dreitausend Metern zu finden. Die Jahresringe sind so fein und dünn, wie das langsame Wachstum der Bäume vermuten läßt: fünfzig und mehr mikroskopisch feine Ringe gehen auf einen Zentimeter. Das Majestätische des Anblicks macht das bizarre Beieinander von altem, rindenlosem Holz mit grünen, saftigen Zweigen. Wie Bronze leuchtet das bloßliegende Holz; Stamm und Äste zeigen von Gelb über Orange bis zu Braun und Schwarz eine reiche, harmonische Buntheit. Metallisch leuchtend, erinnern diese Flächen an bunt zusammengegossene Metalle.[210]

›Wenn man mit dem Finger an den abgestorbenen Ästen entlangfährt, so glaubt man, glattes Metall zu berühren, so feinkörnig und abgeschliffen ist das Gewebe des Holzes, das Jahrhunderte hindurch Eis-, Schnee- und Sandstürmen ausgesetzt war.‹[211]

Begrenzt wie das Terrain der heute noch lebenden Grannenkiefern ist auch der Lebensbereich jener Bäume, unter denen, soweit wir wissen, die höchsten dieser Erde sind: die Küstensequoien. Fünfunddreißig Stockwerke eines Hochhauses machen jene Reichweite in die Höhe aus, die eine Küstensequoie mit mehr als hundertzwölf Metern mißt. Die Mammutbäume freilich erreichen gewaltige Gesamtmassen, Stämme von bis zu neun Metern Durchmesser. Mammutbäume bilden aber nicht Wälder, die nur aus ihrer Art bestehen, sondern sie finden sich bei kleineren Bäumen, stehen in Gruppen zusammen. Was die Küstensequoie eindrucksvoll macht, ist der Wald, den sie auf einem einzigen, schmalen Streifen dieser Erdkugel bildet: entlang der Pazifikküste von Monterey in Kalifornien bis hinab in den Südwesten von Oregon, siebenhundertfünfzig Kilometer lang zieht sich dieses schmale Band von Sequoienwäldern am pazifischen Ozean entlang.

Blickt man an den Stämmen hinauf, so schafft neben ihrer

schwindelerregenden Höhe die Musterung der Rinde eine spiralförmige Bewegung im Auge des Betrachters: tiefe Kerben ziehen sich in den Stämmen aufwärts, während sie langsam den Stamm umkreisen wie große, langgezogene Spiralen. Zwischen den hohen Stämmen ist viel Licht; ein majestätischer Wald, durch den das Auge wandern kann, in die Tiefe und Höhe, an sonnengescheckten Stämmen entlang. Andreas Feininger berichtet, daß lärmend eingefallene Reisegruppen zwischen diesen gewaltigen Stämmen nach einer Weile den Ton wechselten: mit leiser Stimme tauschten sie ihre Eindrücke aus, und beruhigt und friedlich traten sie aus dem Wald ihren Rückweg an.

Die Küstensequoie erreicht selten größere Stammdurchmesser als fünf Meter. Die ältesten Küstensequoien sind wahrscheinlich dreitausendfünfhundert Jahre alt; sie sind nicht die höchsten. Unter den höchsten sind nur solche bis zu zweitausendfünfhundert Jahren. Auch diese Bäume haben also seit Jahrtausenden die Menschheitsgeschichte begleitet. Jedes Menschenleben, das sie überdauert haben, währte nur einen Augenblick; tausend Generationen haben einander abgelöst, während einer dieser Bäume unverändert an seinem Platz blieb, von Saft durchströmt, im Erdreich Nahrung saugend und in unablässiger Photosynthese im Austausch mit Luft und Licht, Kohlendioxyd und Sauerstoff.

Die Küstensequoie wächst sehr schnell; auch nach dem Kahlschlag eines Sequoienwaldes wachsen neue Bäume auf, wenn die oberste Bodenschicht nicht abgetragen wird. Um zwei bis drei Zentimeter nimmt die Dicke der Stämme alljährlich zu. Das Wurzelwerk dieser Riesenbäume denkt man sich tief im Boden verankert; es reicht aber selten tiefer hinab als drei Meter. Jedoch breitet es sich sehr weit im Umkreis aus: bis zu dreißig Meter vom Stamm entfernt findet man Wurzelfasern einer Sequoie. Werden die Wälder überschwemmt, so fallen die Baumriesen leicht nach ersten Unterspülungen um. Wird der Baum gefällt, so aktiviert sich sein Wurzelwerk: Mehrere hundert Schößlinge umringen den Baumstumpf und wachsen in dieser Form, wie ein zauberischer Kreis, empor. Nach fünfundzwanzig Jahren sind es zehn bis fünfzehn junge Bäume, die anstelle des abgehauenen neu emporstreben. Nach fünfzig Jahren ist ihre Zahl erneut reduziert; vergeht noch mehr Zeit, so bleiben noch einmal weniger junge Bäume übrig, die sich zum Sonnenlicht emporstrecken.

Wenn wir in den gemäßigten Zonen dieser Erde von beeindrukkenden Bäumen sprechen, dann wird der Mammutbaum erwähnt, weil die Grannenkiefer und die Küstensequoie zu wenigen von uns bekannt sind. Auch der Mammutbaum ist eine Sequoie, er führt den ausdrucksvollen lateinischen Namen *sequoia gigantea.* Er ist ein Verwandter der Sumpfzypresse und beeindruckt durch seinen dicken Stamm.

Die Riesensequoie, der Mammutbaum, ist der größte lebende Organismus dieser Erde. Kein Tier der Erdgeschichte reicht an seine Masse, sein Gewicht heran. Die größten dieser Bäume wiegen über tausend Tonnen, fast das Zehnfache dessen, was das größte Tier, der Blauwal, mit hundertzweiundfünfzig Tonnen wiegt. Mehr als zehn Meter Durchmesser hat der Stamm eines dieser gewaltigen Bäume durchschnittlich. ›In der Regel wachsen Riesensequoien einzeln und weit verstreut, umgeben von Massen kleinerer Bäume, ihre unglaublichen Dimensionen, ihre Farbe, die von Fuchsrot und Bronze bis zu einem grauen Purpur hin variiert und die sich bei jeder Beleuchtung wieder zu verändern scheint, lassen diese Bäume wie Relikte aus einer vorsintflutlichen ‹verlorenen› Welt erscheinen.‹[212] Die Rinde ist zimtfarben und samtweich. ›Die Rinde der Riesensequoien ist sowohl vom Gewebe als von der Farbe her völlig verschieden von allen andern Bäumen – ein wundervolles Zimtbraun mit Schattierungen von Rostrot, Purpur und Aschgrau, oft mit schwarzen Flecken versehen, Erinnerungen an Waldbrände, die vor Jahrhunderten den Wald heimgesucht haben. Schimmernde Glanzlichter beleben das samtartige Gewebe, das sich warm und elastisch anfühlt. Diese Rinde ist bis zu sechzig Zentimeter dick, stark mit Gerbsäure durchsetzt und dadurch äußerst widerstandsfähig gegen Schädlinge und Feuer.‹[213]

Feininger berichtet, daß in den sechziger Jahren eine vom Blitz getroffene Riesensequoie mit ruhigem Feuer brannte, ohne hell aufzulodern, und, kaum versehrt, erst im Oktober von einem Schneesturm gelöscht wurde.

Wer sich diesen Bäumen nähert, hat im Räumlichen dasselbe Problem wie bei den Grannenkiefern im Zeitlichen: die Unzulänglichkeit der menschlichen Sinne und ihrer Reichweite. Eine Ausdehnung wie die der Riesensequoie wird abstrakt – sowohl aus der Entfernung wie auch in der unmittelbaren Nähe. Sieht man Riesensequoien von weitem, täuscht man sich über ihre Größe. Unsere Sehgewohnheiten lassen uns einen Baum normaler Größe annehmen, der fünfzehn Meter von uns entfernt steht, während es eine Sequoie im Abstand von hundertfünfzig Metern ist, die in unser Blickfeld tritt. Wer diese Bäume photographieren will, hat dasselbe Problem. In der Regel erblicken wir auf solchen Bildern daher kleine Menschenfiguren zwischen den knorrigen Wurzeln, die uns beim Größenvergleich helfen sollen.

Fünfundsiebzig Millionen Jahre reicht die Geschichte der Sequoien zurück; sie führt ins Tertiär-Zeitalter. In Europa bekanntgeworden und in vielen botanischen und privaten Gärten unterdessen angepflanzt ist die Metasequoia, die 1946 in Zentralchina wiederentdeckt wurde. Auch sie ist eine Art, die sich Millionen Jahre zurückverfolgen läßt bis ins Miozän im Jungtertiär. Manche Zeitgenossen unserer Jahrzehnte lernen die Bäume unserer Breiten wieder zu bewundern, wenn sie zwischen ihnen solche uns unvertrauten Baumgestalten sehen: die Metasequoia, die unseren Nadelbäumen ähnlich, aber spielerischer im Umriß ihrer Krone ist, leichter im Gezweig – und vor allem ungewohnt für unser Auge. Sie zieht uns an wie das Fremde, Unbekannte uns anzieht, weil es über andere Zonen dieser Erde Auskunft zu geben scheint. In ähnlicher Weise setzt sich unsere Phantasie in Bewegung, wenn wir Palmen sehen: Morgenländische Sonne und der Wind unberührter Küsten ziehen durch unsere Gedanken, wenn wir nur Bilder von diesen Bäumen sehen.

Die Sehnsucht, nicht dort zu sein, wo wir herkommen, wo alles geheimnislos erscheint, weil unsere Sinne abgestumpft sind, wird durch den Anblick solcher Bäume mächtig aufgerührt. Die Königspalmen, Dattel- oder Kokospalmen gehören überdies zu den schönsten Baum-Anblicken, weil sie alles das unmittelbar sichtbar machen, was unsere Bäume wegen ihrer stabilen Stämme und ihrer dichten Kronen nicht zeigen können: die Elastizität des Stammes, der mit dem Winde schwingt, und die glänzende oder kugelige Sinnlichkeit von dichthängenden Früchten – und schließlich die geometrischen Muster der gegeneinandergewehten Wedel, die sich wie Riesenfedern im Wind kreuzen. Die Spitzbogen der gotischen Kathedralen, so meinen manche Gelehrten, bildeten nichts anderes nach als zwei gegenüberstehende Palmenreihen, deren Wedel sich kreuzen.

Wer freilich die Bewunderung für exotische Bäume geübt hat, entdeckt auch an den heimischen Arten Einzelzüge, die er bis dahin nicht wahrgenommen hat: das bunte Rindenrelief der Platane in unseren Alleen, ihre Stachelkügelchen vor dem Winterhimmel; die winterlichen Federreihen der entblätterten Pappeln, die abstrakten Tuschzeichnungen entlaubter Winterbäume vor warmen Sandsteinmauern und -brücken; die Lichtmuster auf Gehsteigen und an Hauswänden, die durch Baumgeäst gemalt werden, im Rhythmus des Windes hüpfend; das dramatische Astgewirr windgezeichneter Buchen und die zartlila Schöpfe treibender Weiden im Frühlingsnebel.

Der ferne Ginkgo, den wir vielleicht vor unserem Haus in die Erde gesenkt haben, berührt uns zugleich mit dem Apfelbaum, den wir in jeder Zweiggabelung kennen seit wir Kinder waren, mit dem Kirschbaum, an dem unsere Schaukel hing, wie der Zuruf aus einer anderen Welt. Sein Blatt ist wie keines unserer heimischen Bäume, einem sanft und tiefgelappten Fächer ähnlich; wir können es uns in Gold geprägt und in Reihen aufgefädelt um die Hälse weit im Nebel der Jahrtausende entrückter Frauengestalten früher Hochkulturen denken: feingliedriger Chinesinnen vielleicht, die den Mond im Ginkgo hängen sahen wie wir ihn in der Buche, Linde oder Pappel verfangen wiederfinden.

Ein Tempel ist Natur, wo jede Säule lebt
Und zu uns redet mit geheimnisvollen Zungen;
Es ist der Mensch in der Symbole Wald gedrungen,
Und auf ihm ruht ihr Blick, der ihn vertraut umschwebt.

Charles Baudelaire

13. Kapitel

Der Baum im Sinnbild

Das Sinnenbild – ein anschauliches Wort, mit dem die deutsche Sprache sich zu eigen macht, was im Griechischen *emblema*, das Eingefügte heißt; die Einlegearbeit oder das Mustersinnbild für den Goldschmied hieß *emblema*. In der abstrakten Welt der Gedanken und Ideen, der Lebensweisheiten und der Moral spielt das Emblem, das Sinnbild seine Rolle als kleinformatiges, dicht besetztes Bild, dessen Gegenstände allesamt nicht für sich selbst stehen, sondern auf etwas deuten: der Palmzweig auf Sieg, Frieden und Beständigkeit, der Ölzweig auf den Frieden. Die Dichtung kam seit der Renaissance und bis weit ins 18. Jahrhundert hinein nicht ohne diese Zeichenbilder aus. Sie schöpfte aus einem üppigen Vorrat von Emblemsammlungen, die das 16. und 17. Jahrhundert hinterlassen hatten. Diese Bücher erläuterten auch ältere, auf die Antike und ihre mythischen Figuren zurückgehende *Emblemata* und halfen so den Nachfahren, deren Sinn zu entschlüsseln.[214]

Die Emblemkunst, das muß vorweg verstanden werden, war im 16. und 17. Jahrhundert eine überaus populäre Form der Mitteilung. Sinnbildsammlungen überfluteten den Buchmarkt Europas. Wer sich überhaupt mit Literatur befaßte, der verstand die meisten Symbole und Gleichnisse, die hier Mikro- und Makrokosmos, die vier Elemente Erde und Luft, Wasser und Feuer, die Tier- und Pflanzenwelt, Menschen, Heroen und Götter zum Zeichen nahmen, um die Gesetze des Lebens anschaubar zu machen. Wer Sinnbilder unbefangen betrachtet, kann nur ahnen, welche historischen Räume in die Vergangenheit diese kleinen, häufig von den Interpreten des 16./17. Jahrhunderts neu interpretierten Bilder öffnen. Die Beschäftigung der Florentiner Humanisten mit ägyptischen

Hieroglyphen gehört zu ihrem Hintergrund, weil die antiken Autoritäten Herodot und Platon, Diodor und Plutarch von den Geheimnissen dieser Schriftbildzeichen berichteten. Vermutlich aus dem fünften Jahrhundert nach Christus lag ein alexandrinisches gelehrtes Werk vor, die ›Hieroglyphica‹ des Horapollo, die 1419 in griechischer Fassung nach Italien kamen, dort zu Beginn des 16. Jahrhunderts im Druck erschienen und seit 1517 auch in lateinischer Sprache einer größeren Leserschaft unter den gelehrten Renaissancekünstlern zugänglich wurden.[215]

Die Lust, jede gleichnishafte oder allegorische Darstellung, jedes Symbol hieroglyphisch zu deuten – als heilige Botschaft aus Laut- und Begriffszeichen –, erstreckt sich nun auch auf biblische und altgriechische Zeugnisse. Die mittelalterlichen Pflanzenbücher werden dieser Sinnbildlust unterzogen, so daß ›sich auch die angewandte Hieroglyphik der Renaissance als eine reizvoll-verworrene Mischung aus ägyptischer Bilderschrift und pythagoreischer Symbolik, antiker Mythologie und kabbalistischer Zahlenmystik, alttestamentlichen Motiven und mittelalterlicher Allegorese‹ darstellt.[216]

Das Vergnügen am Dunklen, rätselhaft Verschleierten hat den Erfolg der Sinnbildkunst in jener Epoche begünstigt. Was offen zutage lag, interessierte die Liebhaber und Gestalter der emblematischen Kunst wenig. Ihre Begeisterung galt der Chiffre, der verborgenen Bedeutung, für die das Emblem dem Betrachter erst die Augen öffnet. Das Exempel ist dagegen eine fast plumpe Annäherung an den Leser; *Emblemata* bleiben der exklusiven Kunst der Hieroglyphen verpflichtet.

Jedes Emblem spricht in zwei Medien zum Betrachter: in Bild und Wort. Erst der erklärende Text, die ›beygeschriebenen Worte‹ machen den Sinn des Bildes durchsichtig. Ohne Texte spräche es nur zu Eingeweihten, die in der Zeichensprache der Dinge unterwiesen und erfahren sind. Das ›Emblemata liber‹ des Alciatus schöpft die Hälfte seiner Texte aus der ›Anthologia Graeca‹. Griechische Epigramme, Inschriften auf Gebäuden, Grabmälern oder Weihegeschenken waren überliefert in den griechischen Bildepigrammen, die den ursprünglichen Ort der Sinnbilder noch deutlich spiegelten.

Bild und Schrift, wie sie das Emblem nun miteinander verbunden aufeinander bezieht, waren lockerer und beliebiger schon in mittelalterlichen Zeugnissen gruppiert: illustrierte Lehrwerke wie Sebastian Brants ›Narrenschiff‹ oder die ›Schelmenzunft‹ von Thomas Murner bebilderten mit Holzschnitten, was der Dichter vortrug. Die Bilderbibeln für die leseunkundige Mehrheit, die Fabel- und Spruchsammlungen übten ebenfalls das Zusammenspiel von Wort und Bild vor. Auch an Wappensprüche erinnern die Embleme oft; Übergänge von heraldischen Sinnsprüchen zur Emblematik öffnen sich in vielen Beispielen der großen Sammlungen. Für den Baum liegt eine solche Verbindung von Stammes- oder Familienwappen mit Vegetationsgesetzen besonders nahe. Das Emblem verknappt und artifiziert freilich die aus dem Mittelalter überlieferte Illustrationskunst; das Bild ist mehr als bloße Illustration des gesprochenen Wortes, und der Text weitet den Bildinhalt in die abstrakte Dimension. Keines kann ohne das andere sein; erst das Zusammenspiel der beiden ergibt die vollständige Mitteilung an den Leser und Betrachter.

Die Deutungsenergie der Embleme entspringt der ehemals selbstverständlichen Annahme, daß die gesamte Welt der äußeren Erscheinungen auf innere, auf Sinnzusammenhänge deute. Die mittelalterliche Welt der Symbole zeichnet hier ihre Spuren; Fauna und Flora tragen dem Beschauer in ihren Verhaltensmerkmalen Sinnkonzepte für das menschliche Leben zu. Theologische Traditionen, nach denen die Natur und das gesamte Universum die Spuren göttlicher Offenbarung trägt, mischen sich in den Emblem-Überlieferungen mit dem Erbe der griechisch-römischen Mythologie. Beide Traditionen verbinden sich in der Kulturgeschichte des Baumes. Das eindrücklichste Belegstück hierfür ist die Deutungsgeschichte des Mastbaumes vom Floß des Odysseus bis zum christlichen Schiff des Heils.[217]

Wenn wir den Baum im Sinnbild jener entfernten Jahrhunderte betrachten, so spiegelt er daher immer auch Auslegungsgeschichte, Sinn-Erinnerung an noch weiter zurückliegende Zeitalter. Diese Spiegelbilder werden gebrochen im neuen Deutungsversuch des Zeitgenossen, der den erklärenden Text für seine eigenen Zeitgenossen schreibt, und im veränderten Verständnis und Wissen von

Mythos, Religion und Volksglauben, Naturerfahrung und Naturwissenschaft – und schließlich in dem Menschenbild, das den Deuter in seiner Aufklärungsabsicht leitet. So bieten die *Emblemata* neben dem Reiz der verdichteten Lebensschau, die sie auf kleinstem Raum sammeln, auch das historische Vergnügen, einer Vorfahrenschaft beim Spiel mit den Rätseln des Kosmos und des Menschen, beim spielerischen Ernst des Ver- und Entschlüsselns zuzusehen.

Das Verlangen, rund um sich nichts ohne Sinn und nichts ohne Zuordnung zu sich selbst zu erkennen, haben Menschen in verschiedenen Jahrhunderten auf unterschiedliche Weise gestillt. Die Baum-Emblematik läßt uns teilnehmen an vielfältiger Inspiration, die in unterschiedlichen Klimazonen von der aufragenden Gestalt des Baumes ausgegangen ist. ›Getaufte‹ Mythologie der Antike verschmilzt mit hellenistischen Mythen des Alten Testaments und allegorischen Auslegungskünsten der Kirchenväter. Aber auch die Weltkenntnis des Mittelalters schlägt durch: in den Lehren über Liebe und Leid, über Macht und Sturz, über Hoffnung und Tod sind die großen spätmittelalterlichen Festumzüge lesbar, in denen Leben und Tod gleicherweise gefeiert, geehrt und gestaltet wurden.

Die emblematischen Bilder und Texte deuten aber nicht nur; sie geben auch Anweisungen, Lehrsätze, Erfahrungsbilanzen, die für den einzelnen Warnung, Mahnung und Ratschlag sein sollen. Im Bild läßt sich manche Erziehungslehre – die noch heute oft genug die Wachstumsbedingungen der Bäume zu Hilfe nimmt! – erheiternder darstellen als am störrischen Menschenkind und seinem ungeschickten Vater. Die Natur zum Vorbild zu nehmen, das gelingt natürlich nur dann, wenn man den Menschen ähnlichen Lebensprozessen vertrauensvoll zuordnet. Die Flut der Naturvergleiche gehört damit ins vorwissenschaftliche Zeitalter – und wir beobachten in einer fortschrittsmüden Zeit, daß die Lust zu solchen Zuordnungen wieder ansteigt.

Wer im Bilde der einander zugeneigten Palmen, die ein Wasserfluß voneinander trennt, das Sinnbild dauerhafter Liebe erblickt, wie ich das an einem der Baumsinnbilder zeigen werde, der bewegt sich durch die Welt der Pflanzen und Tiere auch im übrigen mit einem Durst nach Zeichen, die sein eigenes Leben im kosmischen

Gesetzeskanon unterbringen und entdramatisieren. Zugleich geben aber die überschäumenden Phantasien unserer Vorfahren an der Schwelle der Neuzeit Zeugnis davon, daß hier ein Epochen-Umbruch geahnt und der Versuch dagegengesetzt wird, an der Harmonie mit der großen Weltordnung der Väter und Vorväter festzuhalten, in sie eingebettet den neuen Erkenntnissen und Neugierden geschützt zu begegnen oder mit gültigen und zeitüberlegenen Deutungen des Lebens vorauszueilen.

Das Sinnbild mit auslegenden Versen, ›Gemälpoesy‹, wie ein Autor gegen Ende des 16. Jahrhunderts sehr anschaulich sagt[218], wirkt in die Künste und ins Kunsthandwerk; es erscheint an Fassaden und in Wandgemälden der kirchlichen und weltlichen Gebäude nachfolgender Jahrhunderte; die Grabmalkunst trägt seine Spuren, wie ich noch zeigen werde. Auch die Literatur, insbesondere die belehrende und erbauliche, in profanen wie in religiösen Schriften, greift zu den bildnerischen und sprachlichen Instrumenten der *Emblemata*, weil Anschauung und verborgener Sinn sich hier auf einleuchtende Weise verbinden.

Auf welchen Wegen manches Motiv das 18. Jahrhundert oder gar das 19. erreicht hat, läßt sich nur selten nachzeichnen. Die Bäume auf Grabsteinen oder in Passionsbildern der Neuzeit, die Sinnsprüche zur Erziehung und zum Alter – wie jener, daß ein alter Baum nicht mehr verpflanzt werden kann – finden sich schon in den Emblemsammlungen des 16. und 17. Jahrhunderts. Jahrhunderte bleiben hier dem gleichen Sinnbild mit ihren Vorstellungen verbunden; Epochen, die im übrigen weit auseinandergerückt sind, was die Gewohnheiten, die Kenntnisse und die psychische Gesamtlage ihrer Menschen angeht. Nicht wenige Bild- und Textmotive sind auf diese Weise von der Antike bis in unsere Zeit gewandert, christlich ein- und umgefärbt, humanistisch angereichert, barock geschmückt, aufklärerisch rationalisiert und klassisch neu geordnet – aber immerhin: sie überleben, auch ohne daß der heutige Leser und Beschauer ihre respektgebietende Kulturgeschichte kannte, sie leben als vitale und unserem Gedächtnis überlegene Zeugen einer Geistes- und Ideengeschichte, die durch gleiche Zeichen Verständigung über Jahrhunderte möglich macht. Der Baum ist ein solches Zeichen, zeitlos und zeitüberlegen, vielerlei Deutungen zugänglich – und offenbar so ausdrucksstark, daß seine sinnbildliche Energie verführerisch und vielfältig bleibt wie die der großen Elemente, denen er sich immer enger gruppiert als das übrige pflanzliche Leben: Erde und Feuer, Luft und Meer.

Auch mit ihnen im Wechselspiel zeigen den Baum die Sinnbilder, die ich hier vorstellen will. Vielleicht können wir einige von ihnen wieder mit Leben erfüllen, um ihren künftigen Weg durch die Geschichte zu sichern. An welchem Stück Kosmos soll der Mensch sich selbst in gleicher Weise verstehen, wenn er die Bäume als Lebensgleichnis verliert oder vergißt? Für manches Lebensphänomen, das er erklären und deuten hilft, scheint der Baum unersetzlich, nicht austauschbar.

Durchblättert man die Sinnbilder, in denen der Baum eine Rolle spielt, so entdeckt man eine ganze Lebenslehre, die mit Hilfe der Lebensphasen und Eigenschaften von Bäumen dargestellt wird. Die Reihe der Tugenden und Laster, der Lebenserfahrungen, der Werte, der Sittlichkeit und aller Gesetzmäßigkeiten, mit denen Menschen vertraut werden, tritt im Sinnbild des Baumes vor unser Auge. Nicht nur das menschliche Leben spiegelt der Baum für unsere Vorfahren, auch das Leben von Gemeinwesen, von Völkern und Reichen, ja das Leben der ganzen Menschheit tritt im Zeichen des Baumes auf. Der Baum wird zum Vorbild, häufiger zum positiven als zum negativen. Er vertritt die Kette der Tugenden. Die Weisheit zum Beispiel finden wir dargestellt als einen Baum, der im Herzen der Menschen wurzelt und dessen Zweige als weise Rede aus seinem Munde quellen. Die Abbildung, die zu diesem in französischer Sprache gefaßten Text gehört, zeigt eine bärtige männliche Halbfigur, die linke Hand auf ein aufgeschlagenes Buch gelegt und den Mantel vor dem offenliegenden, herzförmig dargestellten Herzen zurückschlagend, um das sich nun die Wurzeln eines Baumes ranken. Aus dem Mund des Mannes wachsen sauber belaubte Äste nach rechts und links gegen die Bildränder. Der Baum der Weisheit, sagt der Text, wurzelt im Herzen und richtet sich so empor, ›daß die Frucht aus dem Mund herauswächst‹.[219]

›Wie ein Baum wirst du in Weisheit wachsen, wenn du deine eigenen Äste stutzt‹, so heißt es an anderer Stelle.[220] Das Beschneiden der Bäume liefert in der Regel nicht Beispiele für Weisheit, sondern eher für rechtzeitiges Ausmerzen des Bösen durch Disziplin, die der Jugend nottut wie einem jungen Baum, den man beschneidet. Auch für die Beseitigung der Laster und die Erziehung zur Tugend steht das Beschneiden der Bäume in der Welt der Sinnbilder.[221]

Bleiben wir aber zunächst bei der Weisheit. Der Weg zur Weisheit ist ein beschwerlicher, so sagt die feinteilige Darstellung eines Fichtenzapfens über einer mit Flüssen, Bäumen, Bächen und Wolkenhimmel reich ausgestatteten Landschaft, aus der im Hintergrund ein Felsen aufragt. Wie im Fichtenzapfen hinter harten Schalen in den Winkeln süße Kerne sitzen, so sagt der Begleittext zu diesem kleinen Bild, ist auch die schwer zugängliche Weisheit von ›harten, spitzen Steinen umgeben, aber sie ist zugleich voll süßer Früchte‹.[222]

Viele der Lebensweisheiten, die wir unter den *Emblemata* finden, preisen alle Varianten des weisen, reifen, abgeklärten Verhaltens. Sucht man nur die buntesten und originellsten Beispiele heraus, so hat man Anlaß genug zum Erstaunen, daß der Baum sich offenbar für jede Spielart menschlicher Erfahrung eignet. Ob es um Beständigkeit oder Mäßigung, um Geduld oder Zuverlässigkeit, um kluge Erziehung, um Wachstum und Reife geht: der Baum mit seinen Phasen der Fruchtbarkeit und der Dürre, des Heranwachsens und der üppigen Ausbreitung seiner Krone bietet sinnreiche Beispiele. Da schneidet der Holzschneider ein Wappen; neben diesem reich geschmückten Wappenschild läßt er nun einen steilen Berg aufragen, dessen felsige Wände von üppigen Bäumen bis zum Gipfel bedeckt sind. Der beigegebene Text erklärt, was hier auf das Leben des Menschen bezogen werden soll: ›*Erectae ad sydera crescunt*‹ lautet der Titel dieser Darstellung, ›aufgerichtet wachsen sie zu den Sternen‹. Der kleine lateinische Text unter dem Bildchen lautet zu deutsch: ›In großer Zahl schmücken Bäume, abwechslungsreich ansteigend, den steilen Berg, und mit grünendem Wipfel strecken sie ihre Äste zum Himmelsgewölbe, ohne daß der [schlechte] Boden es verhindert. Kein Volk und kein Land soll dir den von den Vätern ererbten Sinn im aufrechten Herzen verändern, sondern überall in der Welt sei deine Beständigkeit unwandelbar.‹[223] Wie der Baum auf kargem Boden gedeiht, so also soll der Erbe dieses Wappens allen Einflüssen von außen widerstehen.

Die Standhaftigkeit wird auch dargestellt durch einen Baum, an dessen Äste Äxte gelegt sind. ›Tapffer und beständig zu seyn‹, so sagt der beigegebene Text, das bedeutet, ›von den innern Bewegungen des Gemüthes/oder äusserlichen Beschwerligkeiten und Widerwärtigkeiten/sich weder überwinden noch abwenden zu lassen‹.[224] Dieses Sinnbild scheint keinerlei Zusammenhang zu suchen zu den Bäumen, die wir im Alten und Neuen Testament finden, an deren Wurzel die Axt gelegt ist. Dort bedeutet dieses Sinnbild regelmäßig das Verderben eines Baumes, der keine Frucht trägt.[225]

Der schattenspendende Baum spielt für die Wüstenvölker eine besondere Rolle; auch hierauf beruht eine auffallend dichte Tradition, in der das Bild der Palme durch die Jahrhunderte wandert. Sie ist einer jener Bäume, mit denen die Völker in Vorderasien, von denen unsere reichen Religionsüberlieferungen stammen, einprägsamste Erfahrungen sammelten.[226] Ein Sinnenbild, auf dem die Palme die stolze und hoch aufragende Mitte bildet, zeigt links und rechts schloßartige und ärmliche Gebäude. Der beigefügte Text sagt:

> ›Wenn ich von meinem eigenen Vater nicht das ererbt hätte, was er erwarb und was ihm mein Großvater hinterließ, würde ich mit Mühe und ohne Hoffnung auf Frucht Olivenhain, Garten und Weinrebe pflanzen, unter großem Aufwand das Haus von den Grundmauern an drei Stockwerke hoch aufführen. So nimmt es nicht Wunder, wenn wir den Baum pflanzen, dessen Ertrag wir selbst doch nicht genießen.‹[227]

Unbeugsame Tugend finden wir an anderer Stelle mit einem einleuchtenden Bild dargestellt. Da wächst eine Palme, an deren geschwungene Äste sich ein schwerer, muskulöser und wild aussehender Mann hängt, der nur mit einem Lendenschurz bekleidet ist. Der beigegebene Text erklärt:

> ›Wenn du einen Zweig mit großer Gewalt herabbeugst, erhebt sich seine Spitze wieder vom äußersten Ende. Heil und mit ungebrochener Kraft flieht er die unrechte Gewalttätigkeit und strebt nach dem höchsten Gipfel. Die Tugend, die sich hoch aufrichtet, gefestigt zur rechten Zeit, von keiner Gewalt besiegt, ist

stark. Und wenn ein ungerechtes Schicksal ihr schwere Schläge zufügt, wird sie doch von keiner Not besiegt und zu Boden gedrückt.‹[228]

Die Palme gilt überhaupt als Inbegriff der Tugend.[229] Sie taugt deshalb auch als Lagerplatz bösartiger Schlangen und Frösche, um zu zeigen, daß dem ›Vornehmen‹ gehässige Zungen nichts ausmachen; er ist im Einklang mit dem Rechten.[230] Der Bildervorrat, den die Palme für Tugend und Rechtschaffenheit bietet, scheint unerschöpflich. Ein anderes Beispiel zeigt zwei Knaben, deren einer den Rücken beugt, damit der andere über ihn zu den Früchten einer Palme emporsteigen kann.

›Der aber hinaufsteigt, pflückt die Früchte, schenkt davon dem Helfer und läßt ihn teilhaben. Der Wettstreit im Lernen und der Ruhm der Bildung, das ist die Palme, um welche sich edle Knaben bemühen. Die einen von ihnen, besiegt im schönen Kampf, heben die Sieger empor und tragen sie auf ihren Schultern. Diese aber geben ihnen doch einen Teil der Früchte, die sie vom Baume der Klugheit gepflückt haben, und helfen ihnen mit ihrem Rat. Nicht alle, die sich um die Wissenschaft bemühen, gelangen mit gleichem Erfolg zur Frucht, sondern ein guter Teil verliert die Kraft. Denn jene, die zum Höchsten streben, werden höher steigen als die, welche einfältig ganz unten aushielten.‹[231]

Ein Sinnspruch zur Universitätsreform des zwanzigsten Jahrhunderts? Ein weiteres Bild:

›Beim Hinaufklettern schneidet die harte Palme in die zarten Handflächen des Knaben, aber nicht anders wird sie ihm ihre Früchte geben. Die Tugend bietet zunächst den Aufblickenden solchen Zugang zu sich und zeigt, hochragend, einen steilen Weg. Aber denen sie selbst es gewährt, ihren höchsten Gipfel zu erreichen, denen bleiben ewig Ruhe, Ruhm und Ehre.‹[232]

Zwei Palmen, die sich mit üppigen Kronen über einen Bach zueinander neigen, von Ufer zu Ufer, stehen in einem anderen emblematischen Bild für die Liebe zweier Menschen, die sich durch nichts trennen lassen. Der erklärende Text fügt noch hinzu: Die beiden

Wipfel spiegeln sich vereinigt im Wasser, das sie zu trennen scheint, und das Wurzelwerk der beiden Palmen findet unterirdisch wieder zusammen. Ihre Liebe baut Brücken, erklärt der Text, und die Anwendung auf den Menschen lautet so:

›Lernet nun hievon das Lieben /
Und im Lieben euch zu üben /
Ob die Trübsahl schon anbricht /
Laßt euch scheident scheiden nicht.‹[233]

Beständigkeit und Beharrlichkeit, von der wir sprachen, kann aber auch mit Hilfe von Bäumen ganz anders dargestellt werden als bisher beobachtet. Da findet sich in einem kleinen rechteckigen Sinnbild ein auf die Doppelaxt gestützter, offenbar erschöpfter Holzfäller vor einer alten, freilich dürren, morschen Steineiche. Es geht also nicht um den üppigen belaubten Baum, dessen Vernichtung im Sinnbild immer den Menschen richtet, der diesen Versuch unternimmt. Im Stamm der Steineiche sehen wir eine tiefe Kerbe, die die Axt hinterlassen hat. Dicke Holzstücke und grobe Späne liegen um den Baum verstreut. Die programmatische Überschrift lautet: ›Sie wird nicht durch einen Schlag gefällt.‹ Die Lehre, die aus diesem Bildchen gezogen werden soll, wird in dem beigefügten Text erklärt. Will ein Bauer eine Steineiche fällen, so heißt es da, so braucht er einen ganzen mühseligen Arbeitstag dafür. Er muß sich aufs äußerste anstrengen, er schwitzt, er muß pausieren und erneut an die Arbeit gehen. Er spürt, daß sein Arm schwach ist und sein Körper müde; ›und er muß an seinem schwachen Arm und müden Körper erkennen, wie müßig es ist, erreichen zu wollen, daß das, was in hundert Jahren gewachsen, schon nach einem einzigen Schlag seine Festigkeit aufgibt.‹[234]

Übrigens kann dieses Bild von der Axt, die schließlich beim letzten Schlage den Baum fällt, auch in ganz anderem Sinne gebraucht werden. Wir finden unter den *Emblemata* ein Beispiel, wo dieser letzte Schlag, mit dem die Axt den Baum fällt, zum Beispiel genommen wird für den Menschen, der darauf achten solle, wie ihn der Tod vorwarnt, wenn er sich ihm nähert. Und zwar hat dieser Rat folgenden Sinn: ›Er setze nicht seine Seele aufs Spiel und verliere nicht durch Unachtsamkeit seinen Halt.‹[235] Es geht also nicht nur darum, rechtzeitig zu wissen, wann man sterben wird, sondern seine Seele in den rechten, gereinigten Zustand zu bringen, ehe man stirbt.

Für Standhaftigkeit und Beständigkeit gibt es noch eine andere Variante: Den Baum, der zerklüftet und von Blitzen zerschlagen immer weiterlebt und Nahrung saugt, obwohl er verstümmelt und verkümmert aussieht. Zarte grüne Triebe auf dem zerklüfteten Stamm zeigen, daß der Baum immer noch lebt. An seinem Fuße sehen wir einen Bauern Reisig sammeln, trockenes totes Holz, das sein Feuer unterhalten soll. Die Erklärung des Sinnbildes endet so: ›Wenn doch die Menschen ebenso ihre menschlichen Aufgaben auch unter Mühen und Bedrängnis lösen wollten, mögen auch die Kräfte gering sein, dann würde in schwierigen Lagen die Einsicht aller viel besser sein, und der, der im hohen Himmel wohnt, würde unserem Wagen mit himmlischer Gunst beistehen.‹[236]

Aus unserem eigenen Vorrat an Sprichworten wissen wir, daß der Baum in den Bildvorstellungen für Erziehen, Prägen und Leiten junger Menschen, für das Erwachsenwerden eine besondere Rolle spielt. Auch die Sinnbilder zeigen hier einen Reichtum der Bildphantasie aus Jahrhunderten, von dem die uns vertrauten und unter uns gehandelten sprichwörtlichen Redensarten nur einen schwachen Abglanz liefern. Wir haben aufgehört, in Bildern zu denken, und wir bezahlen den Abschied von der Natur offenbar auch mit einem Verlust unzähliger sinnkräftiger Bilder für das eigene, das menschliche Leben. Freilich könnte man diesen Begründungszusammenhang auch umkehren: Haben wir uns nicht auch von engerer Anschauung der Natur verabschiedet, weil wir der Bilder nicht mehr zu bedürfen glaubten?

Die Palme, um die die Knaben wetteifern, weil sie der Siegespreis ist, gab schon ein Beispiel. Ein auf den ersten Blick sehr einfaches Bild kehrt häufig wieder: Da steht ein starker großer Baum, und ein junger Sproß wächst zart daneben. Beigegebene Sinnsprüche können lauten: ›*Virga fuit*‹, ›auch er war einmal eine Gerte‹, oder ›*tempore virga fui*‹, so als sagte der große Baum: Vor Zeiten war auch ich ein junger Schößling.[237] ›*Tandem fit arbor*‹, sagt ein anderes Bild; das meint: Endlich wird ein großer Baum daraus, zu guter Letzt. Stehen Schößlinge zu nahe am Stamm, so wird ein

Spruch wie dieser hinzugefügt: ›*Indulgentia parentum liberis noxia*‹.[238] Es geht also um die Verzärtelung, um die Vergiftung von Kindern durch übermäßige Zuwendung. Der schöne lateinische Text, der zu diesem Spruch gehört, verdient es, im ganzen zu deutsch wiedergegeben zu werden.

›Ein Pflänzchen, welches vom alten Stamme im Schatten des Baumes hervorsprießt, wird kaum hoch aufwachsen und Frucht bringen, sondern niedrig und klein sitzt es fest zwischen den untersten Wurzeln. So wird sich auch der Knabe kaum hoch aufrichten, wenn er im schattigen Haus des Vaters und im Schoß der Mutter aufwächst. Kaum je ist derjenige tüchtig, den der Schatten der Eltern, der jedes Licht abwehrt, nicht zu ruhmvollen Ehren aufwachsen läßt. Er sitzt vielmehr immer träge zu Hause und hätte doch, in einen anderen Kreis verpflanzt, reife Frucht bringen können. Denn hohes Laub und Gezweig der Mutter werfen Schatten, sie hemmen dem Heranwachsenden die Entwicklung und lassen ihn austrocknen, wenn er Früchte bringt. Wie also der schattende Baum seine eigenen Sprößlinge tötet, macht die schmeichelnde Liebe der Väter die Kinder träge, und die allzu weiche Aufzucht durch die Mutter zerbricht die Zöglinge.‹

Schön gesagt, fürwahr. Von bestechender Aktualität, weil ein zeitloser Befund. Bestechend ist aber auch die Tauglichkeit des Baumbeispiels, denn es läßt sich in keinem Punkte die Analogie, die hier gezogen wird, bestreiten. Mit Bildern leben, das bedeutet: vieles, was wir nur abstrakt und unanschaulich hinnehmen müssen, hinter dessen Sinn wir deshalb nur schwer kommen, in Bildern lebendig, anschaulich, konkret in der Natur vorzufinden. Daß wir uns von diesen Gleichnissen verabschiedet haben, war keine Notwendigkeit der technischen Welt. Im Gegenteil erscheint es, als hätten wir uns mit dem Verlust der Beseelung des Kosmos, den die moderne wissenschaftliche Welt mit sich brachte, freiwillig verabschiedet von all jenen Gleichnissen, die weiterhin in der Natur bereitstehen. Eine Verarmung ist eingetreten, die nicht erzwungen war. Sie wirkt wie eine Verdürftigung der Phantasie in Zeiten, in denen man glaubt, mit der Preisgabe überholter Glaubensformen auch deren gesamtes Umfeld mit opfern zu müssen: mit dem Glauben an die Beseelung der Natur auch den Glauben an ihre Beispielhaftigkeit für die Gesetzmäßigkeiten des Menschenlebens. Nicht von ungefähr verschwand im gleichen Zeitraum auch der Tod aus unserem Alltagsleben. Die jüngsten Jahrhunderte bezeichnen also das Experiment des Menschen, sich aus den Bedingungen für alles Lebendige herauszuplanen. Die Folge, die wir heute abzusehen beginnen: daß das Lebendige rund um den Menschen stirbt – und in seiner Folge, wenn dieser Prozeß nicht aufgehalten werden kann, der Mensch selbst.

Freilich könnten Verfechter der antiautoritären Lehre sich von dem eben zitierten liebenswürdigen Text bestätigt fühlen. Das Gegenbild der erdrückenden Zärtlichkeit ist aber in der Welt der Sinnbilder keineswegs der Wildwuchs, wie wir noch sehen werden. Bleiben wir bei den Ideen, die unseren Vorfahren zu den jungen Schößlingen eines Baumes im Vergleich zu den Kindern der Menschen kamen. Es zeigt sich, daß eine sehr differenzierte Vorstellungswelt – nicht schwarz, nicht weiß, nicht Einheitsideologie – dieses Bild umgibt. Da finden wir ein emblematisches Bild, das den von einer Mauer umhegten Baum zeigt, der vor dem Eingang eines Hauses wächst. In der Ferne erhebt sich hinter Bergen die Morgensonne. Der Baum ist noch einmal umgrenzt von einem kleinen quadratischen Beetrand, in dessen Bezirk zarte Schößlinge eingepflanzt sind. Sie befinden sich also immer noch unter der Krone des Baumes; nur nicht zu dicht. Wie sich im zugehörigen Text zeigt, will das Bild ein Beispiel geben für die Behutsamkeit von Erziehung. Da heißt es:

> ›Der beißende Frost verzehrt vieles, aber nicht alles: die Wurzel bleibt heil, wenn auch das übrige zugrunde geht. Ihr Gärtner, schneidet die zarten Stengel ab, doch so, daß der abgeschnittene Setzling keinen Schaden nimmt. Und ihr, denen die teure Jugend sicher anvertraut ist, die mit Worten und kundiger Hand angefaßt werden muß: lenkt sie und beseitigt die kindlichen Fehler vorsichtig, damit die Ansätze zu einer schönen Blüte nicht verlorengehen.‹[239]

Die teure Jugend, die uns sicher anvertraut ist: wir haben zwar Jugendstudien im Überfluß; ob in ihnen ein solcher Geist weht, ist die Frage.

Naheliegend ist das Bild des jungen Baumes, der geschnitten wird, für Fragen der Erziehung: Junge Bäume müssen beschnitten werden, wenn sie gerade wachsen sollen.

›... sie ... würden ... nit gerad hinauf wachsen / wo nicht kunst vnd geschickligkeit / weil sie noch jung seindt leiten thete: Dan sonsten hernacher mögen sie nit durch einige gewalt gebogen oder gezogen werden. Nit mindere sorge sol man für die jugend haben / damit sie in der zahrte gezogen werde / ...‹[240]

Der gerade gewachsene Stamm, den die Sorgfalt des Baumpflegers gelenkt hat, gibt auch ein Beispiel ab für den schmalen Weg zur Tugend: ein rundes Emblembild zeigt mit der Überschrift ›*Per angusta ad augusta*‹ – ›durch Bedrängnis zum Erhabenen‹ –, wie zwei blasende Köpfe aus den Wolken von rechts und links – die Winde! – vergebens einen Baum zu biegen versuchen, der mit voller, üppiger Krone aufragt. Der Baum ist auf kuriose Weise zum geraden Wachstum genötigt: eine Holzplatte mit einem runden Loch in der Mitte, auf vier Beinen stehend wie ein Tisch, läßt ihn etwa auf der Mitte seines erwachsenen Stammes hindurch. Als junger Baum mag er durch dieses Loch sich emporgezwängt haben, nun ist sein Stamm gerade und oben hat die Krone Raum, sich breit zu entfalten und den Stürmen zu trotzen. Hinter der so zitierten Tugend steht natürlich das Seelenheil, denn der beigefügte Text endet: ›Es ist [uns] nicht gegeben, auf einem breiten Weg zum Himmel zu eilen.‹[241]

Zu dem uns bekannten Sprichwort, daß sich ein junger Baum noch biegen läßt, ein alter dagegen nicht mehr, finden wir in der Sinnbildersammlung ein hübsches Übersetzerbeispiel. Da übersetzt der Zeitgenosse des sechzehnten oder siebzehnten Jahrhunderts den lateinischen Satz: ›*liberos in iuventute flectendos*‹ so ins Deutsche: ›Die Kinder soll man auß der wiegen her meistern.‹ Lateinisch stand da hingegen: ›Kinder sind biegsam in der Jugend.‹[242]

Die biegsame Gerte übrigens bildet nicht nur ein Beispiel für die Fügsamkeit von Kindern. Im Gegenteil, das Beispiel wird durchgehend genutzt, um klarzumachen, daß der Erwachsene rechtzeitig und äußerst behutsam vorgehen muß, um das junge Holz zu biegen. Das vorsichtige Biegen einer Gerte bis zur erträglichen Spannung bedeutet, zwischen zwei Extremen, dem Brechen und dem ungehinderten Wachsenlassen, das mittlere Maß zu finden: ›Um eine biegsame und [noch] frische Gerte zu krümmen, muß man mit erfahrener Hand vorgehen.‹[243]

Das Pflanzen eines jungen Baumes bei besonderen Anlässen, das uns vertraut ist aus dem Volksglauben vieler Jahrhunderte, erklärt sich aus der Ehrfurcht vor dem gedeihenden Baum in dürftigen Böden und Wüstenlandschaften. Es kann so als ein Beispiel der Vorsorge für Nachkommen genutzt werden. Da zeigt das runde Sinnbild einen erwachsenen Mann, der mit beiden Händen ein mittelgroßes Bäumchen in fruchtbare Erde einsenkt, die mit Gras und Kräutern bewachsen ist. Die Beischrift lautet: ›Nicht für mich pflanze ich den Hain, sondern dankbar habe ich beschlossen, meinen Nachkommen das zu vergelten, was die Vorväter [mir] gegeben haben.‹[244] Aus diesem Sinnspruch klingt das Wissen, daß Menschen einander ablösen, während Bäume immer neu blühen, Frucht tragen und im Winter wie tot scheinen, um sich im Frühling wieder neu zu erheben.

Ein sehr sinnfälliges Beispiel von diesem Unterschied gibt ein Bild in der *Emblemata*sammlung, auf dem ein Jüngling an einem belaubten Baum lehnt. Ein Greis, der sich auf einen schweren, knorrigen Stock stützt, steht an einem verdorrten Baum, dem Jüngling gegenüber. Beide Bäume werden von Winden durchblasen. Diese Winde tauchen als dramatische Köpfe aus den Wolken. Der eine von ihnen trägt einen Lorbeerkranz über edlem Profil: es ist der Zephir, der milde Frühlingswind von Südwesten, der den Baum neu belebt. Der andere Wind trägt über dem kühn-herben Profil lockig und störrisch im Winde gezaustes Haar; er ist der Boreas, der winterliche Nordwind, der in den kahlen Baum fährt. Der Text zu diesem Bild lautet:

> ›Der Winter entblößt die Felder, und der Frühling bekleidet sie wieder. Zephyr gibt zurück, was durch Boreas verlorenging. Vernichtet aber das Alter die Schönheit, dann geht sie unwiederbringlich verloren.‹[245]

In vielen dieser Beispiele klang schon auf, daß der Baum, der auf steinigem Boden oder an gefährlicher Felsklippe wächst, auch als Beispiel verstanden werden konnte für die Stärkung an Widerständen. Die Verlockung, solche Eigenschaften auf das Leben des Menschen anzuwenden, ist unwiderstehlich. Die Beispiele, die wir in den Sinnbildern für diese Vergleichslust finden, zeugen von sehr genauer Naturkenntnis; etwa das folgende: Da steht in der Mitte des Bildes ein kräftiger grüner Baum, von Stürmen, wie eben schon beschrieben, beidseitig umblasen. Im Vordergrund eine Szene mit Fortuna, der unberechenbaren Schicksalsgöttin, die langhaarig und nackt, mit einer Binde über den Augen, einen schweren Knüppel schwingt, um einen bereits zu Boden gefallenen Menschen zu schlagen. Der erklärende Text lautet:

> ›Der Baum wird immer dort eine härtere Rinde haben, wo ihn der kalte Nordwind trifft. Stärker sind diejenigen, die die bittere Fortuna plagt und oft bedroht.‹[246]

Stärkung durch Widerstand: auf den Menschen angewendet Erstarken durch Leiden, wird in der Welt der *Emblemata* auch erklärt an der Ausbreitung eines starken Wurzelwerkes, das immer genauso mächtig sei wie die Krone des Baumes, um ihr hinreichend Halt im Boden zu geben. Dieser Baum ist sowenig von Stürmen zu entwurzeln wie die Tugend vor irgendeiner Macht ins Wanken gerät, sagt der beigegebene Text. Auch die Liebe, so lehren die Sinnbilder, erstarkt durch Belastungen.

> ›Je stärcker der Wind am Baum weht / Je stärcker er wächßt vnnd vest steht / Die Lieb also wirdt gmeert vnnd gschäfftig/ Wenn man ihr recht zusetzet häfftig.‹[247]

Das zugehörige ovale Bildchen zeigt einen starken Baum, offenkundig eine Eiche, an dem der kleine Amor, prall und mit Flügeln, rüttelt. Den Köcher mit Pfeilen trägt er auf der nackten Lende; herausfordernd schaut er über die Schulter aus dem Bilde auf den Betrachter.

Wie sich leicht denken läßt, ist die Fruchtbarkeit des Baumes eine Herausforderung für vielerlei Parallelen zum menschlichen Erleben und dem, was ein Mensch in seinem Leben schafft. Die

Beispiele vom Baum, der gute, schlechte oder gar keine Früchte trägt, sind uns aus den Gleichnissen des Alten und Neuen Testamentes vertraut.[248]

Das Bild vom gepfropften Reis, das einen unfruchtbaren wilden Baum fruchtbar macht, setzte die Phantasie besonders in Bewegung. Beliebt wird dieses Bild des jungen Reises, das nun an einem alten Baum Früchte trägt, für die Ehe – insbesondere für die Ehe alter Männer mit jungen Mädchen. Da findet sich unter den Sinnbildtexten so manche Werbung eines ältlichen Mannes um ein junges Mädchen, die mit einem Beispiel aus der Gärtnerei belegt wird. Aber auch für junge Paare wird dieses Beispiel gebraucht: das Mädchen oder der junge Mann sind dann die Zweige, die von den elterlichen Bäumen, die ihnen ihre ganze Kraft gegeben haben, abgetrennt werden, um zusammen einen neuen, fruchtbaren Baum zu schaffen. Zwar kann ein junges Reis auf einem alten Baum Frucht tragen, wie das Beispiel vom werbenden alten Mann zeigt. Ein Reis mit Früchten aber auf einen Baum zu pfropfen, ist die bare Unvernunft. Dies gibt wieder ein willkommenes Beispiel für das menschliche Leben her: Die blinde Liebe ist so wie falsch gepfropfte Reiser, sagt ein Emblem, das Amor mit der Augenbinde am Werke zeigt:

›Cupido versteht zu pfropfen und treibt sehr gerne Gartenarbeit. Was noch mehr ist, das Pfropfreis wächst immer an, und daraus entsteht manche Frucht und mancher Wildling; immer arbeitet er und treibt sein Werk weiter und herrscht über alle Obstgärten. Man kann ihm nie Nachlässigkeit oder Trägheit vorwerfen, soweit bekannt ist. Er ist ein Kenner und voll Fleiß. Jedem Baum aber pfropft er eine Frucht auf, die Not bringt.‹[249]

Blütenbäume und Fruchtbäume erscheinen häufig zusammen auf Sinnbildern: ein einfaches Bild für die gelungene Erziehung, so meinen die Emblematiker.

›Jeder Baum, der geblüht hat, bringt seine Früchte hervor und hat dieses Zeichen seiner Fruchtbarkeit. Ehrerbietung und eine echte Scheu, verbunden mit Rechtschaffenheit, sind die Jugendblüte eurer Tugend, ihr Knaben. Diese Blüte übertrifft auch scharfsinnige Gelehrsamkeit und bringt durch andauernden Eifer Bildung hervor.‹[250]

Ein originelles Beispiel bietet jener Baum, der durch Pfropfen verschiedenartige Früchte trägt. Er wird mit einem Fürsten verglichen, der den Ruhm aus den Ratschlüssen seiner Ratgeber für sich selbst in Anspruch nimmt. Mahnend steht am Schluß des Textes, daß ein solcher Fürst sich also mit fremden Früchten brüste. Denn – mit einem Hinweis auf den Mehrfruchtbaum im Bilde – eigentlich könne sich doch wohl jeder menschliche Kopf, wie jeder aufgepfropfte Schößling, nur nach seiner eigenen Art vermehren.[251]

Fruchtbeladene Bäume, deren Äste so tief zum Boden hinabgezogen werden, daß man sie stützen muß, wenn der Baum nicht auseinanderbrechen oder seine Äste einbüßen soll, haben der Phantasie der Beobachter vielerlei Vergleiche eingegeben. Ich möchte zum Genuß des folgenden Beispiels einladen, weil seine Aktualität verblüffend ist:

›Durch Stützen wird er fester stehen.
Dieser schmächtige Baum ist überall mit Früchten behangen, und seine Fruchtbarkeit ist größer als seine Kraft. Wenn die Last zu groß ist, wird er ohne Zweifel zusammenbrechen, falls er nicht rasch durch eine genügend starke Stütze gehalten wird. So sollten die, die einen fruchtbaren Geist besitzen, Beschützer haben, denn Neid pflegt der Begleiter der Begabung zu sein.‹[252]

Früchte können aber auch für übergroßes Glück stehen, wenn sie als allzu große Fruchtbarkeit eines Baumes auftreten. Der Baum, dessen fruchtbeladene Äste brechen, begegnet in verschiedenen Varianten, und die Weisheit der Sinnbild-Schöpfer, die sich in diesem Beispiel spiegelt, sollten wir uns nicht vorenthalten:

›ES halten viel weise Leute davor / daß es mehr Tugend und Stärcke des Gemüthes brauche / das Glück als das Unglücke auszuhalten / weil dieses den Menschen ihme selbst wieder giebt / daß er in sich gehet / sich gleichsam zusammen raffet / und mit diesen Mitteln umgeben / desto stärcker die Wiederwertigkeit ausstehen kan / das Glücke aber den Menschen verwirret / zerstreuet und endlich ihme selbst nimmt. Welches der größte

Schaden ist / so dem Menschen wiederfahren kan. Dieses wird durch das Sinnbild eines Baumes / der so mit Früchten beladen / daß er davon bricht und spaltet und seiner Überschrifft: Nicht allzugrosse Fruchtbarkeit / angedeutet ...‹[253]

Nicht nur übergroßes Glück, auch übergroßen Reichtum kann ein Baum bedeuten, dessen Früchte mit den Ästen zu Boden stürzen. Ein solcher übermäßig mit Früchten beladener Baum blüht nach der Beobachtung, die vielleicht einige von uns auch heute noch teilen, obwohl sie keine Gärtner sind, häufig im kommenden Jahr nicht mehr, er trägt auch keine Früchte mehr, er verdorrt. Seine übervolle Blüte und sein Übermaß an Früchten sind so etwas wie ein letztes Fest vor seinem Tod. Die Agonie erscheint als Überfluß. Aus dieser Beobachtung mag der kleine Text entspringen, den wir bei den Sinnbildern finden:

›Wenn du den Baum üppiger als üblich siehst, dann wird er bald sterben. Wenn dich das Schicksal glücklicher als üblich macht, dann mußt du dich vor dem Unglück hüten.‹[254]

Das Reifen der Früchte erinnert die Menschen an das Fortschreiten ihrer Lebensjahre, an den Gewinn von Wissen und Erfahrung. Ein schönes Sinnbild bietet einen knorrig gewachsenen Baum, zwischen dessen Laub Birnen hängen. Mit strahlendem Angesicht und geschlängelten Strahlen leuchtet die Sonne aus der Ferne. Der Text dazu lautet:

›Die grüne Birne verändert ihren Geschmack und wird süß unter den Strahlen der warmen Sonne. Ebenso verbessert der unerfahrene Mensch mit der Zeit sein stürmisches Wesen. Die Zeit mildert und verbessert jeden Irrtum. Die Zeit ist der Lehrmeister für eine gute Lehre. Die Dummen macht sie weise und läßt ihre Vernunft schön und gut werden. Reifen die Früchte unter der Sonne, so lassen auch die Jahre die Menschen reifen.‹[255]

Die Sonne übrigens, so heißt es in einem anderen Sinnbild, ist das, was Gott selbst dem Wachstum der Bäume hinzutut.

Kaum einen Vorgang des Lebens gibt es, der sich nicht am Beispiel der Baumfrüchte in ein Gleichnis fassen ließe. Ein hinreißendes Beispiel, auf das wir heute sicherlich auch nicht mehr ohne weiteres verfielen, obwohl seine Reste im verkümmernden Bildervorrat unserer Sprache weiterleben, ist dieses:

›Die Schönheit zeigt sich, aber bietet sich nicht an.

Wie glänzen diese Früchte mit ihren verschiedenen Farben! Wie schön sind die Wangen dieses Mädchens! Verzehre die einen, die andere umarme und küsse beherzt! Denn was von beiden du auch willst, es ist zum Genießen da. Was hilft gemaltes Feuer, was ein gemalter Soldat in der Schlacht? Und welchen Liebhaber beglückt ein gemaltes Mädchen? Wer du auch bist, erfülle dein Herz mit Tugenden, damit niemand dich wegen deines nur Äußeren einen ‹gemalten Mann› nennt.‹[256]

Früchte sollen reifen zu ihrer Zeit. Was vorgereift wird, erregt Verdacht:

›Früh reif, früh faul.

Das Wertvolle kommt spät hinzu. Was früh reif, ist früh faul. Das Kind, das einem weisen Mann gleicht, wird als Mann kindisch und närrisch.‹[257]

Schließlich ein Beispiel, das uns an unsere heutige Lage erinnern kann, da so viele Früchte an den Bäumen verfaulen, herabfallen oder dem Zufall preisgegeben sind.

›Von der Fruchtbarkeit so jr selbs schedlich.

Der Bauwer hat mich arme nauß gsetzt
An diese Wegscheid da ich stets
Von Buben wird geplagt ohn zal
Die mit steinen mich werffen all
Mit benglen sie mir zwerffen dNest
Zerreissen mir mein rinde fest
An allen orten vmb vnd vmb
Wirt ich geplagt in einer sumb
Was kundt aber ergers geschehn
Einem Baum der kein frucht thut gehn
Aber zu meinem grossen schaden
Gib vnd trag ich mein Frucht beladen.‹[258]

Natürlich werden die zum Ehestand reifen jungen Mädchen mit Früchten verglichen, die den Baum loslassen und zu Boden fallen. Wenn das in der feministischen Diskussion unserer Tage manche Frau kränkt, so könnte sie versöhnt werden durch das hinreißende runde Bildchen, das zu dem Text gehört: Da sammelt der kleine Amor Früchte auf, die er vom Baum herabgeschossen hat. Sein Köcher liegt neben ihm am Boden, auf seine Flügel fallen tiefe Schatten. Er trägt das Obst zusammen, das obendrein aus dem fernen Himmel ein Wind zum Fallen anbläst. Und so hört sich der Begleittext an:

›Frucht die reiff: Sitz nicht steiff.

IHr Junggesellen hört / und wisset daß den Dirnen / Es gehe wie es geht den Apffeln oder Birnen: Die fallen / wann es reiff / offt einem in die Hand; Und eine reiffe Magd begehrt den Ehe-Stand. Unreiffe Frucht hält fest / und die zu jung von Jahren / Die wollen / taugen auch noch nicht um sich zu paaren: Best ist es dann / daß man was reiff freyt mit der Zeit / Versichert / daß gewiß am ersten es gedeyt.‹[259]

Aber die Liebe, von der schon in anderen Beispielen gesagt wurde, daß sie reifen muß, daß Widerstände sie stärken – denken wir an das Beispiel der beiden über das trennende Wasser einander zugeneigten Palmen –, die Liebe kann beinahe alles sein und alles bringen. Ein sehr schönes Beispiel zeigt dies:

›Die Frucht der Liebe ist hart, weich, dürr und grün, leicht, schwer, süß, bitter, kalt und warm, geheim, öffentlich, liebenswürdig, allzu freimütig, traurig, freudevoll, hell, dunkel, hoch und niedrig. Heute ist sie da, morgen schon verschwunden; voll Strenge, voller Mitleid, bäurisch, liebenswürdig, freude- und sorgenvoll. Sie ist eine Quelle des Unglücks und des Glücks, mager und wohlgenährt, dünn, dick, fröhlich, steif, gerade und krumm, beständig wie der Mond.‹[260]

Während der Baum für alle Bilder des Lebens, der Fruchtbarkeit und des Gedeihens sich anbietet, finden wir dennoch auch Sinnbilder, die die Mahnung an den Tod, das *Memento mori* im Bild des Baumes beschwören. Der winterliche, totenähnliche Zustand des

Baumes erinnert den Menschen an das eigene Alter, die Gebrechlichkeit und den Tod:

›Der Baum im grünen Kleide ahnt, während er sich des heiteren Frühlings erfreut, nichts von dem Unglück, das seiner harrt, wenn der grauhaarige Winter im Anzug ist. Dann steht er kahl und durchgerüttelt von erbarmungslosen Winden da, so daß einer sagen könnte, er habe noch nie ein grünes Blatt getragen. Die Frische an Schönheit und Anmut, die den jungen Leuten eigen ist, kommt den Blättern des Baumes im Sommer gleich. Dann aber folgt das kühle Alter, das alles zerstört, mit seinem Schnee des Haupt bleicht und keinen Knochen im Leibe heil läßt.‹[261]

Den Untergang von reichen Fürstentümern und Macht stellt ein kleines Rundbild unter dem Motto ›*Nil Solidum*‹, nichts bleibt, so dar:

›WEnn ein Baum vmbfelt in dem Waldt /
Jederman das Holtz auffklaubt baldt.
Wann ein Reich / oder Fürstenthumb /
Soll vndergehn / odr fallen vmb /
Ein jeder will ein Theil daran
Haben / vnd streitten vmb die Cron.‹[262]

Besonders eindrücklich ist jenes kleine runde Bildchen, das die Umschrift trägt: ›*Ab uno vitaque morsque*‹. Das heißt wörtlich übersetzt: ›*Leben und Tod aus einem*‹. Dargestellt ist ein Baum, der zur Hälfte kahl und zur Hälfte mit Früchten beladen ist. An dem Baum lehnt eine Sense. Der zugehörige Text erklärt:

›Leben vnd Todt /
Beydes von Gott.

DIE Wiesen grün die allhie steht /
Zeigt deß Menschen felicitet /
Die Glori vnd sein Herrligkeit.
Der Baum die Fruchtbarkeit andeut /
Daß jeder Mensch zu jedem ziel /
Soll tragen guter Früchten viel.

Ein Sensen ist an Baum geleint /
Lehrt / wer doch alle Menschen seynd:
Ein Graß vnd Blumen hüpsch vnd schon /
Das bald welck wird / vnd muß davon.
Auß der Wolck geht herfür ein Hand /
Dieselbig gibt vns den verstand:
Gleich wie man bald ein Frucht abbricht /
Also es mit vns Menschen geschicht.
Ein theil der blüt / ein theil verdorrt.
Ein alten Stock man sihet dort /
Der wider grünt / lieblich außschlägt /
Vnd viel der guten Früchtlein trägt.
Drumb in Vnglück vertraw deim Gott /
Er herrschet über Lebn vnd Todt.‹[263]

Der Tod des Holzes ist im Feuer. Davon geben viele Sinnbilder Zeugnis. Das Feuer wärmt aber auch den Menschen. In das Feuer gehört totes Holz, das keine Blätter und keine Frucht mehr trägt. Wenn Bäume verbrennen, so in älterer Zeit überwiegend vom Blitz; ein elementarer, starker Eindruck also. Wenn Feuer entstehen soll, so mit dem Reibholz: wieder ist Holz im Spiele. Schließlich erinnern wir uns an die Gleichnisse der Bibel, wo von den unfruchtbaren Bäumen gesagt wird, daß sie abgehauen und ins Feuer geworfen werden.[264]

Zwischen Feuer und Wasser auf einem Hügel zeigt ein Sinnbild einen Baum, an dessen Stamm eine Axt gelegt ist. Dort, wo wir stehen, fallen wir, und unser Tod wird sein wie unser Leben, meint dieses Sinnbild. Der Text erläutert dies sehr gründlich:

›... daß wie das Leben / also auch der Tod beschaffen seyn muß. Wer dessen Wichtigkeit bißweilen erwegen wil / kan an Stat eines Weckers dieses Sinnbild gebrauchen / darinnen ein Baum / dem die Axt an die Wurtzel geleget / auf einer Seite aber ein brennend Feuer / und auf der andern ein Fluß gemahlt zu sehen / mit der Beyschrifft / Wo er hinfällt / wird er liegen. Welches zeigen soll / wie der Baum / wenn er umgehauen wird / an dem Orthe / wo er hinfällt / liegen bleibet / also müssen auch wir ewig in dem Zustande / darinnen uns der Tod antrifft / bleiben ...‹[265]

Ein dramatisches Bild zeigt jenen Baum, der nicht Früchte zur rechten Zeit gebracht hat. Nun sägt ein muskulöser Mann ihn ab, während das Feuer bereits die eben fallende Krone in riesigen Flammen verzehrt. Vorbild sind die Stellen in Lukas 3, Vers 9, und Matthäus 3,10, Matthäus 7,19. Der Text zum Sinnbild legt die Szene folgendermaßen aus:

›Wer keine guten Früchte bringt

Ein Baum der nicht zur rechter zeit
Herfür bringt sein Frucht vnd Getreid /
Derselbig der taug nirgends zu
Nur daß man jhn abhawen thu
Vnd werff jhn in deß Fewers Rauch:
Also ist der Gottlose auch
Der nur im Mund viel Glaubens hat
Vnd nicht beweist es mit der That.‹[266]

Das Reibholz, das Feuer entstehen läßt, wird für die Erfahrung benutzt, daß Gewalt, die mit der Gewalt Mächtiger zusammenstößt, Schaden anrichtet, der der fressenden Flamme gleicht, die beim Reiben zweier Hölzer aufzüngelt.

Aber auch das auf dem Altar dargebrachte Holz wird gezeigt, wenngleich mit einem Sinnspruch, der das Nährende des Feuers und die Opferung des Holzes zusammen sieht:

›Indem ich nähre, verzehre ich mich

Ich armes Holz verzehre mich, indem ich die Flamme nähre. Mein Dienst ist mein Verderben, mir nützt das Wohlgetane nicht.‹[267]

Das brennende Holzscheit kann aber auch ein Beispiel geben für die Liebe. Wunderschön wird dies gezeigt auf einem kleinen, runden Bild, auf dem der Freier vom Kamin ein Holzscheit nimmt, das er dort entzündet hat, während er es der lächelnd neben ihm sitzenden, prachtvoll gekleideten Dame zu zeigen scheint:

›Greiffs an dem Orte an / Wo es nicht schaden kan.

DIe Liebe und ein Brandt sind zwey verschiedne Sachen /

Auff gleiche Art kann man sich doch an beyde machen;
Du greiffest nach der Lieb' / und greiffest nach dem Brandt /
Ich mache dir die Kunst zu greiffen hie bekandt. Greiff an / da / wo er brennt / du wirst ihn fallen lassen /
Greiff ihn / wo er nicht brennt / du darffst sein Feur nicht hassen.
Die Liebe / liebstes Kind / ist ein ich weis nicht was /
Sie dient /und dient dir nicht. Greiff recht. Verstehst du das?‹[268]

Diese Vorstellung findet zwei reizvolle Varianten:

›Wer ist es / der so gleich die Finger nicht verbrennt /
Der da das Holtz anfast / wo man die Hitze kennt?
In Freud' ist öffters Pein / in Plagen findt man Seegen /
Es ist nicht an dem Thun / nur an dem Mann gelegen.
So trage mit Gedult dann / was der Himmel thut /
Das / was du seyn must / sey auch mit behertztem Muht.

DAs Brand-Holtz / wo es glimmt / da muß mans nicht berühren /
Doch da / wo es nicht brennt / muß man die Hand hinführen/
Kein Mensch greiff blindlings zu auff einen blossen Wahn /
Denn wer es bös antast / der ist auch übel dran.
Den Seegen und den Fluch / den Tod und auch das Leben /
Hat GOtt uns vorgesetzt / und uns die Wahl gegeben.
Ey / Liebsten / nehmt denn doch das Gute zu der Hand /
Und flieht nach Zoar hin / zu fliehen Sodoms Brand.‹[269]

Soviel sich berechnen, hegen und pflegen läßt: wenn ein Baum wachsen soll, so bleibt doch der charakteristische Rest, wie viele Sinnbilder aus dem christlichen Zeitalter ausweisen – das, was Gott zum Gedeihen, Blühen und möglicherweise zum Untergang des Baumes und des menschlichen Lebens gewährt oder verweigert.

Wir haben gesprochen von der Sonne, die Gottes Gnade anzeigt. Ein programmatisches Sinnbild zeigt zwei würdige Männer, in lange Gewänder gekleidet, beim Pflanzen eines Baumes; der eine schiebt die Erde an den Stamm, der andere gießt den frisch gepflanzten Baum. Der sehr kurze lateinische Text wird von dem deutschen Übersetzer ein wenig ausgeschmückt und in Reime gefaßt:

›Ohne Gott vergeblich

OBschon Paulus pflantzet mit Fleiß /
Apollo nach Vermögen begeust:
Der Baum dannoch vnfruchtbar bleibt /
So nicht der HERR segnet vnd treibt.
Ohn Gottes Segen ist vmbsonst
Allr Menschen Müh / Arbeit vnd Kunst.‹[270]

Im dritten Kapitel des ersten Korintherbriefes findet sich die Vorlage zu dieser Szene:

›Ich habe gepflanzt, Apollos hat gegossen; aber Gott hat das Gedeihen gegeben.
So ist nun weder der da pflanzt noch der da begießt, etwas, sondern Gott, der das Gedeihen gibt.
Der aber pflanzt und der da begießt, ist einer wie der andere. Ein jeglicher aber wird seinen Lohn empfangen nach seiner Arbeit.
Denn wir sind Gottes Mitarbeiter; ihr seid Gottes Ackerwerk und Gottes Bau (VV. 6–9).‹

Wer mit dem kleinen zarten Baum gemeint ist, den Paulus und Apollos pflanzen, wird im einleitenden Vers 5 klar: ›Wer ist nun Paulus? Wer ist Apollos? Diener sind sie, durch welche ihr seid gläubig geworden, und das, wie der Herr einem jeglichen gegeben hat.‹

Der junge Baum steht also für den Menschen. Wird er gepflanzt und begossen, so tun damit die Menschen als Diener Gottes für ihren Mitmenschen alles, was sie tun können. Pflanzen und Begießen meint das ›Einpflanzen‹ in den christlichen Glauben (der Fromme als ›Baum an den Wasserbächen‹ aus Psalm 1!) und das Tränken mit dem Wasser des Lebens, der Lehre Christi. Damit der Baum anwächst und gedeiht, bedarf es der Mitwirkung Gottes, des Heiligen Geistes. Der Mensch selbst ist hier also der Baum – anders gewendet: die Würde des Baumes wird so hoch angesetzt, daß er ein Lebensbild für den Menschen geben kann.

Wie nun die Aufzucht von Bäumen durch die Sonne, die hinzutritt, der Gnade Gottes bedarf, so auch die Erziehung der Kinder. Zu dem nun schon zweimal erwähnten Bild, das die Gärtner beim Pflanzen und Gräbenziehen zeigt, von einer mit freundlichem Gesicht herabschauenden Sonne beleuchtet, gehört ein Exempeltext, der sehr sinnfällig das vereinigt, was Eltern tun sollen und was jener Rest ist, den sie nicht selbst versehen können, damit ihre Kinder gedeihen. Das gesamte Geschehen des Heranwachsens spiegelt sich im Bild des jungen Baumes:

›Fein Jung gebogn / Heist recht erzogn.

EIn Gärtner der sein Bäum auffbindt /
Allhie in diesem Gmäld man findt:
Der lehret dich die Fruchtbarkeit
Damit GOTT segnet die Eheleut /
Daß jhre Söhn vnd Töchter schon /
Wie die Pflantzen auffwachsen thon.
Die Kinder soll man nicht verwehnen /
Vnd die fein in der Jugent zähmen.
Dann wie mans jung gar fein flectirt /
Also bleibts nachmals wanns alt wird.
Der Mann der hie das Wasser läit /
Den Eltern diese Lehr andeut /
Daß sie mit gut Exempel schön /
Den Kindern sollen stäts fürgehn /
Denn was man an den Eltern sicht /
Das Kind sein Leben darnach richt.
Die Sonn zeigt Gottes Gnade an /
Dann wie vmbsonst pflantzt jederman /
Wo Gott der HERR nicht jederzeit /
Zur Arbeit das gedeyen geit:
Also ists mit der Kinderzucht /
Wenn man darumb Gott nicht ersucht /
So wird man vmbsonst laborirn /
Das Gwissen auch nur onerirn /
Drumb beug vnd bet von Jugent auff /
So weist deim Kind den rechten Lauff.‹[271]

Auch das gepfropfte Reis, dessen Gedeihen der Gärtner über Wochen ängstlich beobachtet, wächst nur an, wenn Gott es will. Der Vergleich zum Menschenleben wird sehr schlicht gezogen: ›Wenn der Himmel seine Gunst gewährt, wird das Pfropfreis am Baum gut wachsen: Wenn Gott seine Gunst gewährt, wirst auch du groß sein.‹[272]

Wenn Gott zitiert wird im Zusammenhang des Gedeihens von Bäumen und Menschen, dann sind natürlich häufig implizit Beispiele aus dem Alten und Neuen Testament enthalten. Der kleine Sinnspruch ›Wie die Palme niemals verkümmert an wasserspendenden Strömen, so gedeiht der Fromme an den heiligen Wassern des Wortes‹[273] erinnert an den Psalm 1 Vers 3 und 128 sowie an den Propheten Jeremia im 17. Kapitel, Vers 7 und 8.

Römische und christliche Götterwelt begegnen sich in dem kleinen emblematischen Bild, das von den Christen ebenso auf ihren Gott gedeutet werden konnte wie von den Römern auf Merkur, der mit einer Amphore einen eingepflanzten Baum begießt. Der Text sagt: ›Es hat große Bedeutung, wer unsere Gärten begießt und durch welche Gabe unser Sinn erquickt wird.‹[274]

Da kein Thema des menschlichen Lebens in den Baumsinnbildern fehlt, finden wir auch Krieg und Frieden, Liebe und Glück. ›*Memor adversae*‹, ›gedenke des Gegenteils‹, mahnt das Spruchband über dem Bild einer üppigen Palme, Zeichen von Sieg und Frieden, wie wir wissen. Im Wasser an ihrem Fuße spiegelt sie ihre dichte Krone; ein Bild von Leben und Glück. Der Text aber warnt den Sieger vor übermäßigem Stolz.

›Gedenke des Gegenteils [d. h. des Unglücks]

DER Sieg in einem rechtmäßigen Krieg trachtet nach dem frieden als dessen rechtes ziell: ... Man sol das Leben eines Bürgers höher achten / als den vntergang vieler Feinden. ... Deswegen soll sich ein krieges Fürst im siegen nicht vbel erhoben / vnnd jhm nit einbilden / daß es nit geschehen könne / daß er dem vberwundenen wieder in hände gerahte. Solchen fall stets vor augen haben vnd gedencken / das der Palme welche der obsieger da von getragen / eben zu derselbigen zeit vnter dem wasser der trübseligkeit gelegen: nicht anderst als bey den Palmbaum dieses Sinnspruchs zu sehen ist / dessen schatten jhm dan zu gemüht führt / zu waß vor einem standt sein pracht möge durch windt oder wiederwertigkeit der zeit gebracht werden ...‹[275]

Wieder ein Text, der, zeitlos, dem Nachdenken der Jahrhunderte über Krieg und Frieden Ausdruck gibt. Aktualität von bedrückender Dichte entsteht; die alten Fragen finden keine Antwort; sie werden zu neuen Fragen, für jede Generation.

Der Friede wird häufig im Zusammenhang mit dem Ölbaum beschworen, der besonders in der römischen Kaiserzeit Symbol des Friedens war.[276] Einfach und einleuchtend ist die Darstellung, die wir in einem kleinen, kreisrunden Emblembild finden: Ein Ölbaum füllt die Mitte des Bildes; am Boden liegen zwei verschieden geformte Äxte. Vom Ölbaum weg fliegt eine Taube mit einem Ölzweig im Schnabel. Der Text sagt: ›Harte Hacke, fort! Ihr kräftigen Doppeläxte, hinweg! Wohlbelaubt sei des Friedens Zögling in Ewigkeit.‹[277] Die beiden Äxte, eine mit runder, die andere mit gerade geschliffener Klinge, tauchen in gleicher Form immer wieder auf den frühchristlichen und mittelalterlichen Darstellungen zum Wirken des Christusvorläufers Johannes auf.[278]

Den Ölbaum bringt auch Minerva im Streit mit Neptun dar, als es um den Besitz der Stadt Athen geht. Wie der Mythos berichtet, wiesen Pallas Athene und Poseidon beide ein Pfand vor, durch welches sie ihr Recht an der Stadt beweisen sollten. Vom Dreizack des Gottes geschlagen, brachte die Erde das Pferd hervor, von der Lanze der Göttin erschüttert, den Ölbaum mit Früchten. Der König Cecrops als Schiedsrichter in dieser Sache gab erstaunt dem Zeichen des Friedens, dem Ölbaum, den Vorzug, und so nahm die Göttin Pallas Athene Besitz von der Stadt. Die emblematische Ausdeutung der Szene gilt dem Thema von Krieg und Frieden: ›*Paci studere praestat quam bello*‹, ›besser bemüht man sich um den Frieden als um den Krieg‹.[279]

Die ganze menschliche Welt und Lebenserfahrung läßt sich, wie wir im Reich der Sinnbilder sehen, am Leben der Bäume, an ihrem Gedeihen, an ihrem Verderben, an ihrem Blühen und ihrer Fruchtbarkeit darstellen. Auch die Hoffnung auf die dauernde Erneuerung alles Lebendigen wird von den Bäumen wachgehalten. Das

Bild einer Eiche, die ihre Früchte in großer Fülle fallen läßt und kleine Bäume, die aus den Früchten wachsen, unter ihrer Krone und um ihren Stamm versammelt hat, soll hier den Abschluß bilden. Der Text lautet in der deutschen Übersetzung:

›Das, was jetzt ist, ist vorher gewesen und wird wieder das sein, was jetzt ist. Es wird das, was alt geworden, verjüngen, indem es Gegenwärtiges von Stunde zu Stunde wandelt. Es gibt keine Sache, die sich nicht schon einmal ereignet hat, noch irgendeine aufsehenerregende Neuigkeit, denn dieses Neue ist eine Frucht der Pflanze, die zu Boden fällt und sich von dort wieder erhebt.‹[280]

Das Alte im Neuen: Wir leben in einer Zeit, die vieles erstmalig zu erproben glaubt. Für die Ergebnisse und Ziele der Wissenschaften, für die revolutionären Wege der Technik scheint das zuzutreffen. Nur der Mensch selbst ist ein verspäteter Zeitgenosse, ein Zögerer und Zweifler, der mit seinem zwar erprobten, aber nur begrenzt leistungsfähigen Gehirn in dieser abstrakten Landschaft von unsichtbaren Teilchen und unfühlbaren Strömen die Orientierung zu verlieren droht.

Der alte Baum mit den frischen Schößlingen erscheint daher vielen als ein rührend einfältiges und hoffnungslos veraltetes Bild für das, was Kontinuität und Wiederkehr des Bekannten heute noch ausrichten können, um uns die Welt vertraut zu machen. Wo und wie käme die Genmanipulation in diesem schönen, ehrwürdigen Bilde vom Baum unter? – Im Sinnbild vom Pfropfreis vielleicht? – Geht die Welt der Bäume unter, weil auch die Lebensbilder, die sie uns geben, ihre Verbindlichkeit verloren haben? Oder könnte uns, umgekehrt, der Baum an die eindeutigen Lebensgesetze erinnern, denen zumindest der Mensch, wenn auch nicht seine Welt aus unverweslichem Plastik und Atommüll, immer noch unterliegt?

Könnte das Bild des Baumes, der seine zarten Nachkommenpflanzen beschattet, eine Mahnung zur Bescheidenheit sein, daß wir nicht überlegenen Lebensgesetzen auf der Spur sind, die wir uns aneignen könnten wie ein neues, naturunabhängiges Lebenskleid? Ist der Mensch, ungeachtet aller Differenzierung seines Denkens, trotz aller Komplikation seiner Handlungsmuster, nicht doch im wesentlichen derselbe geblieben, denselben Gesetzen unterworfen wie der Baum, der ihm durch Jahrtausende ein Lebensbild war: dem Wachsen und Vergehen unterworfen, immer noch dem Tode benachbart und auf nichts sicherer als auf den Tod zueilend mit jedem Lebensschritt?

Wenn diese Mahnung zur Bescheidenheit uns erreicht, wirkt auch der Zuspruch des Baumbildes wieder: er lebt und stirbt alljährlich; darum wurde er zum Träger menschlicher Jenseitshoffnungen. Umgibt uns die Natur nicht deshalb mit ihren Daseinsgleichnissen, weil wir damit von der katastrophalen Selbstentfremdung zurückgehalten werden könnten?

Ihr Städte des Euphrats!
Ihr Gassen von Palmyra!
Ihr Säulenwälder in der Ebne der Wüste,
Was seid ihr?

Friedrich Hölderlin

14. Kapitel

Der Mastbaum

Paris, Prinz von Troja, dem Aphrodite die schönste Frau versprochen hat, raubt Helena und fährt mit ihr übers Meer. Die Stürme jagen ihn, sie schleudern sein Schiff hoch auf die Wogenkämme, ›so daß man glaubte, die Antennenseile berührten die Sterne‹.[281] Die *antemna*, das ist die Rahe am Mastbaum, die Querstange hoch oben, die man auch Segelstange nennen kann. Die romanischen Sprachen übernahmen dieses Wort ›*antemna*‹ und machten ›antenne‹ daraus: ein Begriff, den die Zeitgenossen des zwanzigsten Jahrhunderts für elektrotechnische Empfangsapparate kennen. Die frühe griechische Naturwissenschaft nannte die Insektenfühler so: *keraía*, das war, abgeleitet von *keras*, das Horn, das Hornähnliche, die Rahe am Mast. Das Hornpaar des Stiers konnte der Beobachter im Altertum da oben aufgesteckt sehen, weil er mit dem Opfertier die Kraft verband, die auf den überging, der im Zeichen der Hörner segelte.

Der *antemna* galt die besondere Aufmerksamkeit und Bewunderung der antiken Seefahrer, weil von ihrer Beweglichkeit und Stabilität die Funktion der Segel abhing. Die Großrahe eines Zweihundert-Tonnen-Schiffes maß immerhin bis zu zwölf Metern; von noch längeren Rahen, bis zu 25 Metern, berichtet die antike Literatur. Diese *antemnae* waren meist aus einem einzigen Baum gezimmert oder kunstreich verfugt aus verschiedenen Stämmen. Drehbar am Mast befestigt, ließ sich die Antenne bei Sturm auch senken; so konnte man die Segelfläche verkleinern, die dem Wind ausgesetzt war.

Die Antennenseile, von denen bei der Seefahrt des Paris die Rede ist, müßten die zum Toppmast, an den höchsten Punkt des Schiffes hinaufführenden Verbindungsseile sein, denen eine Vertäuung an Bug und Heck entspricht, die der Rahe Halt verleiht. Das Dreieck, das die Antennenseile mit der Rahe bilden, wird vom Mast durchschnitten. Quer- und Längsbaum, Mastbaum und Antenne ragen hinauf in den Himmel, und in Sternennächten wird es immer so ausgesehen haben, als zöge diese scharfgezeichnete Kreuz-Silhouette durch das Meer der Sterne.

Der Mast selbst, an dem die Segelstange beweglich schwankt, ist der Mittelpunkt des Schiffes. *Histós* nannten ihn die Griechen, was soviel wie ›der Ständer‹ heißt; auch der Weberbaum trägt diesen Namen. *Malus* und *arbor* nennen ihn die Römer, was Fruchtbaum und Apfelbaum, aber eben auch Mastbaum bedeutet. *Arbor*, das andere lateinische Wort für den Mastbaum, heißt ›Baum‹, und dieser Baum in der Schiffsmitte ist tatsächlich identisch mit dem Baum draußen auf den Feldern, in den Hainen.

Die antiken Schiffe hatten wohl in der Regel nur einen Großmast. Bei Handelsschiffen war er unbeweglich eingefugt, bei Kriegsschiffen umlegbar. Holzkeile, Nägel und Seile halten ihn am Boden des Schiffes fest. Vom Mastbaum hängt Heil oder Unheil des Schiffes ab. Wie imponierend die Größe solcher Masten war, läßt sich aus Ovids Bericht erkennen, der den Kyklopen riesenhaft auf dem Gebirge sitzend schildert, den Hirtenstab zwischen den Füßen. Dieser Stab ist wie ein Pinienbaum, aus dem man eigentlich einen Schiffsmast hätte machen können.[282]

Die Erfindung von Mastbaum und Rahe schreibt Plinius dem Daedalus (Daidalos) zu, Vater des Ikarus, Erbauer des Labyrinths in Kreta und mit künstlichen Flügeln aus der Haft bei Thinos entflohen. Daedalus war in der Tat als Erfinder bekannt.

Die Mastbäume waren meist aus einem einzigen Baum gemacht; Fichte oder Tanne verwendete man dafür, wie auch für die *antemna*. Als Baum wurde der Mast der Schiffe auch tatsächlich erlebt; dies zeigt etwa Vergils Aeneis mit ihrer Schilderung der Taube am Mastbaum, die Aeneis zum Ziel für ein Taubenschießen erklärt.[283] Als Odysseus sein Floß baut, ist viel edles Holz im Spiele, bis er den Mastbaum einpflanzt: Schon der Schaft der Doppelaxt, die ihm die Nymphe Kalypso für diese Arbeit reicht, ist aus Olivenholz. Sodann führt die Nymphe den Helden

›zum äußersten Teil der Insel, wo große Bäume wuchsen: Erle und Pappel und Fichte war dort, die himmelhohe, Bäume, längst verdorrt, ganz trocken, die ihm leicht schwimmen würden. Doch als sie nun gezeigt hatte, wo die großen Bäume wuchsen, ging sie zum Haus, Kalypso, die hehre unter den Göttinnen. Er aber fällte sich Stämme, und schnell war ihm das Werk getan. Zwanzig insgesamt schlug er heraus und behaute sie mit dem Erze, glättete sie werkkundig und richtete sie nach der Richtschnur.‹[284]

Kalypso ist es, die die Balken miteinander verbindet, und Odysseus vollendet das Schiff: ›Und auf ihm machte er einen Mastbaum und eine an ihn angepaßte Rahe und machte sich dazu ein Steuerruder, damit er lenken könne, und umzäunte es rundum mit Weidengeflecht, daß es ein Schutz sei gegen den Wogengang, und schüttete darauf viel Laubwerk.‹

Das Schiff ist vom Baum genommen, und sein Mast ist ein Baumstamm, jener ›himmelhohe‹ Baum, der das Heil des Seefahrers hüten soll.

Wenn ein Sturm solche Schiffe peitschte, sie hinaushob in den Sternenhimmel und hinabstieß in die kochende See, dann konnte die Beruhigung dieses Aufruhrs wohl so verstanden werden, wie Lukian sie beschreibt: einer der Dioskuren, der Zwillingssöhne des Zeus (Castor und Pollux), die viele Helden auf ihren Seefahrten begleiteten, ließ sich in Gestalt eines Sterns auf der Rahe des Schiffes nieder, und der Sturm legte sich; das Schiff war gerettet.

Daß der Mastbaum aber nun wirklich aufragt wie der Baum, *arbor,* oder *malus*, der Apfelbaum, und daß für den antiken Beobachter jeder Mast eines Schiffes als ins Meer gepflanzter Baum erschien, zeigt eine Sinnestäuschung, über die in der *Historia Romana* berichtet wird: Cäsar segelt mit einem kleinen Schiff über das Meer, an der adriatischen Küste entlang, um den Seeräubern zu entgehen. In der Dämmerung gewahrt er plötzlich die Mastbäume und Antennen einer ganzen Flotte und erschrickt. Erst nach einer Weile erkennt er, daß es sich um ein Waldstück an der Küste handelt, dessen Stämme aufragen wie die Masten einer Seemacht.[285]

Die Flotten des Gegners wie des eigenen Seeheeres waren für die Augen der antiken Beobachter die Wälder des Meeres; ihre Masten waren die Zeichen für Sieg und glückliche Heimkehr. Wenn die Mastbäume mit den geschwellten Toppsegeln und den fein in den südlichen Himmel gezeichneten Antennen am Horizont erschienen, versammelten sich viele Schaulustige, um die Heimkehr der Seefahrer zu erwarten. Der Mastbaum war ein Hoffnungssignal, ein Überlebenszeichen. Und das Zutrauen, das sich auf ihn richtete, galt seiner aus dem festen Erdboden genommenen Standfestigkeit, die er auf den neuen Standort im Schiff übertrug.

Auch hier berührte er Sonne und Mond, wie seine Krone das am alten Standort getan hatte. Auch hier nisteten Sterne im Mastkorb, der wie ein hohes Vogelnest im Tag- und Nachthimmel schwebte. Auch hier setzten sich Leitgestirne in sein Querholz, die Rahe, um den bedrohten Seefahrern glückliche Fahrt zu gewähren, wenn der Gott des Helden seinen Liebling leiten wollte.

Die Schutzmacht dieser aufgerichteten Bäume über dem Wasser bewährte sich aber auch auf andere Weise: Als Alexander der Große Tyrus belagerte, sammelte er seine Schlachtschiffe zu einem Rund und legte die Masten nieder. So entstanden Laufstege von einem Schiff zum andern, eine Schiffsburg war geschaffen.[286] Kappte man die Antennenseile des Feindes, so war dieser seiner Manövrierfähigkeit beraubt. Cäsar wandte diese Methode gegen die Schiffe der Gallier an. Mastbaum und Rahe, *arbor* und *antemna*, waren Sinnbilder für Heil oder Verderben, für Glück oder Unglück; ihnen galt deshalb die Verehrung der antiken Welt.

Die aufgerichteten Masten mit hochgezogener Antenne riefen schon von weitem, ehe ein menschlicher Ruf vom Schiff das Land oder vom Land aus das Schiff erreicht hätte, die Botschaft von der geglückten Meerfahrt hinüber zu den Wartenden; ein schwarzes oder weißes Segel hoch oben an der Rahe konnte, wie beim heiligen Theseusschiff, traurige oder frohe Kunde weit über Meer und Küste senden, ein verabredetes Zeichen, das den Mastbaum zu einem Baum des Lebens oder des Todes machte.

Ein Lebensbaum ist der Schiffsmast auch auf der berühmten Schale des Exekias, die um 535 vor Christus entstanden ist. Dionysos ruht auf dem Schiff unterm ausgespannten, windgeblähten Segel, ein gestirntes Tuch um die Lenden gebunden. Im Wasser nahe beim Schiff spielen die Delphine, und über dem Seefahrer ragt ein Weinstock auf, mit üppigen Trauben behangen, von zart gezacktem Blattwerk begleitet. Die Rebenarme strecken sich über das Schiff und decken es wie eine lichte Weinlaube.

Der Rebstock hat sich am Mastbaum emporgerankt: noch viel später, in den Sinnbildersammlungen des sechzehnten und siebzehnten Jahrhunderts, findet sich der am Baum emporrankende Weinstock wieder. Wenn wir zugleich an die Worte Christi im Neuen Testament denken: ›Ich bin der Weinstock, ihr seid die Reben‹, so erscheint auch dieser weinumrankte Mastbaum auf dem Lebensschiff schon in einem mehrdeutigen Sinnzusammenhang; tatsächlich sollte er sich in besonders harmonischer Verbindung von antiker und christlicher Welt bewähren, wie wir noch sehen werden. Von Claudius Claudianus, der um vierhundert nach Christus geboren wurde[287], haben wir eine farbenreiche Schilderung dieses Dionysos-Schiffes: ›Efeu umschlingt die Planken, Weinlaub rankt sich am Mastbaum empor, und um die Antenne ringelt sich die göttlich trunkene Schlange.‹[288]

Da ist sie, die Schlange des Genesis, ›göttlich trunken‹, als Begleiterin des Weingottes. Sie ringelt sich auch um die Amphoren der Zeus-Söhne, Castor und Pollux, der Dioskuren; ihrer Bedeutungsgeschichte zu folgen, führt hier zu weit ab von meinem Thema. Den Dioskuren aber war auch jenes Schiff geweiht, auf dem der Apostel Paulus segelte: ›Nach drei Monaten aber fuhren wir aus in einem Schiffe von Alexandrien, welches bei der Insel überwintert hatte und hatte ein Panier der Zwillinge.‹[289] Die Zwillinge: ›Castores‹, also Wächter, heilbringende Schirmherren der Schiffe, von denen wir schon gehört haben, daß sie als leuchtendes Feuer auf dem Mast sich niederließen.[290]

Die Durchdringung von antiker Götterwelt und Christentum zeigt sich in dieser kleinen Bemerkung des Neuen Testaments: ›im Panier der Zwillinge‹ segelt der Verkündiger des Christengottes, übers Meer geleitet wird sein Schiff von einem antiken Götterpaar, das er ruhig in seine christliche Welt herübernimmt. Um ihre schützende Gegenwart auf der *antemna* wurden die beiden Sternenzwillinge in vielen römischen Texten gebeten, so von Statius, der das gütige Gestirn auf die beiden Enden der Rahe herabbittet, damit es das Schiff geleite.[291]

Die geheiligte Antenne am Mastbaum konnte wegen dieser mitgedachten Bilder auch im übertragenen Sinne zitiert werden. Ovid ermahnt zum Beispiel aus seiner Verbannung in Tomi brieflich einen Freund, die winterlichen Stürme des höfischen Stolzes zu meiden und nicht die Segel kleinmütiger Furcht an seiner Antenne aufzuziehen. Mit Kummer gedenkt er der Zeiten, als sein eigenes Lebensschiff mit stolz geschwellten Segeln dahinglitt.[292] Askese bedeutet, mit gesenkter Antenne dahinzufahren, um nicht die herrischen und scharfen Winde an Mast und Segel heranzulassen, die zwar gute Fahrt geben, aber auch das Kentern des Schiffes bewirken können. Der große stoische Philosoph Seneca hat hierfür die schönsten Bilder gefunden. Die Antennen zittern, wenn der Lebenssturm die Segel greift; und Zephyr, der sanfte Wind, könnte ein ruhiges Leben bringen, wenn man sich aussuchen könnte, wie das Schicksal es lenken soll.[293]

Die Figur, die der Mast mit dem Querholz ergab, wurde auch schon von den Griechen und Römern in ihrer Gleichnishaftigkeit erkannt: als stünde da, hoch aufgereckt, ein Mensch mit ausgebreiteten Armen, so schwebte das Mastkreuz auf den Schiffen über das Meer. Von den ›Gliedern des Schiffes‹ sprachen nicht nur die Poeten, sondern auch die Juristen der Antike: ›*Quasi membra*‹, wie die Teile eines Körpers, sagt Alfenus in einem Rechtsgutachten, sind die Schiffsteile: Ruder, Mastbaum und Antenne, Segel.[294] Vergil nennt die Antennen ›*brachia*‹, das heißt ›Arme‹. Umgekehrt können auch die knochigen Schultern einer alternden Geliebten den Antennen, den Enden der Rahe, verglichen werden, wie in der *Anthologia Graeca*.[295] In Ovids Metamorphosen werden die Schiffsantennen zu Armen, als Kybele die Schiffe des Aeneas in Najaden verwandelt.

Wenn schon die antiken Vorstellungen von Mastbaum und Antenne den menschlichen Körper mit ausgespannten Armen in der Kreuzform beider erkannten, so ist begreiflich, daß die getauften Römer und Griechen der frühen Christenheit den Mastbaum, an dem das Heil der Seefahrer hing, als das Kreuz im Schiff der Kirche verstanden. Längst waren die Augen daran gewöhnt, in den Kreuzformen, die am Horizont auftauchend Heil, Sieg und Heimkehr zum Ufer meldeten, Zeichen einer götterbegünstigten Fahrt zu erkennen. Der neue Gott nun, der ans Kreuz geschlagen worden war, um seine Anhänger vom Tode zu retten, schien zeichenhaft auf jedem Schiff gegenwärtig – zumal die Meerfahrt des Lebens, des Lebens und der Kirche Schiff längst gängige Bilder waren – ebenfalls aus der Antike ererbt und mit großen Vorläufern, wie dem Helden Odysseus, belegt.

Odysseus ist es auch, der ein besonders großartiges Beispiel der ›Taufe‹ antiker Mythologie mit christlichem Geist vorbereitet: Als er im letzten Abschnitt seiner Abenteuer an der Küste der Sirenen vorbeifahren muß, befolgt er den Rat der Circe, die ihm vor seiner Weiterfahrt gesagt hatte, daß jeder, der sich den Sirenen nähere und ihren Gesang anhöre, unwiderstehlich von ihnen angezogen werde und in den Tod fahre. Seine Gefährten soll er durch Wachs in ihren Ohren am Hören hindern. Er selbst aber mag sich den Gesang der Sirenen anhören:

> ›... selbst aber magst du hören, wenn du willst. Doch sollen sie dich in dem schnellen Schiff mit Händen und Füßen aufrecht an den Mastschuh binden – und seien die Taue an ihm selber angebunden –, damit du mit Ergötzen die Stimme der beiden Sirenen hörst. Doch wenn du die Gefährten anflehst und verlangst, daß sie dich lösen, so sollen sie dich alsdann mit noch mehr Banden binden!‹[296]

Die ›Todesgöttin‹ nennt Odysseus die Sirenen wenig später, als er seinen Gefährten von den Warnungen der Circe berichtet. Er gibt deren Befehl an seine Freunde weiter: ›... bindet mich in Bande, schmerzliche, daß ich an Ort und Stelle fest verharre, aufrecht an den Mastschuh, und es seien die Taue an ihm selber angebunden.‹[297] Als das Schiff sich dann wirklich den Sirenen nähert, lautet deren Versprechen ähnlich wie jenes der Schlange am Paradiesbaum. Die ›blumige Wiese‹, von der schon Circe gesprochen hatte, ist ebenso verlokkend wie die paradiesische Flora elysischer Gefilde. Alles scheint im Zeichen des Heils zu stehen, und alles verkündet für den Eingeweihten Verderben. Odysseus ist aber allein mit diesem Wissen um die tödliche Macht der herrlichen Stimmen. Die Sirenen locken mit dem Versprechen:

›... noch ist keiner hier mit dem schwarzen Schiff vorbeigerudert, ehe er nicht die Stimme gehört, die honigtönende, von unseren Mündern, sondern ergötzt kehrt er heim und an Wissen reicher. Denn wir wissen dir alles, ... wissen, wieviel nur geschehen mag auf der an Nahrung reichen Erde.‹[298]

Odysseus ist bezaubert von dem Gesang und winkt den Gefährten, wie Homer sehr anschaulich sagt, ›mit den Augenbrauen‹, da er ja seine Hände nicht rühren kann und da Rufen nicht verstanden würde: die Gefährten sind mit Wachs taub gemacht. Diese berühmte Stelle in Homers Odyssee ist von den frühen Christen in ihre Heilslehre hineingenommen und als eine Vorausdeutung auf Christus verstanden worden: wie Odysseus am Mastbaum seines Schiffes gefesselt den Versuchungen widerstand, so ist Christus, ans Kreuz geheftet, Sieger über alle Verlockungen der Welt geworden. Das Schiff des Lebens und der Kirche, auf dem der Mastbaum mit der kreuzenden Rahe aufgerichtet steht, trägt so den neuen Baum der Erkenntnis, an den sich die frühen Christen erinnern, wenn sie bei Homer lesen, daß der Mastbaum des Schiffes von den Verlockungen der Sirenen umgeben war, die das Wissen der Welt versprachen wie die Schlange im Garten Eden.

Der antike Held Odysseus, ein Götterliebling zwar, aber kein Gott, kann der Verführung nur durch äußere Hilfe entgehen: die Gefährten fesselten ihn, um ihn und sich zu retten. Aber eben dieses Detail hatte seinen tiefen, dialektischen Sinn für die frühe Christenheit: Der Held Odysseus sorgt für seine Rettung, indem er sich den Verlockungen der Welt nicht wehrlos ausliefert. Er ist damit ein Vorbild für den Christen. Odysseus wird von den Gefährten auf seinen eigenen Rat hin gefesselt, damit ihm und ihnen Heil auf ihrer Fahrt beschieden ist. Christus als Gottessohn braucht nicht geschützt zu werden vor den Verlockungen weltweiten Wissens wie Adam und Odysseus. Er ist allwissend und geht dem Tod am Kreuz als Gott entgegen.

Daß die Segel am Schiffsmast als Siegeszeichen verstanden wurden, hatte auch noch einen anderen Hintergrund, der ebenfalls nahtlos in den christlichen Äon überführt werden konnte: Die Antenne am Mastbaum, die das Segel trug, wurde von den Griechen schon verstanden als das Siegeszeichen, *trópaion*, denn sie ähnelte eben jenen *trópaia*, mit denen man den Sieg über Feinde feierte: Holzpfähle mit je einer Querstange, an der die Waffen des Feindes aufgehängt wurden – dort, wo er sich zur Flucht gewandt hatte.

Die Standarten der römischen Soldaten, ebenfalls hohe Stangen mit Querholz, an denen das Fahnentuch hing, hatten hier ihren Ursprung: Die Standarte gleicht dem unversehrten Toppsegel, das am Querbalken des Mastbaumes, an der *antemna* hängt und als Siegeszeichen weithin leuchtet. Justinus und Tertullian, Schriftsteller des frühen Christentums in den ersten Jahrhunderten, von antiker Philosophie geprägt, haben diese Deutungen ausführlich erläutert und die nautischen Symbole der antiken Welt in die Theologie vom Kreuz eingebettet.[299]

Tertullian sagt knapp und eindeutig: ›Die Bramsegel der Heerfahrten und der Standarten sind ja nur Bekleidungen von Kreuzen.‹[300] Er wie auch Justinus spricht von der Kreuzform der menschlichen Gestalt, die sie in solchen bekleideten Kreuzen erblicken – hier dann als die Gestalt des einen, gottähnlichen Menschen, des Christus.

So konnten nun verschiedene Bedeutungen für Mastbaum und Antenne harmonisch zusammenfließen: der Baum, aus dem Erdreich genommen, eingepflanzt am neuen Ort auf den Holzplanken des Schiffes, sollte seine natürliche Widerstandskraft gegen Wind und Wetter auf das schwankende Stück künstlichen Bodens aus natürlichen Stoffen übertragen. Die Kreuzform aus Mast und *antemna* sah man besetzt mit den Götterzwillingen, den Sternen Castor und Pollux, die Söhne des Göttervaters Zeus waren. Auch deshalb war die Anreicherung der überlieferten Symbole so widerstandslos möglich: Heilig, lebensrettend, Göttersitz war dieser stolze Baum schon in der antiken Welt. Die zwei Enden der Rahe erinnerten an die Frühzeit der griechischen Religion, weil sie dem Gehörn des starken Stiers glichen – Stiergehörn hatte man in den prädeistischen Zeiten des Baumkults auch in den heiligen Bäumen aufgehängt. In diese bereits mehrstimmige Tradition, die zumindest den gebildeten Beschauern bekannt war, mischte sich die Idee vom Siegeszeichen ein: dem *trópaion*, das riesenhaft vergrößert im Schiff aufgepflanzt erschien, wenn dieses nach erfolgreicher Fahrt mit gehißtem Toppsegel am Mastbaum heimkehrte, weithin sichtbar triumphierend. Der siegreiche Christus konnte dann von den christianisierten Völkern, die sich erst Schritt für Schritt von ihrer eigenen Götterwelt verabschiedeten, als der neue Dionysos, als der andere Odysseus verstanden werden; am neuen Baum der Erkenntnis gekreuzigt, war er zugleich der neue Adam, als Vermittler der Unsterblichkeit der neue Herakles, zugleich Cäsar und *Rex*, der Triumphator der alten und neuen Welt, der in die Erfahrungswelt der antiken Geschichte paßte und niemanden zwang, vertraute Weltbilder – die ja Bilder in den Köpfen waren! – zu verabschieden.

Hippolyt, Kirchenvater und Gegenpapst, nutzt in seiner Schrift ›*De Antichristo*‹, Vom Antichrist, das Gleichnis vom Mastbaum auf dem Schiff der Kirche mit sichtlicher Freude an den farbigen Aspekten, die es bietet: Das Meer ist die Welt, und das Schiff der Kirche hat zum Steuermann Christus. Dann fährt Hippolyt fort:

> ›Sie [die Kirche] trägt in ihrer Mitte ja auch das Siegeszeichen, das da ist gegen den Tod, da sie das Kreuz des Herrn aufrecht mit sich führt ... Ihr ist auch gegeben ein weißleuchtendes Segel, das bedeutet den Geist, der aus den Himmeln ist, ... Eine Strickleiter ist in ihr, die zur Höhe über der Antenne hinaufführt, als sinnbildendes Zeichen des Leidens Christi, und sie führt die Glaubenden zum Aufstieg in die Himmel hinan. Die Toppsegel aber, die sich über der Antenne zur Spitze hin vereinigen, sind wie die Ordnungen von Propheten, Märtyrern und Aposteln, die da ausruhen bis zum Eintritt in das Königreich Christi.‹[301]

Die Strickleiter, die über die Höhe der Antenne hinaus in die Nähe des Himmels führt, hat die Christen jener Zeit natürlich erinnert an die Himmelsleiter aus Jakobs Traum, auf der die Engel auf- und niederstiegen. Als Leiter an einem Baum, dessen Wipfel in die Sterne reicht, in dessen Blattwerk Mond und Sonne auf- und untergehen, war sie aus ältesten Mythen in den Vorstellungen der Menschen. Die antike Welt der Naturgeister, der Nymphen und Faune belebte die Bäume auf dem festen Land. Das Schiff mit seinem vom Baume genommenen Mast war durchtränkt von den mythischen Implikationen, die der Baum von seinem alten Standort mitbrachte.

Auch der Kirchenvater Hieronymus nutzt das Bild vom Mastbaum in sehr anschaulicher Weise. Seinem Freund Heliodor, der das Mönchtum zugunsten der Weltfreude verlassen will, schreibt er: das Meer der Welt sei nur scheinbar glatt und ungefährlich. In Wahrheit erwarte ihn schwerer Sturm. ›Macht das Takelwerk frei, hängt die Segel auf! Das Kreuz der Antenne soll auf die Stirnen gedrückt werden ...‹[302]

Schiffbruch, so sagt ein Text des Pseudo-Ambrosius, ist so lange nicht zu fürchten, als der Mastbaum feststeht, an dem Christus gekreuzigt ist: ›*quia in arbore, id est in cruce, Christus erigitur*‹. ›Der Baum‹, *arbor*, steht da wieder, und dieser Baum auf dem Schiff ist das Kreuz. Der Kreuzbaum ist in der christlichen Welt auch im Zusammenhang mit dem Baum der Erkenntnis, der im Garten Eden den Fall der ersten Menschen begründete, zu einem beliebten und ergiebigen Bild geworden. Als grünender Baum wird das Kreuz Christi häufig dargestellt, als der neue Baum des Lebens. Die allegorische Kunst der Kirchenväter findet in den überlieferten Bildern von Mastbaum und Antenne ein überreiches Feld. Paulinus von Nola macht seine geistliche Interpretation unmittelbar am Odysseus-Mythos fest, wenn er von den Christen im Schiff der Kirche sagt, daß sie das Segel ihres Herzens mit den Banden der Liebe wie mit dem Takelwerk an die Antenne des Kreuzes knüpfen. ›Mit dem Seile unseres Glaubens‹, so fährt er fort, ›werde aufgerichtet als Mastbaum die Antenne der Liebe, daran wir die Segel unseres Lebens ausbreiten können.‹[303]

Justinus schreibt sehr eindeutig: Das Meer kann nur durchsegelt werden, wenn auf dem Schiff das *Trópaion* des Kreuzes, der Mastbaum, unbeschädigt ist. Für die Christen waren die Arche Noah des Alten Testaments und das Schiff des Petrus immer präsent, wenn diese Schiffssymbolik auftauchte. Wie das Verderben, so ist auch das Heil des Menschen mit dem Baum so eng verbunden, daß von Zufällen bei der Entstehung dieser Sinnfiguren keine Rede sein kann. Der Christ ist zugleich der neue Odysseus, der sich anklammert an den Mastbaum des Kreuzes auf seinem Lebensschiff, das zum Ziel segelt.

Im Alten Testament selbst tauchen aber schon Gleichnisse auf, die den Mastbaum und seine Funktion als Heilsbaum im Schiff als ein allgemeinverständliches Bild auch für die übertragene Rede voraussetzen. Als Jesaja dem Volk Gottes den Untergang der Feinde voraussagt, benutzt er unvermittelt ein Bild, das man nur auf dem Hintergrund der Mastsymbolik versteht: ›Laßt sie ihre Stricke spannen, sie werden doch nicht halten; also werden sie auch das Fähnlein nicht auf den Mastbaum ausstecken.‹[304] Wir haben gesehen, wie diese sparsame Anspielung verstanden wurde von den Hörern dieser Texte: Die krönende Fahne, das Siegeszeichen, wird der Gegner nicht hissen können, das heißt, sein Mast, dessen Taue nicht halten, wird nicht aufgerichtet werden zu siegreicher Fahrt.

Der Prophet Hesekiel liefert ein besonders eindrückliches Beispiel, als er das Klagelied über die Stadt Tyrus singt, die am Meer gelegen ist. Er schildert die Stadt in ihrer einstigen Pracht wie ein stolzes Schiff. Gott habe ihm befohlen, so beginnt er, diese Wehklage über Tyrus:

> ›die da liegt vorn am Meer, und mit vielen Inseln der Völker handelt: So spricht der Herr, Herr O Tyrus, du sprichst: Ich bin die Allerschönste. Deine Grenzen sind mitten im Meer, und deine Bauleute haben dich aufs allerschönste zugerichtet. Sie haben all dein Tafelwerk aus Zypressenholz vom Senir gemacht, und die Zedern von dem Libanon führen lassen, und deine Mastbäume daraus gemacht, und deine Ruder von Eichen aus Basan, und deine Bänke von Elfenbein, gefaßt in Buchsbaumholz aus den Inseln der Chittiter. Dein Segel war von gestickter köstlicher Leinwand aus Ägypten, daß es dein Panier wäre, und deine Decken aus blauem und rotem Purpur aus den Inseln Elisa. Die von Sidon und Arvad waren deine Ruderknechte, und hattest geschickte Leute in Tyrus, zu schiffen.‹[305]

Die reiche Stadt als ein prächtiges Schiff mit vielerlei Hölzern von ausgewählten Bäumen aus den verschiedensten Ländern: Glanz und Reichtum ließen sich so sinnfällig beschreiben; die Manövrierfähigkeit eines Schiffes gab das Bild ab für die Handelsbeziehungen einer Stadt. Und von den Bäumen war das Wesentliche genommen, was ein solches Schiff schwimmen, steuern und stabilisieren ließ: Rumpf und Steuerruder, Mastbaum und Rahe waren vom Holz der Bäume und trugen das Vertrauen derer, die ihr Heil solchen Schiffen anvertrauten, weil der Baum dieses Vertrauen von der Erde auf das Meer mitnahm.

Ein merkwürdiges und faszinierendes Bild vom Mastbaum bietet der Prophet Jesaja, als er das Volk Gottes warnt, sich nicht mit den Ägyptern zu verbünden. Wer so vor dem Gott Israels flieht, sagt der Prophet, der wird zurückbleiben ›wie ein Mastbaum oben auf dem Berge und wie ein Panier oben auf einem Hügel‹.[306] Wie kommt ein Mastbaum auf einen Berg? Ist der Schiffsmast gemeint oder doch etwas anderes? Tatsächlich steht das uns vertraute Wort *›malus‹* in der lateinischen Vorlage für dieses Wort ›Mastbaum‹. Das Feldzeichen, das Panier, ist als aufgerichtetes Siegeszeichen in die christliche Bildersprache übergegangen, wie Justinus und Tertullian zeigen.[307] Zur Deutung dieser rätselhaften Stelle meint Johannes Calvin:

> ›Auf zwiefache Weise kann man diese Worte verstehen. Einige Ausleger leiten das Bild vom Fällen der Bäume ab. Wird ein Wald niedergeschlagen, dann läßt man wohl einige schlanke Bäume, die zum Schiffsbau gut verwandt werden können, stehen. Anstatt: auf einem Berge – kann man aber auch übersetzen: auf einer Klippe, auf einem Vorgebirge. Auf einem solchen ragt wohl öfters der Mast eines gestrandeten Schiffes empor. So aufgefaßt, weist der Mastbaum auf einen Schiffbruch hin. Das andere Bild – wie ein Panier oben auf einem Hügel – erinnert an ein Siegeszeichen, wie man es etwa nach Niederwerfung von Feinden aufrichtet …‹[308]

Ein weithin sichtbarer Mastbaum, aufgerichtet und nicht zerbrochen: nach der antiken Tradition der nautischen Bilder, die wir hier kennengelernt haben, müßte er tatsächlich Sieg und Überleben eher bedeuten als Scheitern. Wenn der Mast steht, ist das Heil der Seefahrer gesichert – auch wenn das Schiff auf eine Klippe geworfen wurde. Hier ist festes Land, und das Panier wird aufgerichtet, um weithin ein Zeichen zu geben. Diese Deutung des Textes scheint auch in der Sache zwingend: von Israel wird ein ›Überrest‹ (vgl. Paulus in Römer 9,27!) gerettet, und davon redet hier der Prophet. Die antike Mastbaumsymbolik weist den Weg zur Deutung eines christlichen Prophetenwortes.

Hippolyts Schrift vom Antichrist sammelt die Symbolik des Mastbaums in einem plastisch leuchtenden Bild: Der Schiffsmast trägt schon das Siegeszeichen, das *Trópeion*, in Gestalt des Kreuzes aus Mastbaum und Antenne; zugleich zeigt die zitternde, leicht bewegliche *antemna* die Gefahren an, die der Seele auf dem Lebensmeer drohen. Das hoch oben geschwellte Bramsegel aber leuchtet schon in der aufsteigenden Sonne, während das übrige Schiff noch im Dunkeln liegt: das Zeichen des Sieges meldet von dort oben, daß die Fahrt im Zeichen des Kreuzes nicht anders als glückhaft enden kann.

Als das Christentum in die antike Welt einsickerte, zogen die stolzen Schiffe der Griechen und Römer weiterhin über die damals bekannten Meere. Ihre Masten, Wäldern gleich, bewegten sich im Wind der Hafenbecken; wandernden Wäldern gleich trieben sie in den Seeflotten über das Meer. In Sturmnächten nahmen Castor und Pollux als Doppelgestirn Platz auf den ›Hörnern‹ der Rahe, in denen die Zeitgenossen des Mythos noch das kultische Gehörn des starken Stiers erkannten. Wie eine Siegesfahne blähte sich das Toppsegel am Mast, wenn die Schiffe gute Fahrt machten. Den Dionysos, der den Weinstock brachte, mag mancher träumende Seefahrer vor Augen gehabt haben, wenn die Delphine um sein Schiff sprangen und der Weinbecher geleert wurde.

Der Weinstock am Mastbaum, die Schlange geringelt um die Rahe: da ist die mythische Welt der Antike verschlungen mit der Geschichte des Heils nach der Zeitenwende. Christus der Gekreuzigte fährt nun unsichtbar am Kreuzbaum des Mastes mit, um das Heil der Seefahrer zu bewahren. Das Toppsegel ist nun Feldzeichen seines Sieges über den Tod.

Wenn ein Baum umgesägt worden ist und
seine nackte Todeswunde der Sonne zeigt, dann
kann man auf der lichten Scheibe seines Stumpfes
und Grabmals seine ganze Geschichte lesen:
in den Jahresringen und Verwachsungen steht aller
Kampf, alles Leid, alle Krankheit, alles Glück
und Gedeihen treu geschrieben, schmale Jahre und
üppige Jahre, überstandene Angriffe,
überdauerte Stürme.

Hermann Hesse

15. Kapitel

Grabmal-Bäume

Da er den Lebensphasen sein Bild leiht, begleitet er die Menschen auch in den Tod: der Baum als Bild der Vergänglichkeit und der Hoffnung, versöhnlich und mahnend für die einstweilen Überlebenden, die sein Bild auf Grabsteine meißeln, in Grabkreuzen kunstvoll ins Ornament verwandeln.[309]

Wer die Tafeln auf den Gräbern liest, sollte einmal darauf achten: oft ist es ein gemeißelter Baumstumpf, an dem diese Tafel lehnt. Der Tote als ein abgeschlagener Baum, dessen Wurzelwerk noch im Boden ruht: wir wissen aus den Sinnbildern und aus den biblischen Schriften, welche Vorstellung sich damit verband. Solange nicht die Wurzeln ausgerissen sind, kann der Baum neues Leben treiben. Die Verankerung im Boden bedeutet, auf den Menschen übertragen, die unzerrissene Verbindung zum nährenden Boden, aus dem das Leben nach dem Tode hervorgeht.

Symbolische Grabbilder dieser Art beginnen mit dem 16. Jahrhundert. Alte Grabsteinreliefs zeigen uns, welche dramatischen Lebens- und Todesbilder den Generationen früherer Jahrhunderte vorschwebten, wenn sie den Baum, geknickt oder gefällt, vom Sturm gebeugt, von der Axt gespalten, auf die Gräber der vor ihnen gestorbenen Menschen setzten. Das Steinrelief ist die dauerhafte Form für solche Darstellungen; das schmiedeeiserne Grabkreuz, in Lilienbaumform oder als ornamental gestalteter Lebensbaum, findet sich so häufig auf Friedhöfen, daß es wohl niemandem unbekannt ist. Die Steinbilder aber, auf denen der Baum für den Toten oder für das Leben und seine Gesetze steht, sind so häufig nicht. Um so ausdrucksvoller sind die Steintafeln, die im Bilde des Baumes zu und von dem Toten sprechen – und eindringlich zu den Lebenden, für die fast immer eine Mahnung aus diesen Bildern redet. Was man dem Toten nachruft, das ruft man zugleich den Lebenden – und das bedeutet ja: sich selbst – zu.

Ein Medaillon, halb verwittert, auf dem Friedhof von Hettstedt im Harz zeigt dieses doppelte Gespräch deutlich. Der Tod selbst, ein knöchernes Geschöpf mit tiefen Augenhöhlen, packt hier mit seiner hartgliedrigen Hand einen belaubten Baum und knickt ihn. Die im Becken sichtbar eingehängten Knochenbeine des Todes stemmen sich kräftig gegen den Erdboden, um die Hebelwirkung, die den Baum zu Boden zwingen soll, zu unterstützen. Der Kampf bleibt unentschieden: noch wirkt der Baum kaum gebogen; gebrochen ist er nicht. Mit dem Ernst wird also Trost gereicht; die schön geschwungene Umrahmung des Medaillons bekräftigt diesen barocken Akzent.

Die Rokokotür an der Grabkapelle zu Stralsund (Jakobikirche) bietet ein erzählendes Bild zur Machtvollkommenheit des Todes: links der kahle, tiefgebeugte Baum, dessen Todescharakter durch eine schwere Wolke bestätigt wird, die über ihm schwebt und die Sonne verdunkelt. Rechts nun aber der laubstrotzende, gerade Baum im Lichte der strahlenreichen Sonne.

Die Barockzeit schwelgt in kontrastreichen Steinmetzarbeiten mit dem vielfach erprobten Baumthema, das aus der Sinnbildkunst den Zeitgenossen wohlbekannt war.[310] Die Kreuzkirche in Breslau hat einen solchen Grabstein, auf dem sich ein eruptives Geschehen abwickelt. Er gilt dem Kanonikus Erasmus Ramicida († 1663) und zeigt den zu Boden sinkenden Wipfel eines über und über mit Früchten behangenen Baumes. Über der sinkenden Baumkrone quillt dichtes Gewölk auf; eine knöcherne Hand am Knochenarm fährt aus diesen Wolken herab und treibt die Axt in den Stamm, daß er bricht. Zugleich schwebt ein Engel aus dem Gewölk nieder: Er hält in seiner Linken das Stundenglas und greift mit der Rechten nach einer Frucht im Wipfel des sterbenden Baumes – wie um zu prüfen, was sie tauge. ›An ihren Früchten sollt ihr sie erkennen‹, diese Formel des Neuen Testaments kommt uns in den Sinn, wenn wir dieses Bild sehen. Die lateinische Inschrift, ins Deutsche übersetzt, sagt zu diesem Grabstein:

›Räuberisch zehrte die Zeit des Laubes Krone, bis endlich
Stürzte der stattliche Stamm unter der schneidenden Axt.
O daß er Früchte trug, daß in den elysischen Gärten
Fände der Baum den Platz, den er im Leben ersehnt.‹

Ein freisinniger Kommentar mit Anklängen an antike Jenseitsmythen.

Manche Grabinschrift zeichnet nur in Worten, eingemeißelt in den Stein, das Leben des Verstorbenen im Bild des Baumes nach, wie man es aus vielen Gleichnissen, Sprichworten und Sinnbildern kannte. In Bautzen findet sich das Grab eines Pfarrers von 1715 mit einem ausführlichen Gleichnistext, der an die Weissagungen auf den Retter der Christenheit erinnert und all jene Baumsymbole aufnimmt, die den Zeitgenossen auch des achtzehnten Jahrhunderts noch wohlvertraut waren. Da heißt es:

›Tugend pflanzt sich selbst die Palme eines immergrünen Lobes bei der Nachwelt. Dies hat sich auch allhier getan bei dem Grabe des weiland hochwohlgeb. ehrwürdigen Herrn H. Marches, sehr beliebten Predigers und Pfarr. Secundary in Budissin. Er ward als ein zartes Reis gepflanzt zu Großten a. d. 1667, d. XXV. Febr., grünete wie ein Palmbaum in dem Hause seines Gottes in Lehr und Leben zu Rotkirchen in Schlesien, …
Im Ehestandsgarten, darinnen er in seiner Eheliebsten … eine treue Gehülfin hatte, blüheten IX angenehme Ehepflanzen: IV Söhne und V Töchter. Mußte in der besten Blüte seines Alters … verwelken, doch grünen seine Gebeine, da sie liegen.‹

Das achtzehnte Jahrhundert kennt viele solcher eingemeißelten Grabreden, die den Toten einem Baum im Garten Gottes vergleichen. Die ›Gehülfin‹ erinnerte die Leser an Luthers Wort in der Genesis, wo der Schöpfer dem Adam die Eva erschafft mit den Worten: ›… ich will ihm eine Gehülfin machen, die um ihn sei.‹[311]

Medaillons mit schön geformten Lebensbäumen sind ein häufiger Grabschmuck; sie kontrastieren eindrucksvoll die andere Möglichkeit, am Grabe Grundsätzliches in die Erinnerung zu rufen: ›schnell und schrecklich‹ lautet die Spruchbandschrift unter einem Steinmedaillon in der Friedhofskapelle von Querfurt in Sachsen. Das Medaillon gehört zum Altar der Kapelle. Das Steinrelief im Medaillon zeigt den vom Blitz getroffenen Lebensbaum, der im nächsten Augenblick stürzen wird.

Das barocke *Memento mori* treibt drastische Darstellungen hervor. Auf dem alten Friedhof in Straubing steht die Grabplatte eines Ehepaares: sie zeigt die beiden Eheleute in Gestalt von Bäumen, zwischen denen der Tod, ein Gerippe, tanzt. In der Rechten hält er eine Axt, mit der er eben den einen der beiden Bäume gefällt hat. Kahl waren dessen Äste schon zuvor, nun stürzt seine dürre Krone neben dem Tod zu Boden. Dieser schwingt triumphierend die Axt, mit der Linken hält er dem Beschauer das Stundenglas entgegen. Hochaufgereckt ragt dieser Knochenarm in den Wipfel des anderen Baumes, der zur Linken des Todes steht. Seine Äste, die noch hier und da ein Blatt tragen, sträuben sich zum Tode hin, sein Stamm neigt sich abwehrend von dem Gerippe fort. Aber der dicke Stamm auch dieses Baumes hat schon eine tiefe Kerbe: der Tod hat einen Probehieb getan. Das hocherhobene Stundenglas wird also nicht nur dem Beschauer gezeigt, sondern diesem noch lebenden Baum vorgehalten: sein zackiges Geäst ist angreifend und abwehrend zugleich gegen dieses Mahnzeichen gerichtet. Über beiden Bäumen kräuselt sich das Gewölk des Himmels; kleine Engelsköpfchen über sanft gebauschtem Gefieder schweben rechts und links oben. So makaber die Szene dargestellt ist, so dynamisch der Triumph des Todes, seine Drohgebärde mit Axt und Glas wirken: der Himmel schaut von oben auf die Szene und scheint sich am ferneren Schicksal der gefällten Bäume beteiligen zu wollen.

Auch in liebliche Lebensbäume wird der Totenschädel mahnend hineingehängt. Ein Grabstein aus dem frühen sechzehnten Jahrhundert am Grab eines jungen Edelmannes zeigt eine solche kontrastreiche Komposition.[312] Ein junger Mann kniet in feinen Kleidern mit betend zusammengelegten Händen. Vor ihm ist das Familienwappen aus dem Stein gemeißelt, sein Blick aber geht über dieses Wappen hinweg auf ein Rosenbäumchen. Im Wipfel des Rosenbaumes hängen Stundenglas und Totenkopf; von der Krone des Baumes fallen an der dem knienden Knaben zugewandten Seite alle Blätter auf einmal ab. Über dem Baum schwebt ein Spruchband mit der Aufschrift: *Omnia terrena caduca* – ›Alles Irdische ist vergänglich‹. In schönen Steinmetzbuchstaben läuft unter dem ganzen Bild eine zweizeilige Schrift entlang mit den lateinischen Worten: *Ut rosa mane viget, tamen et mox vespere languet, / Sic modo qui fuim, pulvis et umbra sumus.* Das heißt: ›Wie die Rose frühe erblüht und schon abends entblättert, / So sind wir nach dem Tode bald nur noch Schatten und Staub.‹

Nun versteht man besser, warum der Bildhauer den Rosenbaum nur auf einer Seite entlaubt zeigt: sein Bild erzählt. Der Rosenbaum ist in zwei Zeitphasen dargestellt, die beide in einem Bilde Platz finden müssen: rechts, vom Trauernden abgewandt, trägt er große Rosenblüten und Laub. Links, jenseits der durch Schädel und Stundenglas markierten Mitte des Wipfels, hängen seine Zweige herab und lassen mit einem Male alle Blätter fallen. So verstanden die Künstler zu reden und Zeit in eine einzige Fläche aufzunehmen. Ihre Zeitgenossen kannten dieses Verfahren – zum Beispiel aus den Bilderbibeln – und verstanden mühelos.

Wie lange sich das Rosenmotiv durch die Grabmalkunst bewegt, zeigt auch ein sehr viel später entstandenes Relief von 1770 auf dem Friedhof von Weiden (Oberpfalz). Der Tod, mit hochgeworfenem Kopf und grinsend gebleckten Zähnen im nackten Kiefer, schaut mit seinen leeren Augenhöhlen auf eine üppig pralle Rosenblüte, die er mit der knöchernen Hand eben von einem blühenden Rosenbäumchen herunterbricht. Die mageren Knochenfinger packen den saftigen Stiel der Rose, an dem schöngeformte Laubblätter wachsen. Mit der andern Hand hält das Gerippe ein Stundenglas zwischen seinen Beckenschaufeln; die klapprigen Glieder streckt es sitzend hinter dem Rosenbäumchen vorbei an den Rand des Bildes. Der unheimliche Kontrast von süßer Blütenfülle und erbarmungslosem Zugriff des Unbelebten erschreckt den Betrachter, soll ihn erschrecken.

Die trauernden Bäume, die sich seit dem Ende des achtzehnten Jahrhunderts über Urnen und Monumente neigen, in Stein gemeißelt und von trauernden Angehörigen des Toten umringt, wirken dagegen wie eine Verniedlichung und Abstraktion des Todes. Die Intensität der Todesbegegnung schwindet, die Naturentfremdung beginnt. Den Lebenden wird der Tod nicht mehr in seiner Drastik und Endgültigkeit zugemutet. Ein Baum mit sanft geneigten Ästen, statt des Knochenmannes eine hygienische Urne auf glattbehauenem Sockel. Die festlich trauernden Angehörigen wie zum Photo gruppiert: so zeigt sie in Freiburg/Breisgau ein Grabstein (1842), den wir ähnlich an vielen Orten finden.

Die Trennung von Tod und Leben beginnt, die Ausweisung des Tödlichen aus der Welt der Lebenden wird zur Regel der Moderne.[313] Dieser Prozeß ist noch heute, in den achtziger Jahren des zwanzigsten Jahrhunderts, nicht abgeschlossen. Und der Baum, der symbolisch mitwirkt bei der Beschwörung des Todes auf Grabmälern, auch er ist schon im neunzehnten Jahrhundert schattenhaft schmal geworden, ohne Früchte, kaum plastisch, eine Hintergrundsfigur, ein blasses Abbild, weil die inneren Bilder verblaßt sind: jene von Rose und Lebensbaum, von Sturm und Blitz, vom Axthieb des Todes. Das Baumsymbol spricht nicht mehr, weil die Köpfe der Menschen entleert sind von sprechenden Bildern.

Die Sonne springt, ein weißes Geißlein,
von Ahornschatten schön gefleckt,
durchs dichte Gitter grüner Zweige,
wo sie sich scheu ins Goldne streckt.

Peter Huchel

16. Kapitel

Märchenbäume

Die Bäume der deutschen Märchen: jene in Rotkäppchens Wald, zwischen denen Blumen verlockend leuchteten – und der Wolf sich versteckt; jene in Hänsels und Gretels Wald, wo das weiße Täubchen flog; oder der schaurige Wald, wo Jorinde und Joringel abends spazierengingen am Schloß der Zauberin. Ohne Wälder, aber auch ohne die besonderen hohen Bäume, von denen einer ausschaut, um ein rettendes Licht zu finden, sind die deutschen Volksmärchen der Brüder Grimm nicht zu erzählen. Die Bäume der Mythen und Sagen leben hier weiter; aber auch jene des Alten und Neuen Testaments erkennen wir wieder: Bäume, an denen über Leben und Tod entschieden wird, Bäume der Bewährung und Bäume des Paradieses. Die Frauenbäume, von denen ich berichtet habe, mütterliche Schutzmächte für Waisenkinder, decken in verschiedenen Märchen der Mutter Grab.

In den Märchen leben viele Wesen, die einer jenseitigen Welt angehören. Riesen und Zwerge, Hexen und Zauberer, sprechende Tiere bevölkern die Natur. Diese selbst belebt sich auf völlig selbstverständliche Weise. Wenn die Grenzen zwischen Leben und Tod fließend werden, wenn die Regeln der realen Welt außer Kraft geraten und Menschen zwischen Leben und Tod hin- und herwechseln, dann belebt sich unmerklich auch die fälschlich als ›unbelebt‹ bezeichnete Natur: die Quellen sprechen, wie im Märchen von Brüderchen und Schwesterchen, Bäume und Steine reden zu den Menschen, warnend und ratend, prophezeiend und allwissend.

Was die frühen Kulturen den natürlichen Kräften zugetraut und von ihnen befürchtet haben, das lebt im Märchen weiter und erreicht uns in vielerlei Rätselgestalt. Es ist nicht wichtig, ob wir alle diese Zeichen verstehen; zumal für die Kinder, deren Umgang mit den Märchen ein geheimnisvollerer ist als erklärungssüchtige Erwachsene wissen, kommt es auf Erklärungen nicht an. Das Märchen redet zu den Kindern in einer Erlebnissprache, die den Erlebnisformen der Kinder entspricht. Auch für sie ist jeder flüsternde Baum ein Lebewesen, das mit ihnen spricht, nimmt der murmelnde Bach das Gespräch auf in einer magischen, nur dem Kinde zugänglichen Sprache. Daß die Tiere reden können, wenn nur die Menschenwelt sie hören will, glaubt jedes Kind.

Im Märchen hat die Welt genauso viele Stimmen, wie das Kind insgeheim glaubt. Da schütten Bäume ihre Reichtümer über das arme, benachteiligte Mädchen, da birgt der Wipfel eines hohen Baumes den kleinen Knaben, der immer als der schwächste gegolten hat; oder der Wunderbaum reicht ihm, dem bisher Verachteten, seine goldenen Äpfel.

Kindern ist noch ohne weitere Erklärungen zugänglich, was Erwachsene der zivilisierten Kulturen lächelnd und kopfschüttelnd hören: daß die Zweige eines Baumes ausgereckten Armen gleichen, daß sein höchster Wipfel einen bizarren Kopf bilden kann. Aus animistischen und präanimistischen Glaubensformen lange vor unserer Zeit stammen viele Märchenmotive – etwa jenes vom Baum auf dem Grabe der Mutter, der die gute Tochter mit silbernen und goldenen Früchten belohnt, die böse aber bestraft. Ähnliches geschieht im Märchen von Frau Holle.[314]

Die enge Zuordnung von Menschenschicksalen zu Bäumen, wie sie der wohltätige Baum im Märchen widerspiegelt, findet im Aberglauben vielfältigen Ausdruck. Eine der verbreitetsten Vorstellungen ist wohl jene, daß man das Schicksal eines Neugeborenen einem Baum verbinden möchte: wie der neugepflanzte Baum gedeiht, so soll auch der heranwachsende Mensch Kraft bekommen, Wurzeln schlagen, seine Heimat wiederfinden. Auch einer, der eine Reise antrat, verband sein Schicksal in früheren Jahrhunderten häufig einem Baum: Analogiezauber sollte den gefährdeten Reisenden gesunderhalten, wenn das Messer, das er beim Abschied in den Baum stieß, nicht rostete. Begann es sich zu verfärben, so sollten die Zurückgebliebenen wissen, daß den Entfernten Unglück oder der Tod ereilt habe.

Dieser Glaube kehrt auch wieder im Märchen von den zwei Brüdern.[315] Ein Zwillingspaar trennt sich in dieser Geschichte und erhält den Rat, am Scheideweg ein Messer in einen Baum zu stoßen. ›... daran kann einer, wenn er zurückkommt, sehen, wie es seinem abwesenden Bruder ergangen ist; denn die Seite, nach welcher dieser ausgezogen ist, rostet, wann er stirbt: solange er aber lebt, bleibt sie blank.‹ Wie eine Gewährsmacht für unsichtbare, ferne Schicksale tritt der Baum hier auf. Schicksalsbäume gab es für Haus und Hof, wie wir aus Schweden und Dänemark wissen. Daß sich ihr Geschick an das Leben eines Baumes binden konnte, haben Menschen über viele Generationen und Jahrtausende aus vorgeschichtlicher Erfahrung weitergetragen. Die Überlegenheit des Baumlebens bestand für die Kulturen in den gemäßigten Zonen vor allem in der ständigen Überwindung des winterlichen Todes, die den Menschen wie eine Zusicherung auf eine eigene Bestimmung zum endgültigen Weiterleben nach dem Tode erscheinen konnte. Auch der Weltenbaum, eine Erweiterung des Schicksalsbaumes in die kosmische Dimension, zeichnet seine Spuren noch in der Märchensammlung der Brüder Grimm. In dem Märchen ›Der Dreschflegel vom Himmel‹ nämlich wird folgendes erzählt: Aus einem kleinen Korn, das ein Bauer von seinem Rübsamen verliert, wächst in kürzester Zeit ein Baum, von dem es heißt: ›der reichte bis an den Himmel. Da dachte der Bauer: ‹weil die Gelegenheit da ist, mußt du doch sehen, was die Engel da droben machen, und ihnen einmal unter die Augen gucken.› Also stieg er hinauf und sah, daß die Engel oben Hafer droschen.‹[316] Während der Bauer ihnen zuschaut, spürt er, daß der Baum wackelt. Aus der Spreu vom Hafer der Engel dreht er sich blitzschnell ein Seil und läßt sich hinab – in ein tiefes Loch. Nun hatte er im letzten Moment da oben im Himmel nach einer Hacke und einem Dreschflegel gegriffen; so konnte er sich jetzt Stufen hacken, um nach oben zu steigen. Daß der Bauer tief in die Erde gelangt, als er von diesem Himmelsbaum herabkommt, scheint die Ergänzung zu seinem Aufenthalt dort oben zu sein: mit Hilfe der Himmelswerkzeuge steigt er aus der Unterwelt wieder auf die durchschnittliche Erdenhöhe.

Auch paradiesische Bäume finden sich in den Märchen; sie überschütten einzelne Menschen mit reichen, oft unwirklichen Gaben und schenken ihnen Glück. Die Begünstigten sind verlassene, benachteiligte Menschen, die sich nichts zuschulden kommen lassen. Oft ist ein solcher Baum zugleich die Fortgeltung mütterlicher Zuwendung über den Tod der Mutter hinaus, wie im Märchen von Aschenputtel. Aschenputtel zeichnet sich zunächst durch einen besonders bescheidenen Wunsch an den Vater aus, als dieser auf eine Reise geht. Sie erbittet ein Haselreis, das ihm zufällig unterwegs an den Hut stoße. Der Haselstrauch hat im Volksglauben ›weiblichen‹ Charakter. Von diesem Reis, das Aschenputtel auf das Grab der Mutter pflanzt, heißt es: ›Es wuchs aber und ward ein schöner Baum.‹[317] Dieser Baum wächst aus den Tränen des Mädchens, die sein erstes Wasser gewesen sind. Fortan erscheint auf dem Baum ein weißes Vögelchen, wenn das Mädchen kommt und etwas erbittet. Dieser Seelenvogel der Mutter hat eine lange mythische Vergangenheit bei verschiedenen Völkern. Daß auch der Baum ursprünglich in den kultischen Bereich gehört, wird im Fortgang der Geschichte immer deutlicher: Aschenputtel geht nur allein zu diesem Baum, und sie ist eine Auserwählte, wie schon im Anfang des Märchens betont wird mit den Worten: ›Das Mädchen ... blieb fromm und gut.‹ Mit denselben Worten hatte die Mutter ihre Tochter verlassen. Diese erfüllt also ein Versprechen, und der mütterliche Seelenbaum belohnt sie dafür. Zunächst sind es immer Tränen und Gebete, die den weißen Vogel herbeirufen. Er erfüllt Aschenputtels Wünsche.

Dann, im Zentrum des Geschehens, als die Geächtete nach zauberischer Hilfe durch die Vögel des Himmels zu ihrem Bäumchen geht, um zum Fest des Königs gehen zu können, da spricht sie eine Zauberformel, ein magisches Sprüchlein, das zunächst eher Willkürliches erbittet, das der Leser nicht sogleich als sinnvolle Bitte für das Fest verstehen kann: ›Bäumchen, rüttel dich und schüttel dich, / wirf Gold und Silber über mich.‹ Was kann das Mädchen mit diesem Wunsch meinen? Offenbar ist es eingeweiht in etwas, was der Leser hier noch nicht weiß. Und das Märchen fährt wie selbstverständlich fort: ›Da warf ihm der Vogel ein golden und silbern Kleid herunter und mit Seide und Silber ausgestickte Pantoffeln. In aller Eile zog es das Kleid an und ging zur Hochzeit.‹

Aschenputtel ist nun so verwandelt, daß es von seiner Familie nicht erkannt wird. Der Königssohn aber erwählt nur sie zur Tänzerin. Der Vogel holt die Kleider wieder, nachdem Aschenputtel sie später auf das Grab gelegt hat. Der Haselbaum liefert noch zweimal durch das weiße Vöglein Kleider, jedes ein wenig prächtiger als das frühere. Das dritte ist ›so prächtig und glänzend, wie es noch keins gehabt hatte, und die Pantoffeln waren ganz golden‹. Das unerkannte Mädchen flüchtet nun jedesmal, wenn der Königssohn seine Herkunft ermitteln möchte. Es flieht zuerst ins Taubenhaus – von dort stammten seine Zauberhelfer, die Tauben, die es nun schützen. Beim zweitenmal ist es aber wieder ein Baum, in den es flieht: ›... es sprang ihm fort und in den Garten hinter dem Haus. Darin stand ein schöner großer Baum, an dem die herrlichsten Birnen hingen; es kletterte so behend wie ein Eichhörnchen zwischen die Äste, und der Königssohn wußte nicht, wo es hingekommen war.‹ Der Vater, als er dies von dem Königssohn erfährt, vermutet nun, daß Aschenputtel die Flüchtende gewesen sein könnte. Er läßt den Baum abhauen, findet das geheimnisvolle Mädchen aber nicht.

Alle diese Umstände statten das Aschenputtel mit Zügen jener geheimnisvollen Frauen aus, die wir schon in den frühen Sagen verschiedener Kulturen des Morgen- und Abendlandes finden. Die Gold- und Silberkleider, die Aschenputtel nicht von ungefähr nur einfach ›Gold und Silber‹ nennt, kennzeichnen das tagsüber graue und unscheinbare Mädchen als eine Mond- und Sonnenjungfrau. So gekleidet, verschwindet sie im Häuschen der Wundervögel, deren Reich die Luft ist. So geschmückt, mit Gold und Silber, verschwindet sie, flink wie ein Baumtier, im Baum, wie die Sonne am Abend. Denn das Fest währt immer bis an den Abend, dann verschwindet Aschenputtel.

Als es schließlich entdeckt wird, trägt es das goldene Kleid und die goldenen Schuhe. Damit ist es am Abend zur lunaren Gottheit geworden, die nicht verschwinden kann wie das Sonnenlicht, wenn der Tag zu Ende geht, sondern aufgehen muß und leuchten. Der goldene Schuh ist es dann auch, der alle anderen Bewerberinnen ausschließt. Und die Täubchen auf dem mütterlichen Wunderbaum sind es, die die Lügnerinnen entlarven und Aschenputtel, die Besitzerin des Schuhs, als die ›rechte Braut‹ ausrufen.

Sonne und Mond im Baum: dem uralten Erlebnis vom Auf- und Untertauchen der Himmelslichter in Bäumen entsprechen in vielen Völkern märchenhafte Berichte und Sagen. Oft ist der goldene Vogel, der sich aus einem Baum erhebt, geradezu mit der Sonne gleichzusetzen. Spuren dieser Überlieferung finden wir auch im Märchen vom ›Machandelboom‹[318], wo wieder das Grab der Mutter unter einem Baum zu finden ist – und dies auf Wunsch der Sterbenden –, von wo aus später die Wiedergeburt eines Sohnes eingeleitet wird, den die Stiefmutter ermordet hat. Der Machandelboom gibt nach dem Tode des Jungen Zeichen, die den Menschen erscheinen wie menschliche Botschaften. Als die Tochter der bösen neuen Frau, die den Jungen ermordet hat, unter dem Machandelboom weint, beginnt dieser sich zu bewegen: Seine Zweige schlagen aneinander wie die Hände eines fröhlichen Menschen, der jauchzt und klatscht. Dann geht ein Nebel von dem Baum aus, und es glüht in dem Nebel wie Feuer. Aus dem Feuer fliegt ein wunderschöner Vogel, der herrlich singt und sehr hoch in die Luft steigt. Diese Szene leitet die Wiederbelebung des Ermordeten ein, und das Mädchen unter dem Baum fühlt diese voraus.

Daß mit den Mädchen und Frauen im Baum tatsächlich eine alte Vorstellung von den Gestirnen im Baum lebendig geblieben ist, zeigen manche Einzelheiten, die in den Grimmschen Märchen auf alte mythische Erzählungen zurückgehen. Aber auch die Märchentexte selbst geben diese Hinweise. Da heißt es im Märchen von den zwölf Brüdern[319], daß die einzige Tochter, die die Königin zur Welt bringt, einen Stern auf der Stirn trug. Über diesem Mädchen lag der Fluch des königlichen Vaters, der allen zwölf Söhnen den Tod angedroht hatte, damit die Tochter das Reich erben könne. Daß die zwölf die zwölf Monde sind, kann vermutet werden. Als das Mädchen nun die Brüder suchen will, sagt es mit einer durchaus nicht typischen Märchenformel: ›Ich ... will gehen, soweit der Himmel blau ist, bis ich sie [die Brüder] finde.‹

Die Brüder leben in einem wilden Walde versteckt, wo sie das Sternenkind natürlich findet. Der Stern auf ihrer Stirn bleibt ihr Merkmal; ein König macht sie zu seiner Frau. Eine Erinnerung an Mädchen, die Gestirne sind, bietet auch das Märchen von Rapunzel. Hier finden wir das alte Mythen-Motiv des Baumes wieder, in dem das Gestirn versteckt ist, das erobert werden muß. Wir kennen ein türkisches Märchen, in dem das Rapunzel-Motiv vorgezeichnet ist: da steigt ein junger Mann auf eine Pappel und holt einen goldenen Mädchenzopf herunter.[320] Eine alte deutsche Sage berichtet von einem Jungen, der eine bis zum Himmel reichende Ulme besteigt, in deren Wipfel ein Nest ist. Aus diesem Nest kommt ein Mädchen mit herrlich glänzenden Haaren hervor – die Sonnenjungfrau. Rapunzel scheint eine solche ›Sonnenjungfrau‹[321] zu sein. Sie wird ihrer Mutter abgefordert von einer alten Zauberin, die zugleich Herrin des Turmes ist, in dem Rapunzel eingeschlossen lebt. Nur Rapunzels goldenes Haar fällt glänzend herunter und läßt die Zauberin – und später den Freier – zu der Jungfrau hinauf. Der Turm ist nichts anderes als jener Baum der alten Sagen, auf dem die Sonnenjungfrau saß. Das herabfallende Haar ist der Strahl dieser Sonne, der herabfällt und den Weg hinauf weist. Die Baumgeburt der Sonne ist eine Vorstellung, die wir schon im Alten Ägypten finden. Von Rapunzel heißt es im Märchen: ›Rapunzel ward das schönste Kind unter der Sonne.‹

Daß der ›Turm‹ tatsächlich ursprünglich ein Baum gewesen sein muß, zeigt sich auch daran, daß es ausdrücklich heißt, er habe weder Treppe noch Tür gehabt – und natürlich liegt er in einem Walde. Nur ganz oben gibt es ›ein kleines Fensterchen‹, aus dem der Glanzstrahl des Sonnenkindes hervordringen kann. Ihr Haar ist ›fein gesponnen wie Gold‹, heißt es ausdrücklich. Wer zu dieser Jungfrau hinauf will, muß eine Zauberformel sprechen. Über diese Formel verfügt zunächst nur die Herrin des Baumes – eine weibliche Gestalt, die wir so auch in den alten Mythen vom Sonnen- und Mondbaum finden: zum Beispiel in jener mikronesischen Geschichte, wo hoch oben im Mond- und Sonnenbaum ein altes Mütterchen als die Mutter von Sonne und Mond wohnt.[322] Diese alten Frauen sind numinose Baum-Herrinnen.

Nach dem Verlust ihres goldenen Haares ist Rapunzel nicht mehr das Mädchen im Turm-Baum: sie lebt nun in einer ›Wüstenei‹. Die alte Zauberin bezeichnet die Verschwundene, als der Freier wiederkommt, nun als einen Vogel: ›der schöne Vogel sitzt nicht mehr im Nest und singt nicht mehr …‹ Tatsächlich tauchen Sonne und Mond in zahlreichen sehr alten Zeugnissen als kosmische Vögel am Weltenbaum[323] auf – rechts und links, so wie die Tauben der Haselbaum-Mutter sich auf Aschenputtels Schultern setzen, nachdem Aschenputtel mit den Sonnen- und Mondkleidern aufgetreten ist. Wie diese Verbindungen im einzelnen laufen, können nur eigene Forschungsgänge aufklären; sicher ist, daß es sich nicht um zufällige Entsprechungen handelt. Die Wanderungen von Motiven durch die Geschichte sind von Wandlungen begleitet: Sobald ein Bild nicht mehr verstanden wird, wandelt es sich stürmisch, tritt in neue, erklärende Zusammenhänge, die seine Herkunft verdunkeln.

Das Mädchen im hohen Turm, aus dem keine Tür hinausführt: auch im Märchen von der ›Jungfrau Malen‹[324] kehrt es wieder, und die Zusätze identifizieren es schon: Wieder soll ein Mädchen seinem erwünschten Freier entzogen werden. Der Vater des Mädchens läßt einen ›finstern Turm bauen, in den kein Strahl von Sonne oder Mond fiel‹. Dort wird das Mädchen ›eingemauert‹ und ›also von Himmel und Erde geschieden‹. Ob wir auch hier den Baum erkennen dürfen? Viele Beispiele von verstoßenen Frauen, die in Baumhöhlen Zuflucht finden, lassen es vermuten. Und ebendiese Frauen sind es dann häufig, die als Mond- und Sonnenjungfrauen erscheinen wie etwa das ›Allerleirauh‹[325]: Sie ist die Tochter einer Frau mit goldenen Haaren, die schöner war als alle Frauen auf der Erde. Der Vater, ein König, will nach dem Tode seiner Frau die Tochter heiraten, um den Wunsch seiner Frau zu erfüllen, daß seine neue Frau so schön sein müsse wie sie selbst es gewesen ist.

Die umworbene Tochter stellt, um den Vater abzuwehren, eine Bedingung, die sie als unerfüllbar ansieht. Sie verlangt ›drei Kleider ..., eins so golden wie die Sonne, eins so silbern wie der Mond und eins so glänzend wie die Sterne‹. Der Vater beschafft diese Kleider: die geschicktesten Jungfrauen in seinem Reich weben sie. Die Kleider packt das Mädchen bei seiner Flucht in eine Nußschale – es sind also keine realen Kleider, sondern zeichenhafte, nämlich jene Merkmale der jungen Frau, die sie der himmlischen Sphäre der Gestirne zuordnen. Wieder holt das mit Tierpelzen bekleidete, in der königlichen Küche arbeitende Mädchen die Kleider anläßlich eines Festes nacheinander hervor: Sonne, Mond und Sterne. Das Sternenkleid schließlich leuchtet unter dem Pelz hervor und führt den

König auf die Spur. Allerleirauh wird seine Frau. Auch das ›Marienkind‹[326] muß in einem Baum wohnen, der in der ›Einöde‹ steht. Es lebt von Nüssen und birgt sich unter den Blättern. Als es gefunden wird, ist es bedeckt mit seinem langen goldenen Haar. Im Märchen ›Die wahre Braut‹ wartet ein Mädchen unter der Linde – die ein Frauenbaum und Marienbaum ist![327] – auf den Geliebten. Auch dieses Mädchen trägt wieder Sonnen-, Mond- und Sternenkleider an drei Festtagen, um am letzten Tage mit dem Sternenkleid erkannt zu werden. Ein Sternenkind begegnet uns noch einmal in dem Märchen ›Die sechs Schwäne‹.[328] Die einzige Schwester von sechs Königssöhnen will diese, die in Schwäne verwandelt sind, erlösen. Die Bedingung lautet, sechs Jahre nicht zu sprechen und nicht zu lachen – und Hemden aus Sternblumen für die Brüder zu nähen. Das Mädchen sitzt nun auf einem Baum und näht an den Sternblumenhemden. Es redet nicht, ist also für keinen Menschen erreichbar – außer durch seinen Anblick: Sterne zu Hemden nähend. Da es im Baum sitzt, dürfen wir sicherlich an die Planetenbäume und Gestirnbäume denken, die in alten Erzählungen, bis in die Märchen der Alchimisten, auftauchen. Das Mädchen wirft auch einen goldenen Gürtel hinab, also wieder etwas, das dem Licht aus Gestirnen gleicht und uns an die goldenen Haare anderer Märchenmädchen auf Baum oder Turm erinnert.

Als das stumme Mädchen schließlich von einem König aus dem Wald mitgenommen wird, strahlt seine Schönheit ›wie der helle Tag‹, nicht von ungefähr ein Vergleich, der an die Sonne erinnert. Mädchen, die als Menschenkinder gekennzeichnet werden, sind in den Märchen oft ›die Schönste unter der Sonne‹ – nicht aber die Sonne selbst, der helle Tag.

Daß die Himmelslichter im Erleben der Menschen mit dem Baum in besonderer Beziehung standen, zeigt auch das Märchen ›Der Mond‹,[329] in dem erzählt wird:

›Vorzeiten gab es ein Land, wo die Nacht immer dunkel und der Himmel wie ein schwarzes Tuch darüber gebreitet war; denn es ging dort niemals der Mond auf, und kein Stern blinkte in der Finsternis. Bei Erschaffung der Welt hatte das nächtliche Licht ausgereicht. Aus diesem Land gingen einmal vier Burschen auf die Wanderschaft und gelangten in ein anderes Reich, wo abends, wenn die Sonne hinter den Bergen verschwunden war, auf einem Eichbaum eine leuchtende Kugel stand, die weit und breit ein sanftes Licht ausgoß.‹

Die Wanderer fragen einen Bauern, und er sagt ihnen, dies sei der Mond. Der Schultheiß habe ihn gekauft für drei Taler und an dem Eichbaum befestigt. Die Burschen beschließen, den Mond mitzunehmen. Unter einem Tuch verborgen, fahren sie den Mond auf einem Wagen fort. Daheim setzen sie die leuchtende Kugel auf eine hohe Eiche. Wie eine Lampe braucht der Mond Öl; man versorgt ihn. Als die vier alt geworden sind und der erste sterben muß, verlangt er sein Viertel vom Monde ins Grab. Er bekommt es, und der Mond leuchtet ein wenig matter weiter. Die anderen Greise aus der Gruppe der vier sterben nun einer nach dem andern, und als der vierte tot ist, wird es wieder dunkel im Land. Die Teile des Mondes aber vereinigen sich in der Unterwelt, und die Toten erwachen. Von der Unruhe aufmerksam gemacht, reitet der heilige Petrus hinab und holt den Mond herauf. Er befestigt ihn hoch oben am Himmel. Die Geschichte sucht eine Erklärung für das Zu- und Abnehmen des Mondes. Viele ähnliche Erklärungsversuche finden wir in den Mythen der alten Kulturen. Am eindrucksvollsten war aber der Mond offenkundig, wenn er im Baum stand; dort hing er wie eine Lampe, von der man glauben konnte, sie ließe sich herunterholen.

Die Frauenbäume, von denen ich gesprochen habe, waren im Volksglauben des sechzehnten Jahrhunderts weit verbreitet: unter bestimmten Bäumen, so wußte man, wohnten überirdische Frauen, die wahrsagen konnten. In Niederdeutschland nennt man diese Frauen ›Hollen‹, und die ›Frau Holle‹ im Grimmschen Märchen ist natürlich eine solche Baum-Dämonin, denn der Weg zu ihr führt zunächst in die unwirkliche Welt durch den Brunnenschacht und dann zu dem Apfelbaum, der ruft und um Ernte bittet.

Im Märchen von ›Einäuglein, Zweiäuglein und Dreiäuglein‹[330] wächst ein paradiesischer Baum aus den Eingeweiden einer Ziege, die eine gütige Frau dem Zweiäuglein geschenkt hat: Sie rät dem bekümmerten Mädchen, als die neidische Mutter die Ziege erstochen hat, das Eingeweide zu vergraben. Am nächsten Morgen steht an derselben Stelle ›ein wunderbarer prächtiger Baum, der hatte Blätter von Silber, und Früchte von Gold hingen dazwischen, daß wohl nichts Schöneres und Köstlicheres auf der weiten Welt war‹. Dieser Baum verweigert allen seine Früchte, außer dem Zweiäuglein. Er ist also ein Paradiesbaum für Auserwählte, wie er uns in andern Märchen auch begegnet.

Die Errettung des Helden von Hunger und Durst kann auch im Schatten des Baumes erfolgen: so im Märchen ›Der Ranzen, das Hütlein und das Hörnlein‹[331], wo der Held zunächst auf einen Baum steigt, um das Ende des Waldes zu erspähen – ein Motiv, das in vielen Märchen vorkommt. Als er ohne den erhofften Erfolg wieder herabsteigt, findet er unter dem Baum einen gedeckten Tisch mit allem, was er braucht, um seinen Hunger und Durst zu stillen. Auch als ›Baum des Lebens‹ kann dieser Wunderbaum in den Märchen auftauchen. In der Geschichte ›Die weiße Schlange‹ verlangt eine stolze Königstochter von ihrem Werber ›einen Apfel vom Baum des Lebens‹. Diese Probe ist in einer Kette von unwirklichen Prüfungen, die der Jüngling alle mit überirdischer Hilfe bestanden hat, die letzte. Wieder ist der Fund mit Unwissen des Finders verbunden: der Jüngling will den Baum finden, obwohl er nicht weiß, wo dieser wächst. Nach einer Wanderung durch drei Königreiche setzt er sich unter einen Baum, um über Nacht zu ruhen. ›… da hörte er in den Ästen ein Geräusch, und ein goldner Apfel fiel in seine Hand.‹ Mit der hochmütigen Königstochter teilt er diesen Apfel nach seiner Rückkehr, und die Frucht bewirkt ein Wunder: Die Königstochter liebt den Jüngling, sie werden glücklich und erreichen ein hohes Alter.

Diese Geschichte klingt wie eine Revision des Geschehens im Garten Eden: nun pflückt niemand, sondern der Baum des Lebens, Gegenbaum zum Baum der Erkenntnis, gibt von selbst die Frucht. Nicht die Frau nimmt sie zuerst, sondern der Mann. Und die Folge des Genusses ist Liebe, Glück und langes Leben. Im Märchen von der Frau Holle präsentiert sich der unterirdische Ort, an den man durch den Brunnenschacht gelangt, durchaus als ein paradiesischer Platz: eine Wiese, auf der Sonnenlicht liegt und Blumen blühen. Der Baum voller Früchte bedeutet einen Teil der Prüfung; er ist also ein entfernter Verwandter des Baumes der Erkenntnis.

Bäume entfalten heilende und erneuernde Kraft auch in den Märchen. Das Märchen ›Schneewittchen‹ hat eine Version, in der erzählt wird, daß die Zwerge den Sarg mit dem toten Mädchen in einen Baum vor ihrer Höhle legen, um die lebenspendende Kraft des Baumes auf die Tote zu lenken. Der Baum mit wunderbaren, oft dann einfach ›goldenen‹ Früchten, den wir schon aus der griechischen Mythologie kennen – dort stand er im Garten der Hesperiden und war offenkundig ein kosmischer Baum, in dessen Gezweig die Sterne hingen –, steht auch im Märchen ›Der goldene Vogel‹[332] in einem ›Lustgarten‹ hinter dem Schloß eines Königs. Dieser Baum trägt goldene Äpfel, von denen ein goldener Vogel allnächtlich einen holt.

Ein ähnlicher Ort, der wie dieser Baum bewacht und unzugänglich erscheint, taucht in dem Märchen ›Das Mädchen ohne Hände‹ auf.[333] Hier freilich wird die religiöse Implikation deutlich durch das Auftreten eines Engels. Der Garten, zu dem das Mädchen gelangt, ist, wie viele paradiesische Orte in der Literatur und in den Mythen, von Wasser umgeben. Auf ein Gebet hin erhält das Mädchen durch einen Engel Einlaß und ißt eine von den Früchten. Der Herr des Gartens, ein König, nimmt später das Mädchen zur Frau. Auch hier also die Neufassung der Eva-Geschichte, freilich als Revision angelegt, denn Eva ist hier die rechtschaffene, leidende Frau. Der Herr des Gartens ist ein König, das weltliche Abbild des allmächtigen Gottes. Er rettet das Mädchen, indem er es zur Frau nimmt.

Im Märchen ›Die zertanzten Schuhe‹ wird ein Baumgang beschrieben, in dem alle Blätter von Silber sind.[334] Denken wir noch einmal zurück an den Baum im Märchen von Ein-, Zwei- und Dreiäuglein, der zu silbernen Blättern goldene Früchte trug, so fallen uns jene Bäume ein, die Gold und Silber herabwarfen, wie der Baum des Aschenputtel. Sicherlich tragen die Gold- und Silberbäume Planetenbäume und Weltbäume weiter, ohne daß die Erzähler der späteren Jahrhunderte diese Herkunft der Gold- und Silberkugeln in den Zweigen noch begriffen hätten.

Ein Paradies-Nachklang findet sich auch in dem Märchen vom ›Königssohn, der sich vor nichts fürchtet‹.[335] Die Braut eines Riesen verlangt hier einen Apfel vom Baum des Lebens. ›Der Garten, worin der Baum steht, ist von einem eisernen Gitter umgeben, und vor dem Gitter liegen wilde Tiere, eins neben dem andern, die halten Wache und lassen keinen Menschen hinein.‹ Der verschlossene Paradiesesgarten also, vor dem statt der Cherubim, konkreter, die wilden Tiere lagern. Der Königssohn hat leichten Zugang, er ist also ein Auserwählter. Da er furchtlos kommt, findet er schlafende Tiere vor. Mehr noch: Der erwachende Löwe wird zahm bei seinem Anblick und dient ihm. Der Baum hat in diesem Märchen noch einmal eine besondere Rolle: Er führt den geblendeten Jüngling zum Wasser des Lebens, und dies auf eine recht komplizierte Weise. Ein kleiner Vogel stößt sich im Fluge an dem Baum, zu dessen Füßen das Wasser fließt. Als er aus dem Wasser hochfliegt, schwingt er sich zwischen allen Bäumen mühelos hindurch. Nun weiß der junge Mann, daß dieses Wasser ihn sehend machen wird. Immer wieder finden wir den Herrn des Gartens, gemäß der irdischen Umgebung ein König, der einen bestimmten Baum vor jedem Zugriff schützen will: so im Märchen ›Dat Erdmänneken‹[336], wo der König einen Fluch über jeden ausspricht, der seine geliebten, blutroten Herbstäpfel von dem ihm liebsten Baum pflückt. Selbst seine Tochter, die sich von dem Fluch nicht getroffen glaubt, wird verflucht, als sie einen Apfel gepflückt hat. Auch dies mag eine volkstümliche Interpretation der Handlung Evas im Paradies sein: sie werde doch wohl dem Herrn des Gartens zu lieb sein, als daß er sie verstoßen werde.

Bäume als Schatzhüter sind wahrscheinlich Varianten des Lebensbaumes: so jener Baum im Märchen vom ›Geist im Glas‹[337], unter dessen Wurzeln die Flasche mit dem Geist verborgen liegt. Für den klugen Schüler, der mit dem Geist konfrontiert ist, wird dieser Fund zu einem Glücksfall, weil er den Geist überlistet. Das Geschenk des Geistes, ein kleiner Lappen, der Wunden heilen soll, wird an einem geritzten Baum ausprobiert: die Wunde des Baumes heilt augenblicklich. Die Geschichte beruht auf einem alten alchimistischen Märchen, wie C. G. Jung gezeigt hat.[338]

Im Märchen ›Die goldene Gans‹[339] findet wiederum einer, dem niemand etwas zutraut, unter den Wurzeln eines Baumes einen Schatz: die Gans mit Federn von reinem Gold. Der wilde Wald spielt in den Märchen die Rolle des Furchterregers: Man verläuft sich und findet nicht wieder nach Haus; hier bewegen sich die Suchenden und Verirrten, jene, die etwas suchen sollen, dessen Ort sie nicht kennen; hier irren die verstoßenen Kinder umher wie Hänsel und Gretel; hier täuscht aber auch eine Blumenwiese das Rotkäppchen über die Gefahr, die der Wolf bedeutet. Im wilden Wald bieten sich aber auch immer wieder die hohen Bäume, auf die man zur Nacht steigt, um Schutz vor wilden Tieren zu suchen. Oft erspähen die entmutigten Wanderer vom Wipfel eines solchen Kletterbaumes aus das rettende Licht, auf das sie dann zugehen.[340]

Im wilden Wald bieten entweder Baumhöhlen Zuflucht oder das ›kleine Haus‹, oft als ›verwunschenes Haus‹ bezeichnet. Es kann auch geradezu einer Hexe gehören, wie im Märchen von Hänsel und Gretel.[341] ›Brüderchen und Schwesterchen‹[342] nächtigen zunächst in einer Baumhöhle, wo sie von der heißen Sonne geweckt werden, und stoßen später auf das kleine Haus im Wald.

Auch hinter dem Baum kann sich jemand vor Verfolgern verstecken, wie das Mädchen im Märchen ›Die Alte im Wald‹[343]. Der Baum entfaltet in dieser Geschichte eine besonders wunderbare Macht für die Heldin. Zunächst verbirgt ein Baum das Mädchen und rettet damit sein Leben bei einem Überfall. Weglos irrt es im Wald umher und setzt sich gegen Abend unter einen Baum. Da bringt ein weißes Täubchen ihm einen goldenen Schlüssel und spricht: ›Siehst du dort den großen Baum, daran ist ein kleines Schloß, das schließ mit dem Schlüsselchen auf, so wirst du Speise genug finden und keinen Hunger mehr leiden.‹ In einem andern Baum findet das Mädchen nach dem Essen ein Bett; wieder hat ein goldener Schlüssel vom Täubchen ihm dazu verholfen. Im dritten Baum schließlich finden sich am nächsten Morgen Kleider mit Gold und Edelsteinen.

Auch die entscheidende Wendung in dieser Geschichte bindet sich eng an einen Baum: Das Mädchen hat dem Täubchen einen Wunsch erfüllt, indem es einen besonderen Ring bei einer bösen alten Frau geholt hat. Als es draußen, an einen Baum gelehnt, auf das Täubchen wartet, biegt sich dieser plötzlich, seine Zweige kommen herab und schlingen sich wie Arme um das Mädchen. Der schöne Jüngling, der nun das Mädchen umarmt, erzählt, er sei in einen Baum verwandelt gewesen und habe alltäglich ein paar Stunden als Taube umherfliegen dürfen. Auch seine Dienerschaft und Pferde sind Bäume gewesen: ringsum erheben sie sich nun und gesellen sich wieder zu ihrem Herrn. Im wilden Wald, wenn er bedrohlich ist, finden sich die Gegenbilder zum lieblichen Ort, der seine Besucher mit Vogelgesang, mit Düften, frischem Wasser und sanftem Baumschatten erfreut, während ihn die Früchte zum Essen einladen. Eine Gegenszenerie erscheint in dem Märchen ›Die beiden Wanderer‹[344]. Mehrdeutig wird sie dadurch, daß sie mit den Worten beginnt: ›In dem Wald war es so still wie in einer Kirche. Kein Wind wehte, kein Bach rauschte, kein Vogel sang, und durch die dichtbelaubten Äste drang kein Sonnenstrahl.‹ Jede Markierung dieser Wanderung wird durch Bäume bezeichnet: die beiden schlafen unter einem Baum, sie halten Rast auf einem umgestürzten Baum. Abends fällt der erschöpfte und von seinem Kameraden gequälte Wanderer bei einem Baum nieder. Vor dem Walde schließlich empfängt beide ein Galgenbaum, bei dem sich der von seinem bösen Genossen geblendete Wanderer hinlegt. Der Tau von den Gehenkten gibt ihm das Augenlicht wieder. Aus einem hohlen Baum kommen später Bienen, um ihm zu helfen. Und die Krähen vom Galgenbaum hacken seinem Feind die Augen aus.

Wer im Märchen besonders stark erscheinen will, der mißt seine Kraft an einem Baum. So geschieht es im Märchen vom Tapferen Schneiderlein[345], wo der Riese das Schneiderlein auffordert, einen gefällten Baum mit ihm aus dem Wald zu tragen. Auch der zweite Kraftbeweis geschieht an einem Baum; diesmal ist es ein Kirschbaum, dessen Krone der Riese herabbiegt, um an die Früchte zu gelangen. Das Schneiderlein wird hinaufgeschleudert, als der Riese den Baum losläßt. Im griechischen Mythos gibt es eine Erzählung, die diesen Effekt vorprägt:

> ›Der Isthmus von Korinth beginnt an der Stelle, an der der Räuber Sinis die Föhren bis auf die Erde bog und sie mit all denen, die er im Kampf besiegen konnte, wieder in die Luft fliegen ließ: jeder Föhrenwipfel zog das Opfer mit sich in die Höhe, und da keiner der Stricke nachgab, wurde der Mann in zwei Teile gerissen. Sinis erlitt dasselbe Schicksal, als Theseus ihn besiegte.‹[346]

Im Märchen vom ›starken Hans‹ ist ein besonders kräftiger Mann damit beschäftigt, sich aus einer hohen Tanne ein Seil zu drehen:

›wie eine Weidenrute‹ dreht er den Stamm.[347] Auch ›Der junge Riese‹[348] ist eine solche Figur, deren Kraft sich daran erweist, daß er schon als Knabe ›einen jungen Baum mit den Wurzeln aus der Erde riß‹. Unser Sprichwort, daß einer, der sich gut bei Kräften fühlt, Bäume ausreißen möchte, zeugt von dieser Tradition: die Kraft des Menschen am Baum zu messen – nicht nur im vordergründigen Sinne, wie die Märchen mit ihren weglosen dunklen Wäldern zeigen, in denen verlassene Menschen ihre Belastungsproben erfahren.

Der Wald steht also auch hier nicht nur als ein Stück Topographie, sondern als ein Sinnbild für Lebenslandschaft. Die Lichtmädchen in Bäumen mögen Mond- oder Sonnenjungfrauen gewesen sein, als diese Märchen entstanden, und die goldbehangenen Wunderbäume in Königsgärten sind ein ferner Abglanz der paradiesischen Bäume, von denen die Mythen aller Völker erzählen.

Ich zügle mein Pferd unter dem Baum voller Turteltauben,
und ich pfeife ein Pfeifen so rein: was sie versprachen ihren Ufern,
wird keiner halten von all diesen Strömen? (Lebendiges Laub in
der Frühe erglänzt zum Bilde des Ruhmes) …

Und es ist nicht an dem, daß ein Mann ohne Trauer wäre, doch
sich erhebend vor Tag und Umgang pflegend bedächtig mit einem
alten Baum,
das Kinn gestützt auf den letzten Stern, schaut er am Grunde des
noch
nüchternen Himmels erhaben reine Dinge, die in Entzückung sich
wenden …

Ich zügle mein Pferd unter dem gurrenden Baum, ich pfeife ein
reineres Pfeifen … Und Friede denen, wenn sie im Sterben sind,
die diesen Tag nicht mehr erblickten. Doch man hat Nachricht
von meinem Bruder, dem Dichter. Sehr sanfte Dinge hat er noch
geschrieben. Und einigen sind sie bekannt geworden …

Saint-John Perse

17. Kapitel

Indianerbäume

›Wie kann man den Himmel kaufen oder verkaufen – oder die Wärme der Erde? ...
Jeder Teil dieser Erde ist meinem Volk heilig, jede glitzernde Tannennadel, jeder sandige Strand, jeder Nebel in den dunklen Wäldern, jede Lichtung ...
Der Saft, der in den Bäumen steigt, trägt die Erinnerung des roten Mannes ...
Der Indianer mag das sanfte Geräusch des Windes, der über eine Teichfläche streicht – und den Geruch des Windes, gereinigt vom Mittagsregen oder schwer vom Duft der Kiefern. Die Luft ist kostbar für den roten Mann – denn alle Dinge teilen denselben Atem – das Tier, der Baum, der Mensch – sie alle teilen denselben Atem ...
Der rote Mann zog sich immer zurück vor dem eindringenden weißen Mann – so wie der Frühnebel in den Bergen vor der Morgensonne weicht ...
Gott gab euch Herrschaft über die Tiere, die Wälder und den roten Mann, aus einem besonderen Grund – doch dieser Grund ist uns ein Rätsel ...
Was die Erde befällt, befällt auch die Söhne der Erde.‹

Seit die Sehnsucht nach dem Natürlichen aus der Enttäuschung über die Grenzen des Fortschritts erwuchs, fand die Rede des Häuptlings Seattle viele Leser.[349] In den letzten zehn Jahren mag mancher sie mehrfach vorgefunden haben, in Dokumentensammlungen ökologischer Bücher, stückweise in Zitaten oder in kleinen Einzelbänden mit feinglänzenden Bildern. Unbestimmte Wünsche nach dem Unversehrten werden virulent bei dieser Lektüre, Befreiung vom Druck der Zivilisation scheint minutenlang greifbar, Auflehnung gegen die künstliche Welt schmeckt plötzlich süß und großartig einfach: Diese Stimme aus dem Jahre 1855 bestätigt schöne Träume von einer unbeschädigten Welt mit geordnetem Naturverhältnis.

Vorübergehend meint mancher Leser, die ökologische Heilung der menschlichen Raubzugs-Bilanz sei möglich, wenn wir uns auf die Ehrfurcht des Indianers vor der Natur einigen könnten. Selbst die Wehmut, die von dem edlen Ernst dieser Verlustmeldung des Häuptlings ausgeht, schmeckt süß für den Leser im Dickicht der Städte: Hier wird groß gefühlt, das labt ihn; hier wird Tapferkeit vor dem letzten Feind praktiziert, das bewegt ihn, weil bei uns Tapferkeit außer Kurs ist; hier tritt menschliche Würde so unbeirrbar auf, daß der Leser sich für die Dauer seiner Versenkung in diesen Text exkulpiert fühlt von allen Oberflächlichkeiten, mit denen er im übrigen handelt.

Die Berührung mit dem Kosmos, wie ihn ein Wilder erlebt, wird in solchen Botschaften zur Vision eines Lebensgefühls, das in der künstlichen Welt der steinernen Städte zur reinen, kostbaren Utopie geworden ist: Dies könnte ich sein, so groß könnte der Radius meines Fühlens sein; ich nehme Anteil und bin damit immer noch zu diesem Fühlen fähig, so sagt sich der Leser.

Die Folge: nichts. Ein Moment des fiktiven und gänzlich risikofreien Ausstiegs aus einer Wirklichkeit, die wir so tief und sinnbildreich, so ernst und grundsätzlich wohl gar nicht jeden Tag und jede Stunde ertragen könnten. Vielleicht ist es sogar diese Entbildung unseres Umgangs mit den Lebensgesetzen, die uns zur Flucht vor der Dauerkonfrontation mit der Natur nötigt.

Freilich: dieser Indianer spricht zu uns aus einem uns unvertrauten Erfahrungshintergrund; er teilt mit uns weder die Prägung durch die europäische oder amerikanische Zivilisation noch den Bildungshintergrund und die technische Fortschrittserfahrung. Seattle vom Stamm der Duwamish-Indianer redet von jener Zwiesprache mit der Natur, die naturabhängige Völker entwickeln; sie ist reich an Elementen kultischer Verehrung und Furcht; in gleicher Weise aber ist sie reich an Ehrfurcht, die den Elementen ihre

Würde läßt und Menschenwürde anders definiert, als wir es gewohnt sind.

Freilich, die zivilisierte Menschheit der dichtbevölkerten Regionen kann sich solche Ehrfurcht schon lange nicht mehr leisten. Sie hat sie, mit dem Wortschatz des Fortschrittsoptimismus gesprochen, nicht mehr nötig, weil der Bewunderer des Kosmos zum Nutzer wurde: die Natur ist unser Untertan. Um den Vergleich zwischen den Welten kann es tatsächlich nicht gehen. Es geht um etwas Schwierigeres als die Entscheidung zwischen zwei Extremen, nämlich um das rechte Maß – also doch wieder um nichts Neues: man lese Platons und Aristoteles' Lehren vom geglückten Leben; man lese selbst Aristipp, den Hedonisten: das Maß erst macht die Vollkommenheit des Genusses. Es geht um die Balance zwischen Respekt und Ausbeutung, um das verlorene Gleichgewicht zwischem dem Dialog des Indianers mit der Natur einerseits – einem Dialog, der auf Unterwerfung unter ihre Gesetze beruht, ohne daß Bewunderung und Liebe auf der Strecke bleiben – und, auf der anderen, auf unserer Seite, der Entfremdung durch Entfernung, die in unserem Naturverhältnis eingetreten ist, weil wir in uns und außer uns zur Naturüberwindung aufgebrochen sind. So dringlich die Naturüberwindung noch im achtzehnten Jahrhundert scheinen mochte: heute erkennen wir, daß die Überwindung der Natur einem differenzierteren Ziel wird weichen müssen, da wir selbst ein Teil der Natur sind.

Die Rede des Häuptlings galt dem 14. Präsidenten der Vereinigten Staaten von Amerika, Franklin Pierce, der das Land der Duwamish weißen Siedlern überlassen wollte und den Indianern als Schutzraum ein Reservat anbot. Welche Rolle spielen die Bäume seines Landes in der Rede des Häuptlings? Weiß er mehr über sie als wir, kann seine Erfahrung mit den Zeichen der Natur unseren Blick anreichern?

Wie beinahe alles, was heute als authentisches Zeugnis herumgereicht wird, so ist nach jüngstem Expertengemunkel auch diese Rede des Großen Häuptlings Seattle eine Fälschung. Sollte die Rede eine Erfindung anderer Autoren sein – sollte sie gefälschte Passagen enthalten –, so bleibt dennoch ihr wichtigstes Merkmal: ein Reden von der Natur, wie wir es in unseren Großstädten weder produzieren noch in den alternativen Landidyllen synthetisch erdenken könnten.

Sollte diese Rede also eine Erfindung eines Nachfahren sein, so müßte sie uns dennoch und um so mehr in Erstaunen versetzen – durch die Dichte und durch die erschreckende Ernsthaftigkeit des Verhältnisses zur ungeregelten Natur und ihren Gesetzmäßigkeiten, das aus ihr spricht. Einzelne Sätze aus dieser Rede sind in den letzten zehn Jahren immer wieder zitiert worden – wie von Betrunkenen, die ihre eigenen Alltagsdefizite und Gefühlsdefekte mit Schmerz empfinden, wenn sie auf jene selbstverständliche Zustimmung zu allem Unabänderlichen treffen, das in der künstlichen Welt so weit entrückt oder überwunden – oder verdrängt erscheint, daß viele glauben, solche Himmel, solche Gräser, solche Wälder und solches weitgestreckte Land, das den Menschen fordert, erschreckt und zur Stellungnahme nötigt, gäbe es nirgends mehr.

Was von dieser Rede des Häuptlings ausgeht, seit wir den Zenit der Wirtschaftswundergläubigkeit überschritten haben, läßt sich beschreiben mit dem Heimweh fortgelaufener Kinder, die es zu etwas gebracht haben, nach dem heimischen, insgeheim als rückständig betrachteten Anwesen des vergreisten Vaters, dessen man nicht mehr bedarf; in dessen Stallgerüche und Baumdüfte, auf dessen sonnenbeschienene Sandsteintreppen und zu dessen herzschlaglangsamen Lebensrhythmen man sich zurücksehnt. Ironie schwingt mit, wenn die aufgerückten, aufgeklärten Söhne ihr Ohr dem überlebten Vaterwort öffnen, wie es dieser Häuptling aus seiner Verurteilung zur Naturanpassung in ein naturentwöhntes Jahrhundert hinüberruft.

Wer unsere Affinität zu solchen einsinnigen Weltbildern belächelt, der sollte sich die Mühe machen zu begreifen, daß mit dem Aufhorchen einiger Generationen rückwärts in die Zeit zunächst der freilich ohnmächtige Versuch einer Wiedergutmachung unternommen wird, zum andern aber eine Selbstdiagnose der abstrakten Wissenschaft gestellt wird, die für unsere Zukunftsstrategien einen hohen Aussagewert gewinnen müßte. Was die Angehörigen der zivilisierten, technisch durchwirkten Welt an einem solchen Text fasziniert, ist das ausgeruhte Verhältnis zum Rhythmus von Wachsen und Gedeihen, Werden und Vergehen, ist aber zugleich auch das strahlende Selbstbewußtsein von Menschen, die sich einerseits der Käuflichkeit widersetzen – sowohl was die Natur betrifft als auch für sich selbst –, die aber andererseits keinen Augenblick zögern, sich selbst in die Kreisläufe des natürlichen und kosmischen Geschehens einzuordnen mit einer Entschiedenheit, wie sie kein Zeitgenosse unserer Jahrzehnte in den hochzivilisierten Staaten mehr aufbringen könnte.

›Meine Worte sind wie die Sterne, sie gehen nicht unter.‹ Wer von uns könnte den Anspruch erheben, solche Worte zu sprechen? Freilich: Kann jener Häuptling aus der Mitte des neunzehnten Jahrhunderts diesen Anspruch, den er stellt, rechtfertigen? Wahrscheinlich geht es nicht um eine verläßliche Antwort auf diese Frage. Derselbe Häuptling sagt immerhin: ›Wie kann man den Himmel kaufen oder verkaufen – oder die Wärme der Erde? Diese Vorstellung ist uns fremd. Wenn wir die Frische der Luft und das Glitzern des Wassers nicht besitzen – wie könnt Ihr sie von uns kaufen?‹

Der späte Leser solcher Worte erkennt leicht: Wir haben nicht mehr die Wahl, ob wir Wärme, Luft und Wasser kaufen oder verkaufen wollen. Und es mischen sich die Stimmen der Hochvernünftigen ein, die schon diese Frage töricht finden. Vielleicht aber ist es nicht ohne Belang, zumindest angesichts der Sehnsüchte, die sich in unserer Gesellschaft aufmachen, um die Heilung des Naturgespräches zu suchen, vielleicht ist es nicht überflüssig, wenigstens unseren Abstand von jener Sichtweise auf Natur zu erkennen. Jener Abstand ist es ja gewesen, der zum Angebot des 14. Präsidenten der Vereinigten Staaten von Amerika an die Indianer geführt hat, sie zu halten wie Fossilien, die zufällig überlebt haben, in einem Gehege.

Diesem Vorschlag, liest man die Rede des Indianers recht, hat der Häuptling damals nichts wirklich Ernstzunehmendes entgegenzusetzen. Allein diese seine Sensibilität für den historischen Augenblick sollte uns nötigen, ernstzunehmen was er da sagt. Er wagt es ganz offenkundig im Bewußtsein, aus einer vergangenen Zeit in eine gegenwärtige, gültige zu sprechen: ›Was Häuptling Seattle sagt, darauf kann sich der große Häuptling in Washington verlassen, so sicher wie sich unser weißer Bruder auf die Wiederkehr der Jahreszeiten verlassen kann.‹

Auch an dieser Stelle ist die Frage müßig, ob der Häuptling sich solche Anmaßung gestatten dürfe. Vermutlich darf er, da er auch allem Ungemach, das die Jahreszeiten über ihn und seine nomadisierenden Brüder bringen, sich unterworfen hat. Sein Realitätssinn jedenfalls ist beachtlich: Auch im Gespräch mit Mächten, deren Kategorien ihm fremd sind, begreift er, daß die Stunde dieser Mächte geschlagen hat und ihn und alle, die zu ihm gehören, an den Rand drängen wird. Aus dieser Erkenntnis nimmt die Rede ihr programmatisches Pathos. Was uns in den Selbstauskünften dieses Vertreters einer naturunterworfen lebenden Menschengruppe angeht, ist nicht eine anachronistische Verherrlichung des Lebens in der Umarmung mit der Natur. Zu diesem Dasein werden Mehrheiten, die in unserem Jahrhundert leben, nicht mehr zurückkehren können. Daß viele sich von einer solchen Umarmung das Heil erhoffen, findet in ihrer Unkenntnis über ein naturunterworfenes Dasein seine Erklärung.

Wie der Indianer mit den Bäumen und Wäldern, mit den Jahreszeiten, die die Bäume und Wälder prägen, umgeht, dies kann für seine späten Zuhörer dennoch zu einer Schule für die Sinne werden. Auffallend im Text des Häuptlings ist der abrupte Wechsel von mikroskopischer Nahsicht, Feinstbeobachtung und der allgemeinen Überschau, die Gattungen und Gruppen mit der Selbstverständlichkeit des Vertrauten überschaut, um von ihnen das Wesentliche zu sagen. Wenn es um die Hochachtung vor der Erde selbst geht, dann nennt der Häuptling neben dem sandigen Strand und dem Nebel in den dunklen Wäldern, neben den Lichtungen und den summenden Insekten ›jede glitzernde Tannennadel‹; das Kleinste repräsentiert so das Größte. Die Einzelheit, tausendfach beobachtet, steht für die Bewunderung für das Ganze. Kaum ein Kind unserer Großstädte könnte von dieser Erfahrung berichten: daß Tannennadeln, trocken oder feucht und je verschieden im Licht oder Regen, ja selbst im Schatten glänzen. Respekt entspringt also nicht aus dem abstrakten Wissen, sondern aus der detaillierten Beobachtung – das ist die Botschaft, die eine so unscheinbare Bemerkung uns immer noch zu bieten hat. Der Häuptling fährt fort: ›Der Saft, der in den Bäumen steigt, trägt die Erinnerung des roten Mannes.‹

Das Zutrauen zur Übereinstimmung mit den alljährlichen Prozessen in der Vegetation muß uns überraschen. Dieses Zutrauen bedeutet, wie der Häuptling sagt, zugleich Zuflucht, Herkunftsgewißheit, Geborgenheit. Wenn die alljährliche Erneuerung des Lebens in den Bäumen von den Indianern als Zusicherung eigener Vergangenheit und Zukunft erfahren wird, so läßt sich ermessen, wieviel Geduld und wieviel Überlegenheit geübt werden, wenn ein Volk sich daran gewöhnt, sich selbst in diesen rhythmischen Abläufen zu erkennen. Demut und Stolz verbinden sich in dieser Gewißheit, mit der Natur übereinzustimmen, in einer für uns längst unnachahmlichen Weise. Freilich datiert der Verlust dieses Zutrauens in unserem Kulturkreis schon aus einigen hundert Jahren. Aber noch die Poeten des Barock kannten angesichts blühender Bäume keinen anderen Gleichnisgedanken als jenen an die eigene Geborgenheit im Versprechen der Frühlingsbäume auf unvermutetes neues und prächtiges Leben.

Tatsächlich blicken wir rückwärts in Jahrhunderte unserer eigenen Kulturgeschichte, wenn wir das Naturverhältnis dieses Indianers zu begreifen versuchen. Freilich: Jene kultischen Anreicherungen des Wassers mit Überlebenspathos, der Erdkrume mit dem heiligen Ernst einer abhängigen Gemeinschaft weisen auch faktisch zurück in Lebensbedingungen, die wir überwunden haben. ›Glänzendes Wasser, das sich in Bächen und Flüssen bewegt, ist nicht nur Wasser – sondern das Blut unserer Vorfahren‹, sagt der Indianerhäuptling. Eine Selbstverständlichkeit für die Christenheit war es jahrhundertelang, daß Wasser zeichenhaft, sinnbildlich erlebt wurde als ein Hinweis auf jene Wasser des Lebens, die im Garten Eden unter den Bäumen entspringen oder aus den Felsen in der Wüste quollen, den Moses mit dem vom Baum genommenen Stabe schlug.[350]

Überlebenssignale erkennen wir heute in solchen Beschwörungen von Erde, Wasser und Baum nicht mehr. Aber wir hätten Gelegenheit zu begreifen, wie unsere Lage zu beschreiben sei, wenn Natur an keiner Stelle mehr, für niemanden sichtbar mehr im abgeleiteten Lebensraum westlicher Zivilisation, Überlebensgarant in welcher Weise auch immer geblieben ist, Bezugsgröße, ästhetische oder existentielle, unmittelbar oder mittelbar, unmerklich.

Das wird es sein: Das Unmerklichwerden unserer Lebensadern

zur Natur – und ihrer zu uns – hat uns kühn und traurig zugleich gemacht. Die Kinder des Fortschritts sind Stiefkinder der Natur geworden; darin vor allem besteht ihre Emanzipation. Die Kehrseite dieser Befreiung erscheint heute als unheilbarer Verlust. Erst im Vollbesitz aller Fortschrittsgipfel leisten wir uns diese hochsensible Trauer wie einen weiteren, qualitativ unterschiedenen Gipfel des extremen Luxus: Wir beklagen den Verlust des elementaren Dialogs mit der Natur, während wir auf keinen Fall bereit wären, seinen Preis zu zahlen.

Wasser, das unsere Schiffe trägt, Bäume, in denen alljährlich das Blut unserer Vorfahren aufsteigt: Kaum läßt sich noch fühlen, daß unsere Kreuzfahrtgiganten schwimmen – lustvoll-schmerzlich bewußt wird es der naturentwöhnten Menschheit erst dann, wenn ein solcher Gigant vom Meer verschlungen wird: Natur – ein doppelzüngiges Totenfest wird gefeiert, Genugtuung schwingt in den anteilnehmenden Kommentaren mit – Natur, sie spricht noch mit uns, sie nimmt uns noch wichtig, sei es auch nur, um einige von uns, möglichst niemals uns selbst, zu vernichten – es gibt sie noch: Natur.

Der Häuptling, jener Seattle aus der Mitte des neunzehnten Jahrhunderts, hatte freilich ein anderes Selbstgefühl, trotz seiner wärmenden Einbettung in die Natur, nach der seine Zuhörer heute, mehr als ein Jahrhundert später, sich sehnen. Seine Unterwerfung unter die Bedingungen, die er und seine Stämme in Jahrhunderten geübt haben, nutzt prompt ›dem weißen Mann‹. Da der Weiße erfolgreich ist, zögert der Indianer nicht, ihn unter dem Schutz des Gottes zu sehen: ›Er macht euer Volk stärker, Tag für Tag.‹ So weicht der starke Naturmensch, schwärmerisch verehrtes Vorbild alternativer Zirkel in der Zivilisation des zwanzigsten Jahrhunderts, der zivilisierten Übermacht. Er sieht und erkennt seine Stunde. Er weicht zurück, als sehe er die Erfüllungsstunde seiner Zeit und der seiner Stämme.

Hätten die Zeitgenossen der achtziger Jahre im zwanzigsten Jahrhundert Lust, dieses Phänomen zu verstehen, so würde ihr Engagement für den friedlichen Dialog mit der Natur komplizierter: Hinter die Vernunft, die, wie alles Lebendige, zeitabhängig ist, führt kein Weg zurück. Genauer steht es schon bei Aristoteles.

Hinter den Auftrag, die Vernunft zu nutzen, führt kein Weg zurück. Aber daß uns das Maß mißlungen ist, jene Mitte zwischen Emanzipation und Erinnerung an Gesetze, denen wir selbst mit Leben und Sterben gehorchen, dies ruft uns der Epilog des Häuptlings entschieden ins Bewußtsein.

Die ihn nimmermüde zitieren, haben freilich ebendieses Memento nicht im Kopf; jedenfalls kenne ich keinen Verfechter eines neuen ›Dialogs mit der Natur‹, der seine Leidenschaft der Erinnerung an die Vergänglichkeit widmete. Natur also ohne Kultus heißt die Zukunftsvision. Ebendies scheint ein anachronistischer Fundamental-Irrtum, den auch des Indianers Rede aufdeckt: Unser Naturverhältnis, so zeigt er, ist nicht nur notwendigerweise, sondern auch legitimerweise ein ganz anderes als das jener Völker, die weder Maschinen kannten noch die Ableitungen der Wissenschaft, die weit vom unmittelbaren Naturerlebnis wegführen.

Der selbstverständliche Komfort des Zusammenlebens, an den wir uns unter dem Schlagwort des ›Sozialen‹ gewöhnt haben, tut ein übriges, unser Wissen über die Unerbittlichkeit und Großartigkeit der Natur in gleicher Weise zu verwischen. Aber das Heimweh der späten Zuhörer gehört dem verlorenen Maß, auch wenn ihre Reaktionen zur Maßlosigkeit verurteilt sind, weil diese das Gesetz unseres Lebens ist.

Daß Menschen ihr Antlitz spiegeln in Flüssen, daß sie auf diese und andere Weise – eben vielfältig – Nachricht erhalten von ihren Vorfahren, das erregt die Nachfahren, die das nicht unzutreffende Empfinden haben, im Niemandsland zu wandeln – räumlich, zeitlich und im Hinblick auf ihre Kultgewohnheiten. Das ›Heilige‹ von Bäumen, das ›Geweihte‹ der Erde: es galt so lange, als Abhängigkeit erkennbar war. Als nur Anvertrautes, als Objekt von Bewunderung und Hochachtung kann die Natur in den Händen der Menschen nicht überdauern. Seit die Macht von Geld, Besitz und Erwerb gilt, sind diese die verehrten Geister des Daseins. Natur gilt, wo wir sie kaufen und nutzen können, im Sinne dieser Besitzkategorien: Drei Ferienwochen haben, und dies keineswegs als Ausgelieferte an Natur, höchstens an die Arrangeure dieses vermittelten ›Als-Ob‹, dies ist mit Sicherheit nicht das, was Chief Seattle meint, wenn er sagt: ›... Ihr müßt von nun an den Flüssen Eure Güte geben.‹

Am schwersten wiegt, daß wir nicht einfach die Verbindung zur Natur verloren haben, sondern daß unsere Abhängigkeit von ihr fortdauert, ohne daß wir die Chance hätten, sie zu erfahren. Die Ehrfurcht der freilebenden Indianer rührte aus der unlösbaren Verquickung von Naturgedeihen und eigenem Wohlergehen. Unser Naturerleben, auf dilettantisches Waldspaziergangsvergnügen reduziert, entspricht der Unkenntnis über fast alle Zusammenhänge, die uns vom biologischen Rhythmus der Bäume, vom Kreislauf des Wassers, von Erde, Luft und Wind abhängig halten. Unsere Ehrfurcht vor Vegetation und Jahreszeiten, vor Mond- und Sonnenständen, Wind und Meer müßte tatsächlich anders lebendig gehalten werden als jene der naturnahen Völker.

Und warum überhaupt sollten wir die Hochachtung vor Naturgesetzen lebendig halten, in deren Nutzung, Nachahmung und Überwindung wir die Größten der Menschheitsgeschichte sind? – Erstens, weil wir Natur, als ein Teil von ihr, in der zeitlichen Welt jedenfalls nicht werden transzendieren können – außer in unserem Geist, der aber nur leben kann, wenn wir biologisch überleben; zweitens, weil wir offenbar nur so lange respektieren, als wir uns abhängig glauben. Unsere ehrfürchtige Distanz erlischt, sobald wir glauben, einer Sache oder eines Zusammenhangs nicht mehr zu bedürfen.

Historisch war es sicherlich kein Zufall, daß jene vorwärtsdrängende Siedlerkultur des ›Weißen Mannes‹ keinen Augenblick zweifelte, nicht selbst ins Reservat zu gehören, sondern die Indianer wie überlebende Fossilien dort untergebracht und ausgestellt sehen zu wollen. Die letzte Stunde der Naturbewunderer, die demütige Knechte der Natur waren, schien gekommen. Für Agonien des Kreatürlichen taugt der Zoo. Zupackende Zeitgenossen näherten sich den bislang durch die Ehrfurcht der Nomaden träumend gehaltenen Landstrichen. Wer die Räume und Flüsse als seine Brüder achtet, die Erde als seine Mutter, der wird schwerlich den Erfindergeist entwickeln, aus dem die Zivilisation emporsteigt.

Nicht um Rückwege kann es gehen, aber, im Zurückhören nach gestern und vorgestern, um den Versuch der Integration von Erorberergesinnung und Bewunderung – weil offenkundig nur unsere Bereitschaft zu bewundern dem Objekt das Überleben erlaubt.

Wie aufgeklärt die unsentimentalen unter den klugen Köpfen von heute die Hymnen der Häuptlinge abtun mögen – immerhin steht da vorgezeichnet, was uns heute beschäftigt: ›Sein Hunger wird die Erde verschlingen und nichts zurücklassen als eine Wüste.‹ So redet ein Wilder, gewiß. Einer, der sich selbst einen Wilden nennt. Viele von seinen menschlichen Brüdern haben ähnlich geredet, und es lohnt sich zuzuhören, um den Abstand auszumessen, der uns von ihnen trennt. Auf diese Weise Kulturdistanzen zu erkennen, hilft bei der Standortbestimmung verläßlicher als das larmoyante Heimweh der Zeitgenossen, dessen Stellenwert so schwer zu bestimmen ist.

›Die Bäume reden‹, sagt Tatanga Mani vom Stamm der Walking Buffalo, geboren 1871, gestorben 1967; mitten in unserer Zeit ein Überlebender eines anderen Äons. Auch in der Rede des Häuptlings Seattle, die gehalten wurde, ehe Tatanga Mani geboren war, steht ohne besondere Hervorhebung der Satz: ›Es gibt keine Stille in den Städten der Weißen. Keinen Ort, um das Entfalten der Blätter im Frühling zu hören oder das Summen der Insekten.‹ All das ist metaphorisch gemeint, sagt der zivilisierte Zuhörer, oder symbolisch. Jedenfalls wird Tatanga nicht meinen, daß Bäume sprechen – und Seattle nicht behaupten wollen, Blätter entfalteten sich mit einem Geräusch! Das ist Märchenglaube, für den wir keine Zeit mehr haben.

Ganz so einfach verhält es sich nicht. Der ›Wilde‹ spricht sehr genau. Stille nennt er als Vorbedingung für Hören:

> ›Wenn du den Indianer fragst: ‹Was ist die Stille?›, wird er dir antworten: ‹Das große Geheimnis.› ‹Die heilige Stille ist Seine Stimme.› Und wenn du fragst: ‹Was sind die Früchte der Stille?›, so wird er sagen: ‹Selbstbeherrschung, wahrer Mut und Ausdauer, Geduld, Würde und Ehrfurcht.›...‹
>
> ›Erziehung zur Stille, zum Schweigen begann schon sehr früh. Wir lehrten unsere Kinder, still zu sitzen und Freude daran zu haben. Wir lehrten sie, ihre Sinne zu gebrauchen, die verschiedenen Gerüche aufzunehmen, zu schauen, wenn es allem Anschein nach nichts zu sehen gab, und aufmerksam zu horchen, wenn alles ganz ruhig schien.‹[351]

Kaum ein Schulkind, kaum ein Erwachsener unserer Tage wüßte eine so schlüssige Definition der Voraussetzung für Hören zu geben wie dieser im Lauschen und Horchen Erprobte. Die Korrelate des Lauschens: das Flüstern, Wispern und Rascheln, das Murmeln und Säuseln, das Wehen und Scharren, das Tröpfeln und Rieseln – kein Ende der zarten Geräuschwörter, die allesamt einen feinnervigen Zuhörer brauchen, um überhaupt zu existieren – und die Stille, in der sie hörbar werden. Da unsere Sprache von ihnen weiß, muß unsere Kulturvergangenheit von ihnen gewußt haben – und von der Stille, die sie zur Entfaltung bringt.

Der Häuptling hat nicht deshalb unrecht, weil wir selbst bei äußerster Stille nicht mehr in der Lage wären, das Aufspringen der Blattknospen zu hören. In der Tat sind unsere Ohren, in Anpassung an den Lärm der Maschinen, der Verkehrsstraßen und Flugplätze, der Medien und Diskotheken weniger empfindlich als die des Wilden, dessen Überleben auch von seinem feinen Gehörsinn abhängt – wie von seinem scharfen Auge, seinem sensiblen Tritt auf Gras, Sand und Zweig.

Außerdem gehört Zeit dazu, das Aufplatzen der klebrigen Blattschalen zu hören: nicht der einmalige, fordernde Forschergang in den Wald genügt, um die Worte des Indianers zu verifizieren. Der Zuhörer müßte Zeit haben, lange Tage im Frühling mit Sonnenaufgang und Mittagswärme, mit Spätnachmittag und Dämmerung, um den Augenblick, den Seattle meint, zu erhorchen.

Die Spezialisten unter uns müßten es wissen, ob Seattle recht hat. Aber wo ist eine solche Erfahrung wissenschaftlich angesiedelt: das Geräusch der Knospen beim Aufbrechen? Welches Schulkind besitzt ein Biologiebuch, in dem vom leisen Knacken der Blatt- und Blütenknospen als dem akustischen Aspekt des Frühlings die Rede ist? Welche Schulbuchkommission würde ein solches Buch passieren lassen? Und doch fängt da die Heillosigkeit unserer Naturentfremdung an, die unsere versagenden Sinne zum Maßstab der Alltagserfahrung macht – und unsere wissenschaftliche Erkenntnis nirgends ernstnimmt, wo sie nur der Bewunderung dient – die aber für Natur in der technischen Welt heißt: Bewunderung als einzige Überlebensgarantie.

Glauben wir denn allen Ernstes, das Bewundern müßte man

nicht üben? Und endlich: Was der Indianer selbstverständlich in einen Satz rückt: ›Das Entfalten der Blätter im Frühling hören‹: man hört es tatsächlich, wenn man die Stille, deren es bedarf um sich abzuheben, nicht schon als das Brüllen des Nichts empfindet. Größere Blüten entfalten sich lauter, so die Seerosen, die in der Abenddämmerung ihre edlen Blätter mit einem hörbaren Knacken aufschlagen, oder die Pfingstrosen, Päonien, in unseren Gärten, die mit leisesten Streifgeräuschen Blatt um Blatt vom anderen lösen und auffalten. Freilich verfügen wir über Geräte, an deren Funktionsgenauigkeit wir unser Staunen gern delegieren: Geräte, die den Baum hören, wo wir solche Zuwendung zum Natürlichen fast peinlich, ein wenig lächerlich finden.

Der jüngere Häuptling Tatanga Mani liest in der Frühlingssprache der Bäume Auskünfte über das Wetter und über die Tiere – und der ältere Indianer Seattle sagt ohne exaktes naturwissenschaftliches Wissen etwas Zutreffendes, das er nur glauben kann, wir aber wissen: ›Die Luft ist kostbar für den roten Mann – denn alle Dinge teilen denselben Atem – das Tier, der Baum, der Mensch – sie alle teilen denselben Atem. Der weiße Mann scheint die Luft, die er atmet, nicht zu bemerken; wie ein Mann, der seit vielen Tagen stirbt, ist er abgestumpft gegen den Gestank.‹

Wie sollte, da wir Genaueres wissen, unsere Verpflichtung auf die Erhaltung der Naturvorräte dieser Art nicht viel größer sein als jene der untergegangenen Völker? Gibt es nur die Alternativen verschieden begründeten Scheiterns? Geben wir dort preis, wo unsere Wahrnehmungsfähigkeit versagt, oder ist sie verkümmert, weil wir Abschied nehmen mußten, um so weit fortzuschreiten –, in beiderlei Sinne ›fort‹ – wie es heute erreicht ist? Die Wüsten wachsen. Bei den primitiven Kulturen wegen ihres Unwissens, bei uns wegen der Allmacht von Wissen und Können.

Wenn der Wind duftet, ›gereinigt vom Mittagsregen und schwer vom Duft der Kiefern‹, dann ist er ein aromatisches Wehen, das sich freilich als Botschaft von der Natur ausnimmt. Wenn der Wind Chemikaliengestank heranträgt statt Kiefernduft, dann vergeht den Lebenden die Lust an sich selbst – weil auch die Lust des Indianers am Dasein nur entfernt vom eigenen Wirken abhängt. Das Zusammenwirken mit den Kräften, die wir vorfinden und nutzbar machten, nimmt, so meinen wir zu erkennen, immer mehr den Charakter einer großen Verfeindung mit der Natur an, aus der wir uns nicht mehr befreien können, weil alle unsere Erfolge auf dieser Feindschaft beruhen. Nun sind große Gruppen unter uns entstanden, die Frieden machen wollen mit der Natur. Wer unternimmt es, ihnen zu zeigen, daß der Weg schwieriger ist, als die Vision eines totalitären Friedens mit der Natur ihnen vorgaukelt?

›Was die Erde befällt, befällt auch die Söhne der Erde‹, sagt der Indianerhäuptling. Der Mensch – ›eine Faser im Gewebe des Lebens‹ – das klingt verführerisch einfach und trifft die Sehnsüchte vieler in unseren Tagen. Aber einfache Antworten taugen nur für einfache Fragen. ›... die heimlichen Winkel des Waldes, schwer vom Geruch vieler Menschen ... das Dickicht – fort‹, so sieht Seattle die Zukunft. Was taugen uns Wälder ohne Menschen mit undurchdringlichem Dickicht? Sie taugen dem Wild – und sie könnten unabhängig von unserem Funktionswissen über Baum und Wald Orte sein, an denen wir uns selbst begegnen und unsere Sinne üben: das Horchen, Schauen und Spähen, das Lauschen und das Erinnern, das Einzelnsein am unberührten Ort.

Der Geist seiner Väter, so meint der Häuptling, werde in den Wäldern lebendig bleiben. Natürlich glaubt er dies, da er doch selbst das Blut seiner Väter in den Stämmen steigen fühlte im Frühling. Er hat vielen Nachgeborenen dies voraus: er hat Geschichte und zweifelt keinen Augenblick, daß er zu seinen Vätern gehört. Hätte er gewußt, wie trivial inzwischen der Geist seiner Väter und sein eigener in den Wäldern und an den Ufern seines Landes vermarktet worden ist, welche Krokodilstränen wir in den Kinos der lärmenden Städte um den roten Mann weinen – vielleicht hätte er den weißen Mann damals nicht einbezogen in seine Demutsgeste, mit der er sich allem Unabänderlichen unterwarf, wie er es gelernt hatte.

Die Bäume tauchen auch in anderen Indianertexten immer dann auf, wenn die Gesamtheit des Irdischen genannt werden soll. Da heißt es dann ›Wasser, Land und Bäume‹ oder ›Erdreich, Flüsse und Bäume‹. Es ist merkwürdig, die Übereinstimmung dieser Auswahl von Merkmalen wiederzufinden in den Sammelbegriffen des Alten Testaments, in den Psalmen und bei den Propheten, in der neutestamentlichen Apokalypse[352], wo die vier Engel die vier Winde halten: ›auf daß kein Wind über die Erde bliese noch über das Meer noch über irgendeinen Baum‹.

Für alles, was wächst, steht der Baum. Er vertritt die Vegetation um so eindrucksvoller, je dürftiger diese im übrigen ist. Der Baum in der Wüste gleicht dem Wunder des Lebens selbst; er ist wirklich so etwas wie der Zuruf: ›Hier kannst du, Mensch, auch leben.‹ Zumindest kann der Mensch rasten in des Baumes Schatten, er kann auf Früchte hoffen, nach Tieren oder ihrer Brut suchen. Das Wasser, das solche Wüstenbäume überleben läßt, ruht oft tiefer im Boden, als der Mensch reichen kann.[353] Auch daher nährt sich die Ehrfurcht des Menschen vor dem Lebewesen Baum.

Die Indianerstämme des amerikanischen Kontinents erzählen von Blumen oft im gleichen Atemzug wie von Bäumen; sie kennen Falter und Vögel und sie schauen immer weit über ihr Land, das sich hebt und senkt: sie lieben die weichen Konturen der Hügel, die Profile der kühnen Felsen, an denen sie sehr klein entlangreiten, von denen sie stolz und einverstanden mit der Natur hinabschauen.

Tatanga Mani, der schon im Kindesalter von einem weißen Missionar adoptiert wurde, die Schule besuchte und die Zivilisation schmeckte, vergaß seine Kindheitsprägung nie. Im Alter reiste er – gewiß: auch er ein Diener der Sehnsüchte der fortgeschrittenen Kulturen, ein Gewürz im genüßlichen Selbstzweifel des überlegenen ›weißen Mannes‹ – um die Welt, ein Botschafter ›alternativer‹ Gefühlsmoden des Friedens, aber unangetastet von dieser Welt, die ihn ausstellte, um sich zu rechtfertigen. Die Schöpfung, so sagte Tatanga Mani, gleichviel wie wir den Schöpfer nennen, sahen wir ›in Sonne, Mond, Bäumen, Bergen und Wind‹. Das Außerirdische: Sonne und Mond. Das Irdische: Bäume, Berge – und der Wind, der die Bäume bewegt. Unerforscht ist bis heute geblieben, daß wir dramatische Entsprechungen finden zwischen dem Topoi-Vorrat der europäischen Kultur und den Bildtraditionen dieser weit entfernten Natur der Indianer: Tatanga Mani, der Missionsschüler, läßt nicht ab, im ›Buch der Natur‹ zu lesen; nicht weil seine Missionsschullehrer ihn dazu angehalten hätten, sondern weil die Natur das ›Buch des großen Geistes‹ ist, von dem der 87jährige Greis meint, der Name des Schöpfers tue wenig zur Sache, von der man redet – und über die man sich verständigen sollte.

Wie alle naturnahen Kulturen, die den Schritt von der Vergöttlichung der Natur zu ihrer Sinnbildlichkeit getan haben, verbinden die Indianer ihre Eingriffe in die Vegetation und in die Fauna mit Beschwörungen und Gebeten, die Rechtfertigungen für das Opfer der Natur im eigenen Überlebensziel sehen. So hat das Volk der Kwakiute im heutigen Kanada zahlreiche Gebete, die jeden Zugriff auf Pflanze und Tier begleiten. Zu diesen Bittformeln gehört das ›Gebet an den jungen Zedernbaum‹:

›Schau mich an, Freund!

Ich bin gekommen, dich um dein Kleid zu bitten.
Du gibst uns alles, was wir brauchen –
dein Holz, deine Rinde, deine Äste
und die Fasern deiner Wurzeln,
denn du hast Erbarmen mit uns.
Du bist gern bereit, uns dein Kleid zu geben.
Ich bin gekommen, dich darum zu bitten,
Spender langen Lebens,
denn ich will ein Körbchen für Lilienwurzeln aus dir machen.
Ich bitte dich, Freund, zürne mir nicht
und trag mir nicht nach,
was ich jetzt mit dir tun werde.
Und ich bitte dich, Freund,
erzähle auch deinen Freunden,
worum ich zu dir gekommen bin.
Beschütze mich, Freund!
Halte Krankheit fern von mir,
damit ich nicht in Krankheit oder Krieg umkomme,
o Freund!‹[354]

Auskünfte aus einer anderen Welt, unübertragbar. Kulturdistanzen sichtbar machen, so hieß das Motto. Und die zugehörige Frage: Wie erhält Natur – wie bekommt ihr ins Gerede geratener Teil, der Baum – eine uns und unserem Kulturzustand gemäße Form des Respekts von uns, um überleben zu können?

Wenn der Indianer aus dem Stamm der Cherokee einen Hirsch erlegte, so bat er nicht nur den Hirsch um Verzeihung, sondern er ehrte das erlegte Wild, indem er dessen wehrhaften Kopfschmuck, das Geweih, an einen Baum hängte. Nicht als ›Trophäe‹ wollte er es dort wiedersehen, sondern als Zeichen des Gedenkens an eine stolze Kreatur, um dieser Ehre zu erweisen.

Sich die Geschöpfe vorstellen, die in jedem Teil der Landschaft leben, die man kennt: wahrscheinlich könnte auch dieser Hinweis des indianischen Autors Scott Momaday für unseren Umgang mit den Bäumen in der künstlichen Welt der Städte nützlich sein. Und sei es, daß wir tausend Bäume fänden, in denen kein Vogel mehr nistet: Auch dies wäre Grund für ein aufmerksameres Verhältnis zu den künstlich gewordenen Bäumen an künstlichen Orten: daß die Lebewesen sie meiden. Der eben zitierte Autor Scott Momaday ist nicht irgendein Naturwesen, sondern er ist Professor für Englisch und Vergleichende Literaturwissenschaft an der Universität von Stanford. Für einen seiner Romane erhielt er den Pulitzer-Preis. Sein Vater gehörte zum Volk der Kiowa, seine Mutter war eine Cherokee.

Gewiß will es in unsere Vorstellungswelt nur wenig passen, daß ein Professor für Englisch und Vergleichende Literaturwissenschaft von den Jahreszeiten redet, die wir mit Händen berühren und deren Laute wir in uns aufnehmen sollen. Gelänge unseren Gelehrten noch, was Momaday sich als geglückten Umgang mit Landschaft denkt: ›sich die Geschöpfe vorstellen, die dort leben und jeden Windhauch spüren, der darüberstreicht‹, wer weiß, welche Rolle unsere Geisteswissenschaften für unser Verhältnis zum Kosmos spielen könnten.

Und nochmals: Hier geht es nicht um eine erträumte Rückkehr in den archaischen Dialog mit einer götterreichen Natur. Es geht um den Versuch, die Balance zu finden zwischen Herrschaft und Ehrfurcht. Wenn unsere Großstadtbäume keine Nistplätze mehr für Vögel sind, so können wir dennoch aus der Beobachtungsschärfe der Indianer, die mit Naturbäumen umgingen, für unseren Umgang mit den Bäumen lernen. Der schon zitierte Autor Momaday beschreibt, wie er einen Gimpel, ein kleines rosafarbenes Vögelchen mit dunklen, weißgestreiften Flügeln, im gesprenkelten

Licht einer Kiefer wahrnimmt. ›Und mir war, als wanderten die Zweige an der höchsten Spitze des Baumes ganz langsam über den blauen Himmel.‹ Hier hat ein Beobachter Zeit. Er legt den Kopf in den Nacken, um den winzigen Vogel in den Zweigen, gesprenkelt vom Sonnenlicht, gegen den hellen Himmel zu erkennen. Mag sein, daß über den Himmel Wolken wandern. Dem Beschauer ist, als wanderte der Wipfel des Baumes. Jeder, der einmal so in den Himmel, sei es in Baumwipfel, sei es gegen einen gebirgigen Horizont, geschaut hat, kennt dieses Phänomen: Vor der Weite des flüssigen Himmelsblaus scheint sich zu bewegen, was feststeht. Im endlosen Raum scheint zu wandern, was in der Erde wurzelt. Solche Beobachtungen können auch in Großstädten alltäglich gelingen. Sie gestatten – nein, sie setzen voraus –, daß wir innehalten in der Geschäftigkeit und uns von unserer kostbaren Lebenszeit einen Augenblick für die Sinnbilder des Lebens nehmen: Baumkronen wandernd über den Himmel. Wenn wir wieder zu Boden schauen auf unseren Weg, so scheinen die Proportionen für einen grenzenlos erleichterten Augenblick zurechtgerückt. Die Erinnerung daran wird uns begleiten; sie wird uns neue, ähnliche Augenblicke suchen lassen und finden lehren.

Wahrscheinlich gehen wir anders mit Sachen und Menschen um, wenn wir uns häufiger solche Naturkontakte gestatten. Mit dem Animismus oder der Magie archaischer Kulturen haben sie nichts zu tun. Unentbehrlich aber sind sie, wenn es uns gelingen soll, den Stellenwert von Natur jenseits unseres wissenschaftlichen Wissens und damit wirksam für unser anschauungshungriges Fühlen zu erkennen.

Ich wiederhole diese Frage, die sich immer wieder aufdrängt: Wird es uns unmöglich sein, die Natur zu erhalten – was tatsächlich das Ende unserer Art bedeuten würde –, weil wir nur schützen, was wir vollständig erfahren, über Gemüt, Geist und Gefühl, Verstand und Herz? Immer mehr Menschen leben mit verstümmelter Naturerfahrung. Schon kennen die Schulkinder Europas die Vegetation unserer Breiten nicht mehr mit Namen, sie erkennen weder ihre Blüten noch ihre Früchte. Woher sollen sie die Leidenschaft zur Erhaltung der Natur nehmen, wenn nicht aus Naturerlebnissen, aus dem Bewußtsein, etwas Unersetzliches zu verlieren?

Die Einsicht, daß wir etwas chemisch-physikalisch und biologisch Unentbehrliches verlieren, reicht nicht aus, weil die Vernunft, mit der wir dies einsehen, nur einen kleinen Teil der menschlichen Einsätze steuert.

Anschauung – und die Erinnerung an Anschauung, an Erlebnis ist es, die unsere Leidenschaften lenkt. Für die wenigsten von uns sind nachhaltige Erlebnisse intellektueller und abstrakter Natur möglich. Wir erleben heute aber Veränderungsprozesse in Bereichen, die unsere Sinne nicht wahrnehmen können, teils, weil sie mikroskopisch verlaufen, teils, weil sie nur abstrakt in ihrer Bedrohlichkeit gewußt, nicht aber – oder nur punktuell und transitorisch – gefühlt werden können. Es könnte sein, daß uns deshalb dieser Kosmos unter den Händen verdirbt, weil die menschlichen Wahrnehmungsmöglichkeiten von der Qualität der Verderbnisprozesse übergangen werden.

Vorerst haben freilich jene Völker den Kampf ums Überleben verloren, die mit der ›innigen‹ Erfahrung der Landschaft ›aus tausend verschiedenen Blickwinkeln‹ (Scott Momaday) gelebt haben. Sie gingen unter wie verspätete Träumer, und heute versuchen Tausende, vor allem junge Menschen, ihren Traum von der geglückten Harmonie mit der Natur neu oder nachzuträumen – obwohl sie sich die Voraussetzungen für diesen Traum nicht holen können: ›Ich lernte dieses Land kennen‹, schreibt Scott Momaday, ›nicht wie ein Reisender, der sich an bestimmten Merkmalen orientiert, die er in der Ferne sieht, sondern viel echter und inniger, zu jeder Jahreszeit und aus tausend verschiedenen Blickwinkeln. Noch immer spüre ich die Bewegungen meines Pferdes und höre den Klang seiner Hufschläge.‹

›Ich höre deine Stimme im Wind, in den Bäumen‹, sagt Tatanga Mani seinem Gott. Der Dakota-Indianer Plenty Kill, geboren 1868, den die weißen Lehrer ›Luther‹ nannten, meint, das Herz der Menschen werde hart, wenn sie sich der Natur entfremden. ›Die alten Dakota ... wußten, daß mangelnde Ehrfurcht vor allem Lebendigen und allem, was da wächst, bald auch die Ehrfurcht vor dem Menschen absterben läßt. Deshalb war der Einfluß der Natur, die den jungen Menschen feinfühlig machte, ein wichtiger Bestandteil ihrer Erziehung.‹[355]

Zumindest Erfahrungen und Erlebnisse mit der Natur, von deren Unersetzlichkeit ich sprach, könnten wir in unseren Schulen vermitteln. Niemand nimmt sie bislang wichtig genug. Ist es schon jetzt zu spät? Immer mehr Kinder müssen naturfremd aufwachsen. Schon heute sind sie die Kinder von Kindern, die ebenfalls so aufwuchsen. Wer soll ihnen noch erzählen, was ein Baum, seine Knospe, Blüte, sein Blatt bedeuten? Werden wir aber, Natur zu erhalten, irgendein Motiv haben, wenn wir keine Bande mehr zu ihr fühlen? ›Hügel sind immer schöner als Häuser aus Stein‹ sagt der sehr alte Indianer Tatanga Mani in seinem 87. Lebensjahr. ›In einer großen Stadt wird das Leben zu einem künstlichen Dasein. Viele Menschen spüren kaum noch richtige Erde unter den Füßen, sie sehen kaum noch Pflanzen wachsen, außer in Blumentöpfen, und lassen nur selten die Lichter der Straßen hinter sich, um den Zauber eines sternenübersäten Nachthimmels auf sich wirken zu lassen. Wenn Menschen so weit weg von all dem leben, was der Große Geist geschaffen hat, dann vergessen sie leicht seine Gesetze.‹[356] Jeder Leser wird leicht bemerken, daß es in diesen Sätzen nicht auf den Unterschied der Religionsformen ankommt.

›Ich hatte Ehrfurcht vor jedem Baum, als ich ein Kind war‹, erzählt der Dakota-Indianer Ohiyesa, der Arzt und Schriftsteller wurde. Der Baum: immer wieder erscheint er als Vertreter der ganzen Pflanzenwelt. Da redet einer vom Feuer und sagt: ›Das Feuer kommt von der Sonne, die uns alle wärmt – Menschen, Tiere, Bäume.‹ – ›Uns alle‹ – da gehört die Schöpfung in das ›Wir‹, das der Mensch meint – wenn er ein ›Wilder‹ ist, der in ›Symbolen und Bildern‹ lebt: ›Für uns sind sie Teil der Natur, Teil von uns selber – die Erde, die Sonne, der Wind und der Regen, Steine, Bäume, Tiere … Wir versuchen sie zu verstehen, nicht mit dem Kopf, sondern mit dem Herzen …‹[357]

Wer hindert uns, unser in der technischen Welt unterbeschäftigtes Herz der Natur und den Menschen mehr zuzuwenden? Und da beider Untergang offenkundig miteinander zu tun hat: Ihr Gedeihen wahrscheinlich auch. Dem Beobachter zeigt sich dann von selbst jeder Naturvorgang als ein Sinnbild:

›Wer sagt dem Baum, wann die Zeit kommt, seine kleinen Blätter auszutreiben? Wer sagt diesen Drosseln da, daß es warm geworden ist und sie wieder nach Norden fliegen können? Vögel und Bäume hören auf etwas, das weiser ist als sie. Von sich aus würden sie es niemals wissen.

Oft sitze ich allein in der Wüste und schaue die Lilien an und all die hübschen kleinen rosa Blüten und frage mich, ‹wer hat euch gesagt, daß es Frühling ist und daß ihr blühen sollt?› Und ich denke und denke nach, und immer komme ich auf dieselbe Antwort. Das, was größer ist als wir, lehrt alle Lebewesen, was sie tun sollen. Wir sind wie die Blumen. Wir leben und wir sterben, und aus uns selbst heraus wissen wir nichts. Aber das, was größer ist als wir, lehrt uns – lehrt uns, wie wir leben sollen.‹[358]

Das klingt nicht viel anders als im Alten Testament: ›Alles Fleisch ist Gras, und alle seine Güte ist wie eine Blume auf dem Felde. Das Gras verdorrt, die Blume verwelkt; denn des Herrn Geist bläst darein.‹[359]

Der Wissenszuwachs macht das Staunen nicht geringer, oft eher größer: am besten staunen oft die Forscher. Sie können den Laien das Staunen wieder lehren. Alte Ehrfurcht neu belegt. Gewachsen ist also nur die Gleichgültigkeit? Oder doch nur die Abstraktion der Vergiftung, die Heimtücke des schleichenden Naturtodes? Denn natürlich studieren unzählige Leser bewunderungswillig Berge von Büchern über die Wunder der Natur. Sind wir verurteilt zu solchen Widersprüchen?

›Die redenden Flüsse und Winde, die Bäume‹ sind die ›Geschöpfe eines Gottes‹, so dichtet noch 1973 Cesspooch, der ›Tanzende Adlerfeder‹ heißt; wie viele indianische Lyriker hat er nicht aus Einfalt, sondern aus der tiefen Gelassenheit seines Volkes versucht, den unruhig zweifelnden Stadtbewohnern Gültiges zu zeigen.

Stark sind die Erinnerungen auch der Indianerkinder, die moderne Schulen besuchen. Das Indianermädchen Conny Strong schreibt:

›Die Augen des Adlers sind in mir.
Und die Sanftheit des Hasen ist in mir.

…Die Süße des Ahornzuckers ist in meinem Mund.
…
Und auch die Stille der Föhren ist in mir.‹[360]

Stille wahrzunehmen, wir hörten es schon, befähigt zum Hören. Da werden Geräusch und Bewegung austauschbar – oder nur andere Dimensionen in den großen Bewegungsabläufen alles Lebendigen:

›Unter dem Blätterdach eines Baumes
sitzt ein Busch
und singt.‹[361]

Ein ›Volk ohne Zuhaus‹, wie ein indianischer Dichter die Weißen in den großen Städten nennt[362], hat Schwierigkeiten, solche absurden Beobachtungen zu begreifen. Sehen und Hören, alle Sinnesleistungen überschneiden sich, werden austauschbar. Sie gelangen damit zu einer Vielseitigkeit, in der die sichtbare und hörbare Welt festlich zusammenfließen.

›Ich tanze im Mondlicht
und höre das Schlagen der Trommel.
Die Glöckchen an meinen Beinen
klingen wie zwinkernde Sterne.
Die Federn rauschen wie die Winde,
die über das Grasland fegen.‹[363]

Und noch einmal, abschließend, Tatanga Mani: ›Wir glauben, daß die Weißen sich mehr Zeit nehmen sollten, um mit der Erde, den Wäldern und allem was wächst vertrauter zu werden …‹

O daß ich lieber wäre, wie Kinder sind!
Daß ich, wie Nachtigallen, ein sorglos Lied
Von meiner Wonne sänge!

Friedrich Hölderlin

18. Kapitel

Die Bäume der Kindheit

Die ersten: am weißen Lattenzaun, der den Garten vom Kriegsland trennte. Dunkelgrüne, sehr hoch und ernst. An ihrem Fuß wuchs Sauerampfer und feines Gras, das ich anfassen konnte. Das Gras zwischen den schwarzen Füßen der Bäume: giftgrün gefleckt, wenn Sonnenstrahlen durch das Blätterdach rieselten. Fest und trocken, glänzend und scharf wuchsen die dünnen Halme zwischen den stumpfen dunklen Wällen. Waldgras, sagte man, weil es solche feinen edlen Schmalgräser eigentlich in Gärten nicht gab. Wo der Sauerampfer wuchs, war auch das Gras breiter, gewöhnlicher und feucht.

Die ersten Bäume: das war Hinaufschauen, sehr steil, den Kopf im Nacken, daß man schwankte. Und unabsehbar diese Krone; schwindelig wurde mir, wenn ich sie jetzt rundum ausmessen wollte mit dem kreisenden Blick. Viel dunkelgrüne Schwärze, drohend gereckte ausgreifende Zweige, in die der Stamm sich gebieterisch aufteilte, um den Raum in Besitz zu nehmen. Hier und da ein Lichtblitz, der das drohend geschichtete Ast- und Blattgewirr zerriß, daß man blinzeln mußte. Wie mit Lichtmessern stieß es von hier und dort überall durch das dunkle Dach in die Augen, wenn Wind aufkam. Und der Regen, wenn ich unter dem finsteren Baum im glänzenden Gras lag, machte trockene Klopfschläge; es dauerte lange, bis die ersten Tropfen durch die unterste Lage Blätter herabfielen, klein geworden, kraftlos, fast schwebend sanft nach so vielen Aufschlägen von Blatt zu Blatt: hier einer, dort einer – ich kannte das Gesetz dieser Verspätung und konnte lange sitzenbleiben, wenn es zu regnen anfing, ehe es auch bei mir regnete, sachte, leise.

Auf eine der großen Wurzeln, die sich sacht rings um den Stamm ins Erdreich absenkten, von Gräsern gestreichelt und halb versteckt, konnte man mit einer dünnen Grasunterlage den Kopf legen. So lag man am Baum und auf seinen starken Füßen. Die Rinde war grün auf der Regenseite bis auf die breiten Wurzeln hinunter. Das feuchte, etwas cremige Grün trug ich an den Händen, Kleidern und Haaren ins Haus, vermischt mit dem pulvrigen Schwarz, das, mit klebrigem Harz vermischt, noch schwärzer wurde und jeder Wäsche trotzte. Mit scheckigen Fingern setzte ich mich an den Abendtisch; die Schwärze war blank an meinen Händen und glänzte. Harz: das schönste, goldgelb wie Bernstein, sah ich erst später am Kirschbaum im zweiten Garten, wo es in dicken erstarrten Tropfen unter der aufgerollten Rinde glänzte.

Bäume, riesig und nah: wie mächtige Wächter standen sie auch um das Haus. Sie deckten, wenn wir an die passenden Orte liefen, die Fenster, aus denen die Mutter rief. Da glitt der blauweiße Glanz, den der Himmel auf die Scheiben warf, plötzlich unruhig ab, weil das Fensterglas schnell bewegt wurde: ein Flügel öffnete sich, wir wußten die rufende Stimme vorweg, die dieser abgleitende Glanz bedeutete. Nur ein Huschen, ein Sprung – und schon lag der dunkle Busch am langen Ast-Arm vor dem Brustbild der Mutter im Fenster. Da wir sie nicht sahen, mußte sie wissen: wir hörten sie nicht.

Oft dachte ich daran, von jenem Küchenfenster aus gleich in den Baum zu springen. Wiegend von dem Riesenwedel des belaubten Astes empfangen zu werden, der mir aus dem Garten herauf vor den erwachsenen Rufern Schutz bot.

Die inneren Bilder zeigen jene frühesten Gartenbäume nur sommerlich; kein Waten im Laub, das gehört in spätere Jahre, die wohl mit vier oder fünf begannen. Kein winterlich durchsichtiges Geäst, keine Herbstwehmut, nicht einmal Frühlingsglanz erscheint in diesen fernen Gärten der Kindheit: nur Sommer, schwarzgrüner laubreicher Baumsommer, in dem die Wiesen tief, die Schatten am Fuß der dunklen Bäume riesenradgroß waren.

Winter zeigen sich anders: mit dicken Kindermäntelchen aus Uniformstoff, gestrickten Kleidern aus Strumpfwolle. Wo waren die Bäume im Winter? Die Bäume spielen im Kleinkinderwinter nicht mit. Und das Schauen auf die Natur lernt man erst später; zuerst gilt nur was man fühlen kann: auf der Haut.

Die Bäume im ersten Kindheitsgarten heben sich wie Inseln aus einem Nebel, der keine zusammenhängende Landschaft bedeckt. Inseln des Gewußten, des scharf Umrissenen: So sehen wohl Kindererinnerungen aus. Da ist auch das Haus nicht ein Ganzes, sondern ein Suchbild mit bunten Inseln, die im Nebel schwimmen. Es war eine ländliche, holprig dunkle Diele, die sich finster in die Augen grub, wenn man aus dem Licht- und Schattenspiel des baumreichen Gartens ins Haus kam. Über eine dunkelrote Holztreppe ging es aufwärts in die Küche, wo wir aßen und lebten – eine verschlagene Kriegsfamilie.

Da gab es den Schrank mit Glasscheiben, hinter denen das große Einmachglas mit Bombensplittern stand. Manchmal nahmen wir es heraus, zogen einzelne Metallstücke vorsichtig hoch und betasteten sie schauervoll mit den Händen: scharf, spitz, bizarr waren sie, und die Vorstellung, wie sie in Menschenleiber fuhren, war grausig.

Zu dieser Küche gehörte jenes Fenster auf die Zweige meines riesengroßen Baumes hinaus. Ich weiß nicht, ob ich oft hinausgeschaut habe; sicherlich habe ich anders hinausgeschaut als die Mutter. Das fing mit der Höhe der Fensterbank an. Ich mußte auf den Stuhl steigen, der mit der Lehne zum Fenster stand, weil er einer von den vier Stühlen am Tisch war. Dann konnte ich mich auf die Holzfensterbank mit meinen Ellenbogen stützen und hatte Mühe, den blanken Messinggriff des Fensterflügels zu erreichen. Wenn ich hinuntergeschaut habe, dann sicherlich nur um zu sehen, ob Vetter oder Cousine, die damals unsere Hausgenossen waren, im Garten herumliefen. Oder ob mein kleiner Bruder irgendwo in der Ferne der nebligen Weide bei den Schafen stand. In fernen Dunst getaucht, steht er dort, im Reich meiner inneren Bilder, noch heute, die Hand im wolligen Rücken eines Schafes; stehengebliebene Szene aus begrabener Zeit. Diesseits der Weide streckte sich unser Garten: Das hohe Gras, die düsteren oder lichten Bäume, von Jahreszeiten und Wetter verwandelt. In diesem Garten stand ich auch, halbverborgen von den tief herabhängenden Zweigen der Bäume, mit einem Gefühl halb ängstlicher Sicherheit, als der lange Zug der staubigen Soldaten am weißen Gartenzaun vorbeitrottete. Unzählige fremde Gesichter, zwischen denen ich, völlig abwegig, das Gesicht meines Vaters suchte – obwohl ich wußte, daß er im fernen Rußland gefangen war. Die Zaunlatten und dahinter die Soldaten wie ein Bilderband, das knirschend vorbeigezogen wird; die schweren großen, unbewegten Bäume, unter denen ich stand mit aufgerissenen Augen. Auf keinen Fall hätte ich es gewagt, das Tor zu öffnen, auf die Straße zu gehen, einen von diesen Männern anzusprechen oder zu betasten. Sie waren wie Unberührbare. Ich fühlte, daß Unvorstellbares in ihrer Erinnerung mit ihnen ging.

Obwohl diese Kriegswelt unsere Welt war, obwohl unter den Bäumen neben dem Garten und im Gebüsch am Wald die amerikanischen Panzer standen, gut getarnt von den prächtigen Holunderästen, die mit weißen Blüten im Frühling und mit dunklen Beeren im Sommer diese scheckigen Ungetüme deckten: Die Menschen dieses Krieges, von denen ich, obwohl erst knapp drei Jahre alt, wußte, daß sie, anders als die Amerikaner, Väter waren, die zu uns gehörten, Söhne, Männer, Brüder von großen Leuten; ihnen gegenüber war die Scheu mit Furcht vor dem Ungeheuerlichen gemischt. Die freundlich lachenden Amerikaner warfen Kaugummis aus den Panzern zwischen uns Kinder. Wir hoben sie auf und kauten sie wie eine Köstlichkeit.

Auch das waren Bäume im Krieg: Deckung für Kriegsfahrzeuge. Wir sahen viele von diesen Autos, die immer unter Bäumen standen, grün und braun bemalt wie Erde und Baum, Tarnfarbe nannte man das, soviel wußte ich. Und es war eine merkwürdige Sache mit der Baumnähe dieser Kriegsfahrzeuge: Die lachenden Insassen, die ihre Köpfe aus den bedrohlichen Luken der Panzer steckten, rührten meist mit dem Haarschopf oder mit ihrer Mütze, ihrem Schiffchen an die Zweige und Blätter des Baumes, unter dem ihr Fahrzeug stand. Sie waren durch dieses Stück Natur, in dem sie sich verbargen, für uns Kinder weniger erschreckend.

Ein Stück Natur versöhnt, nimmt Furcht, schafft Zutrauen. Daß auch der Feind – nicht dieser, sondern in allen Kulturen immer schon der Feind, ob Tier oder Mensch, sich unter Bäumen und Büschen oder in den Kronen der großen starken Bäume verbirgt, ist ein Kapitel für sich. Der Baum birgt uns selbst, und er deckt den Feind.

Im ersten Kindheitsland mit seinen klarer umrissenen Inseln gibt es noch einmal Bäume. Große, schwere dunkle Waldbäume, die niemals hell wurden, und wieder Holunderbüsche. Sie deckten den Eingang zu einem Lehmbunker im Wald. In diesen Bunker sind wir oft, ich weiß nicht wie oft, mit unseren Müttern gezogen. Lauter Kinder mit Müttern. Wir an den Händen unserer Mütter und die Mütter mit irgendwelchem Gepäck, das aus Nahrung, Wolldekken, wärmenden kleinen Öfen bestand. Wie lange wir in diesen Bunkern jeweils blieben, weiß ich nicht mehr zu sagen. Aber der Waldbunker, so schwarz und düster sein Eingang war, von Zweigen überhangen, er war eine Selbstverständlichkeit im Kinderalltag. Ein wenig Aufregung, aber nicht unangenehme, gehörte dazu, wenn wir in den Bunker gingen. Wir kannten es nicht anders. Leben hieß Bombenalarm, Sirenen, die uns aus dem Schlaf rissen, nächtliches In-den-Keller- oder In-den-Bunker-Getragenwerden, wobei der Weg zum Bunker zu weit war, als daß man getragen werden konnte; da liefen wir schnell, wie alle Kinder laufen müssen, wenn Erwachsene gehen, an den Händen unserer Mütter, tief neben den Beinen unserer Mütter, Männer gab es keine, in den Waldbunker. Vor diesem Waldbunker standen große Holunderbüsche, die im Frühjahr den Eingang mit einem festlichen Duft umzogen. Holunder, das war, wie so viele Pflanzen und Früchte im Kriege, Nahrung. Wie das Löwenzahnblatt, der Kettensalat, so war die Holunderbeere, im Herbst gepflückt, die Marmelade des Winters. Wie die Hagebutten, wie der Sauerampfer; – für uns Kinder entstand der Eindruck, daß auf Schritt und Tritt überall Eßbares wuchs, von dem man lebte: Brennesselsuppe, das war eine andere Seite der hohen, gewaltigen Brennesselbüsche, in die ich im Sommer stürzte und mit brennenden Armen, wie von Feuer überzogen, weinend wieder aufstand. Auch deshalb lebte die Natur für die Kinder der vierziger Jahre dieses zwanzigsten Jahrhunderts, weil mit der Natur Überleben möglich wurde.

Der zweite Kindheitsgarten ist schon vollständig. Ich war etwas älter, vielleicht vier Jahre geworden, als wir zurückkamen aus jenem ländlichen Fluchtort im Wesergebiet. Der neue Garten war, mit Kinderaugen betrachtet, riesengroß. Er wurde beherrscht von zwei Bäumen, die ich liebte: dem Birnbaum und dem Kirschbaum. Diese beiden Bäume standen in der Nähe des Hauses. Beide aus allen Fenstern sichtbar, nebeneinander wie die Könige dieses Gartens. Ihre Kronen erhoben sich so hoch wie das Haus; nein: der Birnbaum, auf dem abends die Amsel lange flötete, war ein wenig höher als das Haus. Er hatte die Form einer besonders kühnen, schmalen Pyramide. Der Kirschbaum war rund. Schon damals erschienen mir diese Bäume als verschiedene Charaktere. Der Kirschbaum mit seinem wuscheligen runden Riesenkopf und der Birnbaum viel stolzer, schmal und edel, aber in seinen Früchten herber, langsamer. Die Birnen dieses Baumes wurden erst gegen Weihnachten reif. Sie hießen Weihnachtsbirnen, was für mich einen geheimnisvollen Klang hatte, obwohl ich mich nicht erinnern kann, daß diese Birne, und sei es zur Weihnachtszeit, süß, weich und saftig geworden wäre. Es waren eher steinerne Birnen, sehr stark, niemals faulend, mit einem sehr festen, fast glasharten Fleisch, immer grün bleibend; nobel, aber kaum genießbar – außer in den Einmachgläsern, die in langen Reihen im Keller standen und selbst diese Birne süß machten. Wenn man sie im Winter hervorholte und es gab sie zum Nachtisch, Birnen mit Saft, dann schmeckten sie köstlich. Und ich dachte zurück an die Sommerabende, von Watte- oder Porzellanhimmeln grundiert, wenn der Birnbaum seine dunkelgrünen, harten Blätter hatte und die Amsel sich als schwarze Silhouette in seine oberste Spitze setzte, um zu rufen bis es dunkel wurde.

Auf den Stamm des Birnbaums ging man zu, wenn man durch das kleine Tor, das zum Garten führte, das Haus verließ. Da gab es ein Quadrat von rauhen Steinplatten, das zur Linken durch eine Glasveranda Dunkelheit erhielt und zur Rechten von vielen Büschen, unter denen wir als Kinder spielten: Flieder, Holunder und andere, deren Namen ich nicht kannte, mit Dämmerung bedeckt wurde.

Der Birnbaum selbst schien in einem dämmrigen Bereich zu stehen, wenn ich als Kind durch den Garten lief. Er gab sich selber Schatten, wie jeder Baum, und seine Rinde, senkrecht und waagerecht vielfach unterteilt, hatte unzählige kleine rauhe Quadrate, über die unsere weichen Hände strichen. Wenn man die Handfläche und die Fingerkuppen anschaute, nachdem man den Birnenstamm gestreichelt hatte, dann waren sie grün. Die Regenseite, sagte unsere Mutter, die Regenseite der Bäume ist grün. Ich habe dies später oft in Wäldern beobachtet, weil man nie mehr so bereitwillig aufnimmt, was Erwachsene sagen, wie in der frühesten Kindheit. Die Zweige des Birnbaums wuchsen so dicht, daß man in diesen Baum nicht hinaufklettern konnte. Vielleicht hat mein Bruder es irgendwann getan; gesehen habe ich es nicht.

Der Birnbaum war einer von den unbewohnbaren Bäumen. Er gehörte den Vögeln, und er ließ sich von uns betrachten, sozusagen aus mehreren Etagen. Seine majestätische Größe und Schmalheit hätte ich sonst nur bewundern können vom untersten Ende des Gartens aus, der ein wenig abfiel. Von ganz unten, wo ein ganz anderer Birnbaum stand, von dem ich noch erzählen werde, von dort habe ich unseren Birnbaum und das Haus dahinter seltener betrachtet. Dieser Baum gehörte uns von unten und von den Fenstern des Hauses aus.

Da gab es die Fenster im ersten Stock über dem Dach der Glasveranda. Schöne große weiße Rahmen, durch die man, weil sie in langer Reihe Fenster an Fenster an Fenster standen, wandernd und immer neu verändert Perspektiven genießend, in den Garten schauen konnte. Da stand der Birnbaum, und meine stärksten Erinnerungen an ihn sind jene in den Übergangslichtzeiten: morgens und in der Abenddämmerung. Wie er im hellen Mittagslicht aussah, weiß ich vielleicht auch deshalb kaum, weil wir um diese Zeit im Garten spielten, auf dem großen ovalen Rasenplatz, an dessen Rand beide Bäume, der Kirsch- und der Birnbaum, standen. An der entgegengesetzten Langseite begannen die Beete mit den unglaublichsten Blumen.

Der Birnbaum in den Randzeiten der Tage: Dann war sein Laub von Nebel umsponnen oder hart und glänzend, seine Blätter von Goldlack überzogen, den die Sonne schräg über sie ausgoß. Und vor allem gehörte in diese Randzeiten der Tage der Gesang der Amsel. Ich beobachtete, daß sie sich nach oben steigerte: immer saß sie auf Randästen, auf Spitzen der Birnbaumzweige, niemals versteckt im Geäst, jedenfalls nicht wenn sie sang. Sie wollte, daß es hinausklingt, sie wollte, so dachte ich als Kind, daß sie gesehen wird, wenn sie singt. Sie wollte selbst, so dachte ich weiter, den klaren Himmel sehen oder die Regenwolken, jedenfalls in die Weite schauen. Und ich stellte mir vor, wie weit so ein singender Vogel über die Gärten und über die Häuser schaut. Wenn sie ihre ersten Flötenstrophen abgeschlossen hatte, flog sie ein paar Zweige höher, um von dort aus aufs Neue zu beginnen. Immer kühner wurden ihre Wirbeltriller und Variationen. Schließlich saß sie ganz oben auf dem Wipfel, den ein einziger, kerzengerade emporgerichteter Zweig bildete. Als Kind hätte ich geschätzt: nun saß sie hundert Meter hoch. Wie hoch sie wirklich saß, vermag ich heute nicht mehr zu sagen. Ich habe diesen Baum als erwachsener Mensch niemals wiedergesehen. Vielleicht erschiene er mir heute mittelgroß – sicherlich aber bliebe er dieser besondere Baum, weil er einen Teil meines Lebens begleitet hat, in dem ich so bereitwillig Eindrücke aufnahm wie es alle Kinder tun.

Der Umgang mit Natur in der Kindheit, der Umgang mit Bäumen, solange wir Kinder sind, prägt unser Verhältnis zu Bäumen, wenn wir erwachsen werden. Die frühen Eindrücke zählen. Sie allein führen zu dem, was heute in dem wohlfeilen Schlagwort ›Engagement‹ von so vielen in Anspruch genommen wird. Was damit gemeint ist: Anteilnahme, vielleicht sogar Leidenschaft, das erreichen wir nur, wenn ein Stück von uns selbst, ein Stück der eigenen Biographie mit der Natur, die wir erhalten wollen, verbunden ist. Deshalb müssen Erwachsene, müssen Ausbildungsstätten, in denen wir unsere Kinder für das Leben ausstatten wollen, den Umgang mit der Natur in ihren Fächerkanon aufnehmen – nicht nur aus Büchern, nicht nur ›wissenschaftlich‹, sondern – und dies gibt den Motor für jedes wissenschaftliche Interesse – durch Anschauung, durch das Aufnehmen mit allen Sinnen.

Staunen – das Erwachsene schon aufgrund ihrer überentwickelten Scham vor starken Gefühlen nur schwer sich abringen lassen; Staunen ist das, wozu Kinder vom Aufwachen bis zum Schlafengehen jeden Tag bereit sind, ja, mit dem sie rechnen und dessen Fehlen sie enttäuscht. Lassen wir sie staunen, und es wird sich dies in ihren Umgang mit jedem Stück Natur, mit jedem Baum einprägen, daß sie gestaunt haben als Kinder und daß ihnen dieses Stück des

Kosmos wertvoll ist, weil es starke Gefühle in ihnen ausgelöst hat, als sie zu solchen Gefühlen noch fähig waren. Vielleicht bleibt aber ein Mensch, den wir in seiner Kindheit zum Staunen angehalten haben, fähiger, dieses Erstaunen zu wiederholen und wachzuhalten als einer, der es nicht gelernt hat.

Zurück zu den Bäumen in meinem Kindheitsgarten. Der Birnbaum war ein stolzer Baum. Seine Zweige, ja, schon die dicksten Äste, in die der Stamm sich teilte, verliefen so steil nach oben, sie waren so schräg, daß man niemals – was jedes Kind sich wünscht, wenn es einen Baum betrachtet – eine Schaukel an diesem Baum befestigen konnte. Der Birnbaum mit seinem schönen, eleganten und fast makellosen Stamm ohne Astknorren, ohne Zeichen von abgesägten Zweigen, ein selbständig schön gewachsener Baum, gab höchstens den Hintergrund für Kleinkinderbilder ab: es gibt sie; wir stehen im Nachkriegskleidchen, die aus Strumpfwolle gehäkelt oder aus Uniformstücken genäht sind, am Stamm dieses Baumes, ein wenig zaghafte Frühjahrssonne im Gesicht. Dieser beschnittene Stamm auf alten Kinderfotos ist das einzige, was von diesem Baum an Abbildern geblieben ist.

Die Erinnerung freilich bewahrt ihn plastischer, großartiger, leuchtender auf, als jedes Bilddokument es könnte. Wenn er blühte im Frühjahr! Seine Blüten waren, wie Birnbaumblüten sind, stark, üppig, sehr kräftig und rundlich in der Knospe. Immer ist die Knospe das Schönste, fand ich. Sie waren als Knospen deshalb so besonders schön, weil man am unteren Rand der Blütenblätter, wo diese aus dem grünen Kelchblatt hervorwuchsen, das Rosa sehen konnte. Jenes Rosa, das verschwindet wenn die Blüte sich öffnet. Diese Birnbaumblüten waren so dick, so üppig, so wollüstig gerundet, sie mußten aus mattiertem Porzellan sein: Und jedesmal schienen sie mir wie von außen auf diesen Baum herabgefallen, hinabgeschwebt wie eine besondere und hoffnungsvolle Art von Schnee, denn dieser Schnee hatte einen rosa Schimmer.

Dieser Porzellanschnee ließ einen hellgrünen Untergrund durchschimmern, wie ihn nur der Frühling schafft. Der satte Sommer mit seinem dunklen, ledrigen Birnbaumblatt läßt dieses grüne Licht vergessen. Wie von außen aufgestreut, dick und rundlich, in Haufen, in Klumpen überdeckten diese Blüten die Birnbaumzweige. Mir schien es immer, als widerspreche dieses Festkleid dem herben Ernst des Baumes im übrigen Jahr.

Aus diesen märchenhaften Blüten gingen dann in langen Monaten die kleinen, steinharten dunkelgrünen Birnen hervor, die immer größer, immer länger wurden, immer schwerer, und die Äste des Baumes hinabzogen. Aber was später an der Birne ganz unten als feiner grüner Blattstern übrigblieb, das sahen wir schon jetzt; wie ein kleiner gezackter Teller trug es die Blüte. Ich fühlte mich wie ein Komplize des Baumes, wie ein Mitwisser seiner Geheimnisse, da ich schon jetzt, als die Blüte sich sozusagen als die Hauptsache zeigte, wußte: übrig bleibt von ihr nur das, was jetzt unscheinbar und in dienender Rolle die prachtvollen Blütenblätter hält. Übrig bleibt der kleine grüne Boden der Blüte und die unscheinbaren, aber dauerhaften grünen Kelchblätter.

Der Baum geriet durch diese Blütenpracht in eine festliche Stimmung, die sich in einem unablässigen Summen rund um seine spitze schmale Gestalt und in einem betäubenden Duft äußerte, der ihn umgab. Eigentlich, so meinte ich immer, war dies gar nicht dieser ernste Birnbaum: Der Frühling machte ihn vorübergehend betrunken; er veränderte seinen Charakter. Wenn dann die Blütenblätter fielen und ein gesprenkelter Teppich im Gras und auf dem Weg unter dem Baum lag, wenn es bei jedem Windhauch wehte und flog um den Baum, während er langsam immer grüner und nach und nach auch dunkler wurde, dann hatte ich das Empfinden: nun kommt er wieder zu sich selbst. Nun kommt die längere Zeit, in der er ›er selbst‹ ist.

Ruhe, Grün, Sommer, Platz für die Amsel, Verschwinden der Bienen, Abschied von den Düften. Aber die Düfte wanderten. Sie gehörten nun zu anderen Bäumen. Bäumen, zu denen sie besser paßten. Die Apfelbäume, der runde Kirschbaum, die Sauerkirschbäume und tief unten im Garten der andere Birnbaum, der mit kleinen süßen Birnen, die saftig aufbrachen, wenn sie herabfielen, und in denen Scharen von Hummeln saßen, um den süßen Geschmack zu saugen. Der Birnbaum hatte seine Blüte hinter sich, wenn der Kirschbaum begann, sein Nachbar, der runde mit dem heiteren Charakter.

Der Kirschbaum hatte einen schwarzen Stamm mit wunderbar

sich schälender Rinde, die in schwarzen Locken absprang und von der man ganz vorsichtig, ohne den Baum zu verletzen, dünnes Holzgelock mit den Fingern abziehen konnte. Unter diesen Locken quoll goldenes Harz, hart wie Bernstein oder von klebriger Feuchte hervor, das ich bestaunte, betastete, auf dem ich meine Fingerkuppen mit ihren Linien abdrückte wenn es noch feucht war, um dann diesen Abdruck zu bewundern. Der Kirschbaum wurzelte sehr sichtbar im Boden. Es war, als suche sein sich teilender Stamm mit verschiedenen Ausweichbewegungen und kleinen Gelenken den passenden Weg in die Erde, obwohl es, als er wuchs, natürlich umgekehrt gewesen war. Für uns Kinder war aber dieses geheimnisvolle Verschwinden der Baumwurzeln im harten Erdboden eine verwunderliche Angelegenheit: Wie hatte der Baum diesen Weg gefunden, sei es in die Erde oder aus der Erde? Der Stamm des Kirschbaums war sehr dick, auch er schön rund; aber er gefiel eher durch Kraft, durch das Unbändige seiner Rinde und seiner kurzen gedrungenen Form, die nichts vom Edlen des Birnbaumwuchses hatte.

Und der Kirschbaum breitete seine Zweige sehr weit auseinander. Einer von ihnen, waagerecht fast, lang, ausgreifend und stark, war hingestreckt für eine Kinderschaukel. Unter diesem Ast, obwohl er über den Rasen reichte, wuchs nur dann Gras, wenn wir für lange Ferienwochen – und die kamen erst viele Jahre nach dem Krieg – verreist gewesen waren. Dann konnte ich die zarten Halme, die sich unter der Schaukel entwickelt hatten, bestaunen, mit ein wenig Kindermitleid, daß es nun wieder mit ihnen zu Ende sein würde. An diesem langen, ausgereckten Ast also, der mir wie hingehalten schien für Kinder, hing unsere Schaukel. Die Schaukel, deren dicke Taue nach dem Regen ganz kurz und feucht geworden waren, bis wir sie wieder langschaukelten. Die Schaukel war ein Brett, ein schönes, starkes, auf diesen Tauen durch vier kleine Kerben ruhendes Brett. Schaukeln unterm Blätterdach: sollte nicht auch das jedes Kind erlebt haben? Oder ist es wie vieles, an dem wir hängen, überflüssig, nutzlos, ohne Nährwert fürs Leben? Sicherlich sind solche Erlebnisse austauschbar. Irgendwelche Erlebnisse dieser Art sollte aber vielleicht jedes Kind haben, um zu wissen: die künstliche Welt ist nur abgeleitet von dem, was wir vorfinden und was uns in unseren Träumen nährt.

Natürlich hat der Schaukelnde ein klein wenig Macht über den Baum. Das Blätterdach schwankt, wenn man schaukelt, und so konnte man das Flackern des Himmelslichtes, das durch die Blätter fiel – oder herabstürzte, durch die entblätterten Zweige im Herbst und Winter –, in verschiedenen Ausschnitten scheckig auf dem Boden zittern sehen. Wenn man den Kopf nach oben legte, schaute man in den bebenden Baum. Wenn dort Kirschen hingen, konnte man sich vorstellen, einmal eine vom Schaukelrhythmus fallende Kirsche mit offenem Mund zu schnappen. Daß man für Schaukeln auch künstliche Gerüste bauen konnte, sah ich erst Jahre später. Es befremdete mich, weil ich glaubte, Schaukeln gehörten zu Bäumen, weil der Ast ja mitschwingt, weil der Baum selbst seine Elastizität auf die Schaukel überträgt, weil man schaukelt unter einem Dach, das je nach Wetter scheckige Schatten auf den Boden wirft, die sich bewegen wenn man schaukelt, einem Dach, auf das der Regen tröpfelt oder prasselt, während der Schaukler noch kostbare Minuten auskostet, in denen er nicht naß wird. Schaukeln unterm Baum – das bedeutet: vor allem, wenn man hochschwang, mit dem Gesicht oder mit Hinterkopf und Rücken in die Blätter einzutauchen, daß es raschelte. Wenn man abends, zum Essen gerufen, von der Schaukel sprang, dann schaute man zurück: sie schwang, sie pendelte, trudelte schließlich wie wenn ein unsichtbarer Luftgeist Serpentinen schaukeln wollte, und beruhigte sich dann langsam, erst nachdem man schon ins Haus gegangen war.

Der Kirschbaum war auch ein Kletterbaum. Schwarz von der sich schälenden Rinde, mit kleinen dunklen Flocken aus ihren Schalen bedeckt, kam man auf der ersten Etage an; das war dort, wo die Äste aus dem Stamm sich teilten wie große starke Radspeichen. Von hier aus konnte man aufwärts klettern oder in der Waagerechten, zum Beispiel auf den Schaukelast oder, etwas höher und steiler, in andere Richtungen hinausführende Äste. Wichtig wurde das Klettern im Kirschbaum, wenn die Kirschen reiften. Wichtig vor allem dann, wenn die ersten von ihnen geprüft werden mußten. Es war ein Süßkirschbaum, für meine Kindervorstellungen das Schönste, was man sich denken konnte. Die Sauerkirschen, weiter unten im Garten an zwei Bäumen, aßen wir zwar auch vom Baum und dann auch mit großem Genuß – aber nur deshalb, weil es, wenn die Sauerkirschen reiften, keine süßen Kirschen mehr gab. Die Kirschen des schwarzstämmigen, kugelrunden Kirschbaumes reiften in verschiedenen Farbstadien, die wir Kinder ganz genau kannten. Da war zunächst die Kirschbaumblüte; – dünne feine, fast durchsichtige Blätter fielen zur Erde, wenn der Kirschbaum geblüht hatte. Sein Blühen war im ganzen anders als das des Birnbaums, ebenso üppig, aber leicht durchsichtig, wie von ganz feinem Stoff. Wenn die Blütenblätter herabgefallen waren, schauten wir schon, wie viele von den winzig kleinen grünen Kügelchen denn nun übriggeblieben waren. Daß nicht der gesamte Blütenschnee sich in gelbrote Kirschen verwandelte, wußten wir, ohne uns zu fragen, woran das lag. Die winzigen grünen Kugeln wurden, in einer endlosen Zeit, wie uns schien, nach und nach länglich, und schließlich wechselte ihre Farbe von Grün zu einem heller werdenden Gelb.

Nun wagten wir die ersten Versuche; – das gelbe Fleisch bildete nur eine dünne Schicht um einen großen weichen Kern, den man zerbeißen konnte. Im Laufe der dann folgenden Wochen wurde die Kirsche immer gelber, immer dicker und bekam auf der Sonnenseite ganz fein gepunktete rosa Wangen. Wenn sie so aussahen: wie winzig kleine Äpfel mit einer gelben und einer roten Seite, dann mochte ich sie am liebsten probieren. Man konnte hineinbeißen, das Fleisch war sehr hart und erst ein ganz klein wenig süß. Im übrigen schmeckte es nicht sauer, sondern eher nach fast nichts. Aber es bot einen Vorgeschmack auf die reife Kirsche, die wir kannten, auf die wir uns freuten.

Schließlich waren die Kirschen reif. Immer noch gab es gelbe und rote Hälften oder kleine gelbe Bäckchen in einer roten, dunkelrot werdenden Kirsche; das Fleisch war fest, und nun konnte man in den Baum hinaufklettern und oben Kirschen essen. Früchte essen im Baum – das ist aus meiner Kinderzeit eine der schönsten Erinnerungen.

Wir setzten es in den Sauerkirschbäumen fort, stiegen morgens früh um sieben vor der Schule in diese Bäume und schmausten dunkelrote Kirschen. Im Laub verborgen, für niemanden sichtbar, umstreichelt von den Blättern des Baumes, aß man seine Früchte.

Griff rechts, links, vorn ins Laub und holte Ohrringe oder Drillinge herunter, die man sich zwischen Haar und Ohr hängte, um sie später dann, ins Haus zurückgekehrt, jemandem anzubieten, übers Ohr zu hängen oder selbst aufzuessen. Kirschenessen im Baum und die Kerne nach unten spucken, das war das Fest des Frühsommers im Süßkirschbaum, das Fest des Hochsommers in den Sauerkirschen.

Es gab noch den Apfelbaum in diesem Garten. Er hatte einen geheimnisvollen Standplatz. Wenn man vom Hause aus hinabging, standen zu seiner Linken große, starke Büsche mit schwarzen und roten Johannisbeeren. An seiner rechten Seite entlang lief ein mit Moos überzogener alter Jägerzaun, den viel Unkraut umwuchs. Er trennte unseren Garten von einem Spielhof mit Sandkasten, auf dem wir Fußballspielen und Balancieren übten. Daß dieser Hof zum Haus der Nachbarn gehörte, war nur ein nebensächlicher Tatbestand. Die Nachbarn mochten uns, wir mochten sie. Man gehörte zusammen. An die Blüte dieses Apfelbaumes kann ich mich kaum erinnern; – obwohl ich wußte, wie Apfelblüten aussehen, weil wir mit Blumen und Bäumen sehr vertraut waren – wie auch mit vielerlei Sorten von Gemüsen, weil unsere Eltern Gemüse anbauten. Auch die Bäume und ihre Blüten, ihre Blätter, ihre Früchte zeigten und erklärten sie uns.

Daß ich die Apfelblüte nicht im ganzen sah, sondern nur einzelne von den großen, starken, dickblättrigen und rosa überhauchten Blüten an den unteren Zweigen, dies muß damit zu tun haben, daß der Apfelbaum nicht unmittelbar im Spielfeld der Kinder stand. Ihn umgab hohes Gras, mit vielen wilden Kräutern und Blüten darin. Im Herbst lagen Äpfel im Gras, aus denen Hummeln stoben, wenn wir durch das Gras liefen. Unter der Krone des Apfelbaums pflückten wir die roten und schwarzen Johannisbeeren. Um diesen Baum war Wildnis. Etwas Geheimnisvolles umgab ihn, weil seine Umgebung nicht genau erkundet war. Zum Spielen war dort kein Platz, das Gras war zu hoch, der Zaun grenzte an die Büsche auf der anderen Seite; der Baum war nicht geworden, was der Kirschbaum war: unser Freund. Eben deshalb umgab ihn ein besonderer Zauber. In seine Nähe lief man, wenn Versteck gespielt wurde. Verbarg sich unter den Büschen, zur Not hinter seinem Stamm, um das Versteck zu wechseln.

Lief man tiefer in den Garten hinunter, so gelangte man an die Stachelbeerbüsche, die nach unten den Ausgang vom geheimnisvollen Ort des Apfelbaums versperrten. In Stachelbeersträuchern konnte man sich nicht verstecken, höchstens dahinter zusammenkauern für eine Weile. Wir mochten die besonders süßen herabgefallenen Äpfel des Baumes. Wenn ein Apfel, eine Birne auf den Boden schlägt, bildet sich an der Aufprallstelle eine zuckrige Wunde. Wir Kinder wußten das vom Probieren. Wir mochten deshalb auch die Birnen des andern Birnbaums, der in der Nähe des Apfelbaumes stand, besonders gern, weil sie, so hart sie waren, in großen Mengen auf ein kleines Steinkarree herabfielen, auf dem wir unsere Hüpfkästchen malten. Diese Birnen mit den aufgebrochenen Aufprallstellen bissen wir mit besonderem Genuß an dieser Stelle an, um sie zu verspeisen: Hier war der süße Saft zusammengelaufen, und ich stellte mir als Kind vor, daß alles süßeste und feinste Blut der Birne zur Stelle der Verletzung eilte, um hier eine besondere Köstlichkeit zu schaffen, bevor die Fäulnis, die wir am Braunwerden der Risse erkannten, die Frucht bitter machte. So hatten wir unsere eigene Botanik, die aus dem engen Umgang mit den Pflanzen, ihren Blüten und ihren Früchten entsprang.

Und nun der Birnbaum ganz unten im Garten: riesengroß, hoch und schlank, etwas lieblicher als jener in der Nähe des Hauses, mit etwas hellerem Laub, so schien mir, mit etwas mehr Licht im Laub, weil die Abendsonne regelmäßig hinter diesem Baum unterging und ihn gegen den Himmel leuchten ließ, denn er stand am Ende einer abfallenden Fläche. Dieser Birnbaum konnte höchstens bis zu den untersten Ästen erklettert werden. Voller Respekt hielten wir diese Regel ein, die sich von selbst nahelegte, weil der Baum kerzengerade aufstieg, mit dichtem Laub um alle Äste, das keinen Kletterer heranließ. Der Baum trug kleine runde, sehr süße Birnen. Auf diese Birnen hatten es die Vögel, die Hummeln, die Bienen und Wespen abgesehen. In großer Menge fielen die kugeligen Früchte, von denen er immer viel zu viele zu haben schien, schon im frühen Herbst zu Boden. Zum Teil landeten sie in großen gelben Staudenblumen, die den Rand des Gartens bildeten, zum andern auf dem Weg, der vor dem Birnbaum an den unteren Beeten entlangführte. Hier wuchs Gemüse; man konnte einen Schritt, einen Sprung, auch zwei vorsichtige Schritte auf Zehenspitzen zwischen Kohlraben und Mangold wagen – anders als bei Blumenbeeten! –, um die Birnen herauszuholen. Man mußte sie vorsichtig mit spitzen Fingern anfassen, weil fast immer laut summend, erschrocken, böse wie uns schien, eine Hummel oder gleich ein ganzer Schwarm herausstob. Diese kleinen Birnen aßen wir auch, wenn sie von Hummeln angefressen waren. Die Stellen, an denen die Insekten gesogen hatten, waren jene aufgeschlagenen süßen Verletzungen, die wir besonders gern mochten.

Diese kleinen runden Birnen schmeckten auch im Winter eingemacht besonders gut. Sie hatten nichts von dem ernsten strengen Geschmack der großen langen Birnen, deren Hälften aussahen wie Vogelköpfe mit dem herausgeschnittenen Auge und dem gespaltenen schmalen Ende, das einem Schnabel glich. Die kleinen runden Birnen lachten freundlich, fast runde Hälften wie von Pfirsichen, mit einem herausgeschnittenen Loch, wo das Kerngehäuse gesessen hatte. Dieser Birnbaum war für mich der Inbegriff von Lieblichkeit, Kinderfreundlichkeit, Sommerhelligkeit und Freude.

Später, als ich das Gedicht von Herrn Ribbeck auf Ribbeck im Havelland kennenlernte, dachte ich immer an diesen Baum. Er war es, er mußte es gewesen sein, in dem es hätte wispern können, weil er auch so verschwenderisch und so offenkundig nur für Kinder hergab, was er hatte. Er war ein Grenzbaum. Unterhalb war Niemandsland. Fremder Garten, der ein ganzes Stück tiefer lag, Garten, der uns mit keinerlei Sympathie erfüllte, und diesseits war der unsrige. Unser Baum ragte sehr hoch auf und schaute über viele Gärten hinweg. Er war fern vom Haus, für Kinder jedenfalls. Er gehörte deshalb, wenn man bei ihm stand oder unter seiner Krone nach Früchten suchte, dem, der dort suchte, ganz allein. Das Pflükken, das dann irgendwann mit den Eltern zusammen geschah, mit dem Birnenpflücker und mit Körben, reichte nur an seine unteren Äste. Manchmal freilich wurde eine vom Nachbarn geliehene, sehr lange Leiter angestellt. Eine Leiter, auf die nur Erwachsene steigen konnten, auf der ich von tief unten meinen Vater mit dem Pflücker hoch hinauflangen sah.

Ein fröhlicher Baum. Später als ich im Kindergottesdienst die Genesis-Geschichte vom Garten Eden hörte und immer wieder dieses Wort vom ›lustigen Baum‹ aufklang, den Eva im Garten begehrlich betrachtete, da dachte ich wohl an unseren Birnbaum mit den kleinen runden Birnen.

Zu den Bäumen der Kindheit gehören noch zwei sehr große Pappeln am Rande einer Weide im Niederrheinischen. Die Weiden, der Hof und die Bäume, das Vieh auf den Weiden, gehörten entfernten Verwandten, bei denen ich ein paarmal zu Gast war. In meiner Erinnerung fließt dies alles zusammen zu einem einzigen Mal, dem Kinderbesuch, bei dem ich vielleicht neun Jahre alt war und ganze Sommertage, unendlich lange Sommertage, wie mir schien, am Rande dieser Wiesen, auf denen die Kühe lagen, in den Pappeln mit dem Bau eines Baumhauses zubrachte. Irgend jemand baute mit mir dieses Haus – war es mein Bruder, waren es Vettern, Cousinen, ich weiß es nicht. Jedenfalls gingen wir abends nach Hause mit diesem unglaublichen Geheimnis in unseren Köpfen und in unserem Geflüster beim Abendessen, mit der Vorstellung, niemand dürfe von diesem Haus erfahren – nicht weil es verboten war, sondern weil wir es für so kostbar hielten. Zu diesem Baumhaus gingen wir frühmorgens, um weiterzubauen, um den Aufstieg zu vervollständigen, den Boden zu verbreitern, das Dach aus Zweigen dichter aufzulegen. Wir stellten uns Bedroher vor, Räuber, Eindringlinge, glaubten auch häufig am Morgen Spuren von Besuchern bei Nacht zu entdecken. Das Baumhaus mußte deshalb getarnt werden, versteckt, unsichtbar von unten sein. Nach und nach schafften wir einigen Proviant und ein paar Teller und Bestecke in diese Lufthütte. Mittags speisten wir dort, über die Weiden blikkend, auf der die schweren Kühe im Schatten der Randbäume wiederkäuend lagen. Aufregung, Geheimnis und Glück dieser Tage sind in Worten nicht zu fassen.

Schließlich gab es Dorfbäume, dort, wo mein Vater geboren war, auf dem Bauernhof im Oberbergischen. Es gab da den Baumhof, eine große langgestreckte, sattgrasige Wiese, auf der in schönen Reihen alte Bäume standen: Apfelbäume, Pflaumenbäume. Von hierher kommen meine Erinnerungen an die Pflaumenblüte, die so etwas grünlich Frostiges, Verfrühtes, Ängstliches hat und doch, weil noch kein anderer Baum blüht, als der erste frühe Versuch eines Frühlingsfestes erscheint. Die Pflaumenbäume blühen so, daß man nicht glauben kann, daß sie später dunkelblaue, wunderbar matt überhauchte und, wenn man mit dem Finger darüberstreicht, blank glänzende Pflaumen bringen. Der Pflaumenbaum hatte für mich immer etwas Überempfindliches, etwas Winterliches, auch wenn er blühte.

Und dann gab es auf dem großen Hof, der im rechten Winkel von Wohnhaus, Stall und Scheune zusammengehalten wurde, die beiden eckigen Brunnen mit dem grünlichen Wasser, in dem die weißen Sterne der Holunderbäume schwammen. Diese beiden großen Holunderbäume, die sich über die gemauerten eckigen Brunnen mit den Sandsteinrändern neigten, erinnerten mich an meine Kriegsholunder am Lehmbunker im Wald. In jenen Bunkerzeiten hatte es den Vater nicht gegeben. In den ersten Erinnerungen an jenen bäuerlichen Hof und das Dorf mit dem Baumhof gibt es ihn auch nicht – er war, wie Väter damals, im Krieg. Ich konnte mir nicht vorstellen, daß es in irgendeiner Familie anders sein könnte. Väter waren im Krieg. Man hatte nur Mütter.

Die Holunder also, die über dem schwarzen Wasser standen und ihre weißen Sterne gegen den Frühsommer hin in dieses Wasser abwarfen, neigten sich über die beiden Brunnen, als wollten sie ihnen ein Dach, einen Schutz spenden. Ich muß als Kind oft schauernd auf den Sandsteinrändern dieser Brunnen gestanden haben, die sich durch keine Stufe abhoben, niemanden vor dem Hinabstürzen schützten und in das schwarze, völlig undurchdringliche, sehr glatte Wasser geschaut haben, auf dem sich die kleinen trockenen Blüten schwimmend, sachte bewegten. Je nach Windrichtung im Kreis auseinander, zueinander. Muster bildend, am Rand dichte weiße Haufen ansammelnd.

Kinderbäume, Bäume der Kindheit. In allen späteren Blütenbäumen, Fruchtbäumen, Baumkronen habe ich sie wiedergesehen, die Bäume der Kindheit – auch übrigens jene, die ich in den Zeichnungen meiner Bücher fand. Die Tannen aus Grimms Märchen mit den Illustrationen aus dem 19. Jahrhundert sah ich erst fünzehnjährig in den deutschen Alpen zum erstenmal, und doch hatte ich schon gewußt, wie sie aussahen – nicht von Farbfotos, nicht aus Filmen, sondern sehr viel eindrucksvoller von schwarzweißen Federzeichnungen, die ihre schön geschwungenen Zweige und ihre schweren Schatten soviel eindrucksvoller wiedergegeben hatten als jeder genaue Abklatsch, den moderne Techniken uns liefern können.

Die Apfelblüte aus dem geheimnisvollen Reich unseres Gartenapfelbaumes sah ich niemals so ergriffen wieder wie viel später, als ich zwischen zwanzig und dreißig Jahren todtraurig in den Weinbergen des Bühler Landes spazierenging. Es war ein warmes Jahr mit einem sehr frühen Frühling; es war Mai. Die Apfelbäume in den Weinbergen trugen, so schien mir, riesengroße Blüten. Ich schrieb damals auf: ›Niemals sah ich so große Blumen auf den Apfelbäumen.‹ Und er fiel mir wieder ein, der Apfelbaum meiner Kindheit, jener fast unnahbare Baum mit dem hohen Gras, der uns lieb war, weil wir ihn nicht ganz genau kannten. Ein Lebenszusammenhang stellte sich her, der meine Angst und Not ein wenig milderte.

An allem, was uns umgibt, erkennen wir, wenn wir etwas wiedererkennen, Geschichte, auch die persönlichste, Kontinuität, Lebenszusammenhang. Schon Zusammenhang, den wir kennen, ist der Anfang von Sinn. Gewiß heften sich unsere Erinnerungen auch an die künstliche Welt, an Häuser, Mauern, Treppen, Türen, an Möbel und Teppiche, an Dielen. Und es wird schwer zu entscheiden sein, bei welchen Verlusten, bei welchen Wiederbegegnungen die Schwermut schwerer ist: bei denen mit künstlicher oder jenen mit der natürlichen Welt. Menschen verlieren wir eines Tages endgültig, und auch Menschen, die einander nach langer Zeit wiedersehen, trennt unter Umständen ein unüberwindlicher Schmerz des Nichtwiedererkennens, des Nichtwiederbegreifens oder des Nochimmernichtbegreifens.

Alles dies bleibt uns bei Natur erspart. Sie gibt uns den Eindruck, daß sie alle Häuser, Treppen und Zimmer, die wir kennen und vielleicht verloren haben oder wiedersehen könnten, überdauert, daß sie allem, was das Gemachte auf dieser Erde ist, überlegen ist als das Geschaffene. Ein Pflaumenbaum, wo immer er uns begegnen mag, vertritt seine Gattung so gültig, daß wir nicht fragen müssen, ob seine Äste sich so verzweigen wie jene des Kinderbaumes, den wir kannten. Ein stolzer, gerader Birnbaum wird immer jener bleiben, auf dem die Amsel sang; wir werden horchen und vielleicht sogar eine Amsel hören. Wir werden die goldene Sonne auf seinen glänzenden Blättern sehen und werden auf seine abweisenden harten Birnen lächelnd hinüberschauen. Und das Vergnügen, Bäume, die wir kennen, zu unterscheiden: den Süßkirschbaum vom Sauerkirschbaum, vielleicht sogar viel mehr: die Sorten der Birnbäume, die Sorten der Beerensträucher, die Arten der Waldbäume an der Rinde, an der Kronenform, am Blatt, an kleinen Teilen ihrer Blüte. Dies ist nicht das Vergnügen der Besserwisserei, das uns berührt, wenn wir erkennen, daß dort die Pappel und hier die Esche steht; daß dieser Busch, obwohl noch nicht einmal blühend, schwarze Johannisbeeren tragen wird und jener rote.

Was uns erfüllt bei solchen Wiedererkennungserlebnissen, das ist, unabhängig davon, ob wir sie jemandem mitteilen oder gar jemanden mit ihnen belehren können oder wollen, die Freude an dem, was die Gewächse der Natur, unabhängig von Jahrzehnten, die wir vielleicht unterdessen gelebt haben, überdauern läßt – anders als unsere Häuser, anders als viele von unseren Beziehungen und scheinbar zeitlos, wenn wir mit unserem eigenen Leben vergleichen, das viele Stufen aufwärts und abwärts gehabt hat, immer wieder von Erlebnissen des Wiedererkennens von Natur unterbrochen.

Wenn nun diese Bäume, die wir kannten, Straßenbäume, Alleebäume, Kindheitsbäume der Gärten, der Wälder, der Bauernhöfe oder Stadtbäume die wir liebten, verschwinden, dann verschwindet ein Stück unseres eigenen Lebens. Einen Baum pflanzen, wenn ein Kind geboren wurde, das hieß ja auch, unabhängig von allem Aberglauben, der da mitspielte, ein Sinnbild des Lebens setzen, zu dem das Kind, erwachsen geworden, zurückkehren konnte.

Schweigt der Menschen laute Lust:
Rauscht die Erde wie in Träumen
Wunderbar mit allen Bäumen,
Was dem Herzen kaum bewußt,
Alte Zeiten, linde Trauer,
Und es schweifen leise Schauer
Wetterleuchtend durch die Brust.

Joseph von Eichendorff

19. Kapitel

Kirmesbäume

Der Kirmesplatz, ein großes Oval von Linden umstanden. Unabsehbar seine körnige erdige Fläche, wenn er leer war: leergefegt, glattgestrichen, als könne nie wieder soviel Dunst und Musik, soviel Lachen und Jauchzen, Rufen, Brüllen und tausendfaches Gemurmel, Geplapper, Geschwätz über ihm ausbrechen, ihn ganz unter sich begraben: der Platz war dann zugebaut, eine bunte sausende, dampfend leuchtende, glitzernde Stadt.

Kahl streckte er sich in die ungenutzten Tage, Winter- und Frühlingstage, Herbsttage nebelstill oder weiße Sommernachmittage, wenn die Buden und Wagen, die Schaukeln und Räder, die Pferde und Zauberer weggezogen waren. Nur die Linden blieben im großen Rund am weitgeschwungenen Rand des Platzes, kahl überm Schnee, durch den ein unermüdliches Kind seinen Schlitten zog, obwohl es krümelte von der Asche auf dem Platz. Die Linden hatten etwas Starres in diesen Winterwochen; eckig kritzelten ihre Äste Unlesbares in den wolkigen, schmerzhaft scharf zeichneten sie ihr schwarzes Muster in den klaren Winterhimmel.

Der Herbst selbst schien unwiederbringlich in jener toten schweigenden Zeit, jene Herbstwochen selbst, da der feuchtkalte Bürgersteig an der Straße, die den Platz umschlang, im Nebel wie ein feuchtes Zimmer wurde, Nebel, der die Laternen wie andere Bäume sanftgrau entrückte. Nebel, der die Linden weich machte und den Platz wieder geheimnisvoll; seine hingespannte Leere war von Winden zugeblasen. Diese Herbstnachmittage, an denen Nebel und frühe Dämmerung Platz, Bäume und Straße und Haus zu einem unheimlichen Suchbild mischten, sie brachten das letzte und aufregendste Spiel mit den Linden, ein Geheimspiel der Kinder, von dem Erwachsene nur heimlich wußten. Ein Spektakel, fast gefahrvoll, von dem wir scharfwürzig duftend ins Haus zurückkehrten, von Feuergeruch die Kleider gebeizt, von Feuerruß die Hände schwarz und vom Reiben mit unseren Feuerfingern graue Flecken in den Gesichtern. Das Feuchte mischte sich mit dem Brandigen auf unseren Röcken, Hosen und Jacken, das Haar war klamm und die Augen heiß vom Schauen ins Feuer: Nebel und Glut, das Herbstabenteuer mit dem gefallenen Laub der Linden.

Wenn die Blätter fielen, ihre Schicht dick wurde, ihre Trockenheit an den schürfenden Schuhen raschelte, dann bereiteten wir unsere Büchsen vor. Konservendosen wurden nicht weit überm unteren Boden rundum gelocht, mit Schraubenzieher oder Pfriem. Unterm oberen Rand gab es zwei Löcher, einander gegenüber für die Schnur, an der man die Büchse schwenken mußte. War der Nebel da, zogen wir mit unseren Löcherbüchsen hinaus, stopften unter den Linden das dürre Laub hinein und zündeten – Idealziel: von unten durch die Lochreihe, was selten gelang, weil das Laub feucht war – von oben die Laubfüllung in Brand. Sie schwelte, qualmte und roch. Um die Glut zu entfachen, schwenkten wir nun die Dosen rundum am Henkelband, Qualmspuren zogen geringelt aus ihrem Löcher-Rund, zeichneten graue, kühne Kondenslinien in die wattierte, neblige Dämmerung. Glutpunkte wurden die Lochreihen, wenn man heftig schwenkte. Feuerspuren zeichnete dann die kreisende Dose, und prickelnd trieb uns das aufregende Wissen, daß jeder schwächer geschwungene Kreis das feurige Laub auf unsere nackten Hände schütten würde.

Dieses Herbstnebelspiel tröstete uns darüber hinweg, daß bis zum Frühling die Kirmes nicht mehr auf den großen Platz kommen würde. Kam dann aber der Frühling, und die ersten weißblauen Wagen holperten wieder auf den Platz und wurden unter den Linden wie eine Wagenburg rundum aufgestellt, dann begann eine Zeit, die sich im Sommer noch einmal bei vollem Laub, und damit zauberhafter, wiederholte. Bei Tage deckten die Laubdächer der Lindenbäume die Kirmeswagen, in die wir manchmal über die hölzernen kleinen Treppen hineinschauten: da saßen schwarzäugige Kinder, die uns an Zigeuner erinnerten oder an zarte Artisten. Da flatterte bald Wäsche; der Haushalt der Kirmesleute vergrößerte sich, je mehr die Sonne schien, immer weiter um ihre Wagen herum nach draußen. Ein bißchen unheimlich waren sie, diese Kirmesmenschen. Ihre Existenzform gänzlich unbegreiflich, aber ihr Quartier hier von einer verführerisch idyllischen Unheimlichkeit. Die Zweige der Linden lagen auf den Wagendächern, streiften die kleinen Fenster der Kirmeswagen. Wie die Fahrenden früherer Jahrhunderte, so schienen diese Leute Rast zu machen unter Bäumen, und es dauerte lange, bis mir in späteren Jahren das Elende und Dürftige ihrer Existenz bewußt wurde. Unter den Lindenbäumen sahen ihre hölzernen, alljährlich neu gestrichenen Wagen so romantisch aus wie die Fahrzeuge einer modernen Nomadenart, die unbekümmert um Schule und bürgerliche Berufswelt durch die Lande zog.

Die Linden hatten ihre Zauberstunden, wenn es dunkel wurde. Da fing sich der duftende Rauch der Würstchenbrater in ihren Blättern, da stieg Dunst von den vielen Lichtern in ihre Kronen, da flackerten und zuckten, rieselten und sprangen die Lichterketten der Karussells und Schiffschaukeln über ihr Blätterdach. Von meinem Schlafzimmer aus konnte ich bei geöffneten Fenstern die Reflexe der Lichter durch die Baumwipfel huschen sehen. Ein vielfarbiges Leuchten durchschimmerte die Blätterkugeln. Der Dunst gab ihnen etwas Unwirkliches. Mir schienen diese Bäume nie so schön, so festlich, so lebendig wie in den Zeiten der Kirmesabende.

Die Schiffschaukel stand immer am gleichen Platz, an der Schmalseite des großen Kirmesfeldes. Dort, wo die Linden unmittelbar hinter den Schaukeln angrenzten. Wenn man nun in den großen metallenen Schiffen mit jedem Stoß höher schwang, so schnellte die Lindenkrone auf einen zu und von einem weg; kurz vor dem Klingeln, das das Ende einer Schaukelpartie einläutete, konnte man mit den Fingern oder mit dem Gesicht in die Lindenblätter tauchen. Der Stand mit dem türkischen Honig, die Schießbude, sie alle waren von Lindenzweigen umhangen, und, wenn wir Junikirmes hatten, von Lindenduft eingehüllt, so daß sich der süße Geruch des türkischen Honigs mit dem betäubenden Duft der Lindenblüte mischte.

Junilinden – viel später hab ich sie wiedergefunden und an die Kirmesbäume meiner Kindheit zurückgedacht. Später, an den großen vierbahnigen Straßen in der Stadt Berlin, wo mein Fenster auf solche betäubend duftenden Linden ging, ein steinerner Balkon, auf dem ich abends saß, mich ganz in ihren Duft einhüllte, während auf den Dächern gegenüber die weißen Tauben verhalten gurrten. Unter den Linden donnerte die U-Bahn entlang, daß die Bäume mit ihren Blätterkronen zitterten. Aber sie blühten jedes Jahr. Blühen sie heute noch?

Noch einmal blättert, den wir lange kannten,
der weite Nachtwind in den harten Bäumen;
doch drüber stehen, stark und diamanten,
in tiefen feierlichen Zwischenräumen,
die großen Sterne einer Frühlingsnacht.

Rainer Maria Rilke

20. Kapitel

Reisebäume

Lebensbäume: das sind auch die Reisebäume, die verwischt an unseren Fenstern vorüberziehen, wenn wir durchs Land fahren. Für den Reiter sind sie unmittelbar: er streift mit dem Kopf ihre Zweige, öfter als der Spaziergänger, er spürt ihre beißenden Schläge, während das Pferd unbehelligt mit gesenktem Kopf unter ihnen dahingaloppiert. Wer spazierengeht, weiß vielleicht manches von ihnen, den Bäumen unterwegs. Mag sein, daß er zu einigen von ihnen zurückkehrt, wenn das Jahr fortschreitet, zum Beispiel im Frühling – um einen ganz bestimmten Moment zu erleben, den er schon früher liebte. Jenen vielleicht, wenn die Knospen eben aufspringen wollen, aber noch nicht springen. Wenn die Sonne diese glänzenden Gebilde an tausend Zweigen gleißen läßt, als glimmten tausend Dochte. Mag sein, er sucht einen anderen Augenblick, der baumerfahrene Spaziergänger – jedenfalls gibt es viele dieser Augenblicke, die nur einen Tag dauern, um dann wieder für ein ganzes Jahr unerreichbar zu werden.

Die Bäume senden ihre Boten mitten in unsere Städte. Da häufen sich die Früchte, Äpfel auch wenn unsere Apfelbäume kahl sind, Pfirsiche, wenn wir in den Frühling gehen, Weintrauben den ganzen Winter hindurch. Wer denkt, wenn er Früchte kauft, an Bäume? Wer sieht den Pfirsichbaum, wenn er die samtige Haut des Pfirsichs tastet? Nur wer mit ihnen gelebt hat, sieht die Bäume, wenn er die Früchte sieht. Und das Baumbild wird plastischer, wenn der Apfel nicht makellos, die Birne von einem verheilten Striemen aus dem Frühjahr überzogen ist, wo im Sturm ein Nachbarast schabte, die Kirsche helle Flecken hat dort, wo sie im Schatten hing. Nur wer das Baumobst probiert hat, weiß, daß die rauhen Schalenpartien am Cox'-Orange-Apfel besser schmecken als alle blanken. Nur wer die Bäume kennt, wird also die Natürlichkeit der Frucht in ihrer Individualität sehen und nicht in ihrer Verwechselbarkeit.

Das Massenzeitalter nimmt sogar den Früchten ihre individuellen Gesichter, wie den Menschen. Und es will die Menschen dazu erziehen, daß sie nur noch das Verwechselbare wollen. Keine schiefe Birne, keinen kleinen Apfel, keine zweifarbigen Pfirsichwangen. Wer die Bäume nicht kennt, kann auch die Früchte nicht würdigen.

Meist sind sie Reisebäume für uns, die Apfel- und Pflaumenbäume, denn auch als Spaziergänger sind wir Durchreisende bei den Bäumen. Mit Bäumen leben, das hieße ja: sie in jeder Beleuchtung, bei Tag und Nacht zu beobachten, Zweig für Zweig und im Kronenumriß. Mit Bäumen leben, das hieße auch, ihren Jahresablauf nicht nur alle Woche oder seltener, sondern Tag für Tag, in Abendgrauen und Morgenrot erleben mit den kleinsten Schritten, die der Baum durch diese Fristen tut.

Jung unter unseren Gastrollen in der Natur ist jene, die wir als Fliegende, hoch über den Bäumen spielen. Da freilich ragt kein Baum mehr in den Himmel wie in den schönen Mythen unserer Vorfahren. Der Himmel: das sind wir, und göttergleich schauen wir hinunter auf die ausgeschütteten Spielzeugbäume, die da verstreut sind. Zu Zeilen gruppiert und zu Haufen verfilzt, in unruhigen Reihen, vor- und zurückbewegt, jetzt auseinandertretend, nun wieder zusammengeschoben. Bäume mustern das scheckige Feldwiesenland. Sie bilden Zungen in den Senken der ansteigenden Berge, kriechen herauf ein Stück weit, solange der Grund grün ist, verschwinden, wo es grau und weiß wird, felsig, baumunfreundlich. Einzeln rollen sie über die Wiesen wie Billardkugeln über einen Riesentisch. Wie mag der Vogel sie sehen? Ist sein Schweben über den Wipfeln ähnlich lustvoll oder immer nur Beutejagd, auswählendes Spähen, umzirkelte Nahsicht, niemals diese ungenaue Überschau, die wir uns, zwecklos schauend, leisten?

Winterwipfel tief unter uns Fliegenden sind durchsichtiges Filigrankugelwerk, Tannenwälder wie Federchen, in die Erde gesteckt, Tausende nebeneinander. Wie sie sich drehen, die Waldstücke, grün oder bunt oder grau, wenn wir in Schleifen über sie hinfliegen; Seen blitzen auf zwischen ihnen wie blaue Augen eines gespiegelten Himmels im dunklen Waldgrün der Erde. Sie polstern Flußläufe rechts und links, die Baumbänder; metallisch glänzend zieht das Wasser zwischen diesen Polsterrändern hin.

Besonnte Wälder von oben: ein dichter grüner Kugelteppich, in den man weich fallen und sinken möchte. Gelockert an den Waldrändern, wandern lebendige Mengen von Bäumen unter uns, einmal dichter, sich sammelnd, dann wieder weit verstreut, hier und da enger, mit zackig aufreißenden Rändern.

Wolkenschatten streichen wie große graue Himmelsbaumkronen über die tiefen Wälder da unten. Wolkenbäume richten sich auf vor uns Fliegenden, breiten gewaltige Kronen, durch die wir nebelleicht schweben: die Bäume der Luft, ungreifbar, weiß oder glühend, in Feuer getaucht, auch sie Schlafplätze der Sonne – wie für die Menschen dort unten, lange vor uns, die hohen Wipfel der Erdenbäume. Unter uns diese wie Federn und Bälle, Kugeln eines überlegenen Spielers. Auf unserer Flugbahn die graublauen Bäume der Luft, auch sie in Federn zerfasernd oder zu Berggipfeln getürmt, alle Täuschungen für die Sinne durchspielend. Und oben, wo die Goldzone der untergehenden Sonne zerfließt, steigt der Sternenbaum auf, Weltbaum längst untergegangener Völker. Babylon und Assur stehen noch in seinem strahlenden Sternennebel geschrieben für jeden, der weiß: hier hinauf schauten sie, die Völker einer längst versunkenen Welt, und sahen die leuchtenden Äste des Weltenbaumes über den Himmel gestreckt, Nacht für Nacht, mit kostbaren Lichtern behangen.

Fahren wir über das Land im Herbst, so wandern sie neben uns, Herbstbaumkolonnen, hellgraue Mauern, schwarzgrüne Riesenzäune aus Baum an Baum. Lösen sich ab und verschwinden, eilen nun schräg auf uns zu, rundkugelig oder schmalwipflig, schlank oder füllig, behäbig und schmächtig, kreuzen einander, durchdringen sich Reihe für Reihe; laufen so, halb durchsichtig, zitternd übereinander vorbei, eins schneller, weil näher bei uns, das andere langsamer: Bildersprache der Reisebäume. Die Landschaft wird heller im Herbst, sie wird durchscheinend, jede Baumreihe läßt nun das Land dahinter durchschimmern; sie mustert es nur, zeichnet leise getöntes Filigran auf, Pastell – noch nicht schwarze Tusche wie im Winter. Der flüssige Himmel lackiert die schwärzer werdenden Zweige, wenn Regen fällt.

Windgeneigt beugen sich Pappelreihen, auch wenn der Wind nicht weht; sie stehen gebeugt nach Jahrzehnten der immer gleichen Windrichtung. Wie Reiserbesen von ferne, mit ihren Stielen nebeneinander eingesteckt, die blattlosen Pappeln. Bergketten wandern hinter den durchscheinenden Baumkronen auf und ab, Schichten der Bewegung machen ein mehrfach bewegtes Bild: da laufen die Bäume über die Berge hin, die Berge aber ziehen hinter ihnen vorbei, ihrem eigenen Rhythmus folgend, der nicht der geraden Linie, sondern dem Wellenspiel folgt: Bogen auf Bogen steigt und fällt, und die Baumreihen zeichnen ihr graphisches Muster darauf. Baumgruppen drehen sich in verschiedenem Takt: die großen sehr langsam, entfernte stehen fast still; die kleinen sehr rasch, und die nahen fliegen am Auge wie Pinselstreifen vorbei. Wer sie dennoch erkennen will, diese tanzenden Bäume, der muß mit den Augen hinter ihnen herlaufen: sie stillzustehen zwingen für diesen kurzen Moment, den das Wagenfenster den Augen öffnet, während der Baum hindurcheilt.

Die nacktgewordenen Baumkronen zeigen die unergründliche Klugheit ihres Wachstums: mit glatten Rändern nach unten und schönsten Bogen nach oben. Das verästelte Gezweig scheint immer bewegt, weil es Wachstumsrichtungen anzeigt wie stehengeblieben, Dynamik in Ruhe, weil alles, was hier aufragt und sich breitet, Richtung hat und Raum greift. Zeigen und Deuten, Sichstrecken rundum: als sei für einen Moment nur ein großes bewegtes Spektakel angehalten, ein Zustandsbild, das sich gleich wieder in Bewegung entladen müßte. Der gleiche Erdabstand der untersten Lindenzweige: als habe eine Riesenschere sie abgeschnitten, nein: als gälte hier eine stille Verabredung, vom Boden dieses gleiche Maß an Abstand zu halten. Sommers ist es der Schattenraum für das Vieh auf den Weiden, der hier eine große kühle Rundscheibe um den Stamm ausschneidet. Im Winter ist es ein Gittermuster, das an Sonnentagen die spielerische Andeutung des sommerlichen Schattenrundes gibt: den Schatten braucht nun niemand, er spielt mit sich selbst.

Und die Sonne in Winterbäumen: auf- und untergehend brennt sie ein flammendes Loch in das Astgitter; dunstverhangen, wird sie vom Astwerk bekritzelt wie ein sanftleuchtender Ball, auf den wir mit Federn ein schwarzes Muster zeichnen. Mittags schneidet sie wie mit Brenngläsern ein weißglühendes Loch in das Astgitter; jeder Ast wird durchschnitten von der Feuerkugel.

An Sommermittagen, wenn sie weißglühend über den Weiden steht, wo die schweren Linden undurchdringlich geworden sind, gelingt es ihr nur mit dem Wind, hier und dort einen blendenden Lichtpfeil durch die dichtblättrige Krone zu schießen. Vielzackige Sterne brechen durch das Laubwerk, wenn Sturm aufkommt: überall zwischen den Blättern hindurch fressen sie strahlende Löcher, die gleich wieder zugeweht werden vom wühlenden Wind.

Hinter diesen dichtverhangenen Blattkronen bricht die Morgensonne beim Aufsteigen am Kronenrand einen tiefen Bogen: ihr Licht fließt in den Baum herab und löscht die äußeren Blattränder aus. Auch beim Untergehen, rotfeurig, schiebt sie ein Stück der Baumkrone hinab, wenn sie hinter ihr sinkt. Ihr letzter schmaler Streifen zittert wie verflüssigt im Laubrand, als liefe geschmolzenes Metall in die Blätter, halb erstarrt, und dann in sie hinein, wie aufgesogen vom Schwarzgrün des starken Sommerbaumes.

Was wir mit unseren an die Flüchtigkeit gewöhnten Augen noch sehen von diesen Schauspielen: es läßt uns ahnen, welche Phantasien dieser Dialog von Tages- und Nachtgestirn mit den großen Bäumen bei den Völkern früher Kulturen in Bewegung setzte. Die Dattelpalme, wenn sie der Lebensbaum tropischer Kulturen war, ließ mit dem Wischen ihrer Fächer die Sonne gespalten blitzen; sie zerstreute das Sonnenlicht und ließ es zwischen den Wedelansätzen wie eine strahlende Frucht ruhen, wenn die Sonne auf- oder unterging. In den Kokospalmen konnte die Sonne hängen wie eine goldene Nuß, neben der alle dunklen Früchte unsichtbar wurden.

Die Winterbäume zeigen ihre Nester: In Astgabeln eingepaßt, von fragilen Ästen am schwankenden Zweig umfaßt, ein wenig struppig, zeigen die Gras- und Mooswohnungen der Sommervögel im Winter ihr Geheimnis. Wer sah sie im Sommer? Jetzt, da sie verlassen sind, finden wir sie im gelichteten Baum, ergreifend ungeschützt, auf Augenhöhe in unserer Hecke, die wir jeden Tag mit der Schulter berührt haben, wenn wir kamen und gingen. Im kahlen Apfelbaum sitzt abends die Amsel oder die Singdrossel, ihr Nest baut sie woanders neu. Ihr zarter Schattenriß flimmert, so hell ist die untergehende Sonne hinter dem Baum. Sie und den Baum könnten wir aus Papier schneiden, schwarz in Schwarz. Apfelsinenfarbenes Porzellan der Himmel. Feder- und Flockenwölkchen – oder gehäufelte Türme und Wolkenbäume hinter dem Erdenbaum: ein Bild, das nichts von uns will; es hat an uns kein Interesse. Deshalb wäre uns möglich, was wir kaum irgendwo in der Welt der Sachen erreichen: interesseloses Wohlgefallen. Und die Amsel singt. Sie wartet auf Antwort; vom Dachfirst in der Nähe oder vom anderen Baum kommt sie wie das leisere Echo dieser fragenden Sequenz. Ruft sie immer dasselbe? Im Grunde schon, sagen die Biologen. Aber es sind Lieder jenseits unserer Stimme. Kein Ton, kein Laut wie die unsrigen. Keine Frage an uns, nur die leuchtenden Lautketten.

Die winterlichen Apfelbäume, Pflaumenbäume: erstarrt in bizarren Posen wie die Spieler einer Scharade. Jahrelange Zugriffe des Windes sind gewachsene Gestalt geworden: rechts- oder linksgeneigt, gekrümmt.

Die jungen Bäume, die wir in den Städten pflanzen, wachsen gerade auf, weil die Häuser den Wind auffangen. Wie wir sie pflanzen, sind sie Zeugen unserer neuen Empfindsamkeit: zarte Baumgeschöpfe am starken, vom alten Baum gehauenen Pflock; mit dicken Hanfstricken sind sie vertäut, dünn ihr Stämmchen neben dem behäbigen, rindenlosen Pfahl, der sie stützen soll, bis sie allein stehen können. Ein rührendes Bild unserer neuen Sorgfalt mit Bäumen: Baumkinder, angepflockt. Ein rundes Gitter umhegt sie, die Pflastersteine nehmen Abstand, damit Erde um den Fuß des jungen Baumes Wasser saugen kann. Wenn sie ausgewachsen sind, wird zwar niemals ein Weidetier unter ihrer Krone Schutz suchen, das den Baum zu mythischer Größe aufwachsen ließe, wenn der Beschauer noch von seiner Vorgeschichte weiß: die Rinderherden des Sonnengottes, zu denen Odysseus mit seinen Gefährten kam, lagerten unter Bäumen, und der liebliche baumbeschattete Ort der mittelalterlichen Literatur, ein profaner Nachkomme des griechischen Elysiums, war ein Ort der Hirten und Herden. Manchmal noch, wenn die staubigen Sommerkronen der Stadtbäume im Spätnachmittag verklärt werden von Sonnendunst, mag durch manchen Kopf die Erinnerung fliegen, schattenhaft, ungläubig vom

Erinnernden selbst belächelt: daß dieser Ahornbaum, schmutzresistenter Alleebaum der Straßenschlünde, der Sammelplatz antiker Philosophen war, der Ruheort dampfender Rinder vor Jahrtausenden. Die Alleen der spanischen, der französischen Städte: fünfstöckig überragt von den abblätternden Hausfassaden, aber sonnenscheckig die Stämme der Platanen, die kaum Sonne erreicht. Sie tragen die Muster der freien Erde: Sand, Lehm und Löß, auf ihrer Rinde in die künstliche Welt. Alleen, von den hohen Häusern kleingemacht, lassen die Menschen zwergenhaft werden zwischen ihren Säulenreihen. Kastanien: das eilende Menschenvolk unter ihren Kronen scheint ins Leere hin und her zu hasten, lächerlich bemüht um Zeit, um Ziele.

Bäume in den Wirtshausgärten, wo ihre Blätter auf die Tische fallen, ihr Blätterdach den klopfenden Regen verzögert. Bäume, in denen Lampions hängen, Kugeln wie Monde, in deren Licht der Blätterkreis, den sie beleuchten, giftgrün schimmert. Laternen, die schwanken und schwingen, wenn der Wind die Zweige ergreift.

Und auf Reisen, wenn wir bei Nacht endlich irgendwo eintreffen, hängt der Mond im Baum, winters als Sichelmesser im schwarzen Geäst, als schmale Barke labil in eine Astgabel geschmiegt, oder voll und fordernd, goldrot, ganz oben im Wipfel. Es gibt auch diese Nächte, in denen er ganz weit weg ist, kleine Silbermünze, weißblendend, Äste schneidend, nicht mehr Bewohner des Baums, sondern Brennglas, das sein Holz zerschneidet.

Die Bäume bei Nacht: im Winter, wenn Wolken, wie Sahnehäufchen auseinandergeschoben, blitzende Sterne freigeben, die durchs schwarze Geäst zucken. Dünnbuschig streift das Geäst über diese flimmernden Lichter hin, wenn wir fahren. Schattenschwarz hängt der Vogelkasten im Obstbaum, des Mondes Messer lehnt gekrümmt in den höchsten Ästen. Sommers dann Sterne im Laub: blinkend und zuckend, unruhige Lichter im bewegten, flüsternden Baum. Die Vögel schweigen. Mächtige Stille geht von ihm aus, während leise ein Blatt das andere streift im leichten Nachtwind. Die schwirrenden Sterne scheinen in sein Laub gehängt, zart und unberechenbar, hier aufblinkend und dort. Himmlische Fruchtbäume, von den schneeweißen Schafherden der Nachtwolken durchzogen.

Epilog

›Was sind das für Zeiten, wo
Ein Gespräch über Bäume fast ein Verbrechen ist,
Weil es ein Schweigen über so viele Untaten einschließt.‹

Bertold Brecht

geeignet als Teil des Konzepts
→ ist zu rechtfertigen

Seit Menschen die Welt bewohnen, hat ihr Handeln Untaten eingeschlossen; auch die Bäume haben immer mitspielen müssen – bei den Belagerungen und im tödlichen Pfeilhagel, in den Feuern, die der Feind an die hölzernen Bauten des Feindes legte. Rammböcke und Brücken, Schlachtschiffe und rettender Kahn, sie alle waren vom Baum genommen.

Bevor die Bäume ›von selbst‹ und aus unergründlichem Ursachengeflecht ihre selbstverständliche Anwesenheit aufzugeben begannen, halfen sie in den jüngsten Jahrzehnten unseres Jahrhunderts der tödlichen Feindschaft zwischen Menschen auf eine Weise, die vorausübte, was heute ohne unsere erklärte Absicht in friedlichen Landschaften mit ihnen geschieht: Die Menschen entlaubten sie, um den Feinden die natürliche Deckung zu rauben.

›Wenn Elefanten
ans Sterben kommen, splittert
der Bambus, in den sie stürzen,
trompeten sie ihren Tod
in die Winde. Der Tiger verhält
mit angehobener Pranke und
lauscht. Wenn Bäume verenden, so
enden sie lautlos.‹[364]

Dieser Tod der Bäume war von Menschen gemacht. Es war das Sterben der Kautschukplantagen, der Mangrovenwälder, des vietnamesischen Urwaldes im Vietnamkrieg, das Ende der sechziger Jahre auf Beschluß der US-Heeresleitung begann. Unschätzbare Mengen edelster Hölzer wurden vom Gifttod vernichtet, unzählige

Vögel, Fische und Säugetiere starben im tödlichen Hauch der giftigen Gase. Die Rauchschwalbe baute noch in den entlaubten Mangroven ihr Nest, als das Zwitschern der anderen Vögel schon verstummt war. Sie fing die Insekten, die auf den Kadavern der Tiere sich eilig vermehrten: Überlebensgemeinschaft in tödlicher Stille.

›Wenn aber die Gezeiten den Spiegel
des mächtigen Mekong senken,
sieht man auf ihren Stelzfüßen
all die Entblätterten – eine
Protestversammlung von Invaliden,
ein Memorial von Skeletten Vergaster –
die Ufer höher steigen und die
entblößten Arme zum Himmel recken,
indes an ihren faulenden
Schenkeln die Larven nagen, die
Leichenfledderer, die Insekten.
...

Noch auf verseuchtem Boden,
auf dem die Farne welken,
die Sämlinge langsam ersticken
(wie Säuglinge an der Nabelschnur),
überwuchert unsere Todsünden
die Monotonie der Halme.‹[365]

Wer die Welt der Baumsymbole kennt, der tritt hier in das jüngste Kapitel ihrer Geschichte: Immer noch fällt dem Dichter, der diese Bäume sieht, der Mensch ein, wenn er den ergreifenden Eindruck beschreiben will, den die geschundene Natur hervorruft. Unsere frühchristlichen und mittelalterlichen Vorfahren hätten in den ausgereckten Baum-Armen das Galgenholz Christi erblickt; ihre späten Nachfahren, die Erben zweier gigantischer Kriegskatastrophen, sehen im vernichteten Baum den geschändeten Menschen der großen Judenvernichtung im Dritten Reich. ›Skelette Vergaster‹ erkennt der Deutsche Rudolf Hagelstange in diesen starren Baumleibern, weil er nicht mehr Bilder der Hoffnung mit sich trägt, die das Schauspiel des Schreckens verklären könnten.

Aber die Gleichniskraft der Bäume ist ungebrochen. Immer noch erkennen Menschen im geschundenen Baum den leidenden Menschen, entblößte Arme zum Himmel reckend, auch wenn keine Einigkeit mehr darüber besteht, daß dort oben zwischen den Sternen, Früchten des Weltbaums, ein Schöpfer wohne, der die Leidenden sieht. Solange Sinnbilder von solcher Kraft aus dem Baum zu uns sprechen, von Jahrhundert zu Jahrhundert von den inneren Bildern beleuchtet, mit denen wir leben, ist der Zusammenhang nicht ganz zerrissen. Wenn wir die sterbende Natur als einen Vorboten eigenen Unheils erkennen, müßte Umkehr noch möglich sein. Solange unsere Anteilnahme am Kosmos noch stark genug ist, um uns im sterbenden Baum den bedrohten Menschen erkennen zu lassen, können wir im uralten ›Buch der Natur‹ die Zeichen der Warnung aufnehmen und verstehen.

Die toten Mangrovenwälder werden noch lange, über unser Vergessen hinweg, vom Wasser des Mekong gewiegt werden. Nach den Bäumen kamen nicht nur die Insekten, die Aasfresser, es kamen auch die Tiger. Während der Vietnamkrieg tobte, vermehrten sich die Tigerbestände. Die Raubkatzen hatten gelernt, die Schüsse in ihrer Umgebung als ein Signal für Kadaver, Menschenfleisch zu begreifen. Auch verwundete Menschen zerrissen sie auf den Schlachtfeldern, sobald das Feuer verstummte. Bäume sterben wehrlos, und die Raubkatze erstarkt, wenn der Mensch stirbt. Als hätte er, in der Ausrottung der Natur für einen Augenblick innezuhalten gezwungen, den Tigern gegeben, was er den Bäumen genommen hat. Aber dieser Eindruck ist ein zufälliger. Vielmehr spricht diese Geschichte eine allzu deutliche Sprache: nur der sterbende, wehrlos gewordene Mensch läßt Natur überleben. Nur auf seine Kosten erstarkt sie. Das Erstarken seiner Vernunft und Humanität ist immer wieder mißlungen.

1 1. Mose 3,15.
2 Vgl. zu den Zusammenhängen ausführlich: Margot Braun-Reichenbacher, Das Ast- und Laubwerk. Entwicklung, Merkmale und Bedeutung einer spätgotischen Ornamentform. Nürnberg 1966.
3 S. dazu u. S. 22f.
4 Uno Holmberg, Der Baum des Lebens. Helsingfors 1922, S. 52. Künftig zit. als: Holmberg.
5 Holmberg, ebda.
6 Hierzu und zu den folgenden Befunden vgl. Georg Wilke, Der Weltenbaum und die beiden kosmischen Vögel in der vorgeschichtlichen Kunst. In: Mannus. Zeitschrift für Vorgeschichte, begr. u. hrsg. v. Gustaf Kossinna. Bd 14 (1922) Leipzig 1922, S. 73–99. Künftig zit. als: Wilke, Weltenbaum.
7 Wilke, Weltenbaum, S. 73f.
8 Vgl. dazu J. Warnack, Die Religion der Batak. Leipzig 1909; zitiert bei Wilke, Weltenbaum, S. 73.
9 Wilke, Weltenbaum, S. 79.
10 Vgl. die Abb. vom Grab des Osiris bei Wilke, Weltenbaum, S. 84.
11 Vgl. die Abb. bei Wilke, Weltenbaum, S. 85.
12 Bildbeispiele vgl. Wilke, Weltenbaum, S. 87.
13 Wilke, Weltenbaum, S. 92.
14 Zum Mastbaum s. das Kapitel ›Der Mastbaum‹, u. S. 223–236.
15 Wilke, Weltenbaum, S. 94.
16 Mircea Eliade, Die Religion und das Heilige. Elemente der Religionsgeschichte. Salzburg 1954, S. 310, 312.
17 Uno Holmberg, Der Baum des Lebens. Helsingfors 1922, S. 17, 55.
18 Vgl. dazu Manfred Lurker, Der Baum in Glauben und Kunst. Unter besonderer Berücksichtigung der Werke des Hieronymus Bosch. (= Studien zur deutschen Kunstgeschichte Bd 328). Baden-Baden 1976, S. 26f. und Julius Schwabe, Archetyp und Tierkreis. Grundlinien einer kosmischen Symbolik und Mythologie. Basel 1951, S. 297f.

19 Vgl. dazu Chantepie de la Saussaye, Lehrbuch der Religionsgeschichte. Hrsg. v. A. Bertholet und E. Lehmann. 2 Bde. [4]Tübingen 1925, Bd II, S. 593. Künftig zit. als: Saussaye, Religionsgeschichte.

20 Der beschriebene Weltbaum findet sich in der Beatus-Apokalypse der Ryland Library, Manchester, Cod. 8, fol. 111 v.

21 Vgl. Offenbarung 7, 1.3.

22 Zum Mastbaum und seinem Symbol-Charakter s. u. S. 223–236.

23 Zu den Paradiesbäumen s. u. S. 89–112.

24 Daniel 4, 7–14.

25 Zu den Baumgleichnissen des Alten und Neuen Testaments s. u. S. 121–141.

26 Vgl. Alan Mitchell u. a., Die Wälder der Welt. Bern und Stuttgart 1981, S. 30f.

27 Hesekiel 31,8.

28 Hesekiel 31,6.

29 Hesekiel 31,12.13.

30 Hesekiel 31,14.

31 Offenbarung 6,12f.

32 Ausführlich behandelt die Rolle des Feigenbaumes Oswald Goetz, Der Feigenbaum in der religiösen Kunst des Abendlandes. Berlin 1965.

33 Ägypten wäre ein eigenes Baumbuch wert. Es müßte freilich geschrieben werden von einem Kenner der ägyptischen Religion. Ich beschränke mich hier auf einige Hinweise.

34 Xenophon, Anabasis II,3.

35 Homer, Die Odyssee. Deutsch v. Wolfgang Schadewaldt. Zürich 1966. Sechster Gesang, 142–172; S. 106.

36 Vgl. A. Glogau-Jugenheim, Der Baum des Lebens. Kulturhistorische Betrachtungen. In: Mitt. d. Dt. Dendrolog. Ges. 55, 1942, S. 182–224. Hier: S. 189.

37 S. o. S. 39.

38 Zur Säule s. das Kapitel ›Wüstenbäume, Himmelsbäume‹.

39 Vgl. Saussaye, Religionsgeschichte Bd I, S. 570.

40 Vgl. Saussaye, Religionsgeschichte Bd I, S. 572.

41 Vgl. Gertrud Schiller, Ikonographie der christlichen Kunst. Bd I Gütersloh 1966.
Künftig zit. als: G. Schiller. Hier: Abb. 147 S. 301.

42 G. Schiller Abb. 146 S. 300.

43 G. Schiller Abb. 189 S. 317.

44 Entstd. 1332–1334, G. Schiller Abb. 191 S. 318.

45 G. Schiller S. 50f. und Abb. 78.

46 S. u. S. 59ff.

47 Jesaja 11,1.2.
48 Johannes 15, 1–6; hier: 5.
49 Buchmalerei Ende 12. Jhdt., niedersächsisch, Evangeliar aus Helmarshausen.
50 *Arbor Vitae*, um 1320, G. Schiller S. 29 f. u. 282.
51 S. das Kapitel ›Der Kreuzbaum‹.
52 S. das Kapitel ›Der Weltbaum‹.
53 Um 1515, Basel. Auch ein echter Patinier zeigt eine ähnliche Szene mit Palme: Stossmayer Galerie, Zagreb.
54 Bonanus von Pisa, Bronzerelief, Pisa, Dom, Türflügel. Mitte 12. Jhdt.
55 Vgl. dazu: Der Lebensbaum. Aus dem Lateinischen des Hl. Kirchenlehrers und Cardinals Bonaventura. Freiburg i. Br. 1888. Künftig zit. als: Bonaventura. Hier zitiert: S. 9.
56 Bonaventura, S. 10.
57 Vgl. dazu A. Lurker, Der Baum in Glauben und Kunst, aaO.
58 S. dazu das Kapitel ›Märchenbäume‹.
59 *De carne Christi* 21,5.
60 Böhmische Buchmalerei 1058–1086, Wys'schrader Krönungs-Evangeliar.
61 Bildbeispiele bei G. Schiller, S. 246.
62 Buchmalerei aus dem 13. Jhdt., Psalter aus Straßburg, vgl. G. Schiller S. 247, Abb. 27.
63 Jesaja 11,1 f.
64 G. Schiller S. 29.
65 G. Schiller S. 34.
66 1. Samuel 16,13.
67 1. Mose 2,9.
68 Joh. Calvin, Auslegung der Hl. Schrift, Bd 1, Neukirchen o. J. (1901–1919), S. 37.
69 1. Mose 3,6.
70 1. Mose 2,16. 17.
71 Vgl. Luthers Auslegung in: D. Martin Luthers sämtliche Werke, Bd 33, Erlangen 1843, S. 72–75.
72 1. Mose 3,8.
73 1. Mose 3,22.
74 S. dazu das Kapitel ›Der Kreuzbaum‹.
75 Vgl. die Abb. bei A. Lurker, Der Baum in Glauben und Kunst, S. 29, S. 98 f.
Vgl. die ›Philosophica Reformata‹ des Mytius, Frankfurt 1622 und C. G. Jung, Psychologie u. Alchemie. Zürich 1952.
76 S. das Kapitel ›Der Baum im Sinnbild‹.
77 Hans Holbein d. J. hat diesen Schritt getan; zu seinen Rundscheiben

mit Darstellungen des Verlorenen Sohnes vgl. Gertrud Höhler, Niemandes Sohn. Zur Poetologie Rainer Maria Rilkes. Bonn 1979, S. 30.

78 1. Korinther 15,55.

79 S. das Kapitel ›Der Mastbaum‹.

80 Sebastian Brant, Das Narrenschiff. Nach der Erstausgabe (Basel 1494) mit den Zusätzen d. Ausg. v. 1495 u. 1499 hrsg. v. M. Lemmer (= Neudrucke deutscher Literaturwerke N. F. 5, Hrsg. v. R. Alewyn u. R. Gruenter). 2 Bde, Tübingen 1962.

81 Kopien eines älteren Manuskriptes, um 1120 entstanden, das in der Universitätsbibliothek Gent liegt, finden sich in Wolfenbüttel, Herzog-August-Bibliothek. Gud. lat. 1, fol. 31^{v} wird hier diskutiert.

82 Nähere Erläuterungen bei Lottlisa Behling, Ecclesia als arbor bona. Zum Sinngehalt einiger Pflanzendarstellungen des 12. und frühen 13. Jahrhunderts. In: Zs. f. Kunstwissenschaft, hrsg. v. Richard Hamann u. a., Bd XIII, Berlin 1959, S. 142 Anm. 4.

83 fol. 32^{r} der in Anm. 81 erwähnten Handschrift.

84 S. das Kapitel ›Der Lebensbaum‹.

85 Vgl. G. Schiller, S. 145 und 390.

86 Vgl. die Abbildung bei G. Schiller, S. 391.

87 Portalrelief, 1221, Marchione, Arezzo. S. Maria della Pieve. Abb. bei G. Schiller, S. 395.

88 Sarkophagrelief um 280, römisch, Via Lungara.

89 ›Werdener Kästchen‹. Elfenbeinrelief. Anfang 5. Jahrhundert. Abb. bei G. Schiller, S. 386.

90 Übersetzt bei Lottlisa Behling, aaO., aus dem Text von Migne. Patrologiae t. 197. Liber Scivias I, Visio IV, Sp. 428 B. C. Vgl. hierzu auch die Übersetzung bei Maura Böckeler, Hildegard von Bingen, Wisse die Wege, Scivias, Salzburg 1954, S. 132f.

91 Vgl. dazu Chantepie de la Saussaye, Religionsgeschichte, Bd II, S. 601–635.

92 Saussaye, Religionsgeschichte Bd II, S. 524.

93 Das Tempelrelief von Palenque, Mexiko, zeigt eine solche Darstellung.

94 Zu Baum und Säule s. u. S. 123–126.

95 Tessalonicher 5,5.

96 Vgl. Handwörterbuch des Deutschen Aberglaubens. Hrsg. v. E. Hoffmann-Krayer. Bd 6, Berlin/Leipzig 1934/35, Sp. 1434.

97 Augustinus, Der Gottesstaat 13,21 (= Bibl. d. Kirchenväter N. A. 3, I 1912) S. 313f.

98 Diese Erzählung Luthers ist einer aesopischen Fabel nachgebildet; vgl. Martin Luther, Ausgewählte Werke Bd 7, München 1925, S. 265. Der Text entstand 1530.

99 1. Mose 2,8.

100 Vgl. dazu Hans Dietrich Disselhoff, Geschichte der amerikanischen Kulturen. München 1953, S. 59.
101 Vgl. dazu Jos. Schacht, Der Islam (= A. Bertholet, Religionsgeschichtl. Lesebuch. 2. Aufl. H. 16 Tübingen 1931), S. 3 ff.
102 Vgl. Ernst Robert Curtius, Europäische Literatur und Lateinisches Mittelalter. Bern und München ³1961. Künftig zit. als: E. R. Curtius. Hier: S. 193.
103 Homer, Odyssee 7,132 ff.; S. 115–117.
104 Homer, Odyssee 7,112; S. 116 f.
105 Vgl. dazu Günter Dietz, Das Bett des Odysseus. In: Symbolon 7/1971, S. 14–17.
106 Homer, Odyssee 7,112; S. 116.
107 S. u. das Kapitel ›Märchenbäume‹.
108 Homer, Odyssee 5,51–83; S. 86.
109 Homer, Odyssee 13,78–109; S. 227.
110 Homer, Odyssee 13,78–109; S. 227.
111 Homer, Odyssee 15,403; S. 272.
112 Homer, Odyssee 4,565; S. 74.
113 E. R. Curtius, S. 201.
114 E. R. Curtius, S. 202.
115 Für dies und das folgende Zitat vgl. C. G. Jung, Von den Wurzeln des Bewußtseins. Studien über den Archetypus. Zürich 1954, künftig zit. als: C. G. Jung, Archetypus. Hier: S. 425 f.
116 5. Mose 33,13–16.
117 C. G. Jung, Archetypus, S. 432.
118 C. G. Jung, Archetypus, S. 435.
119 S. u. das Kapitel ›Der Kreuzbaum‹.
120 Vgl. Jacques Combe, Hieronymus Bosch. München (1958), S. 89.
121 Vgl. dazu Alfons Rosenberg, Die christliche Bildmeditation. München 1955, S. 71.
122 S. das Kapitel ›Paradiesbäume‹.
123 1. Mose 18,1–5.
124 1. Mose 21, 33.
125 Jeremia 17,1 f.
126 Jesaja 44,13–20.
127 5. Mose 18,21 f.
128 5. Mose 12,2 f.
129 2. Könige 23, 4–6.
130 2. Könige 23,14.
131 1. Könige 6,18. 29.32; Zitat: 1. Könige 7,2. 17 f.
132 2. Könige 3,2.
133 1. Könige 16,32 f.

134 2. Könige 10,25–27.
135 S. dazu u. S. 128 f.
136 Die Irminsul wurde 722 von den Franken unter Karl dem Großen zerstört.
137 Vgl. dazu Georg Dietz, Das Bett des Odysseus. In: Symbolon 7/1971, S. 9–32.
138 S. dazu das Kapitel ›Märchenbäume‹.
139 2. Könige 23,5.
140 3. Mose 19,23–25.
141 3. Mose 26,3 f.
142 3. Mose 26,20.
143 S. dazu das Kapitel ›Der Lebensbaum‹.
144 5. Mose 20,19 f.
145 5. Mose 22,6 f.
146 Richter 9,6.
147 Richter 9,8–21.
148 Matthäus 7,16–19.
149 Vgl. dazu Fr. Lundgreen, Die Bäume im Neuen Testament. In: Neue kirchliche Zeitschrift 27/1916, S. 827–843. Künftig zit. als: Lundgreen.
150 2. Könige 3,19.
151 Hiob 14,7–10.
152 Hiob 19,10.
153 Psalm 1,3 f.
154 Vgl. dazu: Lundgreen, S. 833.
155 Psalm 96,11–13.
156 Römer 8,19–24.
157 Psalm 104,10–17. Vgl. auch Psalm 148,9.
158 Im Nachlaß von Erich Fromm fanden sich Erörterungen über die Herrschaft des Leblosen in unserer Welt. Die Veröffentlichung dieser Materialien ist in den nächsten Jahren zu erwarten.
159 Sprüche 3,18.
160 Prediger 11,3.
161 Hohelied Salomos 2,3.5.
162 Jesaja 6,2.
163 Jesaja 61,3.
164 Hesekiel 17,1–24. Zitiert: 24.
165 Matthäus 3,10; Lukas 3,9. S. dazu das Kapitel ›Der gute und der böse Baum‹.
166 Matthäus 7,15–19.
167 Vgl. Lundgreen, S. 827–843.
168 Jakobus 3,12.

169 Matthäus 12,33.35. Vgl. auch Lukas 6,43.44.
170 Matthäus 13,10.11.
171 Matthäus 13,31f. Vgl. Markus 4,30–32; Lukas 13,18.19.
172 Matthäus 21,18–22.
173 Vgl. o. Anm. 28.
174 Zum Kreuzbaum vgl. o. S. 115–119
175 Lukas 13,6–9.
176 Lukas 15,11–32.
177 S. das Kapitel ›Der Weltbaum‹.
178 Offenbarung Kap. 7,8,9.
179 Offenbarung 22,2.
180 Vgl. Wilh. Bousset, Die Offenbarung Johannis. Göttingen 1906 (Neudruck) S. 452f.
181 Ebda.
182 Vgl. dazu M. Lurker, Der Baum im Alten Orient. Ein Beitrag zur Symbolgeschichte (= Beiträge zur geschichtlichen Kultur und Religion d. A. Orients. In memoriam E. Unger). Baden-Baden 1971, S. 166f.
183 1. Mose 35,8; 1. Sam. 31,13.
184 Zum alttestamentlichen Thema der heidnischen Baumkulte s. u. S. 121–124.
185 Vgl. dazu J. Sterly, Baumverehrung in Melanesien. In: Baumzeitung 3/1969, S. 10.
186 Vgl. Alfred Lurker, Der Baum in Glauben und Kunst. Unter besonderer Berücksichtigung d. Werke v. Hier. Bosch. 2., erweiterte Auflage Baden-Baden 1976, S. 140–143: künftig zit. als: A. Lurker, Der Baum in Glauben und Kunst; Eckart von Sydow, Dichtungen der Naturvölker. Religiöse, magische und profane Lyrik. Zürich 1954, S. 18.
187 Zu den Baumsymbolen und -gleichnissen des Alten und Neuen Testaments s. u. S. 121–141.
188 Vgl. C. G. Jung, Psychology of the Unconscious. London 1922, S. 153.
189 Vgl. Chantepie de la Saussaye, Lehrbuch der Religionsgeschichte. Bd I Tübingen 1925, S. 458f.
190 Vgl. Hans Bonnet, Reallexikon der ägypt. Religionsgeschichte. Berlin 1952, S. 83f.
191 Vgl. Uno Holmberg, Der Baum des Lebens. Helsingfors 1922, S. 57ff.
192 Zur Bedeutung des Feigenbaums im Alten und Neuen Testament s. u. S. 136–138.
193 S. dazu das Kapitel ›Märchenbäume‹.
194 S. dazu das Kapitel ›Märchenbäume‹.
195 Jesaja 11,1.3. Vgl. auch Jesaja 53,2.
196 Zur *arbor bona* und *mala* s. das Kapitel ›Der gute und der böse Baum‹.

197 Zitiert nach: Emblemata. Handbuch zur Sinnbildkunst des XVI. und XVII. Jahrhunderts. Ergänzte Neuausgabe, hrsg. v. A. Henkel u. A. Schöne. Stuttgart 1976, Sp. 154.
198 Vgl. Gertrud Schiller, Ikonographie der christlichen Kunst. Bd 1 Gütersloh 1966, S. 50 und Abb. 77, S. 273.
Künftig zit. als: Gertrud Schiller.
199 Vgl. Gertrud Schiller, S. 50 und Abb. 79, S. 274.
200 Hohes Lied 4,12 f.; 15–17.
201 Konrad von Megenberg, Das Buch der Natur. Hrsg. v. Franz Pfeifer, Stuttgart 1861. Hier wiedergegeben: S. 318 Nr. 11, S. 336 Nr. 34, S. 319 Nr. 12.
202 Zur Palmenlegende s. u. S. 52–55.
203 R. M. Rilke, Rast auf der Flucht in Ägypten. Aus dem Zyklus ›Das Marien-Leben‹. Sämtl. Werke Bd 1, hrsg. vom Rilke-Archiv i. Verb. m. R. Sieber-Rilke bes. d. E. Zinn, Frankfurt 1955, S. 674 f.
204 R. M. Rilke, Stillung Mariae mit dem Auferstandenen. Aus dem ›Marien-Leben‹, aaO., S. 678.
205 Vgl. Andreas Feininger, Wunderbare Welt der Bäume und Wälder. Wien/Düsseldorf 1968. Künftig zit. als: Andreas Feininger.
206 Andreas Feininger, S. 20.
207 Andreas Feininger, S. 21.
208 Andreas Feininger, S. 31.
209 Zur Entdeckung und ersten wissenschaftlichen Altersbestimmung der Grannenkiefern vgl. Andreas Feininger, S. 43.
210 Vgl. dazu Beschreibungen S. 44 f. und Bilder S. 32–36 bei Feininger.
211 Andreas Feininger, S. 45.
212 Andreas Feininger, S. 77.
213 Andreas Feininger, S. 79.
214 Eine nahezu umfassende Emblemsammlung zum 16. und 17. Jahrhundert legten im Jahre 1967 die beiden Germanisten Artur Henkel und Albrecht Schöne vor. Ergänzt um bibliographische Angaben, erschien das Werk 1976 in neuer Auflage.
Diesem Sammelwerk entstammen die hier folgenden Sinnbilder, in denen der Baum die Beispielrolle für des Menschen Leben und seine Schicksale übernimmt.
215 Vgl. dazu: Emblemata. Handbuch zur Sinnbildkunst des XVI. und XVII. Jahrhunderts. Ergänzte Neuausgabe, hrsg. v. A. Henkel und A. Schöne. Stuttgart 1976, S. X. Künftig zitiert als: Emblemata.
216 Emblemata, S. XI.
217 Vgl. dazu das Kapitel ›Der Mastbaum‹.
218 Mathias Holtzwart auf dem Titel einer Emblemsammlung. Vgl. dazu Emblemata, S. XVIII.

219 Emblemata, Sp. 145.
220 Emblemata, Sp. 163.
221 Emblemata, Sp. 163/164.
222 Emblemata, Sp. 255.
223 Emblemata, Sp. 145/146.
224 Emblemata, Sp. 184.
225 S. dazu das Kapitel ›Bäume der Bibel‹.
226 S. dazu auch das Kapitel ›Der Baum des Lebens‹.
227 Emblemata, Sp. 193/194.
228 Emblemata, Sp. 196.
229 Welche Hintergründe dies hat, zeichne ich im Kapitel ›Der Baum des Lebens‹ nach.
230 Emblemata, Sp. 195.
231 Emblemata, Sp. 197.
232 Emblemata, Sp. 198.
233 Emblemata, Sp. 199/200.
234 Emblemata, Sp, 222/223.
235 Emblemata, Sp. 223.
236 Emblemata, Sp. 225/226.
237 Emblemata, Sp. 155.
238 Emblemata, Sp. 156.
239 Emblemata, Sp. 158.
240 Emblemata, Sp. 159/160.
241 Emblemata, Sp. 149.
242 Emblemata, Sp. 153/154.
243 Emblemata, Sp. 153.
244 Emblemata, Sp. 160.
245 Emblemata, Sp. 175.
246 Emblemata, Sp. 147/148.
247 Emblemata, Sp. 150.
248 S. dazu das Kapitel ›Bäume der Bibel‹.
249 Emblemata, Sp. 169.
250 Emblemata, Sp. 169.
251 Emblemata, Sp. 170.
252 Emblemata, Sp. 172.
253 Emblemata, Sp. 172/173.
254 Emblemata, Sp. 171.
255 Emblemata, Sp. 177.
256 Emblemata, Sp. 178.
257 Emblemata, Sp. 178.
258 Emblemata, Sp. 179.
259 Emblemata, Sp. 180.

260 Emblemata, Sp. 174.
261 Emblemata, Sp. 149/150.
262 Emblemata, Sp. 151/152.
263 Emblemata, Sp. 174/175. Das Titelbild dieses Buches zeigt das Emblembild.
264 S. dazu das Kapitel ›Bäume der Bibel‹.
265 Emblemata, Sp. 184.
266 Emblemata, Sp. 183.
267 Emblemata, Sp. 188.
268 Emblemata, Sp. 188.
269 Emblemata, Sp. 189.
270 Emblemata, Sp. 161.
271 Emblemata, Sp. 161/162.
272 Emblemata, Sp. 165.
273 Emblemata, Sp. 193.
274 Emblemata, Sp. 205.
275 Emblemata, Sp. 194/195.
276 Vgl. dazu Plinius, nat. hist. XV 134; Vergil, Georgica II 425 u. ö.
277 Emblemata, Sp. 211.
278 S. dazu u. S. 79–87.
279 Emblemata, Sp. 213.
280 Emblemata, Sp. 224.
281 Vgl. Hugo Rahner, Symbole der Kirche. Die Ekklesiologie der Väter. Salzburg 1964, S. 371. Künftig zit. als: Rahner, Symbole der Kirche.
282 Rahner, Symbole der Kirche, S. 363.
283 Vergil, Aeneis V, 504.
284 Für dies und das folgende vgl. Homer, Odyssee 5, 233–263, S. 92.
285 Rahner, Symbole der Kirche, S. 367.
286 Rahner, Symbole der Kirche, S. 370. – Dort auch weitere Beispiele in Anm. 56.
287 Zur Gestalt des Claudius Claudianus vgl. zahlreiche Einzelheiten bei Ernst Robert Curtius, Europäische Literatur und Lateinisches Mittelalter. Bern und München [3]1961.
288 Rahner, Symbole der Kirche, S. 371. Dort auch Hinweise zur Vorlage für dieses Gedicht.
289 Apostelgeschichte 28,11.
290 S. u. S. 225.
291 Rahner, Symbole der Kirche, S. 372. Dort weitere Quellen in Anm. 71.
292 Rahner, Symbole der Kirche, S. 373.
293 Rahner, Symbole der Kirche, S. 373.
294 Rahner, Symbole der Kirche, S. 374.

295 Ebda.
296 Homer, Odyssee 12, 22–81; S. 209f.
297 Homer, Odyssee 12, 141–170; S. 213.
298 Homer, Odyssee 12, 171–199; S. 214.
299 Rahner, Symbole der Kirche, S. 378f.
300 Den lateinischen Originaltext vgl. bei Rahner, Symbole der Kirche, S. 380.
301 Rahner, Symbole der Kirche, S. 381.
302 Rahner, Symbole der Kirche, S. 390.
303 Rahner, Symbole der Kirche, S. 392.
304 Jesaja 33,23.
305 Hesekiel 27, 1–8.
306 Jesaja 30,17.
307 S. u. S. 231; 233.
308 Joh. Calvins Auslegung der Hl. Schrift. Übersetzung Bd 6, Neukirchen o. J. (1901–1919), S. 518.
309 Zu den Beispielen in diesem Kapitel vgl. Walther Schoenichen, Baumdarstellungen in der deutschen Grabmalkunst. In: Germanien. Monatshefte f. Germanenkunde H. 3/März 1943, S. 73–83.
310 Zu den Sinnbildern s. das Kapitel ›Der Baum im Sinnbild‹.
311 1. Mose 2,18.
312 Die Platte befindet sich an der Kapelle des Rochusfriedhofes in Nürnberg.
313 Umfassend dargestellt hat diese Entwicklung Philippe Ariès, Studien zur Geschichte des Todes im Abendland. Aus dem Franz. v. H.-H. Henschen (= Hanser Anthropologie, hrsg. v. Wolf Lepenies u. H. Ritter). München/Wien 1976.
314 S. dazu u. S. 256.
315 Alle Verweise auf Grimms Märchen beziehen sich auf: Kinder- und Hausmärchen, gesammelt durch die Brüder Grimm. Mit d. Zeichnungen von Otto Ubbelohde u. e. Vorwort v. I. Weber-Kellermann (= Insel-Tb 112–114), 3 Bde, Frankfurt 1974. Künftig zit. als: Grimms Märchen. – ›Die zwei Brüder‹: Bd 1, S. 347–371, hier: S. 350f.
316 Grimms Märchen Bd 2, S. 248f.
317 Grimms Märchen Bd 1, S. 153–162.
318 Grimms Märchen Bd 1, S. 266–277.
319 Grimms Märchen Bd 1, S. 81–87.
320 ›Die drei Söhne des Padischah‹, vgl. dazu Julius Schwabe, Archetyp und Tierkreis. Grundlinien einer cosmischen Symbolik und Mythologie. Basel 1951, S. 354.
321 Grimms Märchen Bd 1, S. 97–102.
322 Vgl. Alfred Lurker, Der Baum in Glauben und Kunst, S. 152.

323 S. dazu das Kap. ›Der Weltbaum‹.
324 Grimms Märchen Bd 3, S. 245.
325 Grimms Märchen Bd 2, S. 28–35.
326 Grimms Märchen Bd 1, S. 43–49.
327 Zur Bedeutung der Linde für die Marienverehrung s. o. das Kapitel ›Maria, der Baum‹.
328 Grimms Märchen Bd 1, S. 280–286.
329 Grimms Märchen Bd 3, S. 144–146.
330 Grimms Märchen Bd 2, S. 330–339.
331 Grimms Märchen Bd 1, S. 311–318.
332 Grimms Märchen Bd 1, S. 326–335.
333 Grimms Märchen Bd 1, S. 198–205.
334 Grimms Märchen Bd 3, S. 12–17.
335 Grimms Märchen Bd 2, S. 284–291.
336 Grimms Märchen Bd 2, S. 139–145.
337 Grimms Märchen Bd 2, S. 183–189.
338 Vgl. dazu C. G. Jung, Von den Wurzeln des Bewußtseins. Studien über den Archetypus. Zürich 1954. Darin das Kap.: Der philosophische Baum, S. 351–496. Hier: S. 440.
339 Grimms Märchen Bd 2, S. 23–27.
340 Beispiele dafür bieten die Märchen ›Das Waldhaus‹, Grimms Märchen Bd 3, S. 126–133; ›Der gläserne Sarg‹, Bd 3, S. 97–104; ›Die Gänsehirtin am Brunnen‹, Bd 3, S. 156–167.
341 Grimms Märchen Bd 1, S. 112–121.
342 Grimms Märchen Bd 1, S. 90–97.
343 Grimms Märchen Bd 2, S. 299–302.
344 Grimms Märchen Bd 2, S. 216–228.
345 Grimms Märchen Bd 1, S. 143–153.
346 Vgl. dazu Die griechischen Sagen, in Bildern erzählt von Erich Lessing. Mit Beiträgen von Ernest Bornemann, Wolfgang Oberleitner, Egidius Schmalzriedt. München 1977, S. 178.
347 Grimms Märchen Bd 3, S. 115–124.
348 Grimms Märchen Bd 2, S. 131–139.
349 Chief Seattle, Wir sind ein Teil der Erde. Olten [9]1984.
350 4. Mose 20,11.
351 Weißt du, daß die Bäume reden. Weisheit der Indianer. Ausgewählt u. übertr. v. K. Recheis u. G. Bydlinski. Begleittexte v. L. Mayer-Skumanz u. Originalphotos v. E. S. Curtis. Wien/Freiburg/Basel [9]1984. Künftig zit. als: Weißt du, daß die Bäume reden. Hier zit.: S. 46, 47.
352 S. dazu das Kapitel ›Bäume der Bibel‹.
Hier zitiert: Offenbarung 7,1.
353 S. dazu das Kapitel ›Wüstenbäume, Himmelsbäume‹.

354 Weißt du, daß die Bäume reden, S. 12.
355 Weißt du, daß die Bäume reden, S. 29.
356 Weißt du, daß die Bäume reden, S. 45.
357 Weißt du, daß die Bäume reden, S. 48 f.
358 Weißt du, daß die Bäume reden, S. 50.
359 Jesaja 40,6.7.
360 Weißt du, daß die Bäume reden, S. 80.
361 Weißt du, daß die Bäume reden, S. 73.
362 Weißt du, daß die Bäume reden, S. 103.
363 Weißt du, daß die Bäume reden, S. 77.
364 Vgl. Rudolf Hagelstange und HAP Grieshaber, Ein Gespräch über Bäume. München 1972, [2]1984. Hier zitiert: III. Der Band ist nicht paginiert.
365 R. Hagelstange, vgl. Anm. 364.

Literaturverzeichnis

Alföldi, A.: Die zwei Lorbeerbäume des Augustus. Bonn 1973.

Ameisenowa, Z.: Tree of Life in Jewish Iconography. In: Journal of the Warburg Institute II, 1939.

Andrae, Ernst-Walter: Tier-, Baum-, Haus-Symbole im Alten Orient. In: Forschungen und Fortschritte 13, 1937, S. 243 f.

Arens, W.: Der Baum als Symbol der Frau. In: Volkswerk 1943, S. 259–265.

Auner, M.: Feigenbaum und Efeu. In: Jahrbuch der kunsthistorischen Sammlungen in Wien, 54/1958.

Babar, Leo: Baumkult der Bulgaren. In: Anthropos 30, 1935, S. 797–802.

Balys, J.: Baum und Mensch im litauischen Volksglauben. In: Deutsche Volkskunde 4, 1942.

Barns, Th.: Trees and Plants. Encyclopaedia of Religion and Ethics XII. Edinburgh 1921.

Bastian, A.: Der Baum in vergleichender Ethnologie. In: Zeitschrift für Völkerpsychologie 5, 1868.

Bauerreiß, R.: Arbor vitae. Der Lebensbaum und seine Verwendung in Liturgie, Kunst und Brauchtum des Abendlandes. München 1938.

Behling, Lottlisa: Ecclesia als arbor bona. Zum Sinngehalt einiger Pflanzendarstellungen des 12. und frühen 13. Jahrhunderts. In: Zs. f. Kunstwissenschaft, hrsg. v. Richard Hamann u. a., Bd XIII, Berlin 1959, S. 142 ff.

Bergema, H.: De Boom des Levens in schrift en historie. Hilversum 1938.

Bergner, H.: Der Lebensbaum. In: Monatsschrift für die kirchliche Kunst III, 1898, S. 333.

Bernadin, S. A.: De mannelijke en de vrouwelijke godheid van de boomcultus in minoische godsdienst. Amsterdam 1942.

Bernatzky, A.: Baum und Mensch. Frankfurt a. M. 1973.

Berze Nagy, J.: Egigérö fa. Magyar mitológai tanulmànyok [Der Weltbaum. Studien zur ungarischen Mythologie]. Pécs 1958.

Beth, I.: Die Baumzeichnung in der deutschen Graphik des 15. und

16. Jahrhunderts (= Studien zur deutschen Kunstgeschichte 130). Straßburg 1910.

Bötticher, Carl: Baumkultus der Hellenen. Nach den gottesdienstlichen Gebräuchen und den überlieferten Bildwerken. Berlin 1856.

Bonaventura, Sanctus. Der Lebensbaum. [Lignum vitae, deutsch], aus d. Lat.. Freiburg Br. 1888.

Bosch, Johannes: Symbolik der Bäume. In: Dichterstimmen der Gegenwart 25, 1911, S. 429–34.

Boulnois, J.: Le caducée et la symbolique dravidienne indoméditerranéenne de l'arbre, de la pierre, du serpent et de la déesse-mère. Paris 1939.

Boulnois, J.: La mystique de la fécondité et la symbolique de l'arbre, du serpent, de la pierre et de la déesse mère dans le monde des noir. In: Bulletin de l'Institut français de l'Afrique noire 7/1945.

Braun-Reichenbacher, Margot: Das Ast- und Laubwerk. Entwicklung, Merkmale und Bedeutung einer spätgotischen Ornamentform. Nürnberg 1966.

Bremser, Horst: Baum und Wald in Dichtung und Malerei. In: Die Pädagogische Provinz 10, 1956, S. 417–29.

Brinckmann, A. E.: Baumstilisierungen in der mittelalterlichen Malerei (= Studien zur deutschen Kunstgeschichte 69). Straßburg 1907.

Büchner, J.: Ast-, Laub- und Maßwerkgewölbe der endenden Spätgotik. Erlanger Forschungen A 20. Festschrift Karl Oettinger zum 60. Geburtstag. Erlangen 1967.

Budde, K.: Der Baum der Erkenntnis in der Paradiesgeschichte. In: Zeitschrift der deutschen Morgenländischen Gesellschaft 86, 1933.

Buhl, M. L.: The Goddesses of the Egyptian Tree Cult. Journal of Near Eastern Studies 6, 1947.

Buren, Elisabeth Douglas von: Tree of truth. Orientalia N. S. XIII, 1944, S. 281.

Butterworth, E. A. S.: The Tree at the navel of earth. Berlin 1970.

Caminada, Chr.: Baum- und Feldkultus in Rätien. In: Jahresberichte der Historisch-Antiquarischen Gesellschaft von Graubünden 67, 1937.

Chadwik, H. M.: The Oak and the Thunder-God. In: Journal of the Anthropological Institute of Great Britain 30, 1900.

Chargaff, Erwin: Unbegreifliches Geheimnis. Wissenschaft als Kampf für und gegen die Natur. Stuttgart 1980.

Claesen, M.: Le palmier, symbole d'Apollon. In: Bulletin de l'Institut historique belge de Rome 19, 1938.

Coomaraswamy, A. K.: The Inverted Tree. In: Quarterly Journal of the Mythic Society of Bangalore 29, 1938, S. 1–38.

Coche de la Ferte, E.: Palma et laurus. In: Jahrbuch der Berliner Museen 3, 1961.
Crampon, M.: Le culte de l'arbre et de la forêt en Picardie. Essai sur le folklore picard. Amiens/Paris 1938.
Crawley, A. E.: The Tree of Life. A study of religion. London 1905.
Cser, L.: Der mythische Lebensbaum und die Ficus Ruminalis. In: Acta Antiqua 10, 1962.
Curtius, Ernst Robert: Europäische Literatur und Lateinisches Mittelalter. Bern und München [3]1961.

Daniélou, J.: La vigne et l'arbre de vie. In: J. Daniélou: Les symboles chrétiens primitifs. Paris 1961.
Danthine, H.: Le palmier-dattier et les arbres sacrés dans l'iconographie de l'Asie occidentale ancienne. Paris 1937.
Davids, J. W. Rhys: Wisdom Tree. In: Encyclopaedia of Religion and Ethics XII, S. 747.
Detering, A.: Die Bedeutung der Eiche seit der Vorzeit. Leipzig 1939.
Dhorme, F. P.: L'arbre de vérité et l'arbre de vie. In: Revue Biblique, N. S. 4, 1907.
Dierbach, J. H.: Flora Mythologica. Oder Pflanzenkunde in Bezug auf Mythologie und Symbolik der Griechen und Römer. Frankfurt 1833. Neudruck Wiesbaden 1970.
Dietz, Georg: Das Bett des Odysseus. In: Symbolon 7, 1971, S. 9–32.
Dörrer, A.: Der Paradiesbaum als Vorläufer des Weihnachtsbaumes. In: Der Schlern 30, 1956.

Edsman, C. M.: Arbor inversa. In: Religion och bibel 3, 1944, S. 1–33.
Eiselen, Fr. C.: The Tree of Knowledge of Good and Evil. In: The Biblica World, N. S. 36, 1910.
Eliade, Mircea: Die Religion und das Heilige. Salzburg 1954.
Evans, A. J.: The Mycenean Tree and Pillarcult. In: Journal of Hellenic Studies 21, 1901.

Feininger, Andreas: Wunderbare Welt der Bäume und Wälder. Wien/Düsseldorf 1968.
Fergusson, James: Tree and Serpent Worship. London 1873.
Fischer, Otto: Die Entwicklung der Baumdarstellung in der chinesischen Kunst. In: Ostasiatische Zeitschrift 1913, S. 52–64, 157–177.
Fischer, Susanne: Blätter von Bäumen, Legenden, Mythen. Heilanwendung und Betrachtung von einheimischen Bäumen. Frankfurt am Main 1982.
Flemming, J.: Der Lebensbaum in der altchristlichen, byzantinischen und

byzantinisch beeinflußten Kunst. Jena 1963. Habilitationsschrift [Masch.].
Flemming, J.: Die Zypresse in der rumänischen und byzantinischen Kunst. In: Studia byzantina II. Halle a. d. Saale 1971.
Folon, Jean M.: Ein Baum stirbt. Würzburg 1974.
Frazer, J. G.: The Serpent and the Tree of Life. In: Essays and Studies presented to W. Ridgeway. Cambridge 1913.
Fritsch, K. E.: Der Weihnachtsbaum in Sachsen. Spamer Festschrift. Berlin 1953.
Frobenius, L.: Die afrikanische Baumverehrung. Berlin 1896.

Geiger, P.: Weihnachtsfest und Weihnachtsbaum. In: Schweizerisches Archiv für Volkskunde 37, 1939, S. 229–254.
Genge, H.: Zum ›Lebensbaum‹ in den Keilschriftkulturen. In: Acta Orientalia XXXIII, 1971.
Glogau, A.: Der Baum des Lebens. Kulturhistorische Betrachtungen. In: Mitteilungen der Deutschen Dendrologischen Gesellschaft 55, 1942, S. 182–224.
Goettmann, J.: L'arbre, l'homme et de la croix. Etude du thée de l'arbre dans la Bible. In: Bible et vie chrétienne 35, 1960.
Goetz, Oswald: Der Feigenbaum in der religiösen Kunst des Abendlandes. Berlin 1965.
Göransson, A. M.: Livsträdet och Geofrey Troy. In: Tidskrift för Konstvetenskap XXX. Symbolister 1, 1957.
Grawi, E.: Die Fabel vom Baum und dem Schilfrohr in der Weltliteratur. Rostock 1911. (Diss.)
Greenhill, E. S.: The Child in the Tree. A study of cosmological trees in christian tradition. In: Traditio. Studies in ancient and medieval history, thought and religion. New York 1954.
Gypta, Sh. M.: Plant Myths and Traditions in India. Leiden 1970.

Haavio, M.: Heilige Bäume. In: Studia Fennica 8, 1959.
Haberl, J.: Lebensbaum und Vase auf antiken Denkmälern Österreichs. In: Jahreshefte des Österreichischen Archäologischen Instituts, Wien 43, 1956, S. 187–247.
Haberlandt, Arthur: Weihnachtsbaum, Paradiesbaum, Lichterbaum. In: Oberdeutsche Zeitschrift für Volkskunde 10, 1936.
Haberlandt, Arthur: Zur Darstellung des Lebensbaumes in der deutschen Volkskunst. In: Wiener Zeitschrift für Volkskunde 43, 1938, S. 33–44.
Haekel, J.: Kosmischer Baum und Pfahl in Mythos und Kult der Stämme Nordamerikas. In: Wiener völkerkundliche Mitteilungen VI, N. F. I, 1958, Nr. 1–4, S. 33–81.

Hagelstange, Rudolf/Grieshaber, HAP: Ein Gespräch über Bäume. München 1972, [2]1984.
Halter, Doris (Hrsg.): Als die Bäume noch grünten. Gedichte und Gedanken zu Bäumen. Neuauflage Zürich (Die Arche) 1982.
Hammerbacher, H. W.: Irminsul und Lebensbaum. Heusenstamm 1973.
Hartlaub, Gustav Friedrich: Ein unbekanntes Lebenssymbol. In: Zeitschrift für Kunst II, 1948, S. 64–65 (Lebenssymbol = abgebrochener Baumstamm).
Hildburg, W. L.: On Palm-Tree Crosses. In: Archaeologica, 2nd ser. 81, 1931.
Hilger, Hans: Geheimnis des Baumes. Freiburg i. Br. 1956.
Hindringer, Rud.: Die Genesis des Christbaums. In: Klerusblatt der Diözese Eichstätt 11, 1930.
Höfler, Mat: Wald- und Baumkult in Beziehung zur Volksmedizin Oberbayerns. München 1894.
Holmberg, Uno: Der Baum des Lebens. In: Annales Academiae Scientiarum Finnicae, Ser. B., XVI. Helsingfors 1922, S. 52.
Homer: Die Odyssee. Deutsch v. Wolfgang Schadewaldt. Zürich 1966.
Hrouda, B.: Zur Herkunft des assyrischen Lebensbaumes. In: Baghdader Mitteilungen 3, 1964.
Huth, O.: Der Lichterbaum. Germanischer Mythos und deutscher Volksbrauch. Berlin 1939. Neuauflage 1943.
Huth, O.: Weltberg und Weltbaum. In: Germanica 1940.

Jalabert, D.: La Flore sculptée des monuments du moyen âge en France. Paris 1965.
Jansen, Franz: Die Darstellung der Kreuzigung in einem Gladbacher Missale des 12. Jahrhunderts. In: M.-Gladbach, Aus Geschichte und Kultur. M-Gladbach 1955, S. 413–449.
James, O. E.: The Tree of Life. An archaeological study. In: Studies in the history of religion IX. Supplements to Numen. Leiden 1966.
Johnson, J. R.: The Tree of Jesse. Window of Chartres. In: Speculum 36, 1961.
Jünger, Ernst/Siedler, Wolf J.: Bäume. Essays, Gedichte und Bilder. Berlin 1977.
Jung, Carl Gustav: Psychologie und Alchemie. Zürich 1952.
Jung, Carl Gustav: Von den Wurzeln des Bewußtseins. Studien über den Archetypus. Zürich 1954. (›Der philosophische Baum‹, S. 351–496)
Kagarow, E. G.: Der umgekehrte Schamanenbaum. In: Archiv für Religionswissenschaft 1929.
Kammeyer, H. F.: Lebensbaum und Baumkult der Völker. In: Mitteilungen der Deutschen Dendrologischen Gesellschaft 54, 1941.

Karutz, R.: ›Aber vom Baum der Erkenntnis ...‹ Sinn und Bild der Paradiesbäume. Stuttgart / Den Haag 1930.

Kees, H.: Baumkult. In: Bonnet, H.: Reallexikon der ägyptischen Religionsgeschichte. Berlin 1952.

Kellermann, Volkmar: Quelle und Baum. Kessel und Horn in ihren glaubensmäßigen Beziehungen. In: Germanien 1939, S. 399–416.

Kern, O.: Baumkultus. In: Paulys Realencyclopädie der classischen Altertumswissenschaft V. Stuttgart 1897.

Kirby, H. J.: The Jesse Tree Motif in Stained Glass. A comparative study of some English examples. In: Connaisseur CXLI, 1958, S. 77–82.

Klameth, G.: Von der Sykomore der Hathor bis zur Wunderpalme des Pseudo-Matthäus und von der i-w-Pflanze bis zu den Blumenwundern der äthiopischen Marienhymnen. Festschrift P. W. Schmidt. Bern 1954.

Koch, K.: Der Baumtest. Der Baumzeichenversuch als psychodiagnostisches Hilfsmittel. Bern 1954.

Kreitmair, Karl: Der Baum in der deutschen Lyrik des 20. Jahrhunderts. In: Pädagogische Welt 14, 1960, S. 436–445.

Kriss-Rettenbeck, L.: Baum des Lebens und Ährenkleid. In: Bayrisches Jahrbuch für Volkskunde 1956.

Kronfeld, E. M.: Der Weihnachtsbaum. Botschaft und Geschichte des Weihnachtsgrüns. Seine Beziehungen zu Volksglauben, Mythos, Kulturgeschichte, Sage, Sitte und Dichtung. Oldenburg 1906.

Küpper, Jürgen: Der Baum in der Dichtung. Interpretation dt. Baumgedichte und ihre Vorformen. Bonn 1953. Diss. [Masch].

Largement, R.: L'arbre de vie dans la religion sumérienne. In: Akten des Internationalen Orientalischen Kongresses. München 1957.

Lauffer, O.: Der Weihnachtsbaum und sein Ursprung aus dem volkstümlichen Geisterglauben zur Mittwinterzeit. Festschrift für W. von Melle. Hamburg 1933, S. 224-253.

Lauffer, O.: Geister im Baum. Festschrift für John Meier. Berlin 1934.

Lauffer, O.: Kinderherkunft aus Bäumen. In: Zeitschrift für Volkskunde 44, 1934.

Lauffer, O.: Schicksalsbaum und Lebensbaum in deutschem Glauben und Brauch. In: Zeitschrift für Volkskunde 45, 1935.

Lauffer, O.: Beiträge zur Geschichte des Weihnachtsbaumes. In: Zeitschrift für Volkskunde 46, 1936.

Laurette, Pierre: Le thème de l'arbre chez Paul Valéry et R. M. Rilke. Saarbrücken 1961 Diss. [Masch.]

Lechler, G.: The Tree of Life in Indo European and Islamic Cultures. In: Ars Islamica IV, 1937, S. 369–416.

Leclercq, H.: Arbres. Dictionnaire d'archéologie chrétienne et de liturgie I. Paris 1907.

Leder, Hans Günther: Arbor scientiae. Die Tradition vom paradiesischen Apfelbaum. In: Zeitschrift für neutestamentalische Wissenschaft 52, 1961.

Lehmann, F. Rudolf: Grundzüge einer systematischen Beurteilung der mit der Baumverehrung vorhandenen Glaubensvorstellungen. In: Göttinger völkerkundliche Studien II. Düsseldorf 1966.

Lehner, E./Lehner, J.: Folklore and symbolics of flowers, plants and trees. New York 1960.

Lem, F. H.: Le culte des arbres et des génies protecteurs du sol au Soudan français. In: Bulletin de l'Institut Français d'Afrique Noire 10, 1948.

Lessing, Erich: Die griechischen Sagen in Bildern erzählt. Mit Beiträgen von Ernest Borneman, Wolfgang Oberleitner, Egidius Schmalzriedt. München 1977.

Liebeskind, Fritz: Die ›Dicke Eiche‹ bei Ilmenau im Schrifttum und in der Malerei. In: Thüringer Mhe. ›Pflüger‹ 6, (1929), S. 75–83.

Lommel, H.: Baumsymbolik beim altindischen Opfer. In: Paideuma VI, 1958. Symbolon 1, 1960, S. 116–127.

Lubac, H. de: L'arbre cosmique. In: Mélanges E. Podechard. Lyon 1945, S. 191–198.

Lundgreen, Fr.: Die Bäume im Neuen Testament. In: Neue kirchliche Zeitschrift 27, 1916, S. 827–843.

Lurker, Manfred: Der Baum im Alten Orient. Ein Beitrag zur Symbolgeschichte. (= Beiträge zu Geschichte, Kultur und Religion des Alten Orients. In memoriam Eckhard Unger). Baden-Baden 1971.

Lurker, Manfred: Der Baum in Glauben und Kunst unter besonderer Berücksichtigung der Werke des Hieronymus Bosch (= Studien zur deutschen Kunstgeschichte Bd 328). Baden-Baden 1976.

Makowski, Henry/Buderath, Bernhard: Die Natur dem Menschen untertan. Ökologie im Spiegel der Landschaftsmalerei. München 1983.

Mannhardt, Wilhelm: Der Baumkultus der Germanen und ihrer Nachbarstämme. Berlin 1875.

Mannhardt, Wilhelm: Wald- und Feldkulte der Germanen. 2 Bände, o. O. 1904/05. Nachdruck Darmstadt 1963.

Marcus, R.: The Tree of Life in Proverbs. In: Journal of Biblical Literature 62, 1943.

Mayani, Z.: L'arbre sacré et de la rite de l'alliance chez les anciens sémites. Paris 1935.

Merz, L.: Symbole der Baumsäule. In: Baum-Zeitung 2, 1968.

Mitchell, Alan u. a.: Die Wälder der Welt. Bern und Stuttgart 1981.

Moftah, R. R.: Die heiligen Bäume im Alten Ägypten. Beiträge zur Religionsgeschichte, Philologie, Archäologie und Botanik. Göttingen 1960 [Dissertation, Masch.].

Mössinger, Fr.: Die Dorflinde als Weltbaum. In: Germanien 1938, S. 388–396.

Münzel, Gustav: Das Frankfurter Paradiesgärtlein. In: Das Münster 9, 1956, S. 14–22.

Münzel, Gustav: Die Madonna zum dürren Baum von Petrus Christus. In: Das Münster 11, 1958.

Nasta, A.: Sources orientales dans l'iconographie sudouest européenne. L'arbre de Jessé. In: Actes du Ier Congrès international des études balkaniques, 2: Archéologie, arts. Sofia 1969.

Normier, Rudolf: Zu Esche und Espe. In: Sprache 27, 1981, S. 22–29.

Obrink, H. Th.: The Tree of Life in Eden. In: Zeitschrift für alttestamentalische Wissenschaft 46, 1928.

Onimus, J.: Poétique de l'arbre. In: Revue des scienes humaines 1961.

Orend, M.: Gestaltwandel des Lebensbaumes. In: Germanen-Erbe 4, 1939, S. 245–251.

Palm, T.: Trädkult, Studier i germansk religionshistorie. Lund 1948.

Pâques, U.: L'arbre cosmique dans la pensée populaire et dans la vie quotidienne du nordouest africain. Institut d'Ethnologie. Paris 1964.

Parker, A. C.: Certain Iroquois Tree Myths and Symbols. In: American Anthropologist, N. S. 14, 1912.

Peebles, R. J.: The dry Tree, symbol of death. In: Vasar Medieval Studies. New Haven 1923.

Peeters, Christian: The word for Tree in Germanic languages and the reconstruction of Prate Germanic. In: Zeitschrift für vergleichende Sprachforschung 88 ('74) 129, S. 33 ff.

Perrot, N.: Les représentations de l'arbre sacré sur les monuments de Mésopotamie et d'Elam. Paris 1937.

Pfleger, Alfred: Weihnachtsbaum und Christkind im alten Elsaß. In: Oberdeutsche Zeitschrift für Volkskunde 15, 1941, S. 40–52.

Philpot, J. H.: The Sacred Tree or the Tree in Religion and Myth. London 1897.

Phytian, J. E.: Trees in Nature, Myth and Art. London 1907.

Piper, F.: Der Lebensbaum. In: Evangelischer Kalender 1863.

Plassmann, J. O.: Der Dreistufenbaum in der deutschen Mystik. In: Germanien 1942.

Rabuse, G.: Mort bois und bois mort. Verba et Vocabula. Hrsg. von H. Stimm und J. Wilhelm zum 80. Geburtstag von Ernst Gamillscheg. München 1968.

Ragg, L.: Tree Lore in the Bible. London 1935.

Rahner, Hugo: Die Weide als Symbol der Keuschheit in der Antike und im Christentum. In: Zeitschrift für katholische Theologie 56, 1932, S. 231–253.

Rahner, Hugo: Symbole der Kirche. Die Ekklesiologie der Väter. Salzburg 1964.

Rebholz-Filius, D.: Der Wald im deutschen Märchen. Heidelberg 1945, Diss.

Reck, Ph.: Inbild des Kosmos. Eine Symbolik der Schöpfung. 2 Bände. Salzburg 1966. (in Bd I über den Baum S. 372–419)

Reicke, B.: The Knowledge Hidden in the Tree of Paradise. In: Journal of Semitic Studies I, 1956.

Reißner, E.: Der Baum des Lebens. Berlin 1937.

Rice, D. J.: The Leaved Cross. In: Byzantinoslavica 11, 1950.

Rosenberg, A.: Die christliche Bildmeditation. München 1955. (S. 64–79: Das Kreuz im Baum als Weltenbaum)

Rothleitner, R.: Die Beziehungen der Menschen zur Pflanzen- und Baumwelt in Sage und Poesie. In: Heimat u. Volkstum 14, 1936, S. 321–26, 337–41, 353–59, 369–72.

Saglio, E.: Arbore sacrae. In: Daremberg/Saglio: Dictionnaire des antiquités grecques et romaines I. Paris 1877.

Samain, A.: Geestenboomen bij de Balubas. Congo 1923, S. 43 ff.

Samek, J.: Problem akutalności tematu Drzewo Jessego w sztuce polskiej wieku siedemnastego. In: Zeszyty Naukove Uniwersytetu Jagiellónskiego. Prace z historii sztuki 11/1973. (Über den Baum Jesse in der polnischen Kunst des 17. Jahrh.)

Saussaye, Chantepie de la: Lehrbuch der Religionsgeschichte. Hrsg. v. A. Bertholt und E. Lehmann. 2 Bde. [4]Tübingen 1925.

Scheffel, Heinz: Vom Baum des Lebens. Gelsenkirchen 1983.

Schiller, Gertrud: Ikonographie der christlichen Kunst. Bd I. Gütersloh 1966.

Schmökel, Hartmut: Ziegen am Lebensbaum. In: Archiv für Orientforschung XVIII, 1958.

Schneider, Franz: Der Baum der Erkenntnis. Percha 1975.

Schnieper, A. u. X.: Bäume, Mythos, Abbild, Sinnbild. Ein literarisches Bilderbuch. München/Luzern 1981.

Schoenichen, Walter: Baumdarstellungen in der deutschen Grabmalkunst. In: Germanien 1943, S. 73–83.

Schrade, A.: Baum und Wald in Bildern deutscher Maler. München 1937.

Schroeder, Leopold von: Lebensbaum und Lebenstraum. Aufsätze zur Kultur und Sprachgeschichte. München 1916.
Schultes, Josef: Der Baum des Lebens. Wien, München 1983.
Selbmann, Sibylle: Der Baum. Symbol und Schicksal der Menschen. Eine Ausstellung der Badischen Landesbibliothek. Vorw. v. Gerhard Römer. Badische Landesbibliothek 1984.
Skinner, Charles: Myths and Legends of Flowers, Trees, Fruits and Plants in all Ages and all Climes. London 1926.
Skriver, C. A.: Der Weihnachtsbaum. Geschichte und Sinndeutung. München 1966.
Sommer, J.: Das Deckenbild der Michaelskirche zu Hildesheim. Hildesheim 1966. (Über den Jessebaum)
Spieß, Karl von: Monatsbaum, Jahresbaum, Weltenbaum. In: Wiener Zeitschrift für Volkskunde 28, 1923.
Spieß, Karl von: Der Baum als Tor zum Jenseits. In: Die hohe Straße 1, 1938, S. 209–218.
Spieß, Karl von: Zum Lebensbaum. In: Deutsche Volkskunde 1, 1939.
Stallmann, E.: Der Baum in der deutschen Volkssage. Erlangen 1951 [Diss., Masch.].
Sterly, J.: Baumverehrung in Melanesien. In: Baum-Zeitung 3, 1969.
Stief, W.: Heidnische Sinnbilder an christlichen Kirchen und auf Werken der Volkskunst. Der ›Lebensbaum‹ und sein Gestaltwandel im Jahreslauf. Leipzig 1938.
Stübinger, E.: Der Weihnachtsbaum im Paradiesgarten. In: Mitteldeutsche Blätter für Volkskunde 9, 1934, S. 210ff.
Sudbrok, Josef: Baum des Lebens – Baum des Kreuzes. Würzburg 1984.

Thöming, Jürgen C.: Sub tua platano. Panegyrisches Gespräch über Bäume. In: Sub tua platano, S. 544–581. Emsdetten 1981.
Timmers, J. J. M.: De levensboom en de Maastrichte Noodkist. In: De Maasgouw LXXXII, 1968.
Toubert, H.: Une fresque de San Pedro de Sorpe (Catalogne), et le thème iconographique de l'Arbor bona ecclesia, Arbor mala-synagoga. In: Cahiers archéologiques XIX, 1969.
Tyszkiewicz, J.: Świeta drzewa [Heilige Bäume]. In: z Otchlani wieków 38, 1972.

Ungnad, Arthur: Die Paradiesbäume. In: Zeitschrift der Deutschen Morgenländischen Gesellschaft 79, 1925, S. 111ff.

Viennot, Odette: L'arbre dans l'iconographie bouddhique. In: Bulletin des Musées de France XI, 1946, S. 54–57.

Viennot, Odette: Le culte de l'arbre dans l'Inde ancienne. In: Annales du Musée Guimet, Bibliothèque d'Etude LIX, Paris 1954.
Vriezen, Th. Chr.: Onderzoek naar de paradijs-voorstelling bij de oude semietische volken. Utrecht 1937.

Walk, Lebold: Lebensbaum Kreuzesbaum. In: Österreichische Zeitschrift für Pflege religiöser Kunst IX, 1937, S. 53–57.
Walk, Leopold: Der Baum des Lebens. In: Anthropos 41–44, 1946–1949, S. 332–336.
Wallert, I.: Die Palmen im Alten Ägypten. In: Münchner Ägyptologische Studien 1. Berlin 1962.
Walzer, A.: Wallfahrtskirchen mit eingebautem Baum. In: Württembergisches Jahrbuch für Volkskunde 1, 1955, S. 90–116.
Watson, Arthur: The Early Iconography of the Tree of Jesse. London 1934.
Weiser-Aall, L.: Juletreets historie. In: Folkminnen och folktankar 25, 1938.
Weiser-Aall, L.: Neue Beiträge zur Geschichte des Weihnachtsbaumes. In: Niederdeutsche Zeitschrift für Volkskunde 16, 1938.
Weiser-Aall, L.: Juletreet i Norge. Oslo 1953.
Weißt du, daß Bäume reden. Weisheit der Indianer. Ausgewählt und übertragen v. K. Recheis und G. Bydlinski. Begleittexte von L. Mayer-Shumanz und Orginalphotos v. E. S. Curtis. Wien/Freiburg/Basel [9]1984.
Weniger, Ludwig: Altgermanischer Baumkultus. O. O. 1919.
Wensinck, A.: Tree and Bird as Cosmological Symbols in Western Asia. In: Verhandelingen von de Koningslijke Akademie van Wetenschappen 22,1 Amsterdam 1921.
Widengren, Geo: The King and the Tree of Life in Ancient Near Eastern Religion. In: Uppsala Universitets Arskrift 1951.
Wiesser, Theodor: Das Baumsymbol bei Gottfried Keller. In: Euphorion 54, 1960, S. 109–120.
Wilke, Georg: Der Weltenbaum und die beiden kosmischen Vögel in der vorgeschichtlichen Kunst. In: Mannus 14, 1922, S. 73–99.
Winkelmann, Johann H.: Die Baummetapher im lit. Exkurs Gottfried's von Straßburg. In: Amsterdamer Beiträge zur älteren Germanistik 8 (75) 85, S. 112ff.
Winter, A. C.: Birkenverehrung bei den Jakuten. In: Archiv für Religionswissenschaft II, 1899, S. 1–41.
Wolfram, R.: Christbaum und Weihnachtsgrün. In: Österreichischer Volkskundeatlas, 2. Lief. 1965/66.
Wünsche, Karl August: Die Sagen vom Lebensbaum und Lebenswasser. In: Ex Oriente Lux I. Leipzig 1905.
Wijngaert, L. van den: Heilige Boomen. In: Toer 15/[Antwerpen] 1936.

Zerries, Otto: Entstehung oder Erwerb der Kulturpflanzen und Beginn des Bodenbauens im Mythos der Indianer Nordamerikas. In: Paideuma XV, 1969. (S. 93–99: Kulturpflanzen wachsen auf dem Welt- oder Lebensbaum)
Zingerle, Ignaz Victor: Der goldene Baum in mhd. Gedichten. In: Germanien 7, 1862, S. 101–110.

Lexika / Handbücher

Emblemata. Handbuch zur Sinnbildkunst des XVI. und XVII. Jahrhunderts. Ergänzte Neuausgabe. Hrsg. v. A. Henkel und A. Schöne. Stuttgart 1976.
Enzyclopaedia Judaica. Jerusalem, Israel 1972.
Deutsches Wörterbuch. Jacob Grimm und Wilhelm Grimm Bd I. Leipzig 1854.
Handwörterbuch des deutschen Aberglaubens Bd I/II. E. Hoffmann-Krayer (Hg.) Berlin und Leipzig 1927/1929.
Lexikon der christlichen Ikonographie Bd I/IV. Engelbert Kirschbaum (Hg.). Freiburg i. Br. 1968, 1972.
Reallexikon zur deutschen Kunstgeschichte Bd II. Stuttgart 1948.
Reallexikon für Antike und Christentum Bd II/V. Stuttgart 1951/1959.